RÉUSSIR L'EXAMEN

Tle **GÉNÉRALE** — NOUVEAU BAC

prépabac

Philosophie

TRONC COMMUN

- **Johnny Brousmiche**
  Professeur agrégé de philosophie
- **Anthony Dekhil**
  Professeur agrégé de philosophie
- **Patrick Ghrenassia**
  Professeur agrégé de philosophie
- **Justine Janvier**
  Professeure agrégée de philosophie
- **Charlotte Noirot-Nérin**
  Professeure certifiée de philosophie
- **Caroline Verleyen**
  Professeure agrégée de philosophie

Hatier

Le site de vos révisions

L'achat de ce Prépabac vous permet de bénéficier d'un **ACCÈS GRATUIT*** à toutes les ressources d'**annabac.com** :

- fiches de cours, vidéos, résumés audio, quiz interactifs, exercices et sujets d'annales corrigés ;
- parcours de révision sur chaque notion du programme ;
- plannings de révisions à J–30, J–15 et J–7.

Pour profiter de cette offre, rendez-vous sur www.annabac.com !

* Selon les conditions précisées sur le site.

Hatier s'engage pour l'environnement en réduisant l'empreinte carbone de ses livres. Celle de cet exemplaire est de : 850 g éq. CO_2
Rendez-vous sur www.hatier-durable.fr

Achevé d'imprimer en Italie par L.E.G.O. S.p.A. - Lavis (TN)
Dépôt légal : 06447 - 8/04 - Février 2022

Maquette de principe : Frédéric Jély
Mise en pages : Nord Compo
Schémas : Vincent Landrin et David Bart
Iconographie : Sophie Suberbere, Hatier Illustration
Édition : Muriel Frantz-Widmaier

© Hatier, Paris, 2020   ISBN 978-2-401-06447-8

Sous réserve des exceptions légales, toute représentation ou reproduction intégrale ou partielle, faite, par quelque procédé que ce soit, sans le consentement de l'auteur ou de ses ayants droit, est illicite et constitue une contrefaçon sanctionnée par le Code de la Propriété Intellectuelle. Le CFC est le seul habilité à délivrer des autorisations de reproduction par reprographie, sous réserve en cas d'utilisation aux fins de vente, de location, de publicité ou de promotion de l'accord de l'auteur ou des ayants droit.

Mode d'emploi

■ Comment utiliser votre Prépabac tout au long de l'année ?

Commencez par situer votre niveau de connaissance grâce au **TEST** en début de chaque chapitre. Votre score vous permet d'établir **votre parcours de révision** dans le chapitre.

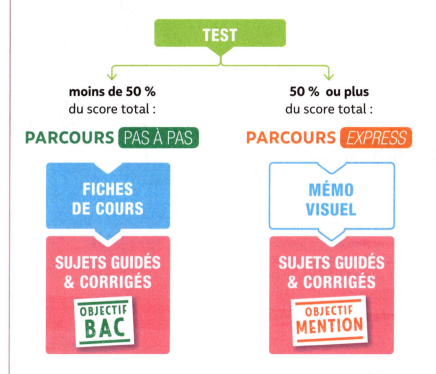

■ Comment vous organiser dans la dernière ligne droite ?

▶ Ciblez vos révisions et exercez-vous en priorité avec les **sujets OBJECTIF BAC** que vous n'avez pas encore traités. Puis vous pouvez compléter avec des sujets **OBJECTIF MENTION**.
▶ Vous trouverez aussi sur le site **annabac.com** des ressources utiles dans la phase de révision finale (voir ci-contre).

Il ne vous reste plus qu'à vous lancer !

SOMMAIRE

1 L'art

| TEST | Pour vous situer et identifier les fiches à réviser | 12 |

MÉMO VISUEL — 14

FICHES DE COURS
1. L'art imite-t-il la nature ? — 16
2. Qu'est-ce que le beau ? — 18
3. L'art a-t-il une utilité ? — 20

SUJETS GUIDÉS & CORRIGÉS
OBJECTIF BAC · OBJECTIF MENTION — 22

2 Le bonheur

| TEST | Pour vous situer et identifier les fiches à réviser | 30 |

MÉMO VISUEL — 32

FICHES DE COURS
4. En quoi consiste le bonheur ? — 34
5. Le bonheur est-il une illusion ? — 36
6. Le bonheur est-il une fin morale ? — 38

SUJETS GUIDÉS & CORRIGÉS
OBJECTIF BAC · OBJECTIF MENTION — 40

3 La conscience

| TEST | Pour vous situer et identifier les fiches à réviser | 48 |

MÉMO VISUEL — 50

FICHES DE COURS
7. Qu'est-ce que la conscience ? — 52
8. Comment se manifeste la conscience ? — 54
9. La conscience fonde-t-elle la morale ? — 56

SUJETS GUIDÉS & CORRIGÉS
OBJECTIF BAC · OBJECTIF MENTION — 58

4 Le devoir

TEST Pour vous situer et identifier
les fiches à réviser 68
MÉMO VISUEL 70
FICHES DE COURS
10 Le devoir est-il une contrainte
ou une obligation ? 72
11 Le devoir est-il absolu ou relatif ? 74
12 Est-ce l'intention ou le résultat qui compte ? 76
SUJETS GUIDÉS & CORRIGÉS
OBJECTIF BAC • OBJECTIF MENTION 78

5 L'État

TEST Pour vous situer et identifier les fiches à réviser 86
MÉMO VISUEL 88
FICHES DE COURS
13 Peut-on vivre en société sans État ? 90
14 L'État fait-il obstacle à ma liberté ? 92
15 L'État peut-il faire le bonheur des citoyens ? 94
SUJETS GUIDÉS & CORRIGÉS
OBJECTIF BAC • OBJECTIF MENTION 96

6 L'inconscient

TEST Pour vous situer et identifier les fiches à réviser 106
MÉMO VISUEL 108
FICHES DE COURS
16 Peut-on connaître l'inconscient ? 110
17 L'inconscient ruine-t-il la morale ? 112
18 Quelles objections à l'inconscient ? 114
SUJETS GUIDÉS & CORRIGÉS
OBJECTIF BAC • OBJECTIF MENTION 116

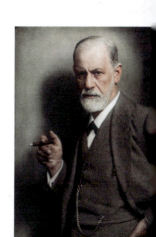

SOMMAIRE

7 La justice

TEST Pour vous situer et identifier les fiches à réviser	126
MÉMO VISUEL	128

FICHES DE COURS

19	La justice est-elle toujours une affaire d'intérêts ?	130
20	Toutes les inégalités sont-elles des injustices ?	132
21	La justice peut-elle être injuste ?	134

SUJETS GUIDÉS & CORRIGÉS

OBJECTIF BAC • OBJECTIF MENTION   136

8 Le langage

TEST Pour vous situer et identifier les fiches à réviser	146
MÉMO VISUEL	148

FICHES DE COURS

22	Le langage est-il le propre de l'homme ?	150
23	En quoi le langage peut-il être un instrument de domination ?	152
24	Peut-on tout dire par le langage ?	154

SUJETS GUIDÉS & CORRIGÉS

OBJECTIF BAC • OBJECTIF MENTION   156

9 La liberté

TEST	Pour vous situer et identifier les fiches à réviser	164
MÉMO VISUEL		166

FICHES DE COURS

25	En quoi consiste la liberté ?	168
26	La liberté est-elle une illusion ?	170
27	Sommes-nous condamnés à être libres ?	172

SUJETS GUIDÉS & CORRIGÉS

OBJECTIF BAC • OBJECTIF MENTION   174

10 La nature

TEST	Pour vous situer et identifier les fiches à réviser	182
MÉMO VISUEL		184

FICHES DE COURS

28	Peut-on opposer, en l'homme, la nature et la culture ?	186
29	La nature peut-elle être la norme des conduites humaines ?	188
30	La nature est-elle un ensemble de lois ?	190

SUJETS GUIDÉS & CORRIGÉS

OBJECTIF BAC • OBJECTIF MENTION   192

11 La raison

TEST	Pour vous situer et identifier les fiches à réviser	200
MÉMO VISUEL		202

FICHES DE COURS

31	La raison est-elle le propre de l'homme ?	204
32	Peut-on rendre raison de tout ?	206
33	Faut-il toujours être raisonnable ?	208

SUJETS GUIDÉS & CORRIGÉS

OBJECTIF BAC • OBJECTIF MENTION   210

SOMMAIRE

12 La religion

TEST Pour vous situer et identifier les fiches à réviser — 218

MÉMO VISUEL — 220

FICHES DE COURS
- 34 La religion est-elle réductible à de la superstition ? — 222
- 35 La religion s'oppose-t-elle à la raison ? — 224
- 36 Peut-on se passer de religion ? — 226

SUJETS GUIDÉS & CORRIGÉS
OBJECTIF BAC · OBJECTIF MENTION — 228

13 La science

TEST Pour vous situer et identifier les fiches à réviser — 236

MÉMO VISUEL — 238

FICHES DE COURS
- 37 N'y a-t-il de connaissance que scientifique ? — 240
- 38 Y a-t-il une différence entre sciences naturelles et sciences humaines ? — 242
- 39 Peut-on tout attendre de la science ? — 244

SUJETS GUIDÉS & CORRIGÉS
OBJECTIF BAC · OBJECTIF MENTION — 246

14 La technique

TEST Pour vous situer et identifier les fiches à réviser — 254

MÉMO VISUEL — 256

FICHES DE COURS
- 40 La valeur d'une civilisation se reconnaît-elle au développement de sa technique ? — 258
- 41 La technique est-elle neutre ? — 260
- 42 La technique n'est-elle qu'une application de la science ? — 262

SUJETS GUIDÉS & CORRIGÉS
OBJECTIF BAC · OBJECTIF MENTION — 264

15 Le temps

TEST Pour vous situer et identifier les fiches à réviser 274
MÉMO VISUEL 276

FICHES DE COURS
- 43 Peut-on faire l'expérience du temps ? 278
- 44 Seul ce qui dure a-t-il de la valeur ? 280
- 45 Faut-il craindre de perdre son temps ? 282

SUJETS GUIDÉS & CORRIGÉS
OBJECTIF BAC • OBJECTIF MENTION 284

16 Le travail

TEST Pour vous situer et identifier les fiches à réviser 294
MÉMO VISUEL 296

FICHES DE COURS
- 46 À quelles conditions une activité est-elle un travail ? 298
- 47 Le travail libère-t-il l'homme ? 300
- 48 Le travail manuel et le travail intellectuel s'opposent-ils ? 302

SUJETS GUIDÉS & CORRIGÉS
OBJECTIF BAC • OBJECTIF MENTION 304

SOMMAIRE

17 La vérité

TEST Pour vous situer et identifier les fiches à réviser		314
MÉMO VISUEL		316

FICHES DE COURS

- 49 Peut-on dire « à chacun sa vérité » ? — 318
- 50 La vérité n'est-elle qu'un idéal ? — 320
- 51 Pourquoi dire la vérité ? — 322

SUJETS GUIDÉS & CORRIGÉS

OBJECTIF BAC • OBJECTIF MENTION — 324

Annexes

- 52 La dissertation : la méthode générale — 332
- 53 L'explication de texte : la méthode générale — 334
- 54 Les repères du programme — 336
- **Les corrigés des tests** — 346

Les notions

1 L'art

Le Bœuf écorché de Rembrandt (1655) représente une chose laide, voire dégoûtante. Cette œuvre d'art donne raison à Kant, pour qui le beau artistique n'est pas dans les qualités objectives de la chose représentée, mais dans la belle forme que l'artiste donne à cette représentation.

TEST — Pour vous situer et identifier les fiches à réviser — 12

FICHES DE COURS

  MÉMO VISUEL — 14
  1. L'art imite-t-il la nature ? — 16
  2. Qu'est-ce que le beau ? — 18
  3. L'art a-t-il une utilité ? — 20

SUJETS GUIDÉS & CORRIGÉS

  OBJECTIF BAC
  1. DISSERTATION | Est-il concevable que la laideur puisse être l'objet de l'art ? — 22

  OBJECTIF MENTION
  2. EXPLICATION DE TEXTE | Friedrich Nietzsche, *Le Crépuscule des idoles* — 25

TESTEZ-VOUS

→ CORRIGÉS P. 346

Faites le point sur vos connaissances puis établissez votre **parcours de révision** en fonction de votre score.

1 L'art imite-t-il la nature ?
→ FICHE 1

1. Pour Aristote, l'art imite la nature parce que…
- **a.** la nature est plus belle que l'art.
- **b.** nous prenons plaisir à voir des imitations.
- **c.** nous sommes incapables de créer des œuvres originales.

2. Vrai ou faux ? Cochez la case qui convient.   V   F
- **a.** L'art produit des artifices.   ☐   ☐
- **b.** Pour Hegel, l'art imite la nature.   ☐   ☐
- **c.** Pour Platon, les artistes sont des imposteurs.   ☐   ☐

3. Pour Hegel, l'histoire de l'art exprime…
- **a.** le progrès de l'esprit humain.
- **b.** l'amélioration des techniques de création.
- **c.** un besoin psychologique de raffinement.

…/3

2 Qu'est-ce que le beau ?
→ FICHE 2

1. Associez chaque citation à son auteur.

a. « La beauté artistique est une belle représentation d'une chose. » •   • Aristote

b. « Nous prenons plaisir à contempler les images les plus exactes des choses dont la vue nous est pénible dans la réalité. » •   • Oscar Wilde

c. « La vie imite l'art, bien plus que l'art n'imite la vie. » •   • Kant

2. Parmi les trois adjectifs suivants, lequel, selon Kant, ne qualifie pas le beau ?
- **a.** désintéressé
- **b.** objectif
- **c.** universel

3. Vrai ou faux ? Cochez la case qui convient.

	V	F
a. L'esthétique est la science du beau.	☐	☐
b. Kant distingue le beau de l'agréable.	☐	☐
c. Pour Kant, la beauté est signe de moralité.	☐	☐

…/3

3 L'art a-t-il une utilité ?
→ FICHE 3

1. Pour Kant, dire que l'art est inutile, est-ce dire qu'il est…
☐ a. méprisable.
☐ b. désintéressé.
☐ c. sans valeur.

2. Quand Freud affirme que l'art est un moyen de sublimation, il veut dire que…
☐ a. l'artiste est un génie.
☐ b. l'art permet à l'homme de se dépasser.
☐ c. l'art exprime des désirs obscurs sous une forme noble.

3. Parmi les courants artistiques suivants, lequel se veut un outil de propagande politique ?
☐ a. l'art abstrait   ☐ b. l'impressionnisme   ☐ c. le réalisme socialiste

4. Lisez l'extrait et cochez la (ou les) proposition(s) qui rend(ent) compte du sens du texte.

> Parmi les choses qu'on ne rencontre pas dans la nature, mais seulement dans le monde fabriqué par l'homme, on distingue entre objets d'usage et œuvres d'art ; tous deux possèdent une certaine permanence qui va de la durée ordinaire à une immortalité potentielle dans le cas de l'œuvre d'art.
>
> Hannah Arendt, « La crise de la culture : sa portée sociale et politique », traduit par Barbara Cassin, in *La crise de la culture*, édition de Patrick Lévy © Éditions Gallimard.

☐ a. Les œuvres d'art ne sont pas soumises à l'obsolescence programmée.
☐ b. Les objets ordinaires sont plus fragiles que les œuvres d'art.
☐ c. La plus grande durée est un critère de distinction entre les œuvres d'art et les objets utiles.

…/4

Score total …/10

Parcours PAS À PAS ou EXPRESS ? → MODE D'EMPLOI P. 3

MÉMO VISUEL

 DÉFINITIONS CLÉS

Art
Domaine de l'activité humaine lié à la fabrication, qui prend des formes historiques diverses, des pyramides d'Égypte jusqu'à l'art abstrait.

L'art ou les arts ?
Il faut distinguer les arts au pluriel, comme ensemble de compétences techniques, et l'art au singulier, comme création d'œuvres esthétiques (beaux-arts).

L'ART

L'art imite-t-il la nature ? (→ p. 16)

Les repères utiles
idéal/réel → p. 340

La réponse d'Aristote
L'art est une *mimêsis*, une imitation de la nature, qui nous apporte du plaisir.
« La tragédie est l'imitation d'une action grave et complète. »

La réponse de Platon
L'art ne doit pas imiter la réalité car il risque de nous éloigner de la vérité.

TEST ▸ **FICHES DE COURS** ▸ SUJETS GUIDÉS

Qu'est-ce que le beau ? (→ p. 18)

Les repères utiles
objectif/subjectif/intersubjectif → p. 342

La réponse d'Aristote
Le beau obéit à des conditions matérielles de proportion et de symétrie dans l'objet.

La réponse de Kant
Lorsque nous jugeons un objet beau, nous ne nous intéressons qu'à sa forme qui cause une représentation harmonieuse dans notre esprit.
« La beauté artistique est une belle représentation d'une chose. »

L'art a-t-il une utilité ? (→ p. 20)

Les repères utiles
formel/matériel → p. 339

La réponse de Kant
L'art apporte un plaisir désintéressé, qui ne se soucie ni de l'existence, ni de l'utilité de la chose représentée.
« Le beau est l'objet d'une satisfaction désintéressée. »

La réponse de Freud
L'art permet de satisfaire, sous une forme socialement valorisée, des désirs refoulés.

1 L'art imite-t-il la nature ?

En bref *L'art représente un domaine de l'activité humaine lié à la fabrication, qui prend des formes historiques diverses. Au sens large, c'est tout ce que l'homme ajoute à la nature. Faut-il opposer art et nature ou les voir comme complémentaires ?*

I L'art imite ou suit la nature

■ L'art doit imiter la nature. C'est ce qu'affirme Aristote : « Nous prenons plaisir à contempler les images les plus exactes des choses dont la vue nous est pénible dans la réalité, comme les formes d'animaux les plus méprisés et des cadavres » (*Poétique*).

■ L'imitation (*mimêsis* en grec) d'une réalité, même repoussante ou effrayante, apporte un plaisir à l'esprit humain. C'est la fonction de l'art figuratif, qui s'efforce de donner l'illusion du réel. Dans l'Antiquité, le peintre Zeuxis imitait si parfaitement les raisins peints sur les murs que les oiseaux, dit-on, venaient se casser le bec sur sa peinture.

■ Platon condamne cet art de l'illusion : si l'art produit de belles apparences trompeuses, il est moralement condamnable et les artistes doivent être chassés de la cité, « car ces poètes ne créent que des fantômes et non des choses réelles. »

■ Dans la *Critique de la faculté de juger*, Kant voit la nature comme la source de l'art : « La nature donne ses règles à l'art. » Pour lui, l'artiste est un interprète ou un porte-parole de la nature.

II L'art est une création de l'esprit

Voir en la nature sa seule source, n'est-ce pas réduire l'art à un jeu stérile et à une pure virtuosité technique ? L'art, par l'intermédiaire de la main et des outils, est une création de l'esprit qui transforme notre perception du réel et nous élève à une réalité proprement spirituelle.

> **À NOTER**
> Le grec dispose de deux termes que nous traduisons par « art » : la *technè*, qui a donné « technique », désigne la production ou la fabrication à partir de matériaux ; la *poïesis*, qui a donné « poésie », désigne la création de quelque chose de nouveau.

1 | L'art est dans la forme

■ Pour Platon, l'art ne doit pas représenter la réalité telle qu'elle est, mais l'idéaliser pour élever l'âme vers la contemplation des Idées. Il a un rôle d'éducation de l'âme, qui doit s'élever des apparences sensibles aux Idées intellectuelles.

■ Le beau préfigure le vrai. Plotin, disciple de Platon, insiste sur la forme qui idéalise la matière sensible : « Il est clair que la pierre, en qui l'art a fait entrer la beauté d'une forme, est belle non parce qu'elle est pierre [...], mais grâce à la forme que l'art y a introduite. »

■ La valeur de l'art est dans la belle forme, quel que soit l'objet représenté. Ainsi, Rembrandt peint une carcasse de bœuf écorché et Goya des « grotesques » hideux. Ce qui fait dire à Kant que « la beauté artistique est une belle représentation d'une chose. » Le beau est donc dans la forme de la représentation, et non dans la chose elle-même.

2 | L'art est une production libre de l'esprit

■ Cette importance de la forme libre, indépendamment de l'objet, fait voir dans l'art une production libre, par opposition à la production nécessaire et mécanique de la nature et de la technique : « En droit, on ne devrait appeler art que la production par la liberté » (Kant, *Critique de la faculté de juger*).

■ Hegel insiste sur l'histoire de l'art comme progrès de l'esprit vers des formes d'expression de plus en plus immatérielle, des pyramides à la musique et la poésie. Toute œuvre de l'esprit, soutient cet auteur, même l'invention du clou, est infiniment supérieure à la plus habile imitation de la nature.

■ Notre regard sur la nature est imprégné par l'art, au point que Hegel ou Oscar Wilde affirment que c'est la nature qui imite l'art : quand on admire le chant du rossignol, c'est qu'il nous semble exprimer des sentiments humains.

zOOm
L'hyperréalisme : des œuvres « plus vraies que nature »

■ L'hyperréalisme américain des années 1960 rompt avec l'art abstrait et cherche à rivaliser avec la photographie dans l'impression de réalité.

■ Cela donne des tableaux ou des sculptures parfois « plus vrais que nature », tant la précision du détail est exagérée.

Duane Hanson, *Tourists II*, 1988.

2 Qu'est-ce que le beau ?

En bref *Nous avons tendance à attendre de l'art qu'il produise de beaux objets. Mais cette beauté est-elle objective ou subjective ? dans la chose même ou dans notre façon de nous la représenter ? Peut-on définir des critères de beauté ? Enfin, le beau est-il véritablement le but de l'art ?*

I Le beau est objectif et utile

■ Dans l'Antiquité et à l'âge classique, le beau se définit objectivement par des règles de proportion et d'harmonie : par exemple, un temple ou un visage sont beaux s'ils présentent une belle symétrie. Pour les Grecs, le beau est, par ailleurs, associé au vrai et au bien : un homme laid ne peut avoir une âme noble.

■ Dans la conception aristotélicienne, une chose est belle si elle remplit parfaitement son but : un beau cheval de course est fait pour courir vite, une belle femme est proportionnée pour faire des enfants. La beauté est une forme adaptée à sa fin.

■ Mais cette conception d'une beauté finalisée met sur le même plan éléments naturels et objets fabriqués. Or, si les objets fabriqués servent à quelque chose, il est moins évident d'assigner une fin objective à un élément naturel : quelle est la fin d'un arbre ou d'un ruisseau ? La beauté objective confond le beau et l'utile.

II Le beau est subjectif et formel

1 « Des goûts et des couleurs… »

■ Chacun a fait l'expérience de la relativité du beau et a constaté qu'il diffère selon les individus et les cultures. Une chose n'est pas belle ou laide en soi ; sa beauté ou sa laideur dépend de notre sensibilité.

■ La beauté n'est plus une vérité, mais un sentiment subjectif et relatif. Elle n'est plus l'objet de la science classique, mais de l'esthétique.

> **MOT-CLÉ**
> L'**esthétique** s'intéresse à la nature et surtout aux fonctions de l'art. Le mot « esthétique » est dérivé du mot grec *aisthèsis* qui indique que c'est la sensation éprouvée par l'amateur d'art qui est le critère majeur de l'art.

2 C'est la forme de l'œuvre d'art qui me plaît

■ Kant remarque que, lorsque nous jugeons un objet beau, nous nous intéressons à sa forme pure, indépendamment de son contenu matériel, voire de son existence. Le beau n'est pas dans ce qui est représenté (l'objet, le contenu), mais dans la façon de représenter.

■ Le jugement esthétique est formel, non matériel : il exprime une harmonie entre notre esprit et la forme de l'objet qui nous plaît. C'est pourquoi nous pouvons trouver belles des formes abstraites, qui ne représentent rien, telle une arabesque.

III. Le beau est relatif et se veut universel

1. Une exigence d'accord universel

■ Le plaisir pris à la forme pure est une affaire de goût, non de connaissance. Le goût est relatif à chacun ; nous en sommes plus ou moins dotés à la naissance, mais il se cultive et s'éduque par la pratique artistique ou la fréquentation des œuvres.

■ Néanmoins, le goût porte en lui une exigence d'accord universel : quand on trouve une chose belle, on exige que les autres la trouvent belle aussi, et ce sans preuves ni arguments, puisque le beau n'est pas une vérité.

■ D'où des discussions interminables qui font de l'art le prétexte, selon Kant, de la recherche d'un accord subjectif universel des esprits humains.

2. Le beau est-il la seule finalité de l'art ?

Cette relativité du beau subjectif conduit à le remettre en cause comme finalité de l'art. Aujourd'hui, on dira plus souvent d'une œuvre d'art qu'elle est « intéressante » ou « originale ». Le caractère innovant semble remplacer le beau comme critère de l'art et fournir ainsi un nouveau critère objectif.

zoOm

Walter Benjamin : le déclin de l'œuvre d'art

■ Dans *L'Œuvre d'art à l'ère de la reproductibilité technique* (1935), Walter Benjamin considère que les progrès techniques, en particulier la photographie, portent un coup fatal à l'art.

■ Autrefois, l'œuvre d'art avait un caractère sacré en tant qu'elle était originale, inimitable et unique. Le XXe siècle la désacralise en permettant sa reproduction. L'œuvre d'Andy Warhol, qui utilise la sérigraphie pour reproduire à de multiples exemplaires des photographies, confirme l'analyse de Benjamin.

Andy Warhol, *Autoportrait*, 1966.

3 L'art a-t-il une utilité ?

En bref *L'art est-il gratuit et désintéressé ou n'est-il qu'un moyen d'exprimer un message religieux, politique, etc. ? Tenter de répondre à cette question suppose d'interroger le statut social et historique de l'art.*

I L'art exprime un message

■ Les peintures des grottes de Lascaux avaient le pouvoir magique de favoriser la chasse. Les temples grecs ou les cathédrales gothiques devaient glorifier les dieux et soutenir la foi des croyants. Longtemps, l'art a eu une fonction ésotérique ou religieuse.

■ Il a pu être utilisé également comme un moyen efficace au service d'un message politique. La publicité, quant à elle, soumet l'art à une utilité commerciale et véhicule un modèle de société consumériste.

■ Cependant, vouloir faire de l'art une expression revient à en faire un langage à interpréter, renvoyant à une vérité rendue à travers des symboles. C'est réduire l'art à un moyen au lieu d'en faire une activité ayant sa fin en soi.

II L'art est désintéressé

1 | L'art n'a pas d'utilité

■ Pour Kant, l'art et le beau doivent être désintéressés. Le beau doit être distingué de l'utile. On doit ainsi distinguer « beauté libre » et « beauté adhérente » : admirer une voiture de course pour sa belle ligne, c'est goûter à la beauté libre par un jugement de goût ; l'admirer parce qu'elle va vite, c'est admirer sa beauté adhérente par un jugement d'utilité.

■ Le beau doit être aussi distingué de l'agréable. Le beau procure un plaisir formel (la présentation esthétique d'un plat), l'agréable apporte un plaisir matériel (l'odeur appétissante du même plat).

■ Le beau doit être également distingué du vrai, puisqu'il est affaire de goût, et qu'il n'y a là ni preuve, ni connaissance objective (l'art n'est pas une science au sens classique du terme).

2 | L'art nous détache des choses matérielles

■ Enfin, pour Kant, le beau doit être distingué du bon : l'art n'est ni moral, ni immoral. Vouloir censurer *Les fleurs du mal* ou *Madame Bovary*, c'est mépriser cette indépendance et cette liberté formelle de l'art.

■ Néanmoins, son caractère désintéressé en fait une introduction à la morale, en nous exerçant à nous détacher des intérêts matériels.

3 | Le beau et le sublime

Si le beau nous fait goûter une forme finie et harmonieuse, le sublime nous expose à un phénomène monstrueux qui suscite en nous effroi et admiration (la mer déchaînée, la haute montagne). Le sublime est, selon Kant, l'expérience esthétique qui introduit au sentiment religieux de ce qui nous dépasse.

III Expression de quelque chose ou « perception brute » ?

■ Pourtant, l'histoire de l'art conduit à relativiser cette conception, qui fait de l'art gratuit une forme moderne du sacré. Pour Hegel, l'art – à travers son histoire – exprime l'esprit d'un peuple ; pour Marx, il représente des intérêts de classe. Pour Freud, il est l'expression de l'inconscient, des désirs refoulés et **sublimés**.

> **MOT-CLÉ**
> Selon la psychanalyse de Freud, la **sublimation** est l'expression de pulsions coupables sous des formes socialement valorisées. C'est ce que fait l'art, mais aussi le sport, la science ou la politique.

■ Cette interprétation de l'art comme expression est rejetée par Bergson et Merleau-Ponty, qui réaffirment la gratuité de l'art : l'art doit être « perception brute » et pure présence au monde, dégagée de considérations utilitaires.

zoOm
Le réalisme socialiste : un art au service du peuple

Max Lingner, *Reconstruction de la République* (détail), 1952-1953.

Dans les années 1930 à 1960, le réalisme socialiste est la doctrine officielle des pays communistes en matière d'art. L'art doit glorifier la classe ouvrière et paysanne, ainsi que les exploits économiques ou militaires du régime. C'est un art de propagande.

▶ SUJET 1 | OBJECTIF BAC

DISSERTATION ⏱ 4h **La laideur comme objet de l'art**

> On considère généralement que l'art nous fait jouir de belles œuvres. Ne dit-on pas d'ailleurs « les beaux-arts » ? Pourtant, l'art nous choque parfois par la laideur repoussante des objets représentés. Est-ce seulement de la provocation ?

📄 LE SUJET

Est-il concevable que la laideur puisse être l'objet de l'art ?

LES **CLÉS** POUR RÉUSSIR

▶ Analyser les termes du sujet

▶ **Concevable** : synonyme de « pensable ». Est-ce l'équivalent d'une formulation classique du type « peut-on » ou « faut-il » ?

▶ **Laideur** : quelles sont les caractéristiques d'un objet laid ? Cherchez les sentiments éprouvés face à la laideur. Qu'est-ce qui l'oppose à la beauté ?

▶ **Objet** : demander ce qu'est l'objet de l'art, est-ce demander ce qu'il représente (son contenu) ou ce qu'il vise (sa finalité, sa fonction) ?

▶ Dégager la problématique et les enjeux du sujet

▶ Il faut relever le **caractère paradoxal** de la question. Le sujet adopte presque un ton provocateur. Le traitement devra porter sur ce que l'artiste et le spectateur recherchent dans l'art.

▶ Les enjeux du sujet portent sur le statut social de l'art, son évolution et son histoire, la nature du plaisir qu'on en tire et son caractère universel ou relatif.

▶ Construire le plan de la dissertation

❶ L'art recherche le beau

▶ Commencez par le plus évident : pourquoi ordinairement trouve-t-on du plaisir à fréquenter des œuvres d'art ?

▶ Trouvez des exemples d'œuvres représentant de beaux objets. Expliquez pourquoi on trouve ces œuvres belles.

❷ L'art peut représenter des choses laides

Expliquez pourquoi certaines œuvres d'art représentent des choses laides. Vous pouvez vous appuyer sur *Le Cri* de Munch.

3 L'art par-delà le beau et le laid

Demandez-vous s'il suffit d'opposer beauté et laideur, ou s'il faut dépasser cette opposition. N'y a-t-il pas un élément plus fondamental dans le plaisir artistique ?

 LE CORRIGÉ

Les titres ou mentions entre crochets ne doivent pas figurer sur la copie.

Introduction

[amorce] Interroger la possibilité de prendre la laideur comme objet de l'art présuppose que, d'habitude, l'objet de l'art est le beau. Pourtant qui n'a pas déjà éprouvé du plaisir à regarder un film d'horreur ? Le sujet met le doigt sur un paradoxe.

[problématique] La laideur produit un déplaisir et un malaise : elle n'est pas « esthétique ». Elle ne semble donc pas pouvoir être ce que l'art veut donner à goûter. Cependant, peut-il y avoir une façon artistique de présenter des choses laides ? En somme, l'enjeu est de définir la fonction possible de l'art, en dehors de son rôle classique de production d'un sentiment de plaisir par le beau. **[annonce du plan]** Nous montrerons en quoi l'objet de l'art est généralement de produire de belles choses. Puis nous verrons que l'histoire de l'art offre de nombreux cas de représentations de la laideur. Enfin, nous nous demanderons si l'objet de l'art n'est pas dans le dépassement même de cette opposition entre beauté et laideur du contenu représenté.

I. La beauté comme objet de l'art

 SECRET DE FABRICATION
Il est conseillé d'avancer ici l'évidence première, le point de vue du sens commun. Le mot « art » est généralement associé à la beauté : un beau film, une belle musique.

1. La contemplation d'une œuvre d'art doit apporter du plaisir

Dans l'art grec, le plaisir vient de la contemplation de beaux corps, édifices ou paysages. Dans cette perspective, l'art doit **réaliser un idéal de beauté** et amener à leur perfection des formes imparfaites observées dans la nature.

2. La beauté classique

▶ Suivant l'esprit grec, la beauté classique recherche **une harmonie et une symétrie** dans l'œuvre. Elle trouve son modèle dans les beautés naturelles à imiter (la *mimésis*). Un beau cheval, pour Aristote, est un cheval dont les membres sont proportionnés et effilés pour une course rapide.

▶ Michel-Ange, Botticelli ou Léonard de Vinci produisent des œuvres idéalisant la beauté humaine et naturelle. Ils recourent aux techniques de la perspective, au clair-obscur, aux harmonies colorées et aux proportions savamment calculées.

▸ À l'inverse, **la laideur est difformité**. Elle procure malaise et dégoût. Elle est comme un échec de l'art, dont le regard se détourne avec douleur.

[transition] Pourtant, cet idéal classique n'exclut pas la laideur. Le montrent les **tragédies antiques** et l'horreur inspirée par les crimes d'Œdipe ou de Médée.

II. L'art peut représenter des choses laides

 SECRET DE FABRICATION
La deuxième partie, souvent baptisée **antithèse**, ne doit pas dire le contraire de la précédente, mais apporter des réserves ou des objections. La généralité de la première partie amène à nuancer le propos et à remettre en question l'évidence première.

1. L'art moderne montre des objets laids

▸ Au XVIIe siècle, Rembrandt peint une carcasse de boucherie, Velasquez une femme pauvre et ridée. La peinture choisit de montrer des choses laides, comme la littérature propose des **récits grotesques**. Cervantès inaugure ainsi le roman moderne avec un anti-héros, Don Quichotte, laid, efflanqué et ridicule, dont les entreprises tournent à des catastrophes. C'est la caricature risible du roman de chevalerie qui proposait des héros positifs, comme Lancelot ou Tristan.

▸ L'art moderne se tourne résolument vers la laideur avec les scènes de guerre de Goya et ses *Grotesques*, *Guernica* de Picasso ou les portraits de Francis Bacon.

▸ Les horreurs de la guerre, de la vieillesse, de la maladie, de la cruauté, deviennent des sujets de prédilection de la peinture, de la littérature, de la photographie et du cinéma. Ainsi, le cinéma expressionniste allemand présente des personnages monstrueux, comme dans *Nosferatu le vampire* de Murnau, ou un malade mental criminel, comme dans *M. le maudit* de Fritz Lang.

2. L'art devient subjectif et formel

▸ L'esthétique moderne abandonne la prétention à une beauté objective. L'art moderne tient compte d'une **relativité du goût**. La distinction entre beau et laid devient secondaire.

▸ Le plaisir ne réside plus dans l'objet représenté, mais dans **la forme de la représentation**. Selon Kant, « la beauté artistique est une belle représentation d'une chose ». Kant introduit un tournant subjectif dans l'histoire de l'art et met le sujet au centre : la beauté n'est plus dans l'objet mais dans le regard du spectateur.

[transition] Ce tournant de l'art moderne remet en cause l'opposition entre le beau et le laid, obligeant à rechercher l'objet de l'art dans une autre dimension.

III. L'art par-delà le beau et le laid

 SECRET DE FABRICATION
Il faut éviter de présenter une **synthèse** comme un partage égal de la vérité entre les deux parties précédentes. Demandez-vous plutôt si la thèse résiste aux objections ou s'il faut l'abandonner pour une autre réponse ou une autre formulation de la question.

1. La recherche de la nouveauté

▶ La question posée par le sujet est mise en cause dans l'art contemporain, où le beau n'est plus le **critère esthétique,** remplacé par la nouveauté ou l'originalité. Il s'agit de « plonger dans l'inconnu pour trouver du nouveau » (Baudelaire).

▶ Le goût est relativisé comme construction subjective et sociale. Bourdieu montre qu'un chromo de coucher de soleil est admiré par un ouvrier, mais méprisé par un universitaire qui préfère l'art abstrait. Le beau et l'art n'ont plus aucune objectivité ni universalité, et sont réduits à **un pur statut social.**

2. Un plaisir esthétique sans beauté

▶ Cependant, l'art conserve un rapport au sentiment de plaisir. Ce plaisir artistique est aujourd'hui procuré par **d'autres facteurs que le beau** : on peut prendre plaisir au spectacle de l'intelligence, de la déchéance, du vice ou de la mort.

▶ La totale **liberté de l'art contemporain**, affranchi des normes et des règles, l'émancipe de la recherche du beau, comme de tout autre critère contraignant.

3. Le dépassement de la représentation

Non seulement la laideur peut être l'objet de l'art, mais la distinction même de l'art d'avec son objet est aujourd'hui contestée à travers la critique de la représentation. Certains courants artistiques proposent des *happenings* ou des installations en direct avec le public : Chris Burden se fait crucifier sur l'arrière d'une voiture Coccinelle, Christo enveloppe le Reichstag et le pont Neuf. Ici, l'art n'est plus représentation d'un objet, mais présentation immédiate.

Conclusion

[synthèse] L'histoire de l'art permet de répondre à la question posée par cette évolution qui a conduit l'art d'une volonté de représenter le beau au souci d'une belle représentation de n'importe quel objet, pour finir par renoncer à l'idée même de représentation. L'histoire de l'art moderne semble signer la mort de la beauté, au profit de la nouveauté comme critère de l'œuvre d'art. **[ouverture]** Si la laideur n'a pas disparu, elle semble avoir pris une charge de provocation et d'innovation très en vogue dans l'art contemporain.

▶ SUJET 2 — OBJECTIF MENTION

EXPLICATION DE TEXTE ⏱ 4 h **Friedrich Nietzsche,** *Le Crépuscule des idoles*

> Nietzsche contredit ici la conception, dominante à la fin du XIXᵉ siècle, de « l'art pour l'art » et rejoint la théorie freudienne selon laquelle l'art obéit à des forces obscures en l'homme.

LE SUJET

Expliquez le texte suivant.

L'art pour l'art. – La lutte contre la fin en l'art est toujours une lutte contre les tendances moralisatrices dans l'art, contre la subordination de l'art sous la morale. L'art pour l'art veut dire : « Que le diable emporte la morale ! ». – Mais cette inimitié même dénonce encore la puissance prépondérante du préjugé. Lorsque l'on a exclu de l'art le but de moraliser et d'améliorer les hommes, il ne s'ensuit pas encore que l'art doive être absolument sans fin, sans but et dépourvu de sens, en un mot, l'art pour l'art – un serpent qui se mord la queue. « Être plutôt sans but, que d'avoir un but moral ! ainsi parle la passion pure. Un psychologue demande au contraire : que fait toute espèce d'art ? ne loue-t-elle point ? ne glorifie-t-elle point ? n'isole-t-elle point ? Avec tout cela l'art fortifie ou affaiblit certaines évaluations... N'est-ce là qu'un accessoire, un hasard ? Quelque chose à quoi l'instinct de l'artiste ne participerait pas du tout ? Ou bien la faculté de pouvoir de l'artiste n'est-elle pas la condition première de l'art ? L'instinct le plus profond de l'artiste va-t-il à l'art, ou bien n'est-ce pas plutôt au sens de l'art, à la vie, à un désir de vie ? – L'art est le grand stimulant à la vie : comment pourrait-on l'appeler sans fin, sans but, comment pourrait-on l'appeler l'art pour l'art ?

Friedrich Nietzsche, *Le Crépuscule des idoles*,
trad. Henri Albert © Flammarion, 2017.

LE CORRIGÉ

Les titres ou mentions entre crochets ne doivent pas figurer sur la copie.

Introduction

[amorce] À la fin du XIXe siècle, des poètes comme Baudelaire ou Gautier soutiennent une conception de « l'art pour l'art » : l'art n'obéit ni à la morale, ni à la religion, ni à la politique. Il est gratuit.

[problématique] Dire que l'art est sa propre fin, c'est refuser que l'art serve de moyen pour porter un message. Cependant, si l'histoire de l'art montre une libération progressive de l'art, peut-on soutenir que celui-ci est totalement « gratuit » et le déconnecter de tout contexte psychologique ou social ?

[annonce du plan] Le texte s'ouvre sur un éloge de « l'art pour l'art » comme libération vis-à-vis de la censure morale. Puis l'auteur nuance son propos : l'art n'est pas sans but. La fin du texte développe la thèse de l'auteur : l'art a un sens et un but, celui de stimuler la vie.

I. « L'art pour l'art » contre la morale (l. 1 à 3)

> 👍 **LE PIÈGE À ÉVITER**
> Souvent, le début d'un texte présente la thèse de l'auteur. Ici, c'est trompeur, car si Nietzsche semble d'abord soutenir « l'art pour l'art », c'est pour mieux le critiquer ensuite. Ce serait donc tomber dans un piège que d'attribuer cette thèse à l'auteur.

1. Qu'est-ce que « l'art pour l'art » ?

▸ À la fin du XIXᵉ siècle, le contexte en est à la censure des œuvres jugées immorales, comme *Le déjeuner sur l'herbe* (Manet) ou *Les fleurs du mal* (Baudelaire).

▸ Selon les artistes, le critère de définition de l'art se joue ici. L'art est **par-delà le bien et le mal**, il est amoral. Personne n'a le droit de le censurer.

> 📝 **À NOTER**
> « **L'art pour l'art** » a été théorisé par Théophile **Gautier** : « Il n'y a de vraiment beau que ce qui ne peut servir à rien. » L'art doit être inutile.

2. Les antécédents d'un art serviteur

▸ Dans l'Antiquité, l'art sert et imite la nature (la tragédie, par exemple). Au Moyen Âge, l'art sert la religion (les cathédrales, les icônes, la musique).

▸ Au XIXᵉ siècle, les artistes romantiques aiment « choquer le bourgeois ». D'où les procès qui rappellent aux artistes qu'ils doivent servir le bien et contribuer à l'éducation morale : est prôné **un art édifiant et moralisateur**, qui se réfère à la critique de Platon contre les artistes « imposteurs » qu'il faut chasser de la cité.

[transition] Mais l'art ne peut être sans but. Il a un sens, comme tout dans la nature.

II. L'art ne peut être sans but (l. 4 à 9)

> 🔧 **SECRET DE FABRICATION**
> Un texte philosophique procède souvent par affirmations (thèses) et objections ou critiques, puis réfutations de ces objections. Les ruptures sont signalées par des mots comme « mais », « pourtant », « à l'inverse », « au contraire », etc.

1. « L'art pour l'art » cache un nouveau préjugé

C'était un préjugé de vouloir soumettre l'art à la morale, et il est bon de les séparer (« cette inimitié »). Mais c'est un autre préjugé de croire que l'art peut être une fin en soi, sans cause ni but. C'est une **illusion**, car rien de tel n'existe. Pour Nietzsche, tout est soumis à la **volonté de puissance**, une force de vie originaire ; et tout ce que font les hommes sert à l'accroître ou l'affaiblir. La morale l'affaiblit, l'art devrait l'enrichir.

2. « Un serpent qui se mord la queue »

Le rejet de la soumission à la morale ne doit pas conduire au rejet de tout sens ou but. **L'art ne peut être son propre but.** Contre Kant, Nietzsche ne pense pas que l'art puisse être **désintéressé**. L'art sert à quelque chose.

> 📙 **MOT-CLÉ**
> Chez Kant, le beau est **désintéressé** au sens où il n'obéit ni au vrai ni au bien. Il faut donc séparer l'art de la morale et de la science. À l'inverse, chez les Grecs, le vrai, le bien et le beau étaient indissociables.

III. L'art est au service de la vie (l. 9 à 17)

 **SECRET DE FABRICATION**
Nietzsche est aussi un poète et un polémiste. On ne trouve pas vraiment ici une argumentation, mais une suite d'interpellations qui valent autant d'affirmations.

1. Pourquoi un « psychologue » ?

▸ En appeler à un « psychologue », c'est **chercher des causes et des buts cachés** à la conscience. Ainsi, Freud et la psychanalyse recherchent les causes inconscientes des rêves ou des lapsus.

▸ Nietzsche a pour méthode la « **généalogie** », qui est la recherche des causes cachées et inconscientes des comportements humains. Dans ce texte, il fait la généalogie de « l'art pour l'art » en montrant qu'il reste inconsciemment prisonnier de la morale désintéressée selon Kant.

2. L'art loue, glorifie, isole

L'art a un effet : il valorise ou dévalorise ; il met en valeur ou dégrade ce qu'il représente. Car la vie, selon Nietzsche, est une hiérarchisation des valeurs : selon lui, le christianisme valorise les faibles et dévalorise les forts, et inverse l'ordre naturel des valeurs.

3. L'art stimule la vie

▸ L'art a un sens et une utilité : **il enrichit la vie et accroît la volonté de puissance**. Loin d'être de simples ornements, la musique, la danse ou la peinture augmentent la puissance de vivre et la valeur de la vie.

▸ L'art obéit à l'instinct de l'artiste : il n'est pas un choix rationnel ou désintéressé ; il sert l'instinct de vie et de puissance qui règne dans la nature et en chaque individu.

Conclusion

[synthèse] Cette critique de « l'art pour l'art » salue la libération de l'art par rapport à la morale. Mais l'art ne peut être dépourvu de sens et d'intérêt : l'art est utile à la vie, il augmente la puissance de vivre. L'art redevient un instinct naturel, une force vitale.

[ouverture] Cette « naturalisation » de l'art le rend nécessaire à la vie et lui donne une utilité radicale. Mais c'est faire de l'art un instinct ou une pulsion qui échappe à la raison et à la conscience, et met en cause la séparation entre art et nature.

Les notions

2 Le bonheur

Le bonheur serait-il dans la famille ? Une équipe de Harvard, dirigée par le professeur Waldinger, a suivi 725 hommes tout au long de leur vie, depuis 1938, et en a conclu que le bonheur durable est dans la qualité des relations humaines de proximité. Avoir de bonnes relations avec son entourage serait même bon pour la santé !

TEST
Pour vous situer et identifier les fiches à réviser — 30

FICHES DE COURS
MÉMO VISUEL — 32
4. En quoi consiste le bonheur ? — 34
5. Le bonheur est-il une illusion ? — 36
6. Le bonheur est-il une fin morale ? — 38

SUJETS GUIDÉS & CORRIGÉS
OBJECTIF BAC
3. DISSERTATION | Dépend-il de nous d'être heureux ? — 40
OBJECTIF MENTION
4. EXPLICATION DE TEXTE | Paul Ricœur, *L'homme faillible* — 44

TESTEZ-VOUS

→ CORRIGÉS P. 346

Faites le point sur vos connaissances puis établissez votre **parcours de révision** en fonction de votre score.

1 En quoi consiste le bonheur ?

→ FICHE 4

1. Lisez l'extrait et cochez la (ou les) proposition(s) qui rend(ent) compte du sens du texte.

> Tout plaisir est, de par sa nature même, un bien, mais tout plaisir ne doit pas être recherché ; pareillement toute douleur est un mal, mais toute douleur ne doit pas être évitée à tout prix.
>
> Épicure, *Lettre à Ménécée*.

☒ **a.** Cette citation illustre l'hédonisme d'Épicure.
☐ **b.** Le bonheur est synonyme de plaisir pour Épicure.
☐ **c.** Épicure s'oppose radicalement à la recherche de plaisir.

2. Pour Schopenhauer, le plaisir…
☐ **a.** est le but de la vie humaine.
☐ **b.** est simplement l'absence de douleurs.
☒ **c.** est toujours immoral et indigne.

3. Pour les stoïciens, le bonheur…
☐ **a.** est un état matériel.
☐ **b.** est une forme d'apathie.
☐ **c.** dépend entièrement de nous.
☐ **d.** ne dépend pas du tout de nous.

…/3

2 Le bonheur est-il une illusion ?

→ FICHE 5

1. Associez chaque citation à son auteur.

a. « Il vaut mieux être Socrate insatisfait qu'un imbécile satisfait. »

b. « Il n'y a qu'une erreur innée : celle qui consiste à croire que nous existons pour être heureux. »

c. Le bonheur est « un idéal, non de la raison, mais de l'imagination. »

Schopenhauer

Kant

Mill

2. L'utilitarisme est…

☐ **a.** une doctrine philosophique qui distingue le bonheur du plaisir.
☐ **b.** une doctrine philosophique qui considère que le bonheur est synonyme de plaisir.
☐ **c.** une croyance religieuse qui fait de l'utilité un dieu.

3. Le BNB désigne…

☐ **a.** le Bonheur national brut, un indice servant à mesurer la quantité de bonheur d'un pays.
☐ **b.** le Bonheur non bienheureux, un concept de Schopenhauer.
☐ **c.** le Bonheur non bestial, qui désigne un plaisir plus élevé pour Mill.

…/3

3 Le bonheur est-il une fin morale ?

→ FICHE **6**

1. Vrai ou faux ? Cochez la case qui convient.   V   F

a. Pour Kant, le bonheur est garanti si nous agissons moralement. ☐ ☐
b. Aristote est un philosophe eudémoniste. ☐ ☐
c. Les stoïciens sont des philosophes eudémonistes. ☐ ☐

2. L'ascèse est…

☐ **a.** synonyme de plaisir ultime.
☐ **b.** un exercice qui permet de se dépouiller des biens matériels.
☐ **c.** un exercice qui permet de maximiser les plaisirs ressentis.

3. Pour Spinoza…

☐ **a.** le bonheur se nomme béatitude.
☐ **b.** le bonheur est le plaisir.
☐ **c.** le bonheur est la connaissance rationnelle de la nature.

4. Le personnage de Job illustre bien la conception kantienne du bonheur, car…

☐ **a.** Job fait le bien pour être heureux.
☐ **b.** Job fait le bien sans se préoccuper du bonheur.
☐ **c.** Job se moque de faire le bien ou le mal, ne se préoccupant que de son plaisir personnel.

…/4

Score total …/10

Parcours PAS À PAS ou EXPRESS ? → MODE D'EMPLOI P. 3

MÉMO VISUEL

DÉFINITIONS CLÉS

Bonheur (sens 1)
Satisfaction de tous nos désirs.

Bonheur (sens 2)
État de plénitude et de perfection de notre être.

En quoi consiste le bonheur ? (→ p. 34)

Les repères utiles
idéal/réel → p. 340

LE

La réponse d'Épicure
Le bonheur consiste dans la satisfaction de nos désirs et la recherche du plaisir, qui est la cessation de la douleur.

La réponse d'Aristote
Le bonheur est dans la réalisation de la perfection humaine, c'est-à-dire dans une vie contemplative.

« Et pour l'homme […], ce sera la vie selon l'intellect, s'il est vrai que l'intellect est au plus haut degré l'homme même. Cette vie-là est donc aussi la plus heureuse. »

BONHEUR

Le bonheur est-il une illusion ? (→ p. 36)

Les repères utiles
croire/savoir → p. 337

La réponse de Schopenhauer
Le bonheur est une illusion qui donne un sens à la vie humaine.

La réponse de Kant
Le bonheur est trop aléatoire pour être connu par la raison. Chacun en rêve à sa façon.
« Le bonheur est un idéal, non de la raison, mais de l'imagination. »

Le bonheur est-il une fin morale ? (→ p. 38)

Les repères utiles
objectif/subjectif/ intersubjectif → p. 342

La réponse de Spinoza
Spinoza soutient un eudémonisme, à savoir l'idée selon laquelle le bonheur est le « souverain bien » que tout homme recherche.
« Le désir de bien vivre ou de vivre heureux […], c'est l'essence même de l'homme. »

La réponse de Kant
Le bonheur est trop subjectif et incertain pour fonder une morale universelle. Seul le devoir désintéressé peut le faire.

4 En quoi consiste le bonheur ?

En bref *Le bonheur est aussi divers et insaisissable que nos désirs qui varient et changent tout au long de notre vie. Difficile donc d'en trouver une définition objective et universelle. Les philosophes s'y essaient pourtant, s'appuyant tantôt sur l'expérience, tantôt sur la raison.*

I « Au petit bonheur la chance »

1 Croyances et superstitions

■ Selon l'étymologie, le mot « heur » désigne le hasard, le sort ou la fortune, et le mot « bonheur » la bonne fortune, par opposition au « malheur », littéralement « mauvais sort ». Le bonheur dépend donc du hasard aveugle ou de la providence divine.

■ Dans cette perspective, le bonheur relève de croyances (avoir « une bonne étoile » ou un « porte-bonheur »), se manifeste de façon imprévisible et justifie le recours à des pratiques superstitieuses (devins, voyantes, horoscopes, etc.). L'homme heureux est celui qui sait « saisir sa chance ».

> **À NOTER**
> Le terme grec qu'on traduit par « bonheur » suggère la même idée de chance : *eudaimonia* signifie littéralement « avoir un bon génie ».

2 Une question philosophique

Ces superstitions très anciennes témoignent d'une aspiration universelle au bonheur. Mais les hommes se séparent sur sa définition, ainsi que sur les moyens d'y parvenir. C'est en cela que le bonheur devient une question philosophique : s'interroger sur la « vie bonne » (*eu dzên*, disaient les Grecs), c'est d'abord se demander ce qui est bon, ce qu'est le bien.

II Le bonheur réside dans le plaisir

■ Le sens commun représente le bonheur comme la satisfaction complète des désirs : être heureux, c'est être comblé. Le bonheur serait un état de plaisir total.

■ Ainsi, l'**hédonisme** d'Épicure définit le bonheur par le plaisir. Mais le plaisir épicurien est dans la cessation de la douleur physique et l'ataraxie (ou absence de troubles de l'âme).

> **MOT-CLÉ**
> L'**hédonisme** désigne une doctrine qui fait du plaisir le souverain bien que nous devons rechercher.

■ Schopenhauer reprend cette définition négative du plaisir comme absence de douleur : « L'homme le plus heureux est donc celui qui parcourt sa vie sans douleurs trop grandes, soit au moral soit au physique, et non pas celui qui a eu pour sa part les joies les plus vives ou les jouissances les plus fortes. »

III. Le bonheur est un état permanent de l'âme

1. Distinguer le bonheur de la joie et du plaisir

■ Il faut distinguer le bonheur de la joie et du plaisir. Joies et plaisirs sont multiples, occasionnels, éphémères ; le bonheur est permanent et continu. Les premiers sont des événements qui résultent de causes extérieures, tandis que le second est un état qui provient d'une façon de vivre constante et qui dépend de nous.

■ Éprouver un plaisir ou une joie ne suffit pas à être heureux. D'abord parce que joies et plaisirs sont fugaces et qu'ils cèdent souvent la place à la tristesse ou à la souffrance. Ensuite parce qu'ils peuvent en eux-mêmes être mauvais et nuisibles, comme dans le cas des passions.

2. Vouloir ce qui dépend de nous

Pour les stoïciens, les passions sont mauvaises, car elles troublent l'esprit et nous rendent esclaves de choses extérieures. Désirer ce qui « ne dépend pas de nous » nous rend forcément malheureux, car aliénés à des causes extérieures à notre volonté. Pour être heureux, le sage ne doit vouloir que ce qui dépend de lui. Il peut atteindre ainsi l'apathie (ou absence de passions).

3. Le bonheur, une fin en soi ?

Pour Aristote, la vie heureuse est une vie contemplative consacrée au savoir rationnel. En effet, la raison est la qualité spécifique de l'homme, et le bonheur est dans la réalisation parfaite de sa fin propre : « Le bonheur est quelque chose de parfait et qui se suffit à soi-même, et il est la fin de nos actions » (*Éthique à Nicomaque*).

zoOm — Le *hygge* : la philosophie danoise du bonheur

Selon l'ONU, les pays scandinaves sont les plus heureux du monde. Le secret se situe peut-être dans une philosophie de vie qui prône le bien-être. Une boisson chaude, un plaid, un feu de cheminée… Le *hygge*, ou *cocooning*, invite à savourer les petits moments de bonheur simple, seul ou entre amis.

5 Le bonheur est-il une illusion ?

En bref *Si tous recherchent le bonheur, il est rare de trouver des gens pleinement heureux, et la souffrance et le malheur semblent la condition humaine la plus ordinaire. La réalité du bonheur paraît alors douteuse, et l'on s'interroge sur le besoin illusoire de bonheur.*

I Le bonheur est une illusion nécessaire

1 Le bonheur n'existe pas

Pour Schopenhauer, la vie oscille entre la souffrance et l'ennui, dominée par un désir tyrannique qui sacrifie l'individu à la reproduction de l'espèce. Cette vision pessimiste s'appuie sur une conception de la nature dominée par la volonté, une force obscure qui pousse chaque être vivant à se conserver en vie et à accroître sa puissance. Chez les espèces animales, elle prend la forme d'une lutte pour la vie et pour la reproduction de l'espèce. L'individu n'a aucune importance et se sacrifie pour l'espèce.

2 L'illusion du bonheur donne un sens à la vie

Mais la conscience oblige l'homme à trouver un but à la vie individuelle. D'où l'invention du bonheur comme illusion vitale : « Il n'y a qu'une erreur innée : celle qui consiste à croire que nous existons pour être heureux. » Sans cette illusion, la vie humaine paraîtrait absurde, ce qui pourrait conduire à une extinction de l'espèce.

3 Être moins malheureux à défaut d'être heureux

Être moins malheureux reste possible pour Schopenhauer. Cela ne dépend pas des circonstances externes (argent, gloire, etc.), mais du tempérament, mélange de bonne santé et de bonne humeur.

II Le bonheur est un idéal de l'imagination

■ Selon Kant, le bonheur est « un idéal, non de la raison, mais de l'imagination ». Car la raison ne peut connaître la totalité des désirs à combler, chacun ayant une infinité de désirs différents et changeants. Aucune science du bonheur n'est possible.

■ Il n'y a que l'imagination qui puisse prétendre à la mission impossible de définir ce qui pourrait rendre un individu heureux. Elle est seule à même de nourrir notre idéal subjectif de bonheur, souvent changeant et multiforme.

> **MOT-CLÉ**
> L'**imagination**, selon Kant, s'oppose à la raison. Alors que la raison est universelle et semblable en tout homme, l'imagination produit des représentations et des images subjectives, relatives à notre corps et à nos passions.

■ Imaginer son bonheur consiste à projeter la satisfaction de ses désirs dans le futur. Cela nourrit l'espoir, mais révèle une insatisfaction dans la vie présente. Ce bonheur imaginaire donne lieu à des créations artistiques, comme les récits de science-fiction et les utopies, ou à des croyances religieuses, comme le paradis ou la résurrection.

III Un usage utilitariste du bonheur

■ Certains refusent la distinction entre bonheur et plaisir, et soutiennent que le bonheur n'est rien d'autre que la quantification des plaisirs : plus on obtient de plaisirs, plus on est heureux. Bentham, fondateur de l'utilitarisme, plaçait ainsi le bonheur dans la quantité de plaisirs accumulés, quels qu'ils soient, sans aucune hiérarchie entre le plaisir d'un bon repas, d'un match de foot ou d'une symphonie de Mozart. L'individu, comme la société, recherche une « maximisation des plaisirs ».

■ Son successeur, John Stuart Mill, défend au contraire une conception qualitative du bonheur, qui place les plaisirs de l'esprit au-dessus de ceux du corps. L'homme ne saurait se contenter d'une satisfaction bestiale : « Un être pourvu de facultés supérieures demande plus pour être heureux […] Il vaut mieux être Socrate insatisfait qu'un imbécile satisfait. »

■ L'utilitarisme de Bentham fait du bonheur collectif le but de l'État : une société est d'autant plus heureuse qu'elle apporte plus de plaisirs au plus grand nombre. Mill penche quant à lui vers une recherche individuelle du bonheur.

Le Bonheur national brut

■ La doctrine de l'utilitarisme conduit aujourd'hui à vouloir mesurer la quantité de bonheur à la façon du PNB. Le Bonheur national brut (BNB) a été inventé en 1972 par le royaume du Bhoutan et reconnu en 2011 par l'ONU.

■ En 2019, les pays scandinaves arrivent en tête du classement, selon des critères de bien-être et de santé. Mais on mesure plus ici les conditions matérielles d'un bonheur possible que le bonheur lui-même.

6 Le bonheur est-il une fin morale ?

En bref *Qu'est-ce qui peut fonder la morale ? Comment définir un critère qui puisse guider nos devoirs ? Le bonheur peut-il être ce critère ?*

I Le bonheur n'est pas une fin morale

■ Kant refuse de faire du bonheur une fin morale. En effet, la morale consiste à faire son devoir, et le devoir doit être désintéressé et ne pas attendre de récompense. La morale ne recherche donc ni le plaisir ni le bonheur.

■ Nous pouvons tout au plus « nous rendre dignes du bonheur », mais en aucun cas garantir que nous l'atteindrons. Le bonheur peut donc survenir comme un accident et un supplément au devoir, mais aucunement comme une récompense nécessaire. Que le respect de la morale nous rende heureux ou malheureux, cela ne change rien à l'intransigeance du devoir moral.

■ Le bonheur est alors un simple espoir et un besoin anthropologique, il doit être poursuivi en dehors du devoir moral et peut être satisfait par surcroît, soit dans une vie future, soit par chance.

> **MOT-CLÉ**
> Chez Kant, le terme **anthropologique** désigne ce qui concerne la nature humaine déterminée par le corps et les passions. Il s'oppose au caractère rationnel et moral de l'humanité.

II Le bonheur est une fin morale

1 L'association bonheur, vertu et connaissance

L'eudémonisme, dont Aristote, les stoïciens et Spinoza sont les principaux représentants, pense que le bonheur ne se dissocie pas du devoir, mais que les deux s'unissent dans une association entre bonheur, vertu et connaissance. La réunion réelle des trois est le souverain bien. Ce dernier désigne le bien placé au-dessus de tous les autres et qui est le but ultime d'une quête éthique.

2 Le bonheur dans l'ascétisme

Pour les stoïciens, le bonheur est dans la liberté et la vertu. La liberté est celle de la volonté qui ne doit pas vouloir ce qui ne dépend pas de nous. La santé, les richesses, la gloire, même le corps ne dépendent pas de nous ; vouloir ces biens nous rend esclaves des passions, donc malheureux. La volonté reste libre en se détachant de ces biens illusoires, et la vertu réside dans une volonté libre. Le bonheur se trouve dans une vie ascétique de dépouillement matériel.

> **MOT-CLÉ**
> L'**ascèse** signifie l'exercice. Chez les stoïciens, c'est l'exercice quotidien de la volonté pour se détacher des biens extérieurs, qui ne sont pas des vrais biens mais des « indifférents ».

3 | La recherche du souverain bien pour lui-même

■ Pour Aristote, le bonheur est le souverain bien et doit être recherché en vue de lui-même. Cependant, les circonstances extérieures, comme la santé, l'aisance matérielle ou la liberté politique, y contribuent. Ce sont des conditions nécessaires mais non suffisantes pour l'obtenir.

■ Dans cette perspective, Aristote s'oppose à ceux, comme les stoïciens, qui pensent que la vertu seule suffit, quelles que soient les conditions matérielles.

4 | L'harmonie avec l'ordre nécessaire de la nature

■ Pour Spinoza, le bonheur se nomme béatitude et consiste dans la connaissance rationnelle de la nature qui nous conduit à l'amour de Dieu, puisque Dieu et la Nature sont une même chose. La vertu est une disposition rationnelle qui vise à faire en sorte que les passions joyeuses l'emportent sur les passions tristes, lesquelles peuvent être évitées par la connaissance de la nécessité.

■ Cette connaissance des causes qui me déterminent me libère et me rend heureux grâce à une fusion intellectuelle et affective avec l'ordre du monde. Le bonheur est dans cette harmonie de mon esprit avec l'ordre nécessaire de la nature.

zoOm — La figure de Job

■ Dans la Bible, Job est le plus juste et le plus vertueux des hommes : il obéit scrupuleusement aux commandements de Dieu. Mais il est en même temps le plus malheureux et toutes les catastrophes s'abattent sur lui : il perd sa maison, ses enfants, et est accablé par les maladies.

■ Il incarne la dissociation entre morale et bonheur : sa vertu n'est pas récompensée. Ses malheurs sont une mise à l'épreuve de sa foi. C'est une figure kantienne par excellence, en ce qu'il ne fait pas son devoir en vue du bonheur, mais malgré les malheurs qu'il endure.

■ Cette séparation entre morale et bonheur donne une dimension tragique à l'existence humaine, déchirée entre deux idéaux : la justice et le bonheur. Dans l'Antiquité, c'est le drame d'Antigone, opposée au roi Créon : elle sacrifie son bonheur en faisant ce qu'elle estime juste, enterrer son frère, ce que le roi a interdit. Le roi la condamne à être emmurée vivante. Dans de nombreuses circonstances, comme la Résistance par exemple, le devoir moral oblige à sacrifier son bonheur.

Léon Bonnat, *Job*, 1880.

▶ SUJET 3 | OBJECTIF BAC

DISSERTATION ⏱4h **Dépend-il de nous d'être heureux ?**

Pouvons-nous faire par nous-mêmes notre propre bonheur, ou sommes-nous condamnés à subir les aléas du sort, espérant être heureux mais demeurant impuissants ?

📄 LE SUJET

Dépend-il de nous d'être heureux ?

LES **CLÉS** POUR RÉUSSIR

▶ Analyser les termes du sujet

▸ **Être heureux :** le bonheur désigne un état durable de complète satisfaction. Tous les hommes cherchent à être heureux.

▸ **Dépendre :** quand on dit qu'une chose dépend de nous, cela signifie que notre action peut la modifier. Dès lors, nous pouvons en être tenus pour responsables.

▶ Dégager la problématique et les enjeux du sujet

▸ **Tous les hommes veulent être heureux. Le bonheur est une fin universelle.** Mais cela ne signifie pas pour autant que l'homme soit capable effectivement d'être heureux. Si le bonheur ne dépend que de nous, comment alors expliquer **l'existence du malheur** ?

▸ **Le bonheur peut en partie dépendre de nous**, mais il est difficile de nier qu'un certain nombre de facteurs extérieurs pèsent sur nous et qu'ils peuvent constituer autant d'obstacles à notre bonheur.

▶ Construire le plan de la dissertation

① Le bonheur dépend des circonstances
▸ Montrez que de nombreux facteurs extérieurs, qui ne dépendent pas de nous, participent à notre bonheur.
▸ Quelles sont les conséquences négatives de cette thèse ?

② Le bonheur ne dépend que de nous
Si le bonheur dépend de nous, comment pouvons-nous faire notre propre bonheur ? Trouvez des exemples.

③ La recherche du bonheur implique un risque

▶ Intéressez-vous à la notion de chance : existe-t-elle indépendamment d'un effort pour saisir sa chance ?
▶ Comment concilier l'effort individuel pour être heureux et le poids des circonstances extérieures ?

Les titres ou mentions entre crochets ne doivent pas figurer sur la copie.

Introduction

[amorce] Dans *Gatsby le Magnifique*, le personnage de Gatsby a beau tout faire pour reconquérir le cœur de Daisy, son projet échoue. Il amasse les richesses, organise des fêtes incroyables, séduit Daisy, mais celle-ci préfère finalement rester avec son mari qu'elle n'aime pourtant plus.

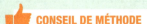 **CONSEIL DE MÉTHODE**

L'amorce doit présenter un exemple qui rend patent le problème dont il est question. Il ne s'agit pas de parler du bonheur en général, mais de montrer comment le problème peut se poser concrètement.

[reformulation du sujet] Cet exemple illustre un constat amer : nous pouvons tout faire pour être heureux, et malgré tout échouer. Le bonheur ne dépendrait pas de nous, mais bien plutôt de circonstances que nous ne maîtrisons jamais absolument. **[problématique]** Dire que le bonheur dépend de nous signifie qu'il suffit de vouloir être heureux pour l'être. Cette thèse optimiste ne rend pas compte de l'expérience du malheur : pourquoi le malheur existe-t-il s'il suffit de vouloir être heureux pour l'être ? **[annonce du plan]** Nous commencerons par mettre en évidence les facteurs extérieurs qui participent à notre bonheur. Puis, nous montrerons que l'individu garde néanmoins la maîtrise de son bonheur, qu'il peut faire par ses actions ou par ses idées. Enfin, nous verrons que toute recherche du bonheur implique un risque et des circonstances qu'il faut apprendre à dompter.

I. Le bonheur : un état matériel qui dépend des circonstances

1. Le poids des circonstances extérieures

▶ Même si nous cherchons à être la cause de notre propre bonheur, il paraît difficile de nier que des circonstances extérieures favorisent ou défavorisent cette recherche. Selon le milieu social dans lequel nous vivons, les rencontres que nous faisons, notre état de santé, **il paraît plus ou moins facile d'être heureux.**

▶ L'étymologie du mot semble confirmer cette thèse : le bonheur serait avant tout **une question de chance**. D'un côté les chanceux rencontreraient par hasard le bonheur, de l'autre les malchanceux devraient se résigner au malheur. Vouloir être heureux ne suffit pas à l'être.

▸ **Le personnage de Priam**, roi de Troie dans l'*Iliade*, illustre le poids de ces circonstances : il a beau être entouré d'une famille nombreuse, avoir du pouvoir et de la richesse, être en bonne santé, la prise de Troie par les Grecs vient ruiner tous ses efforts pour être heureux.

> **DES POINTS EN +**
>
> On pourrait interroger le lien entre bonheur et politique : les hommes cherchent à se prémunir contre les aléas du sort par la constitution d'un État qui les protège et leur offre des garanties. Le « nous » du sujet n'est plus alors l'individu singulier qui cherche son propre bonheur, mais la collectivité tout entière qui s'assure contre la fortune.

2. Une remise en question de la liberté humaine

▸ Cette première approche du sujet conduit à une **conception tragique de l'existence** : quoiqu'il fasse, l'homme est déterminé par des circonstances qui ne dépendent pas de lui. Il ne serait donc pas libre mais au contraire condamné à l'impuissance.

▸ Or, quelle que soit la situation qui pèse sur lui, il semble que l'homme possède toujours la **possibilité d'un choix**. S'il est malade par exemple, il peut s'avouer vaincu par la maladie ou se battre pour sa guérison. En ce sens, l'homme est libre et ses réactions dépendent de lui.

> **À NOTER**
>
> Le handisport et les performances dont sont capables certains sportifs en situation de handicap montrent ainsi que ce n'est pas le handicap en lui-même qui empêche le bonheur.

▸ Sartre insiste sur le fait que **rien ne peut supprimer le libre arbitre humain**. L'homme a toujours un choix à faire devant les situations qu'il rencontre. Il est radicalement libre. Bien plus, Sartre appelle « mauvaise foi » l'attitude qui consiste à faire comme si nous n'étions pas libres. Dire que le bonheur ne dépend absolument pas de nous peut être une façon subtile de ne pas assumer la responsabilité qui nous incombe de donner forme à notre propre existence.

[transition] Ainsi, sans nier le poids des circonstances extérieures qui peuvent faciliter ou entraver la recherche du bonheur, il convient d'affirmer la liberté de l'homme qui tente bon gré mal gré d'être la cause de son bonheur.

II. Le bonheur ne dépend que de nous

1. Le bonheur dépend de nos actions

▸ Nous pouvons **agir pour faire notre bonheur**. En ce sens, il dépend de nous d'être heureux, et il serait stérile d'attendre passivement que le moment d'être heureux arrive. Nos actions ont des conséquences sur la situation dans laquelle nous vivons.

▸ Alain va plus loin en affirmant paradoxalement que « **chacun a ce qu'il veut** ». Cette thèse paraît d'abord étonnante, car nous faisons souvent l'expérience de ce que nous n'obtenons pas ce que nous voulons. Le problème vient pour Alain de ce que nous ne savons pas toujours clairement ce que nous voulons et confondons caprice et volonté.

▸ Ainsi, si certains sont malheureux, ce n'est pas qu'ils sont condamnés par le sort à l'être, c'est par ignorance des moyens qui rendent effectivement heureux, ou bien parce qu'ils ne veulent pas l'être véritablement et préfèrent les passions tristes.

2. Le bonheur dépend de notre état d'esprit

▸ Mais le résultat de nos actions ne dépend pas toujours de notre bonne volonté. Pour les stoïciens, seuls nos jugements dépendent absolument de nous. Il faut donc être maître de ses jugements, de ses désirs pour être heureux. Ce n'est pas la pauvreté qui me rend malheureux, mais mon jugement sur la pauvreté. En **changeant mon rapport aux choses**, je peux être heureux.

▸ Dans *De la vie heureuse*, Sénèque montre que le bonheur implique de « donner son assentiment à la nature », c'est-à-dire d'accepter les choses telles qu'elles sont. Le bonheur consiste en **l'indifférence à l'égard de ce qui ne dépend pas absolument de nous**. Toute situation implique des inconvénients : il faut en prendre acte et ne pas désirer l'impossible.

 À NOTER
Pour les stoïciens, cet assentiment n'est pas synonyme de résignation. Il permet au contraire de vivre pleinement les choses. Il ne s'agit pas de rejeter par exemple toute amitié, mais de mesurer sa fragilité, pour mieux en profiter.

[transition] Ainsi, si l'homme n'est pas tout-puissant, il est néanmoins libre et peut agir et changer son appréhension des choses pour faire son propre bonheur.

III. La recherche du bonheur implique un risque

1. Deux écueils contraires

▸ Le sujet nous invite donc à **rejeter deux thèses caricaturales** : d'un côté croire que l'homme ne peut rien faire pour être heureux ; de l'autre croire qu'il est la seule et unique cause de son bonheur. Ni totalement impuissant, ni tout-puissant, l'homme doit **viser un bonheur qui n'est jamais donné mais toujours à faire**.

▸ Ricœur parle d'une tension « qui travaille l'agir humain » entre notre finitude (nos capacités physiques et notre caractère singulier) et « l'infinitude du bonheur » que nous recherchons. Toute recherche du bonheur implique **un risque à prendre**, auquel l'homme ne peut se dérober sans aussitôt tomber dans la tristesse.

2. Saisir sa chance

▸ Dans *Le Prince*, Machiavel propose la comparaison suivante : si, quand le fleuve est en crue, il est trop tard pour éviter l'inondation, on peut néanmoins anticiper la catastrophe naturelle et construire des digues pour éviter le pire. De même, l'homme n'est pas condamné à supporter la fortune : il peut chercher à la dompter, en cultivant une disposition qui lui permette de **s'adapter aux événements**.

▸ Ainsi, si le bonheur est une question de chance, il convient de rappeler que **la chance n'existe pas toute faite**. On dit en ce sens que « la chance sourit aux audacieux ». Être heureux suppose de savoir prendre des risques.

Conclusion

[synthèse] Dire que le bonheur dépend de nous, ce n'est pas nier le poids des circonstances qui pèsent sur nous et affirmer la toute-puissance de l'être humain. C'est considérer que toute existence implique des risques à prendre, et que le bonheur est à faire bien plus qu'il n'est donné. **[ouverture]** Le bonheur se joue ainsi dans l'affirmation de la liberté humaine.

SUJET 4 — OBJECTIF MENTION

EXPLICATION DE TEXTE ⏱ 4 h — **Paul Ricœur, *L'homme faillible***

Si tout homme recherche le bonheur, cela ne signifie pas pour autant qu'il est effectivement possible d'être heureux. Ne court-on pas derrière un idéal inaccessible ?

LE SUJET

Expliquez le texte suivant.

> Le bonheur n'est donné dans aucune expérience ; il est seulement désigné dans une conscience de direction. Nul acte ne donne le bonheur ; mais les rencontres de notre vie les plus dignes d'être appelées des « événements » indiquent la direction du bonheur [...] Les événements qui parlent de bonheur sont ceux qui lèvent des obstacles, découvrent un vaste paysage d'existence ; l'excès de sens, le trop, l'immense, voilà le signe que nous sommes « dirigés-vers » le bonheur.
> Mais je ne discernerais pas ces signes, je ne les déchiffrerais pas comme des « anticipations transcendantes » du bonheur, si la raison n'était en moi l'exigence de la totalité. La raison exige la totalité, mais l'instinct du bonheur, en tant que sentiment qui anticipe l'accomplissement plutôt qu'il ne le donne, m'assure que je suis dirigé vers cela même que la raison exige.
>
> Paul Ricœur, *Philosophie de la volonté* © Aubier, Flammarion, 1960.

LE CORRIGÉ

Les titres ou mentions entre crochets ne doivent pas figurer sur la copie.

Introduction

[amorce] Dans *Gatsby le Magnifique*, le narrateur est frappé par le sourire de Gatsby : « Un de ces sourires rares, source d'éternel réconfort, comme on en rencontre que quatre ou cinq fois dans sa vie. » L'intensité de ce sourire est telle que la vie semble soudainement heureuse, bien que le moment soit fugace. **[problématique]** D'un côté, les hommes vivent des moments forts qui leur paraissent ouvrir la possibilité du bonheur. De l'autre, de tels moments sont rares et éphémères, de telle sorte qu'un bonheur durable semble impossible à atteindre. Que disent donc de pareilles expériences ?

[annonce du plan] Dans le premier paragraphe, Ricœur montre que l'homme découvre par là un horizon de vie : la recherche du bonheur. Dans le second paragraphe, il remarque que le pressentiment du bonheur coïncide avec la vocation raisonnable de l'homme.

I. Le bonheur : une direction (l. 1 à 7)

1. Le bonheur n'est pas donné

▶ Le texte s'ouvre sur **un constat** : « Le bonheur n'est donné dans aucune expérience. » Tous les hommes veulent être heureux, mais ne le sont jamais pleinement. Non seulement le bonheur ne se rencontre pas par hasard, mais nos actes ne sauraient non plus le produire.

▶ Ce constat **paraît tragique** : les hommes courent sans cesse après un état durable de complète satisfaction qu'ils ne peuvent pas atteindre. Mieux vaudrait renoncer à l'impossible et nous résigner, en cherchant à profiter des plaisirs, éphémères, que la vie peut nous offrir.

  DES POINTS EN +
Telle serait la conception du bonheur de **Schopenhauer**. Quand les hommes désirent quelque chose, ils souffrent ; quand ils obtiennent ce qu'ils désirent, ils s'ennuient.

2. Être « dirigé vers » le bonheur

▶ Ricœur ne rejette pas pour autant l'idée de bonheur. Il utilise la **notion de direction** : par « une conscience de direction », nous saisissons que nous sommes « dirigés-vers » le bonheur. Autrement dit, le bonheur se découvre comme une **fin** que notre expérience révèle et qui lui donne sens.

 MOT-CLÉ
La **fin** peut désigner le dernier moment d'un processus chronologique. Elle désigne aussi le but ou l'objectif à atteindre. Elle donne une orientation, elle dessine un sens dans l'existence humaine.

▶ Le terme de direction implique un sens, une orientation. L'existence humaine n'est pas simplement une somme d'événements successifs indépendants les uns des autres. Elle est orientée par l'idée de bonheur. En ce sens, il y a bien **une réalité du bonheur**, non compris comme un sentiment, mais comme ce qui donne sens à l'existence.

3. Des événements de l'existence à l'idée de bonheur

▶ Le bonheur n'est pas une illusion qui permet à l'individu de supporter son existence, comme s'il fallait fantasmer un état heureux pour tenir bon face aux coups du sort. Ce sont certains événements de l'existence qui indiquent que le bonheur est **ce vers quoi nous nous dirigeons**.

▶ **Un événement**, c'est un fait qui a de l'importance pour le sujet qui le vit, qui a alors l'impression d'un avant et d'un après. Il a un caractère exceptionnel : « le trop, l'immense ». Ne durant pas, il ne peut valoir comme bonheur stable. Pourtant il **fait signe vers le bonheur**. Il indique que nous pouvons être heureux.

[transition] L'homme prend ainsi conscience d'une tension, entre ce qu'il vit effectivement et « l'infinitude du bonheur » qui donne sens à son existence. Mais comment reconnaître les événements qui indiquent la possibilité du bonheur ?

II. Bonheur et raison (l. 8 à 12)

1. Un discernement nécessaire

▶ Comment expliquer que certains événements plutôt que d'autres nous révèlent que le bonheur est ce vers quoi tend notre existence ? S'agit-il d'une capacité d'émerveillement qu'il faudrait cultiver ? S'agit-il d'une disposition innée ?

▶ Les verbes « discerner » et « déchiffrer » semblent impliquer une activité de l'esprit humain, qui doit juger des événements, les interpréter. C'est parce que **l'homme possède une raison** qu'il est porté à chercher du sens dans ce qu'il vit.

CONSEIL DE MÉTHODE
Pour rendre compte du sens du texte, il faut être attentif aux formulations de l'auteur. Les termes qu'il a choisis pour rendre compte de sa pensée ne sont pas neutres : ils permettent de comprendre les implications de ses thèses.

▶ Les événements sont compris comme des « anticipations transcendantes ». **L'homme anticipe son bonheur**, s'y projette, même s'il ne le vit pas effectivement. Un plaisir fugace le conduit à chercher un bonheur durable, non réductible à l'événement qui l'a fait pressentir. Il y a bien une forme de transcendance, en tant que l'événement implique de dépasser ce qu'on vit actuellement, au nom d'un sens qui n'est pas encore donné.

2. La raison : une exigence de totalité

▶ Pourquoi la raison permet-elle de saisir la destination de la vie humaine ? La raison est la faculté de distinguer le vrai du faux. Elle implique la **recherche d'une cohérence**. Elle est donc une « exigence de la totalité » : penser, c'est chercher à unifier les différentes propositions qu'on tient pour vraies en une théorie qui forme un tout.

▶ Un peu avant l'extrait, Ricœur explique que la raison n'est pas qu'« une règle pour la pensée théorique : elle habite le vouloir humain. » Chaque expérience que nous vivons est rapportée aux autres et conduit à rechercher une forme d'unité parfaite, une forme d'« accomplissement » : **tel est le bonheur, sans cesse visé et jamais atteint.**

Conclusion

[synthèse] Ainsi, le bonheur n'est pas tant un fait qu'une destination. Aucune des expériences que l'homme vit ne saurait se réduire au bonheur, mais chacune fait signe vers cette fin qui donne sens à l'existence humaine. Le bonheur a donc bien une certaine réalité. **[ouverture]** L'existence humaine implique dès lors une tension permanente entre ce que nous vivons effectivement et la recherche d'un accomplissement authentique.

Les notions

3 La conscience

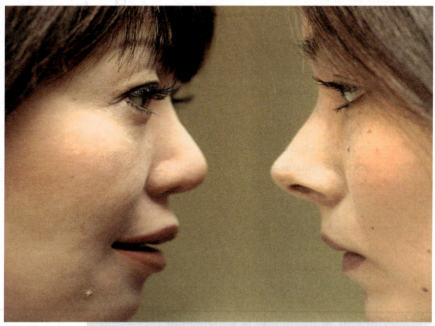

Qui est humain, qui est machine ? La ressemblance entre les deux comportements est portée à son plus haut niveau par l'université d'Osaka au Core Technology Symposium de Tokyo en 2006. Peut-on dire qu'il ne manque à l'androïde que la conscience ?

TEST — Pour vous situer et identifier les fiches à réviser — 48

FICHES DE COURS

MÉMO VISUEL — 50
- **7** Qu'est-ce que la conscience ? — 52
- **8** Comment se manifeste la conscience ? — 54
- **9** La conscience fonde-t-elle la morale ? — 56

SUJETS GUIDÉS & CORRIGÉS

OBJECTIF BAC
- **5** EXPLICATION DE TEXTE | Emmanuel Kant, *Critique de la raison pure* — 58

OBJECTIF MENTION
- **6** DISSERTATION | Suis-je ce que j'ai conscience d'être ? — 63

TESTEZ-VOUS → CORRIGÉS P. 346

Faites le point sur vos connaissances, puis établissez votre **parcours de révision** en fonction de votre score.

1 Qu'est-ce que la conscience ?
→ FICHE 7

1. Selon l'étymologie (*cum-scire*), la conscience est…
- a. un retour réflexif sur soi.
- b. un don divin.
- c. un dédoublement de la personnalité.

2. Vrai ou faux ? Cochez la case qui convient.

	V	F
a. Pour Descartes, les animaux n'ont pas de conscience.	☐	☐
b. Selon Hume, la conscience est le propre de l'homme.	☐	☐
c. La conscience permet d'assurer l'unité du sujet.	☐	☐

3. Comment Descartes démontre-t-il la certitude fondatrice du « je pense » ?
- a. par le *Discours de la méthode*
- b. par la véracité divine
- c. par le doute méthodique

…/3

2 Comment se manifeste la conscience ?
→ FICHE 8

1. Associez chaque citation à son auteur.

a. « Mais qu'est-ce donc que je suis ? Une chose qui pense. » •   • Kant

b. « Toute conscience […] est conscience de quelque chose. » •   • Descartes

c. « Le *je pense* doit pouvoir accompagner toutes mes représentations. » •   • Husserl

2. Selon Hegel, la « lutte pour la reconnaissance » signifie que je suis reconnu comme conscience…
- a. grâce à un contrat d'égalité de droits.
- b. à travers une lutte à mort pour faire reconnaître ma liberté.
- c. par une conquête de mon indépendance morale.

3. Dans la phénoménologie de Husserl, la conscience est…
- a. une ouverture au divin.
- b. une critique de ses croyances.
- c. une visée d'un objet extérieur.

…/3

3 La conscience fonde-t-elle la morale ?
→ FICHE 9

1. Qui a dit : « Science sans conscience n'est que ruine de l'âme » ?
- a. Descartes
- b. Nietzsche
- c. Rabelais

2. Chez Kant, la conscience morale se fonde sur…
- a. la raison.
- b. la volonté.
- c. les règles de la société.

3. Dans la topique de Freud, quelle instance représente la conscience morale ?
- a. l'inconscient
- b. la censure
- c. le surmoi

4. Lisez l'extrait et cochez la (ou les) proposition(s) qui rend(ent) compte du sens du texte.

> Conscience ! Conscience ! Instinct divin, immortelle et céleste voix ; guide assuré d'un être ignorant et borné, mais intelligent et libre ; juge infaillible du bien et du mal, qui rend l'homme semblable à Dieu, c'est toi qui fais l'excellence de sa nature et la moralité de ses actions.
>
> Jean-Jacques Rousseau, *Émile ou de l'éducation*, 1762.

- a. La conscience morale est innée.
- b. La conscience dépend de l'expérience sensible.
- c. La conscience morale distingue l'homme de la bête.

…/4

Score total …/10

Parcours PAS À PAS ou EXPRESS ? → MODE D'EMPLOI P. 3

3 • La conscience

MÉMO VISUEL

DÉFINITIONS CLÉS

Conscience (sens 1)
Retour réflexif sur soi, sur ses idées et ses sentiments (du latin *cum-scire*), qui fonde l'unité psychique du moi, du sujet, et permet de dire *je*.

Conscience (sens 2)
Au sens moral, autorité intérieure, qui juge mes actes et ceux des autres selon le bien et le mal.

Qu'est-ce que la conscience ? (→ p. 52)

Les repères utiles
identité/égalité/différence → p. 340

La réponse de Kant
La conscience est un « je pense » qui assure l'unité de mes représentations et m'érige en sujet de ma pensée. Sans elle, je ne serais qu'un chaos de perceptions sans lien.

« Le *je pense* doit pouvoir accompagner toutes mes représentations. »

La réponse de Hume
La conscience nous vient de l'expérience sensible. L'identité de l'individu est le produit de la mémoire.

Comment se manifeste la conscience ? (→ p. 54)

Les repères utiles
objectif/subjectif/intersubjectif → p. 342

La réponse de Descartes
J'ai d'abord conscience de moi comme esprit, comme « substance pensante ».
« Mais qu'est-ce donc que je suis ? Une chose qui pense. »

La réponse de Husserl
La conscience n'est pas une chose refermée sur elle-même, mais une ouverture au monde. Toute conscience est une « visée » d'un objet.

La conscience fonde-t-elle la morale ? (→ p. 56)

Les repères utiles
origine/fondement → p. 342

La réponse de Kant
La morale suppose la liberté de choisir et la responsabilité qui s'ensuit. Le sujet, en tant que volonté libre, assure les conditions de la morale.

La réponse de Nietzsche
La conscience morale est une invention dirigée contre la vie et la volonté de puissance.
« L'humanité périrait par ses jugements absurdes, par ses divagations avec les yeux ouverts, par ses jugements superficiels et sa crédulité, en un mot par sa conscience. »

7 Qu'est-ce que la conscience ?

En bref *La conscience est une expérience humaine qui semble irrécusable : celle de ma personne comme sujet pensant. Mais quelle est la nature de ce sujet et ce dernier reste-t-il identique à travers la modification incessante des états de conscience ? Comment se fait l'unité du je et est-elle propre à l'homme ?*

I L'avènement du sujet : le cogito

1 La conscience comme unité d'une vie

L'une des caractéristiques les plus remarquables de la conscience est sa permanence : c'est parce que je ne cesse d'être conscient, c'est-à-dire présent à moi-même, que je peux affirmer l'identité du moi au-delà de tous ses changements. Quel rapport y a-t-il entre l'enfant que j'étais et l'homme mûr que je suis devenu ? Pourquoi relier la discontinuité de tous mes états en les rapportant à l'identité d'un moi, sinon parce que ma conscience, toujours, les accompagne ?

2 La conscience comme unité des connaissances

■ Le « je pense », écrit Kant, doit accompagner toutes mes représentations. La conscience se définit comme la présence immédiate et constante de soi à soi.

■ Descartes souligne avec force le caractère fondateur de cette présence. Le résultat du **doute méthodique** entrepris dans les *Méditations métaphysiques* est de faire apparaître la certitude absolue et préalable à toute autre du « je pense » (en latin *cogito*) : je ne peux essayer de douter de cette certitude sans la vérifier, puisque si je doute, je pense.

■ Le sujet pensant et conscient de lui-même devient ce à partir de quoi s'ordonne toute vérité : il n'y a de connaissance possible du monde des objets que pour un sujet qui les pense et se saisit d'abord comme pensée – pour une conscience donc.

À NOTER

Il faut distinguer le **doute méthodique** de Descartes du doute sceptique. Tandis que le second prône une suspension définitive du jugement, le premier est au contraire provisoire : il est un moyen de mettre à l'épreuve les opinions, en vue d'établir des certitudes.

II Le produit de l'expérience

1 L'identité du moi substantiel est une illusion

■ Selon Hume, l'identité du moi, comme celle du cogito cartésien, est une illusion métaphysique. Il n'existe, en effet, aucune impression, aucune idée du moi en dehors des sensations multiples.

■ L'esprit n'est « rien qu'un faisceau ou une collection de perceptions différentes qui se succèdent les unes aux autres avec une rapidité inconcevable et qui sont dans un flux et un mouvement perpétuels. » Comment alors expliquer l'unité et l'identité personnelles ?

2 | La conscience est le résultat de l'expérience

■ Tandis que, pour Descartes, l'animal est une machine et n'a pas de conscience, Hume est moins catégorique. Il voit une différence de degré, et non de nature, entre l'animal et l'homme : « Les bêtes sont douées de pensée et de raison tout comme les hommes. »

■ Tout nous vient de l'expérience sensible, que ce soit pour les hommes ou pour les animaux. En effet, à partir des perceptions, des sensations de plaisir et de douleur, l'animal acquiert lui aussi une expérience, par exemple de ce qui est bon ou mauvais, de ce qu'il doit rechercher ou fuir.

■ Cette expérience sensible est enregistrée dans la mémoire qui assure ainsi une certaine unité à travers l'existence. La mémoire, sensible, affective et intellectuelle, produit l'identité empirique d'un individu en reliant les idées passées et présentes. Cela vaut, à des degrés différents, pour les plantes, les animaux et les hommes.

zoOm

Le dualisme cartésien

■ La première vérité qui résiste au doute est celle de l'existence du sujet pensant : « Je pense (cogito) donc je suis. » C'est une vérité absolument certaine : essayer d'en douter la confirme, puisque si je doute, je pense.

■ De l'évidence du cogito, Descartes déduit un dualisme entre l'âme, dont l'essence est la pensée, et le corps, qui est matière. L'homme est une substance double, âme et corps, pensée et matière. De même qu'il peut exister des corps sans âme (pour Descartes, les animaux-machines), il peut exister des esprits immatériels. L'âme n'a pas plus besoin du corps pour exister que le corps n'a besoin de l'âme.

D'après Frans Hals, *Portrait de René Descartes*, 1649.

8 Comment se manifeste la conscience ?

En bref *Quel est l'objet de la conscience ? La conscience est-elle un rapport immédiat de soi à soi, ou suppose-t-elle un détour par des personnes ou des objets extérieurs, une médiation ?*

I La conscience comme « visée de » ou « relation à »

1 Les limites de la conscience comme forme vide

■ Le sujet peut-il se saisir comme conscience, comme sujet pensant, par simple retour sur soi, par simple introspection, indépendamment de tout rapport aux choses ou à autrui ?

■ Ces questionnements soulignent la faiblesse d'une conscience fondée sur une simple **introspection** coupée du monde, d'une **conscience isolée** comme substance autosuffisante et comme forme vide.

■ Descartes sortira du doute grâce à la **découverte de la véracité divine**. Il pourra dès lors compléter sa conception première du cogito par la connaissance du monde.

> **MOT-CLÉ**
> L'**introspection** est une vue intérieure, le fait, pour un sujet, d'observer et d'analyser ses états de conscience en vue de se connaître lui-même.

2 La conscience comme intentionnalité

■ La conception chosifiante de la conscience est critiquée par la **phénoménologie** de Husserl. Si Descartes a eu raison de vouloir mettre le monde entre parenthèses pour redécouvrir le caractère fondateur de la conscience, son tort a été de considérer la conscience comme une chose pensante pouvant exister par elle-même, indépendamment des choses matérielles.

> **MOT-CLÉ**
> La pensée de Husserl (1859-1938) s'appelle une **phénoménologie** parce que, selon lui, la tâche de la philosophie est de décrire les phénomènes, c'est-à-dire ce qui apparaît à la conscience.

■ Pour Husserl, la conscience ne peut être une chose refermée sur elle-même : elle est **une visée ou une relation ouverte**. Elle n'est pas une substance, mais un acte, défini par son « intentionnalité ». Dans ses *Méditations cartésiennes*, Husserl écrit que « toute conscience […] est conscience de quelque chose. »

II Les manifestations de la conscience

1 La conscience du monde par l'action

■ La conscience présuppose le monde, parce que nous nous reconnaissons d'abord dans nos actions sur les choses, à travers le langage et le travail. Loin d'être un présupposé, **la conscience est un résultat**, le produit d'une expérience de confrontation et de transformation du monde.

■ Hegel insiste sur cette condition essentielle d'une conscience de soi véritable : le monde est une médiation nécessaire entre nous et nous-mêmes. En effet, il ne s'agit pas d'un monde brut et naturel, mais d'un monde transformé, que nous avons façonné et qui porte la marque de l'esprit.

■ C'est une véritable « lutte pour la reconnaissance », un combat à mort que, d'après Hegel, l'homme mène pour s'imposer à l'autre comme conscience. La conscience de soi passe par le fait qu'autrui me reconnaît comme un être libre.

2 | La conscience comme liberté

■ Sartre s'oppose lui aussi à la chosification de la conscience. Les objets sont entièrement déterminés par leurs propriétés et ne peuvent rien être d'autre que ce qu'ils sont. Ils sont, comme dit Sartre, « en-soi ». Leur essence précède leur existence.

■ Le sujet conscient, quant à lui, est un « pour-soi » : il peut toujours être différent, il n'est pas enfermé dans une définition. Parce qu'il est conscient, l'homme est projet, dit Sartre, et non objet. Il n'est pas produit passivement par sa naissance, sa famille ou la société, comme un animal ou un robot ; il est avant tout dans le choix conscient de sa vie. L'existence de l'homme précède son essence.

■ Par la conscience, l'homme, seul, existe : car « ex-sister » c'est sortir de soi, être à distance de soi-même. Et par la conscience l'homme est libre dans sa possibilité de dépasser ce qu'il est.

Lacan et le stade du miroir

■ Selon le psychanalyste Lacan, la conscience de soi se constitue à travers le stade du miroir. C'est grâce à son reflet extérieur que le bébé prend conscience de son propre corps et de son identité personnelle. La conscience est donc médiatisée et construite à partir de son image.

■ On peut faire le rapprochement avec le mythe de Narcisse contemplant son reflet dans l'eau.

9 La conscience fonde-t-elle la morale ?

En bref *Rabelais disait que « science sans conscience n'est que ruine de l'âme. » C'est dire que la connaissance seule n'a aucune valeur et peut servir au bien comme au mal. La conscience s'adjoint à la science pour la juger et la guider, comme elle le fait pour nos actes et ceux d'autrui. La conscience est-elle notre juge intérieur ?*

I La conscience comme juge moral

1 La conscience, un instinct divin

■ « Conscience ! Conscience ! Instinct divin, immortelle et céleste voix ; guide assuré d'un être ignorant et borné, mais intelligent et libre ; juge infaillible du bien et du mal, qui rend l'homme semblable à Dieu », Rousseau célèbre en ces termes la conscience morale dans *Émile ou de l'éducation*.

■ Dans la Bible, Caïn, après avoir tué son frère Abel, est poursuivi par la conscience de la faute commise. Elle prend la figure vengeresse de l'œil de Dieu, qui ne le quitte jamais : « L'œil était dans la tombe et regardait Caïn », écrit Hugo. Ce récit rappelle que la conscience est un juge intérieur auquel nous n'échappons pas et qui nous dit coupables ou innocents par-delà les lois humaines.

2 La conscience morale selon Kant

■ Pour Kant, la conscience morale repose sur la raison et sur une bonne volonté.

■ La raison nous dicte la loi, qui veut que toute action morale obéisse à une forme universelle. C'est l'impératif catégorique : « Agis uniquement d'après la maxime qui fait que tu peux vouloir en même temps qu'elle devienne une loi universelle » → FICHE 11.

■ La bonne volonté choisit le bien. Elle consiste dans la pureté des intentions désintéressées qui dictent mon action.

MOT-CLÉ
La **maxime** est un principe subjectif de l'action. Elle traduit la loi morale, trop abstraite en elle-même, en l'appliquant à une situation particulière. Par exemple, je ne dois pas mentir à mon ami.

II La conscience morale affaiblit la vie

■ Pour Nietzsche, la conscience morale consiste en des sentiments de culpabilité et de ressentiment qui affaiblissent les forts, en les convainquant que leur puissance est un mal.

■ Nietzsche critique la mauvaise conscience liée au sentiment de culpabilité, qui conduit à retourner sa force contre soi-même. Elle produit l'idéal ascétique : une « morale d'esclaves » d'origine judéo-chrétienne, visant à inverser les valeurs et à voir comme un bien tout ce qui est faible et malade.

III. La conscience comme produit d'un conditionnement

■ Pour Durkheim, la conscience morale est le fruit de l'éducation, qui permet d'intégrer l'enfant à une société. La conscience est l'intériorisation des règles de fonctionnement social, elle peut donc être variable d'une société à l'autre.

■ Pour Freud, la conscience morale est aussi le résultat d'une éducation qui inhibe et refoule les pulsions condamnées par la société, et qui intériorise les interdits, comme le tabou de l'inceste. Cette conscience est incarnée par ce que Freud appelle le moi, qui fait en quelque sorte tampon entre, d'une part, l'inconscient et, d'autre part, le **surmoi** .

■ Si la conscience morale est le fruit d'un conditionnement, elle devient contingente et relative. Elle perd alors l'exigence d'universalité que Kant exige d'elle.

> **MOT-CLÉ**
> Le **surmoi** est l'une des trois instances de la vie psychique, avec le ça et le moi. Il est l'autorité morale intériorisée, qui pose des normes et des règles, qui guide et juge l'action du moi.

zoOm

Hegel et la conscience malheureuse

■ Hegel décrit les étapes de la conscience à travers l'histoire de l'humanité. La conscience n'est pas donnée une fois pour toutes, mais elle est le fruit d'une évolution depuis la conscience sensible, celle de l'enfant et de l'animal, jusqu'à l'esprit absolu.

■ La conscience de soi nous sépare des objets et des autres. Elle nous fait sortir de la belle unité primitive, par une scission interne, par un exil intérieur entre soi et l'autre. Cette séparation rend la conscience malheureuse.

■ Dans la lutte pour la reconnaissance, qui est une lutte à mort, chaque conscience tente de se faire reconnaître par les autres en tant que conscience libre, donc admise avec une égale dignité dans la communauté humaine.

▶ SUJET 5 | OBJECTIF BAC

EXPLICATION DE TEXTE ⏱ 4 h **Emmanuel Kant,**
Critique de la raison pure

La conscience est le propre de l'homme. Elle fonde l'unité de la pensée et de la vie d'un individu.
Elle fait de chacun de nous un sujet qui peut dire *je*, un sujet responsable de sa pensée et de ses actes.

📄 LE SUJET

Expliquez le texte suivant.

> Le : *je pense* doit nécessairement *pouvoir* accompagner toutes mes représentations ; car, si tel n'était pas le cas, quelque chose serait représenté en moi qui ne pourrait aucunement être pensé — ce qui équivaut à dire que la représentation ou bien serait impossible, ou bien ne serait du moins rien pour moi.
> 5 La représentation qui peut être donnée avant toute pensée s'appelle intuition. Donc, tout le divers de l'intuition entretient une relation au : *je pense*, dans le *même sujet* où ce divers se rencontre.
> [...] Je l'appelle l'*aperception pure* pour la distinguer de l'aperception empirique, ou encore l'*aperception originaire* parce qu'elle est cette conscience
> 10 de soi qui, en produisant la représentation : *je pense*, laquelle doit pouvoir accompagner toutes les autres et est une et identique dans toute conscience, ne peut être accompagnée d'aucune autre.

Emmanuel Kant, *Critique de la raison pure*,
trad. Alain Renaut © Flammarion, 2006.

LES **CLÉS** POUR RÉUSSIR

▶ Définir le thème et la thèse du texte

▶ Repérez l'**opposition entre le vocabulaire de l'expérience sensible** (« représentations », « intuition », « divers », « empirique ») **et celui de la conscience** (« je pense », « aperception », « pour moi », « même sujet », « pure », « originaire », « une et identique »). Les mots mis en italique par l'auteur vous aideront beaucoup.

À NOTER
Les termes « intuition », « aperception empirique » ou « représentation » sont l'équivalent des perceptions sensibles immédiates données aux sens avant la conscience.

▶ Dans quelle mesure faut-il **distinguer l'aperception pure de l'aperception empirique** ? Les perceptions se suffisent-elles à elles-mêmes ou supposent-elles autre chose pour les unifier ? D'où vient la conscience et pourquoi est-elle nécessaire ?

TEST › FICHES DE COURS › **SUJETS GUIDÉS**

> **À NOTER**
> Il faut veiller à ne pas confondre « perceptions » et « aperception » : les perceptions sont multiples, sensibles et dispersées ; l'aperception est une, a priori et unificatrice. L'aperception est la manière de saisir les perceptions d'un point de vue unifiant.

▸ Le problème posé par le texte est donc celui du **rapport** entre conscience et perceptions sensibles, **entre unité du sujet et diversité des perceptions**. Raisonnons par l'absurde : que se passerait-il si les représentations sensibles (couleurs, goûts, formes) étaient seules, livrées à elles-mêmes ?

▸ Les enjeux sont **l'unité de la pensée et du sujet**. Comment unifier notre connaissance au-delà de la dispersion des sensations ? En supposant une unité d'aperception préalable à l'expérience, l'auteur s'oppose à l'empirisme de Hume.

▸ En **morale**, quelle serait la conséquence du fait qu'il n'y ait pas un sujet pensant et conscient ? L'expérience seule peut-elle fonder la liberté et la responsabilité ?

▶ Construire le plan de l'explication

❶ Réfutation par l'absurde (l. 1 à 5)
- ▸ Si l'on raisonnait par l'absurde : que se passerait-il s'il n'y avait pas d'unité des perceptions ?
- ▸ Repérez les conséquences absurdes de cette hypothèse.

❷ Affirmation de la thèse (l. 5 à 6)
- ▸ Repérez le connecteur logique qui annonce la thèse.
- ▸ En quoi cette thèse apparaît-elle comme le résultat d'une démonstration ?
- ▸ Quel rapport entre le divers sensible et le « je pense » est affirmé ?

❸ Explication de « l'aperception pure » (l. 7 à 10)
- ▸ Expliquez le vocabulaire technique utilisé : « pure », « originaire »…
- ▸ Quel est le rôle du « je pense » et que signifie ici le verbe « accompagner » ?

✓ LE CORRIGÉ

Les titres ou mentions entre crochets ne doivent pas figurer sur la copie.

Introduction

[amorce] Nous disons couramment « je pense » ou « je parle », mais qui est ce *je* et d'où vient-il ? [problématique] Le présent texte soulève les questions de la formation de notre esprit pensant, des conditions de notre pensée et de notre connaissance, et de l'unité du sujet : comment sais-je que c'est *moi* qui pense, et non que *ça* pense ?

3 • La conscience

[thèse] Contre l'empirisme, qui défend que notre esprit se réduit à nos seules perceptions, Kant soutient que le sujet conscient précède l'expérience comme « aperception pure » et « originaire », afin d'assurer l'unité du divers sensible. Cela pose la question des conditions de notre connaissance, ainsi que celle du rapport entre pensée et expérience. Tandis que pour Hume le sujet pensant dérive de l'expérience, pour Kant le « je pense » précède et conditionne l'expérience.

[annonce du plan] Le texte se déroule en trois étapes : l'auteur commence par réfuter la thèse adverse ; il présente ensuite sa thèse qui fait du « je pense » la condition de l'expérience ; enfin, il développe sa définition du « je pense ».

I. Sans l'unité d'un « je pense », aucune pensée n'est possible (l. 1 à 5)

 SECRET DE FABRICATION
Généralement, un texte philosophique démontre une thèse, avant de réfuter une thèse contraire. Ici, l'auteur procède en sens inverse : il commence par approfondir la thèse à laquelle il s'oppose. Et cette réfutation revêt la forme originale d'un raisonnement par l'absurde : si A est faux, alors B est vrai.

1. La thèse de l'auteur : le « je pense » est nécessaire

▸ L'auteur affirme sa thèse d'emblée, en une proposition simple : « Le *je pense* doit nécessairement pouvoir accompagner toutes mes représentations. »

▸ Les représentations désignent ici **les perceptions sensibles**, comme celles d'une couleur, d'une odeur ou d'un objet. Le terme « représentation » suggère que ce n'est pas l'objet lui-même mais un double sensible ou imaginaire que reçoivent nos sens en provenance de l'objet perçu. Or « se représenter » est une façon de penser, qui suppose un support ou un sujet.

▸ « Doit nécessairement pouvoir » indique ici une **nécessité logique** et annonce la réfutation qui suit. Enfin, le verbe « accompagner » indique un **redoublement réflexif du *je*** : le sujet s'approprie la représentation et la fait sienne.

2. La thèse empirique adverse : l'expérience suffit

▸ À peine cette thèse brièvement énoncée, l'auteur démontre **l'absurdité** de la thèse empiriste adverse (« car, si tel n'était pas le cas »), selon laquelle l'expérience se suffit à elle-même. Il en souligne les implications et les conséquences absurdes. Sans le « je pense » :

– Je n'aurais pas conscience des perceptions. Je ne saurais donc pas qu'elles existent.

– Les représentations n'existeraient pas, puisqu'il n'y aurait personne pour se les « re-présenter ». Elles ne seraient que des présentations dans le vide.

– Les perceptions ne seraient pas miennes, mais elles seraient dispersées de façon anonyme. Pouvoir dire « mes perceptions » ou « je perçois » suppose l'existence préalable d'un *je*.

◗ Dans le *Traité de la nature humaine*, Hume considère que notre esprit est comme **un flux de perceptions** dont l'unité se forme peu à peu par associations. C'est ce que réfute Kant : le « je pense » n'est pas le résultat mais la condition transcendantale de mon expérience sensible.

[transition] Ayant réfuté la thèse adverse, l'auteur peut désormais réaffirmer sa thèse sur la nécessité du « je pense ».

II. Le « je pense » est la condition de notre connaissance (l. 5 à 6)

 SECRET DE FABRICATION
Cette deuxième étape étant très brève et synthétique (une phrase !), il faut veiller à donner une explication très détaillée de tous les termes.

1. L'intuition sensible doit être unifiée

◗ Le divers de l'expérience sensible, ou « **intuition** », doit être unifié pour pouvoir être pensé. On ne peut se représenter des sensations disparates. Kant contredit ici la **théorie sensualiste de Condillac**, pour qui toute l'activité de l'esprit est contenue dans la sensation. Dans le *Traité des sensations*, il imagine une statue « animée d'un esprit dépourvu de toute espèce d'idée », qui respire l'odeur d'une rose et dont la conscience s'identifie à l'odeur de rose.

 MOT-CLÉ
L'**intuition** est ce qui m'est donné par les sens. Le terme « empirique » renvoie à ce qui vient de l'expérience sensible.

2. Le « je pense » unifie l'intuition

◗ Chaque perception en moi est accompagnée du même « je pense ». L'esprit humain ne peut percevoir sans recueillir et rassembler ses perceptions dans une **forme unifiante**.

◗ Comparons cette idée au **point de fuite**, en perspective : ce point n'existe pas « en soi », mais il est nécessaire de le supposer pour avoir une vision cohérente. Si l'on regarde un tableau de la Renaissance, ce qu'il représente fait un ensemble cohérent si l'on adopte le point de vue du spectateur à l'origine de la perspective.

3. Le « je pense » assure donc l'unité du sujet

◗ Il est la condition *a priori* ou **transcendantale** de toute expérience. Le « je pense » n'est pas lui-même connu par expérience, car l'expérience ne nous donne que des perceptions éparses et en désordre. Il est **supposé comme condition nécessaire** pour que cela devienne *mon* expérience unifiée.

 MOT-CLÉ
A priori ou **transcendantal** désigne, chez Kant, ce qui précède l'expérience sensible et la rend possible.

[transition] Dans un troisième et dernier mouvement, le texte explicite ce pouvoir d'unification en précisant les concepts qui servent à le désigner.

III. L'aperception pure conditionne l'aperception empirique (l. 7 à 10)

> 👍 **SECRET DE FABRICATION**
> Cette dernière étape explicite la thèse que l'auteur reformule au moyen d'un vocabulaire plus technique qu'il faut s'efforcer de comprendre et de définir.

1. L'aperception précède la perception

L'aperception se distingue de la perception dans la mesure où elle désigne **le pouvoir d'accueil et de synthèse des perceptions diverses**. Le terme d'« aperception » a été créé par Leibniz, chez qui il désigne simplement une perception accompagnée de réflexion et de conscience. Kant y ajoute le pouvoir d'unification constitutif du sujet et de l'esprit.

2. « Aperception pure » vs « aperception empirique »

▶ Tous nos actes de perception font intervenir un **pouvoir intellectuel** qui n'en dérive pas. L'« aperception pure » est dite encore « originaire » pour signifier qu'elle précède nos perceptions.

▶ L'« aperception empirique » est notre pouvoir de **recevoir des données sensibles**, lequel réside dans les sens et non dans la pensée.

3. L'unité d'aperception fonde le « je pense » et la conscience

L'ensemble de ces définitions nous conduit à voir dans l'« aperception originaire », ou dans le « je pense » transcendantal, le sujet conscient. L'on revient ici au sens latin de la conscience : *cum-scire* (« savoir avec ») implique de faire quelque chose en le sachant et en le rassemblant.

Conclusion

[synthèse] Dans ce texte, Kant soutient une conception rationaliste de la conscience et du sujet, irréductibles à la seule perception. Cette idée suppose un dédoublement de l'esprit réflexif qui, tout en même temps, perçoit le monde et se sait le percevoir. Cette conscience est propre à l'homme, qu'elle rend responsable de sa connaissance (science) et de ses actes (morale). Elle explique comment notre esprit unifie notre expérience et constitue l'unité du *je*.

[ouverture] Cette définition de la conscience s'oppose au cogito cartésien, auquel le formalisme de Kant et de Husserl reproche son caractère « substantiel » : la conscience n'est pas une *chose* parmi d'autres existants, mais la *forme* qui unifie les objets perçus.

SUJET 6 | OBJECTIF MENTION

DISSERTATION ⏱ 4 h **Conscience et identité**

On croit souvent être le mieux placé pour se connaître soi-même. Pourtant la conscience de soi s'avère illusoire, et bien des pans de notre personne semblent échapper à notre conscience. Peut-on se connaître soi-même ?

LE SUJET

Suis-je ce que j'ai conscience d'être ?

LE CORRIGÉ

Les titres ou mentions entre crochets ne doivent pas figurer sur la copie.

Introduction

[amorce] « Connais-toi toi-même ! », disait Socrate, reprenant l'inscription du temple de Delphes. **[reformulation du sujet]** Mais peut-on se connaître vraiment ? La conscience nous livre-t-elle une transparence de soi à soi ? Ce que j'ai conscience d'être coïncide-t-il avec la réalité de ce que je suis ?

[problématique] D'emblée, la conscience paraît être notre mode de connaissance le plus intime, le plus immédiat. Avoir conscience de quelque chose, c'est en acquérir une connaissance directe et claire. Or le moi n'est-il pas l'objet le plus proche de la conscience, le plus intime ? Mieux, le moi n'est-il pas synonyme de conscience ? Le *je* et la conscience ne sont-ils pas une seule et même réalité ? Pourtant, nous faisons souvent l'expérience d'illusions de la conscience, non seulement dans notre vision du monde extérieur, mais plus encore dans l'image que nous nous construisons de nous-mêmes. Dans cette perspective, la conscience ressemble à un miroir déformant qui modifie ou cache le moi réel. Qu'en est-il de la lucidité sur soi et de la possibilité de se connaître soi-même ? Qu'en est-il de ma responsabilité et de ma liberté, engagées dans mes choix et mes décisions ?

[annonce du plan] Dans un premier temps, nous examinerons dans quelle mesure je suis ce que j'ai conscience d'être. Dans un deuxième temps, nous verrons que souvent la conscience masque notre réalité. Dans un troisième et dernier temps, nous nous demanderons si l'ajustement de notre conscience à la réalité de notre être, loin d'être un état figé, n'est pas plutôt un processus, un progrès dans la prise de conscience et la connaissance de soi.

I. Je suis ce que j'ai conscience d'être

1. J'ai conscience de qui je suis

▸ J'ai conscience ordinairement de **mon identité sociale** : mon nom, mon âge, mon origine, ma famille.

▸ J'ai conscience de ce que je suis en tant que **différent des autres** : mon physique, mon caractère, ma réputation, mes capacités.

▸ J'ai conscience de ce que je suis en tant qu'**humain** : un être de langage, un mortel, une « chose qui pense » (Descartes).

2. Comment ai-je conscience de ce que je suis ?

▸ La conscience est **constitutive du moi** : je suis moi autant que j'en ai conscience. Le bébé, l'animal, le fou, l'amnésique ne savent pas qui ils sont, car ils n'ont pas conscience d'eux. Ils sont **aliénés**.

MOT-CLÉ
Aliéné signifie « rendu étranger ». Ainsi, le fou est un aliéné dans la mesure où il est étranger à lui-même.

▸ J'ai conscience de ce que je suis par un **travail d'analyse**, d'introspection, de réflexion. Chez Descartes, pour savoir finalement que je suis « une chose qui pense », je dois passer par l'épreuve du doute méthodique, qui écarte de ma pensée tout ce qui est douteux : je peux douter que je suis un corps, mais pas que je pense.

3. La conscience de soi comme ouverture

▸ Si, pour Descartes, j'ai conscience d'être « une chose qui pense », le mot « chose » est trompeur. Descartes considère que le cogito n'est pas fermé sur lui-même, mais qu'il est **une conscience ouverte sur le monde et sur Dieu** : la pensée d'un Dieu, qui ne peut vouloir me tromper, me garantit que ma pensée du monde est vraie.

▸ J'échappe ainsi au solipsisme, selon lequel mon cogito serait seul au monde. Je suis à la fois une conscience de soi et une conscience du monde.

[transition] Dans cette perspective, la réalité du moi et la conscience se confondent. Au point que je me demande si ma conscience englobe vraiment tout ce que je suis, ou si ce que je crois être n'est pas le produit limité de ma conscience. Autrement dit, n'y a-t-il pas, dans ce que je suis, quelque chose qui échappe à ma conscience ?

II. Je ne suis pas ce que j'ai conscience d'être

1. Le regard d'autrui

▸ Je n'ai pas conscience de la façon dont me voient les autres. La conscience de ce que je suis est différente de ce que je suis au regard des autres. « L'enfer, c'est les autres » (*Huis clos*), disait Sartre : **le jugement des autres** me renvoie souvent une image peu flatteuse de moi-même.

▸ Les sciences sociales et la sociologie montrent que ce que je suis est avant tout **une image fabriquée socialement**, selon des stéréotypes et des préjugés. Qui suis-je ? Suis-je l'image que j'ai de moi, ou celle qu'en ont les autres ?

▶ La **psychologie** indique aussi que la conscience du moi se construit à travers le regard des parents, l'image renvoyée par un miroir, une symbolique culturelle (la langue, le nom, la place dans la fratrie…), etc. : autant de facteurs constitutifs dont je n'ai pas toujours conscience.

2. Les passions déformantes

▶ Ce que je suis vraiment est masqué ou déformé par des affections ou des passions, qui renvoient à ma conscience une autre image de moi : orgueil, complexe de supériorité, jalousie, ambition, égoïsme… J'ai alors **conscience de ce que j'aimerais être** plutôt que de ce que je suis vraiment.

▶ La flatterie, la flagornerie, la vanité et, de manière générale, tout ce qui enfle l'ego contribuent à masquer à notre conscience ce que nous valons vraiment.

> **À NOTER**
> Ce que **Sartre** appelle **la mauvaise foi**, ou le fait de se mentir à soi-même, occulte une conscience honnête de soi-même, en se trouvant à soi-même des excuses pour avoir agi lâchement, par exemple.

3. L'inconscient

▶ L'hypothèse de l'inconscient, chez Freud, ruine la croyance en une transparence de la conscience à soi-même. Je comprends que je suis un **étranger à moi-même** quand je découvre que le moi profond dépend de pulsions inconscientes qui m'échappent.

▶ La conscience devient dès lors, selon Freud, une sorte d'ambassadeur de l'inconscient auprès du monde social, rendant acceptable la satisfaction de certains désirs. **La conscience fait bonne figure** et se fait des illusions pour mieux dissimuler l'inconscient qui la commande.

▶ Selon cette hypothèse, « Je est un autre » (Rimbaud) et ma conscience trahit ce que je suis secrètement.

[transition] Je n'en suis pas pour autant entièrement étranger à moi-même, à moins d'être totalement aliéné. Le fait de prendre conscience d'une part cachée du moi constitue déjà la preuve que le moi existe et qu'il est capable de réduire cet écart entre ce que je crois être et ce que je suis vraiment.

III. Une conscience de soi en devenir

1. Prendre conscience de l'inconscient

▶ La psychanalyse freudienne tente de rendre conscients les désirs refoulés dans l'inconscient. Elle se veut une **thérapie des maladies psychiques**. Pour ce faire, elle amène à la conscience du malade les traumatismes ou les désirs qui sont ensevelis dans son inconscient et qui causent les troubles dont il souffre.

▶ La psychanalyse démonte les défenses illusoires, les masques, que la conscience invente, et dévoile la part inconsciente qui détermine vraiment ce que je suis (enfance, tabous, complexes).

2. La formation de soi

▶ La « **lutte pour la reconnaissance** », chez Hegel, part d'une aliénation à autrui sous forme de servitude et ouvre la voie à la reconnaissance d'une égalité de consciences libres. Ainsi, la prise de conscience de soi comme liberté passe par une lutte et une formation, une *Bildung* en allemand.

▶ Prendre conscience de ce que je suis n'est pas un état donné de transparence immédiate, mais **un cheminement par des médiations** (travail, luttes, voyages, etc.), qui font progresser ce que je suis et, en même temps, la conscience que j'ai de moi.

▶ La conscience me fait savoir qui je suis comme projet et comme **liberté indéterminée**, selon l'existentialisme de Sartre. J'ai conscience non pas d'être, comme une chose, mais de devoir être en tant que projet à accomplir. La conscience n'est pas une donnée factuelle acquise dès la naissance, mais un processus de « conscientisation » du *je* comme responsable de son existence, comme autodétermination libérée des « chosifications » qui réduisent le moi à un statut social, par exemple.

Conclusion

[synthèse] Si la conscience est le propre de l'homme, en ce qu'elle assure l'unité de la pensée et de l'identité par cet effort réflexif sur soi, elle est aussi source des plus grandes illusions sur ce que l'homme est réellement. La conscience de soi n'est pas donnée. Elle résulte d'une prise de conscience progressive grâce à la déconstruction des illusions du moi.

[ouverture] La question de la conscience de soi prend alors une dimension historique (la libération de l'humanité), morale (la lucidité contre la mauvaise foi) et psychologique (la réduction de l'écart avec le moi profond).

Les notions

4 Le devoir

L'État rend hommage à ses serviteurs, policiers ou soldats, tombés en « faisant leur devoir ». Le sens du devoir prend des formes extrêmes quand il conduit au sacrifice de soi, comme ce fut le cas des résistants face au nazisme. Cela traduit la difficulté, parfois héroïque, du devoir, qui exige un effort de la volonté pour dépasser les besoins et les plaisirs élémentaires.

TEST — Pour vous situer et identifier les fiches à réviser 68

FICHES DE COURS

MÉMO VISUEL 70
10 Le devoir est-il une contrainte ou une obligation ? 72
11 Le devoir est-il absolu ou relatif ? 74
12 Est-ce l'intention ou le résultat qui compte ? 76

SUJETS GUIDÉS & CORRIGÉS

OBJECTIF BAC
7 EXPLICATION DE TEXTE | Emmanuel Kant,
   D'un prétendu droit de mentir par humanité 78

OBJECTIF MENTION
8 DISSERTATION | Reconnaître ses devoirs, est-ce renoncer à sa liberté ? 82

TESTEZ-VOUS → CORRIGÉS P. 347

Faites le point sur vos connaissances puis établissez votre **parcours de révision** en fonction de votre score.

1 Le devoir est-il une contrainte ou une obligation ? → FICHE 10

1. Quelle formulation exprime une contrainte ?
- a. L'eau doit bouillir à 100 degrés.
- b. L'élève doit travailler avec soin.
- c. On ne doit pas trahir ses amis.

2. Vrai ou faux ? Cochez la case qui convient.   V   F
- a. Selon Kant, l'autonomie est le fait d'obéir à une loi extérieure.
- b. L'amoralité est le fait de violer ses devoirs moraux.
- c. Le devoir exige de sacrifier son plaisir.

3. Quelle épreuve permet d'exercer le sens du devoir ?
- a. la souffrance
- b. le courage
- c. la tentation

.../3

2 Le devoir est-il absolu ou relatif ? → FICHE 11

1. Vrai ou faux ? Cochez la case qui convient.   V   F
- a. Selon Kant, le devoir doit s'imposer de façon universelle à tous les hommes.
- b. Les stoïciens n'admettent qu'un devoir absolu, le *katortoma*.
- c. Pour les stoïciens, sauver sa vie est un devoir absolu.

2. Quel devoir correspond à l'impératif catégorique kantien ?
- a. Tu ne dois pas mettre ta santé en danger.
- b. Tu ne dois jamais mentir.
- c. Tu dois t'entraîner si tu veux gagner le match.

3. Quels philosophes inscrivent les devoirs dans une éthique, et non dans une morale ?
- a. Spinoza
- b. Kant
- c. Aristote

4. Quel philosophe considère que les devoirs moraux sont l'intériorisation de règles sociales ?
- a. Nietzsche
- b. Durkheim
- c. Descartes

5. Selon Kant, le devoir moral est universel parce que…
- a. tous les hommes sont égaux.
- b. c'est la raison qui le dicte.
- c. il est respecté par tous.

…/5

3 Est-ce l'intention ou le résultat qui compte ? → FICHE 12

1. Qu'est-ce qui, dans la doctrine stoïcienne, ne dépend pas de notre volonté ?
- a. notre corps
- b. notre richesse
- c. notre intention

2. L'utilitarisme soutient que…
- a. la fin justifie les moyens.
- b. le devoir commande d'aider les autres.
- c. le devoir vise ce qui nous est utile.

3. Lisez l'extrait et cochez la (ou les) proposition(s) qui rend(ent) compte du sens du texte.

> [La conscience] vit dans la peur de souiller la splendeur de son intérieur par l'action et l'existence, et pour préserver la pureté de son cœur elle fuit le contact de l'effectivité, et persiste dans l'impuissance obstinée à renoncer à son Soi-même effilé jusqu'à l'extrême abstraction [...] Dans cette pureté transparente de ses moments, elle est ce qu'on appelle une belle âme malheureuse dont l'ardeur se consume et s'éteint en soi-même.
>
> G. W. F. Hegel, *Phénoménologie de l'esprit*, trad. J.-P. Lefebvre © Aubier, Flammarion, 1991.

- a. Hegel critique ici Kant, pour qui le devoir pur se désintéresse du résultat de l'action.
- b. Hegel fait l'éloge d'une esthétique de l'action morale qui ne doit pas se salir les mains.
- c. L'action morale doit avoir une efficacité sur la réalité des choses.

…/3

Score total …/11

Parcours PAS À PAS ou EXPRESS ? → MODE D'EMPLOI P. 3

MÉMO VISUEL

DÉFINITIONS CLÉS

Devoir (sens 1)
Au sens courant, action à venir et qui obéit à une obligation ou à une règle (« ce que l'on doit faire »).

Devoir (sens 2)
Au sens moral, action qui vise le bien et qui suppose un effort de la volonté.

Le devoir est-il une contrainte ou une obligation ? (→ p. 72)

Les repères utiles
obligation/contrainte → p. 342

La réponse de Kant
Le devoir est une obligation. Le devoir moral dépend de ma volonté libre. Il dépend de moi d'y obéir ou pas.

La réponse de Nietzsche
Le devoir moral est vécu comme la soumission à une contrainte. Il impose une souffrance.
« L'impératif catégorique a un relent de cruauté. »

LE

TEST › FICHES DE COURS › SUJETS GUIDÉS

Le devoir est-il absolu ou relatif ? (→ p. 74)

Les repères utiles
absolu/relatif → p. 336

La réponse de Kant
L'impératif catégorique est un devoir absolu : le « tu dois » applique une loi universelle.

La réponse des stoïciens
Il faut distinguer le devoir moral absolu et les devoirs relatifs à une situation, appelés convenables.
« Celui qui est dénué de moralité accomplit certaines actions convenables. » (Philon)

DEVOIR

Est-ce l'intention ou le résultat qui compte ? (→ p. 76)

Les repères utiles
idéal/réel → p. 340

La réponse de Kant
Pour la morale, seule l'intention compte, car le résultat ne dépend pas de nous.

La réponse de Hegel
L'intention ne suffit pas. L'action humaine se juge à ses conséquences concrètes.
« La conscience vit dans l'angoisse de souiller la splendeur de son intériorité par l'action. »

4 • Le devoir   71

10 Le devoir est-il une contrainte ou une obligation ?

En bref Le devoir présente une ambiguïté : « Je dois *toujours* dire la vérité » n'a pas le même sens que « la comète de Halley doit repasser tous les 76 ans. » Dans le premier cas, il s'agit d'un devoir moral, l'acte d'une volonté libre déterminée par la seule idée du bien ou de la loi. Dans le second cas, il s'agit d'une anticipation, d'un phénomène à venir soumis à la nécessité.

I Le devoir comme contrainte

1 Une contrainte sociale

Le devoir est généralement vécu comme une **contrainte** institutionnalisée : l'élève doit faire ses devoirs avant d'aller jouer ; le salarié doit travailler pour gagner sa vie ; le commerçant doit voyager pour trouver des clients.

> **MOT-CLÉ**
> Une **contrainte** désigne l'exercice d'une force extérieure qui impose ou empêche une action ou un mouvement.

2 Une contrainte physique

Le devoir désigne ici une nécessité : c'est une contrainte objective qui s'impose à moi. Je suis matériellement déterminé, tout comme une pierre jetée en l'air doit retomber. Dans cette perspective, le devoir n'a aucun sens moral. C'est ce que Kant nomme l'hétéronomie, c'est-à-dire le fait d'obéir à une loi extérieure à sa volonté.

II Le devoir comme obligation morale

■ Tandis qu'on se soumet à une contrainte, on obéit librement à une obligation. Dans le second cas, le devoir résulte d'un libre choix. C'est ce que Kant nomme l'autonomie – du grec *auto* (« soi ») et *nomos* (« loi ») –, qui désigne l'obéissance à sa propre loi.

■ Le verbe « devoir » vient du latin *debere* (« être en dette »), ce qui inscrit le devoir dans un échange et une rétribution. Faire son devoir exige d'aller contre ses désirs égoïstes et ses sentiments intéressés. Le devoir implique souvent l'idée de sacrifice au nom d'un idéal supérieur, du bien ou d'une loi universelle. C'est pourquoi Nietzsche dit du devoir kantien que « l'impératif catégorique a un relent de cruauté ». → FICHE 11. Il y voit l'origine de la culpabilité et de la faute en morale.

> **À NOTER**
> **Sartre** présente le cas d'un jeune homme qui veut, sous l'Occupation, rejoindre la Résistance, ce qui l'oblige à abandonner sa vieille mère.

■ Il en ressort que le devoir moral doit être distingué des contraintes matérielles ou sociales ; qu'il s'oppose au plaisir et qu'il suppose un libre choix de la volonté.

III — Le devoir moral comme résistance au désir

1 | L'homme n'est ni ange ni bête

■ Le devoir moral suppose une résistance à un désir. Il est **une mise à l'épreuve de la volonté** et quelqu'un sans tentation ni désir ignorerait tout du devoir, donc de la moralité.

■ L'animal ne connaît pas le devoir moral non plus, car il a bien des instincts, mais qui ne sont limités que par la nécessité extérieure (un rival plus fort par exemple), et non par une volonté libre intérieure.

2 | Le devoir exprime un conflit intérieur

■ L'épreuve du devoir suppose une double nature humaine, un conflit intérieur entre une volonté raisonnable et des désirs honteux, entre ce que Kant appelle une **nature intelligible** d'une part et une **nature pathologique** d'autre part, laquelle subit les passions.

■ L'expérience du devoir passe par **le sentiment de honte**, qui signale ce qu'on ne doit pas faire. À l'inverse, l'absence de honte signale l'absence de tout sens moral, supprimant toute limite et tout interdit à l'action et conduisant à l'amoralité. Cette dernière signifie une indifférence au bien et au mal, qu'il ne faut pas confondre avec l'immoralité, qui désigne le choix de violer les devoirs moraux.

zoOm

Ulysse et l'épreuve de la tentation

Bernard Buffet, *Ulysse et les sirènes*, 1993.

■ Dans un épisode célèbre de *L'Odyssée* d'Homère, Ulysse se fait attacher au mât du navire pour entendre le chant des sirènes sans succomber à leur charme et se faire engloutir par les flots.

■ Le devoir moral de résister à la tentation devient ici une contrainte (les liens), dans la mesure où Ulysse connaît la faiblesse de sa volonté, que la contrainte pallie.

11 Le devoir est-il absolu ou relatif ?

En bref *Tantôt contrainte, tantôt obligation, le devoir varie selon la situation et la forme de la volonté. On peut se demander si le devoir moral est absolu ou s'il tolère des degrés d'obligation, selon la situation et le sujet concerné. Peut-on distinguer différents types de devoirs ?*

I Kant : le devoir comme impératif catégorique

1 Un devoir formel, universel et inconditionné

■ Agir par devoir, c'est supposer que tous puissent agir comme moi et réciproquement. Par exemple, si je m'interdis de mentir (devoir de véracité), je peux exiger que tous également disent la vérité. Réciproquement, si j'exige que les autres me disent la vérité, je dois aussi l'exiger de moi-même.

■ Tout devoir possède un contenu particulier qui doit pouvoir prendre une forme d'obligation universelle. Qu'il s'agisse du mensonge, du vol, du meurtre ou encore de l'indécence, l'interdit doit être universalisable pour être moral.

MOT-CLÉ
Le **mensonge**, pour Kant, est le mal radical. Mentir revient à traiter autrui en objet et non en personne libre. Mentir détruit la confiance indispensable aux relations morales.

■ D'où la formulation kantienne de l'impératif catégorique : « Agis uniquement d'après la maxime qui fait que tu peux vouloir en même temps qu'elle devienne une loi universelle. »

■ Cet impératif est **catégorique** : il est sans condition, c'est-à-dire inconditionné, et aucune excuse ne doit m'empêcher d'y obéir.

MOT-CLÉ
Le terme **catégorique** s'oppose à « hypothétique ». Est hypothétique un devoir soumis à condition, par exemple : « Je dirai la vérité si l'on me paie. » Aucun *si* dans l'impératif catégorique : « Je fais mon devoir parce que c'est mon devoir ! »

2 Le *katortoma* des stoïciens

■ Les stoïciens, comme Chrysippe ou Épictète, appellent *katortoma* le devoir proprement moral, qui est absolu : il s'applique à toutes les situations, à travers l'effort de bien faire, peu importe le contenu de l'action. Aussi, d'un point de vue strictement moral, une faute d'orthographe est aussi grave qu'un meurtre.

■ Cette rectitude morale est le propre du sage. Mais, disent les stoïciens, il n'est pas certain qu'un sage ait un jour existé, tant la pureté exigée paraît surhumaine.

II Les devoirs relatifs

1 Le *kathêkonta* des stoïciens

■ Les stoïciens différencient du *katortoma* les *kathêkonta*, ou **devoirs d'état**, comme le devoir des parents d'éduquer leur enfant, ou le devoir du soldat de défendre son pays. Il s'agit là de devoirs sociaux liés à un rôle et à une responsabilité particuliers. Ils sont donc **relatifs**.

■ Ces devoirs relatifs **recherchent le préférable** ou le convenable et fuient ce qui est nuisible. Par exemple, j'ai le devoir de protéger ma santé et je dois éviter les amis qui me trahissent.

■ Entre les préférables et les nuisibles, les stoïciens situent **les indifférents**, qui ne sont pas objets de devoir : il m'est indifférent d'avoir des cheveux en nombre pair ou impair, je n'ai donc aucun devoir en la matière.

2 Le devoir selon la sociologie

■ Ces devoirs relatifs ne dépendent pas d'un bien ou d'un mal absolu. Ils intéressent davantage la sociologie que la morale, il s'agit plus de **ce qu'il *convient* de faire**, selon le lieu et le moment, que de ce qu'on *doit* faire universellement.

■ Le sociologue Durkheim estime que les devoirs sont **l'intériorisation des règles de la société**, en particulier au moyen de l'éducation. Ils sont donc relatifs à chaque société. Par exemple, on peut considérer que le devoir de respecter le bien d'autrui correspond à l'exigence d'une société fondée sur la propriété privée.

---

zoOm

Morale et éthique

■ Tandis que la morale exige absolument et universellement, l'éthique déduit des règles et des lois plus ou moins générales en se fondant sur l'étude des façons de vivre (habitudes, exercices, conduites réglées, etc.) des hommes. Elle vise le bonheur, alors que la morale vise la seule vertu.

■ L'éthique de Spinoza repose sur l'observation de la nature humaine et en déduit sa tendance à se perfectionner (le *conatus*). La raison peut ainsi progresser de la tristesse à la joie, jusqu'à la béatitude qui est, pour Spinoza, la fusion de l'esprit humain avec Dieu.

■ Kant est le principal théoricien de la morale, Aristote et Spinoza les principaux philosophes de l'éthique.

Portrait de Spinoza, vers 1665.

12 Est-ce l'intention ou le résultat qui compte ?

En bref *Comment juger le devoir moral ? Selon quel critère l'évaluer ? Pour les uns, la vertu est dans l'intention, et peu importe le résultat. Pour d'autres, l'intention ne suffit pas, et la morale ne peut pas se désintéresser des conséquences de nos actions.*

I La vertu est dans l'intention

1 Le devoir est désintéressé

■ Si le devoir est désintéressé, comme le veut Kant, **peu importe le résultat**. Ainsi, mon devoir est de porter secours à quelqu'un qui se noie. N'écoutant que mon devoir, je plonge et tente de toutes mes forces de le sauver, mais le courant est trop fort, le corps trop lourd… j'échoue. Il reste que j'aurai fait tout mon possible, et je peux considérer que j'ai fait mon devoir.

■ La valeur morale du devoir ne dépend pas de la réussite ou de l'échec. Elle réside dans **l'intention** et dans **l'effort de la volonté** pour réaliser cette intention. Mais l'effort doit réellement accompagner l'intention, sans quoi nous nous contentons d'une bonne conscience, pleine de bonnes intentions mais qui ne fait rien.

2 Ce qui dépend de nous et ce qui ne dépend pas de nous

■ Cette distinction stoïcienne réserve à la morale la part de notre action qui dépend de nous. Ainsi, la valeur morale de l'action et le devoir purement moral (le *katortoma*) résident uniquement dans la **droiture de la volonté** non dans le résultat. Il dépend de l'archer de bien viser, mais atteindre la cible ne dépend pas de lui, car un coup de vent peut détourner la flèche.

■ Notons que, pour les stoïciens, **les biens extérieurs**, y compris notre corps, ne dépendent pas de nous, mais du hasard ou du destin. Par conséquent, nous n'avons ni pouvoir ni responsabilité morale sur eux.

II La vertu est dans les conséquences

1 L'éthique objective de Hegel

■ Hegel reproche à Kant le « formalisme » du devoir abstrait, qui renonce à agir sur le monde extérieur. Cette morale abstraite se coupe de l'extériorité et s'oppose à la politique et à l'histoire. C'est ce qu'il nomme ironiquement « **la belle âme** ».

> **MOT-CLÉ**
>
> **La belle âme**, ou bonne conscience, résume la critique par Hegel de la morale kantienne. Hegel raille le devoir pour le devoir, qui méprise le monde corrompu et qui, pour rester pur, se désintéresse du résultat de son action.

■ Pour lui, le devoir doit se juger aussi aux résultats objectifs. Ainsi, la morale doit se prolonger dans le droit et la politique, et viser à changer le monde. La liberté doit se réaliser dans l'histoire, et non rester purement subjective et intérieure.

■ L'intention ne suffit pas, si elle ne se donne pas les moyens de réussir. Le devoir doit accepter de « se salir les mains » par la prise en compte de la réalité extérieure : dans certains cas, la fin justifie les moyens.

2 | L'utilitarisme

■ L'utilitarisme de Bentham et John Stuart Mill soutient que la valeur morale de l'action dépend de son utilité, donc de ses conséquences pour le bonheur de l'individu et de la société.

■ De bonnes intentions peuvent produire des catastrophes. Inversement, on peut faire le bien avec des intentions malhonnêtes, comme le trafiquant qui enrichit son pays, faisant le bien (économique) à un certain niveau.

■ « Les vices privés font la vertu publique », écrivait Mandeville, signifiant par ces mots que les passions égoïstes favorisent la prospérité de tous. De même, Hegel évoque une « ruse de la raison » à propos du rôle moteur des passions immorales, comme l'ambition ou la cupidité, dans le progrès de la liberté en histoire.

■ On appelle conséquentialistes les doctrines qui jugent de la moralité d'un acte à ses conséquences. Mais ici le risque est grand que « la fin justifie les moyens », ce que refuse la morale.

zOOm

Les mains sales, de Sartre (1948) : la fin justifie-t-elle les moyens ?

■ *Les mains sales* met en scène un groupe qui, pour faire avancer sa cause révolutionnaire, prépare un assassinat politique. Un débat s'instaure entre les personnages sur la légitimité des moyens criminels au regard de la fin.

■ Cela revient à opposer une conception kantienne, qui veut que chaque action soit vertueuse en soi, à une conception hégélienne, pour laquelle d'un mal peut naître un bien.

■ La politique doit-elle être morale au risque d'être impuissante ? La morale doit-elle être au service de la politique au risque d'être trahie par cynisme ?

Philippe Sireuil, *Les mains sales*, 2014.

SUJET 7 — OBJECTIF BAC

EXPLICATION DE TEXTE ⏱ 4 h **Emmanuel Kant, *D'un prétendu droit de mentir par humanité***

Kant prend l'exemple du mensonge comme violation du devoir de véracité. Il distingue le sens moral du devoir de son sens juridique.

LE SUJET

Expliquez le texte suivant.

Être véridique dans les propos qu'on ne peut éluder, c'est là le devoir formel de l'homme envers chaque homme, quelle que soit la gravité du préjudice qui peut en résulter pour soi-même ou pour autrui. Et même si, en falsifiant mon propos, je ne cause pas de tort à celui qui m'y contraint injustement,
5 il reste qu'une telle falsification, qu'on peut nommer également pour cette raison un mensonge [même si ce n'est pas au sens des juristes], constitue au regard de l'élément le plus essentiel du devoir en général, un tort : car je fais en sorte, autant qu'il est en mon pouvoir, que des propos [des déclarations] en général ne trouvent aucun crédit et, par suite, que tous les droits fondés
10 sur des contrats deviennent caducs et perdent toute leur force ; ce qui est un tort causé à l'humanité en général.
Donc, si on ne définit le mensonge que comme la déclaration [faite à autrui] qu'on sait n'être pas vraie, il n'est pas besoin d'y ajouter qu'il doive nuire à autrui, comme les juristes l'exigent de leur définition [...] Car le mensonge
15 nuit toujours à autrui ; même s'il ne nuit pas à un autre homme, il nuit à l'humanité en général et il rend vaine la source du droit.

Emmanuel Kant, *Théorie et Pratique. D'un prétendu droit de mentir par humanité*,
trad. Françoise Proust © Flammarion, 1994.

LES CLÉS POUR RÉUSSIR

▶ Analyser les termes du sujet

▶ Quel problème la définition classique du devoir pose-t-elle à l'auteur ? Sur quel critère fonde-t-il la distinction entre ses **sens moral et juridique** ?

▶ Dans quelle mesure la définition stricte du devoir moral conduit-elle à distinguer la morale d'autres domaines de l'activité humaine ?

Construire le plan de l'explication

① On ne doit jamais mentir (l. 1 à 3)

▶ Pourquoi l'auteur choisit-il l'exemple du mensonge pour illustrer le devoir moral ?

▶ Quelle distinction l'auteur opère-t-il entre le sens moral et le sens juridique du mensonge ?

② Réfutation de l'objection (l. 3 à 11)

▶ Pourquoi sommes-nous parfois amenés à mentir ?

▶ Quel effet négatif sur l'humanité aurait la banalisation du mensonge ? Trouvez des exemples.

③ Le mensonge, entre droit et morale (l. 12 à 16)

▶ Quelle est la conclusion générale justifiant la condamnation morale de tout mensonge ?

▶ Qu'est-ce que cette reprise de la thèse apporte de plus que sa formulation première ?

▶ Quel rapport est établi entre la morale et le droit ?

 LE CORRIGÉ

Les titres ou mentions entre crochets ne doivent pas figurer sur la copie.

Introduction

[amorce] Dans le présent texte, Kant s'oppose à Benjamin Constant, lequel justifie la nécessité de mentir pour le bien dans certaines occasions, par exemple pour ne pas causer de peine. **[problématique]** Mais le mensonge peut-il être justifié par de bonnes intentions ou est-il toujours condamnable ? À travers le cas du mensonge, c'est toute la spécificité de la morale qui est en jeu : la morale vise toujours le bien, mais le bien est-il dans le résultat bénéfique de l'acte ou dans la seule intention, quelles que soient les conséquences ? **[thèse]** Kant prend ici parti pour une morale de l'intention : le devoir doit être désintéressé et le jugement moral ne doit pas reposer sur l'utilité finale de l'acte. **[enjeux]** Cette spécificité de la morale conduit à la séparer du droit ou de la politique, qui s'intéressent avant tout aux résultats.

[annonce du plan] L'auteur commence par exposer sa thèse : dire la vérité est un devoir général et inconditionné. Il réfute ensuite une objection et souligne, par l'absurde, les conséquences désastreuses d'une justification du mensonge. Enfin, il reprend sa thèse et précise le sens moral du devoir de véracité.

I. La thèse : on ne doit jamais mentir (l. 1 à 3)

 SECRET DE FABRICATION

Quand on a affaire à une partie très courte, mais qui a sa cohérence, il faut faire une analyse détaillée du vocabulaire utilisé, définir et approfondir chaque mot.

1. Le devoir de véracité

▶ La véracité désigne **le fait de dire la vérité** ou, formulé négativement, de ne jamais mentir. Vaut-il mieux « éluder », ne pas parler, quand c'est possible, pour éviter un mensonge ? N'est-ce pas prendre le risque d'un mensonge par omission, ou de taire ce qu'on devrait dire ? Ce qu'il faut dire, on ne peut pas l'éluder.

▶ La véracité est **un devoir formel et universel**. Elle vaut toujours et face « à chaque homme », sans cas particulier ni exception.

MOT-CLÉ
Le terme **formel** indique qu'il s'agit d'une obligation générale, indépendante du contenu particulier de ce qui est dit. Il implique aussi le caractère catégorique de l'obligation, conformément à l'impératif catégorique qui ne souffre ni condition, ni exception, ni négociation.

2. Peu importe le préjudice

▶ Dire la vérité peut **causer de graves préjudices** : à autrui, par exemple si l'on précipite la mort de quelqu'un en lui disant qu'une maladie grave va bientôt l'emporter ; à soi-même, si l'on dit par exemple trop ce qu'on pense à son supérieur.

▶ L'auteur soutient un **paradoxe choquant** : la morale vise le bien, mais l'acte moral peut causer du mal. Il affirme même que la morale doit se désintéresser de ses éventuels effets désastreux.

[transition] Je ne dois jamais mentir, même si cela cause un tort. Surgit alors une objection : et si mentir ne cause aucun mal ? L'absence de conséquences négatives ne rend-elle pas le mensonge, sinon bénéfique, du moins innocent ?

II. La réfutation de l'objection (l. 3 à 11)

 SECRET DE FABRICATION
Analysez les connecteurs : « et même si » indique ici un approfondissement de l'argumentation, une extension au-delà de l'argument d'un possible préjudice.

1. Les définitions du mensonge

▶ Kant précise qu'au **sens juridique** un mensonge est une falsification pour tromper quelqu'un et lui causer un tort, tandis qu'au **sens moral** il est un propos faux qui ne prend pas en compte les torts éventuels causés.

▶ Cette distinction est essentielle à la thèse de l'auteur, qui veut **distinguer droit et morale** : la morale est liée exclusivement à l'intériorité de l'intention, tandis que le droit juge les effets objectifs des actes. Le droit ne juge pas d'une intention criminelle tant qu'il n'y a pas passage à l'acte.

2. Les réponses à l'objection

▶ Kant disqualifie le mensonge non en soi mais par ses **effets négatifs sur l'humanité** : même si mon mensonge ne cause de tort à personne en particulier, il cause un grave tort à l'humanité en général.

À NOTER
Cette affirmation de Kant peut surprendre dans la mesure où l'impératif catégorique vaut par lui-même, absolument, et non en raison des conséquences possibles.

▶ Tout d'abord, en m'autorisant à mentir, je trahis la confiance qu'on devrait avoir en la parole humaine. S'instaurent alors une méfiance générale et un **doute systématique sur tout propos**.

▶ Ensuite, la perte générale de crédit ruine la confiance nécessaire dans les promesses et les contrats qui fondent le droit : contrats de mariage ou de propriété, promesses de vente ou d'association, etc. En semant le doute sur la véracité de la parole, **on sape le fondement du droit**, et donc des rapports objectifs qui tissent la société humaine.

 À NOTER
L'expression « en général » permet de distinguer le tort moral du tort juridique. Le droit ne s'occupe que des torts particuliers, tandis que la morale ne traite que de l'humanité en général et des conditions de possibilité d'une société humaine.

[transition] L'auteur conclut son propos en reformulant sa thèse et en précisant la définition du mensonge et la distinction entre droit et morale.

III. Le mensonge, entre droit et morale (l. 12 à 16)

1. La redéfinition du mensonge
Du point de vue moral, il n'est pas besoin d'inclure dans la définition les conséquences de l'acte. Le mensonge moral se résume au **fait de cacher ou de falsifier la vérité dans ses propos,** peu importe que cela nuise ou non.

2. Le mensonge nuit toujours
▶ Alors que les lignes précédentes semblent dire que la morale ne s'occupe pas des effets, bénéfiques ou nuisibles, de l'acte, l'auteur conclut, par un **rebondissement final**, que le mensonge est toujours nuisible. L'argumentation se fait malgré tout, *in fine*, à partir des effets.

▶ Il n'en reste pas moins que le **préjudice d'un mensonge**, au sens juridique, est particulier et ne touche qu'un individu, tandis qu'au sens moral il est général et touche toute l'humanité.

Conclusion
[synthèse] En s'appuyant sur l'exemple du mensonge, Kant montre que le devoir ne peut être conditionné, ni pas les circonstances ni par ses conséquences. Le devoir doit être fait pour lui-même et ne pas faire son devoir est un tort porté à toute l'humanité. Le cas du mensonge illustre ici l'impératif catégorique et sa prétention universelle. Il permet aussi de distinguer droit et morale : le droit s'intéresse aux conséquences d'un acte, tandis que la morale s'intéresse à la dérivation de l'acte à partir de la loi morale. [ouverture] Le débat reste ouvert quant au risque d'une morale indifférente à ses conséquences concrètes : si la définition de Kant a l'avantage de cerner la spécificité morale, elle laisse perplexe quant aux effets criminels qu'une véracité sans condition peut avoir dans certains cas.

▶ **SUJET 8** | OBJECTIF MENTION

`DISSERTATION` ⏱4h **Devoirs et liberté**

Le devoir est souvent perçu négativement comme un sacrifice ou une privation de plaisir. Il est une contrainte ou une obligation qui semble porter atteinte à ma liberté. Faut-il opposer devoir et liberté ?

LE SUJET

Reconnaître ses devoirs, est-ce renoncer à sa liberté ?

✓ LE CORRIGÉ

Les titres ou mentions entre crochets ne doivent pas figurer sur la copie.

Introduction

[amorce] Le devoir moral ou politique est souvent vécu comme une contrainte : nous sommes obligés d'aller voter, de tenir notre promesse. Or la liberté est conçue comme le fait de pouvoir faire ce que nous voulons, d'échapper à toute contrainte. **[reformulation du sujet]** La question porte sur la nature même du devoir : le devoir est-il une contrainte extérieure qui nous est imposée, ou est-il consenti librement ? **[problématique]** Reconnaître nos devoirs paraît contraire à notre liberté. La liberté peut-elle néanmoins être compatible avec le sens du devoir qui fonde toute morale ? **[annonce du plan]** Nous verrons tout d'abord dans quelle mesure le devoir s'impose à notre volonté. Nous tenterons ensuite de montrer que le devoir est précisément signe de liberté. Enfin, nous étudierons la possibilité d'un devoir moral qui soit une voie menant à une forme supérieure de liberté.

I. Reconnaître ses devoirs est une obligation

👍 **SECRET DE FABRICATION**

Il faut toujours commencer par la réponse qui semble la plus évidente : le devoir est vécu le plus souvent comme une contrainte.

1. Le devoir moral s'impose

▶ Le devoir moral dit « tu dois » ou « tu ne dois pas ». Il prend **la forme du commandement**, dans la Bible, **ou de l'impératif**, chez Kant.

▸ Le devoir comme **impératif catégorique** ne se discute pas : inconditionné et désintéressé, il s'impose à ma volonté comme une obligation non négociable. Kant va jusqu'à soutenir qu'il ne peut y avoir de conflit des devoirs et que je n'ai même pas le choix entre plusieurs devoirs.

2. La mise en question du libre arbitre

▸ La liberté se présente souvent comme liberté de choisir : le libre arbitre. Or, s'il est vrai que je suis libre de choisir de faire ou de ne pas faire mon devoir, **je ne choisis pas le devoir lui-même** qui, on l'a vu, s'impose à moi par la voix de Dieu, de la conscience ou de la raison.

▸ Ainsi, que le libre arbitre existe ou non avant l'acte moral, il est aboli dans le contenu du devoir et dans sa réalisation même.

> **À NOTER**
> **Descartes** distingue la « liberté d'indifférence », qui fait que je peux choisir jusqu'au contraire de ce qui est bon, et la « liberté d'évidence », qui fait que j'accepte et fais sans hésiter ce qui est bon. La seconde est moralement préférable.

3. La contrainte

La plupart des devoirs sociaux prennent la forme non d'une obligation mais d'une contrainte. Par exemple, payer l'impôt est un devoir dont la violation est punie ; le devoir, pour les parents, d'instruire leurs enfants est puni d'une sanction pénale quand il n'est pas respecté.

[transition] Il convient donc de distinguer les devoirs par contrainte, sous l'effet d'une menace ou d'une force, et les devoirs au sens moral, qui supposent une reconnaissance volontaire et spontanée.

II. Le devoir est signe de liberté

> 👍 **SECRET DE FABRICATION**
> L'antithèse apporte des objections qui peuvent, comme ici, aller jusqu'à inverser la première affirmation. Cela prend souvent la forme apparente d'un paradoxe.

1. La liberté, postulat du devoir moral

▸ Le devoir n'est moral que s'il est **l'œuvre d'une volonté libre**. La machine et l'animal ne sont pas capables de devoir moral, car ils sont déterminés par l'instinct ou le mécanisme.

▸ Dans un monde entièrement déterminé, comme celui de la science, il n'y a pas de place pour le hasard, le choix et la liberté, et par conséquent pas de place pour le devoir et la morale. Pour quitter le pur mécanisme, Kant dit la nécessité de **postuler le libre arbitre pour fonder la moralité** de l'acte moral.

2. La liberté comme fin du devoir

▸ Si, à première vue, reconnaître mon devoir semble s'opposer à ma liberté, le devoir s'avère être finalement **la preuve de ma liberté**. En effet, il me laisse le choix d'un acte volontaire dont je suis responsable et m'érige ainsi en sujet moral.

▶ De plus, Kant souligne qu'être capable de reconnaître mes devoirs me fait connaître ma finalité morale, à savoir **l'autonomie**. Je me connais ainsi comme étant doué d'une volonté libre capable d'obéir spontanément ou de désobéir à l'impératif de la raison, de faire le bien ou le mal.

[transition] Le devoir comme contrainte relève de mécanismes sociaux de contrôle, tandis que le devoir moral a la liberté comme principe et comme fin. Le devoir moral n'ouvre-t-il pas la voie à une forme supérieure de liberté ?

III. Vers une liberté supérieure

SECRET DE FABRICATION
La dernière partie est ici le prolongement de la deuxième partie. Elle représente une façon de radicaliser le raisonnement, en renversant totalement la première partie.

1. Subir ses devoirs est hétéronomie

▶ Une morale hétéronome conçoit le devoir comme étant **imposé de l'extérieur**, par la contrainte de la société ou de l'éducation. Je fais mon devoir par crainte de la punition ou espoir d'une récompense.

▶ Dans ce cas, je ne reconnais pas mes devoirs, mais je les subis, de gré ou de force. De tels devoirs de convention, relatifs et changeants, paraissent à juste titre arbitraires ou infondés. Ils s'imposent comme une **contrainte contraire à notre liberté de juger et d'agir**.

2. Reconnaître ses devoirs est autonomie

▶ L'autonomie morale suppose de *reconnaître* au sens fort ses devoirs, c'est-à-dire d'en connaître **le fondement rationnel et la nécessité universelle**.

▶ La volonté reconnaît alors le devoir non comme contrainte mais comme obligation. C'est la **libre acceptation de l'obéissance**. L'autonomie, donc.

3. Reconnaître ses devoirs comme autodétermination

▶ Cette conception libératrice du devoir conduit à reconsidérer l'idée de liberté. La véritable liberté semble alors résider dans une autodétermination et une émancipation par la raison, au sens où l'entend **Spinoza**.

▶ Connaître ses devoirs, c'est alors **connaître sa nature rationnelle** et reconnaître la nécessité de perfectionner cette nature en luttant contre les passions tristes et les idées fausses qui y sont liées. Par exemple, refuser une dépendance à l'alcool ou à une superstition impose des devoirs qui contribuent à perfectionner une liberté rationnelle conforme à la nature humaine.

Conclusion

La moralisation de mes actes est ce passage d'une hétéronomie, qui me fait percevoir mes devoirs comme autant de contraintes pesant sur ma liberté, à une autonomie, qui me permet de reconnaître mes devoirs comme une libre acceptation rationnelle. La liberté, ce n'est plus alors faire ce qu'on veut, mais vouloir l'évidence de la raison universelle, par exemple dans le devoir de ne pas mentir.

Les notions
5 L'État

L'État démocratique permet aux citoyens d'exercer leur souveraineté par l'intermédiaire de représentants élus. Comment expliquer alors la défiance des citoyens à l'égard de l'État ?

TEST — Pour vous situer et identifier les fiches à réviser — 86

FICHES DE COURS

> **MÉMO VISUEL** — 88
> 13 Peut-on vivre en société sans État ? — 90
> 14 L'État fait-il obstacle à ma liberté ? — 92
> 15 L'État peut-il faire le bonheur des citoyens ? — 94

SUJETS GUIDÉS & CORRIGÉS

OBJECTIF BAC
9 **EXPLICATION DE TEXTE** | Max Weber, *Le savant et le politique* — 96

OBJECTIF MENTION
10 **DISSERTATION** | Que devons-nous à l'État ? — 101

TESTEZ-VOUS

→ CORRIGÉS P. 347

Faites le point sur vos connaissances, puis établissez votre **parcours de révision** en fonction de votre score.

1 Peut-on vivre en société sans État ?
→ FICHE 13

1. Qu'est-ce que l'anarchisme ?
- ☐ **a.** un courant politique
- ☐ **b.** un chaos social
- ☐ **c.** une thèse défendue par Hobbes

2. Vrai ou faux ? Cochez la case qui convient. V F
- **a.** L'état de nature est une réalité historique. ☐ ☐
- **b.** Pour Hobbes, les hommes sont naturellement mauvais. ☐ ☐
- **c.** La sécurité peut être une des fins assignées à l'État. ☐ ☐

3. Comment Hobbes définit-il le bonheur à l'état civil ?
- ☐ **a.** la liberté
- ☐ **b.** la richesse
- ☐ **c.** la tranquillité

…/3

2 L'État fait-il obstacle à ma liberté ?
→ FICHE 14

1. Qu'est-ce que la volonté générale ?
- ☐ **a.** l'opinion majoritaire
- ☐ **b.** la somme des intérêts particuliers
- ☐ **c.** la volonté du peuple en tant que peuple

2. Complétez le texte avec les mots suivants : souverains, obligation, sécurité, contrainte, peuple, liberté.

Pour Rousseau, l'État ne doit pas se contenter de garantir la …….. des citoyens : il doit avant tout protéger leur …….. En démocratie les hommes constituent un …….. auquel s'applique la loi. Mais puisqu'ils votent les lois, ils sont aussi …….. En ce sens, la loi n'est pas une …….. mais une …….. que les hommes se donnent à eux-mêmes.

3. D'après Arendt, quel est le propre des États totalitaires ?
- ☐ **a.** Ils absorbent l'ensemble de la sphère sociale.
- ☐ **b.** Ils permettent aux hommes d'exprimer leurs opinions.
- ☐ **c.** Ils reposent sur la naissance des sociétés de masse.

…/3

TEST · FICHES DE COURS · SUJETS GUIDÉS

3 L'État peut-il faire le bonheur des citoyens ? → FICHE 15

1. Quelle est la thèse d'Engels ?
☐ **a.** L'État permet aux hommes d'être heureux en défendant l'intérêt commun.
☐ **b.** L'État prive le peuple du bonheur en garantissant celui de quelques-uns.
☐ **c.** L'État n'intervient pas dans l'accès des hommes au bonheur.

2. Lisez l'extrait et cochez la (ou les) proposition(s) qui rend(ent) compte du sens du texte.

> Un gouvernement qui serait fondé sur le principe de la bienveillance envers le peuple, tel celui du père envers ses enfants, c'est-à-dire un gouvernement paternel, où par conséquent les sujets, tels des enfants mineurs incapables de décider de ce qui leur est vraiment utile ou nuisible, sont obligés de se comporter de manière uniquement passive, afin d'attendre uniquement du jugement du chef de l'État la façon dont ils doivent être heureux, et uniquement de sa bonté qu'il le veuille également, – un tel gouvernement, dis-je, est le plus grand despotisme que l'on puisse concevoir.
>
> Emmanuel Kant, *Théorie et pratique. D'un prétendu droit de mentir par humanité*, trad. Françoise Proust © Flammarion, 1994.

☐ **a.** L'État doit protéger les citoyens comme un père protège ses enfants.
☐ **b.** L'État doit chercher à rendre les citoyens heureux.
☐ **c.** L'État ne doit pas entraver la quête individuelle du bonheur mais ne peut assurer le bonheur des citoyens.

3. Qui affirme que la démocratie peut devenir un despotisme « doux » ?
☐ **a.** Hegel
☐ **b.** Engels
☐ **c.** Tocqueville

4. Complétez le texte avec les mots qui conviennent.

Le bonheur est avant tout une affaire ……… En ce sens, il ne relève pas des prérogatives de l'État qui administre la vie ……… des citoyens. En prétendant régir le bonheur des citoyens, l'État empiète ainsi sur leur ……… et menace leur ……… L'individu doit rester ……… de ce qui définit son bonheur et des conditions de son obtention, dans les limites du respect ………

…/4

Score total …/10

Parcours PAS À PAS ou EXPRESS ? → MODE D'EMPLOI P. 3

MÉMO VISUEL

DÉFINITIONS CLÉS

État
Puissance organisée qui fait autorité sur un territoire donné.

Politique
1. Au sens large, activité par laquelle les hommes déterminent les valeurs et les règles qui prévalent dans l'organisation d'une société.
2. Au sens strict, art de gouverner, fondé à la fois sur la conquête et la conservation du pouvoir et sur l'élaboration d'un corpus d'idées et de valeurs à défendre.

L'ÉTAT

Peut-on vivre en société sans État ? (→ p. 90)

Les repères utiles
en droit/en fait → p. 339

La réponse de Proudhon
L'État usurpe le pouvoir pour satisfaire des intérêts particuliers : on peut vivre en paix sans État.
« La plus haute perfection de la société se trouve dans l'union de l'ordre et de l'anarchie. »

La réponse de Hobbes
L'institution de l'État est le meilleur rempart contre la violence et la crainte.

L'État fait-il obstacle à ma liberté ? (→ p. 92)

Les repères utiles
obligation/contrainte → p. 342

La réponse de Rousseau

L'État démocratique constitue la condition de possibilité de ma liberté.

« L'impulsion du seul appétit est esclavage, et l'obéissance à la loi qu'on s'est prescrite est liberté. »

La réponse d'Arendt

L'État devient une menace pour la liberté lorsqu'il absorbe toute la sphère politique et dessaisit les citoyens du débat démocratique.

L'État peut-il faire le bonheur des citoyens ? (→ p. 94)

Les repères utiles
public/privé → p. 343

La réponse d'Engels

L'État est un instrument de domination politique et sociale qui fait le bonheur de quelques-uns au détriment des autres.

La réponse de Kant

Le bonheur est avant tout une affaire privée. Mais l'État doit assurer à chacun les conditions de possibilité d'une quête individuelle du bonheur.

13 Peut-on vivre en société sans État ?

En bref *L'État exerce une autorité qui contraint notre liberté d'action dans le but d'organiser la vie des hommes en société. Pourrait-on se passer d'une telle autorité ? Est-ce la nature violente et belliqueuse des hommes qui rendrait nécessaire l'instauration de l'État ?*

I Penser une société sans État

1 | Des lois imparfaites

■ L'opinion commune déplore en de nombreuses occasions l'exercice du pouvoir de l'État. Les lois, au moyen desquelles l'État impose les règles de fonctionnement de la société, seraient toujours imparfaites voire injustes ; surtout lorsqu'elles exigeraient de nous ce que nous n'avons pas nécessairement envie de faire. Pensons au respect strict du Code de la route, à l'acquittement des impôts et des taxes, etc.

■ Mais cette critique naïve de l'autorité étatique ne peut suffire à fonder une remise en cause profonde de l'État, car elle est d'abord guidée par un intérêt particulier et non par le bien commun.

2 | La critique anarchiste

Ce sont les penseurs anarchistes qui ont formulé la critique la plus radicale de l'État. Pour Proudhon par exemple, l'autorité de l'État est par nature illégitime, dans la mesure où les hommes sont spontanément capables de vivre en paix et en harmonie. Autrement dit, si nous sommes foncièrement bons et sociables, capables de bienveillance à l'égard de nos semblables, rien ne peut justifier qu'une autorité supérieure nous impose des règles de vie en société. Il ne nous resterait donc qu'à nous débarrasser de l'État. La société anarchiste n'a ainsi rien d'un chaos social : elle serait « le plus haut degré d'ordre et de liberté auquel l'humanité puisse parvenir. »

II L'État, rempart contre la violence

Peut-on se satisfaire de cette représentation de la nature humaine ? Pourquoi paraît-il si difficile de se passer de l'autorité de l'État ?

1 | À l'état de nature, les hommes vivent dans la crainte et la violence

■ Hobbes, dans le *Léviathan,* conceptualise la situation qui précède l'instauration de l'État : on parle d'**état de nature**. Les hommes y vivent sans lois et dans une égalité parfaite : chacun jouit du même droit à disposer de toute chose.

 NOTER
L'**état de nature** est une expérience de pensée qui n'a pas de valeur ni de réalité historique : inutile d'en parler au passé ! Sa fonction est heuristique : il nous permet de réfléchir à ce que doit être le rôle de l'État.

■ Rien n'empêche donc le vol ou le meurtre, et les hommes se livrent une **guerre perpétuelle** pour posséder le plus de biens possible.

■ Cet état semble **peu désirable** : les hommes emploient en effet leur temps à se protéger et à protéger leurs biens dans la crainte d'une mort violente. S'ils sont doués de passions – ce qui leur fait désirer de toujours accroître leur puissance –, les hommes sont aussi doués de raison – ce qui leur fait comprendre que l'état de nature n'est pas le meilleur possible. Ils sont donc conduits à **s'unir par un pacte** qui les prémunira de la violence d'autrui.

2 | Le rôle de l'État serait donc d'assurer la sécurité des citoyens

■ Pour éviter de se nuire les uns aux autres, les hommes délèguent leur droit naturel et leur puissance d'agir à une **autorité supérieure**. Seule cette puissance souveraine, à la tête de l'État, pourra se montrer violente, en vue d'assurer la sécurité de tous. De fait, le Souverain n'aliène son droit naturel à personne : il subsiste en dehors du contrat. L'institution de l'État repose donc sur un acte de soumission.

■ Pour Hobbes, le passage de l'état de nature à l'état civil, grâce à la mise en place d'un État, permet donc aux hommes de se libérer de leurs penchants belliqueux pour vivre en paix. Dans l'état civil, ce n'est pas la possession du plus grand nombre de biens qui fait le bonheur des hommes, mais la **tranquillité d'une vie réglée par des lois** et par la crainte de la sanction que ces lois inspirent.

zoOm

American Nightmare : une image de l'état de nature

■ Dans une société minée par la criminalité et la surpopulation carcérale, l'État décide d'autoriser une fois par an toutes les activités criminelles, y compris le meurtre. Le but n'est plus de vivre mais de survivre à cette nuit de « purge » où se déchaînent les pulsions violentes des hommes, dont il n'est pas facile de savoir s'ils sont amis ou ennemis.

■ Ce film de James DeMonaco manifeste la difficulté à se donner une règle du bien et du mal sans recourir à la loi : pouvons-nous être justes sans État ?

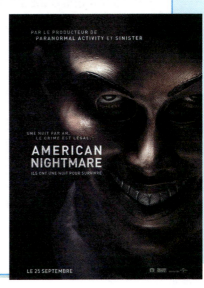

James DeMonaco, *American Nightmare*, 2013.

14 L'État fait-il obstacle à ma liberté ?

En bref Parce qu'il dispose du droit d'imposer la loi, l'État apparaît généralement comme une force contraignante et parfois liberticide. Mais les lois ne nous aident-elles pas aussi à être libres ?

I L'État juste fonde et protège la liberté du citoyen

■ L'État peut faire obstacle à ma liberté s'il a **pour seule finalité la sécurité**. Les citoyens courent alors le risque de se voir privés de toutes leurs libertés, au nom de la sécurité, et de devenir prisonniers d'un État autoritaire.

■ Dans *Du contrat social*, Rousseau montre que l'État ne peut pas se contenter d'assurer la protection des citoyens : « On vit tranquille aussi dans les cachots ; en est-ce assez pour s'y trouver bien ? »

■ La thèse défendue par Rousseau repose sur la possible **conciliation de l'autorité de l'État et de la liberté du citoyen**. Le but de l'institution de l'État n'est autre que la fondation et la préservation de la liberté des citoyens : autrement, nous perdrions ce qui est au cœur de notre humanité.

> **CITATION**
> « Renoncer à sa liberté, c'est renoncer à sa qualité d'homme » (Rousseau, *Du contrat social*).

II L'idéal démocratique permet l'affirmation d'une liberté civile

1 Les conditions d'institution de la démocratie

■ Pour Rousseau, les hommes doivent s'associer les uns aux autres avant de se soumettre à une autorité politique. En s'unissant, ils forment **le peuple de la démocratie**. Autrement dit, chaque citoyen est à la fois **sujet et souverain** : il participe aux décisions politiques et ces décisions s'appliquent aussi à lui.

■ En concluant un tel pacte, les hommes échangent leur liberté naturelle contre une liberté civile garantie par les institutions : nul ne peut les priver de leurs droits sans subir la contrainte du corps politique tout entier.

> **MOT-CLÉ**
> Le mot **démocratie** vient du grec ancien *demos* (« le peuple ») et *cratos* (« le pouvoir »). Il faut distinguer la démocratie directe, où tous les citoyens prennent part à l'élaboration des lois, de la démocratie indirecte, qui implique l'élection de représentants.

2 La volonté générale comme expression libre de la volonté du peuple

■ Mais comment la liberté individuelle peut-elle se satisfaire des décisions du peuple ? En réalité, lorsqu'ils votent les lois, les citoyens doivent se placer du point de vue de l'ensemble du corps social : c'est ce que Rousseau appelle **la volonté générale**.

Autrement dit, lorsque nous nous soumettons aux lois, nous le faisons parce que nous comprenons qu'elles défendent l'intérêt de la société entière. En s'acquittant de ses impôts, le citoyen sait par exemple qu'il permet le fonctionnement des institutions et des services publics. Ainsi, la loi n'est plus une contrainte mais une obligation, une règle que le citoyen se donne à lui-même.

III Les dérives de la démocratie

Dans l'entre-deux-guerres émergent des systèmes politiques totalitaires qui s'emploient à nier la liberté des citoyens et à absorber l'ensemble de la sphère sociale. Or ces régimes se sont développés au sein du cadre démocratique, en s'appuyant notamment sur des victoires électorales. Comment les citoyens en viennent-ils à se déposséder eux-mêmes de leur liberté ?

D'après Arendt, le totalitarisme n'est pas tant une exacerbation du pouvoir étatique que le signe d'un dépérissement du corps politique. La naissance d'une société de masse, l'isolement des citoyens et l'absence de débat public ont permis la naissance de ces organisations politiques totales.

Si la démocratie permet en droit l'expression de la liberté de chaque citoyen, ce n'est en fait possible que si les citoyens se saisissent du cadre démocratique pour participer activement à la vie politique et débattre des valeurs et des règles qui doivent régir la société.

zoOm

1984 : la négation radicale de la liberté politique

Michael Radford, *1984*, 1984.

Ce roman de George Orwell publié en 1949 met en scène une dystopie politique. Sous la domination de Big Brother, les citoyens deviennent progressivement des automates à la solde d'un système qui prétend tout contrôler, jusqu'à leur retirer leur liberté de penser : toute opinion contraire à l'idéologie du parti est poursuivie par la Police de la Pensée. Elle devient un « crime de la pensée » et ses auteurs sont éliminés.

15 L'État peut-il faire le bonheur des citoyens ?

En bref *L'action publique est-elle étrangère à la sphère privée ? Le bonheur a-t-il une dimension politique ?*

I L'autorité de l'État peut entraver le bonheur des citoyens

■ Toutes les formes étatiques ne permettent pas l'expression de la liberté individuelle. Certaines peuvent même aller jusqu'à priver les citoyens des conditions minimales du bonheur : le droit de préserver leur vie et de poursuivre la satisfaction de leurs désirs et de leurs aspirations privés.

■ Quand il défend des intérêts particuliers et non le bien du peuple, l'État devient un obstacle au bonheur. Plus précisément, il fait alors le bonheur des uns au détriment de celui des autres. Pour Engels, l'État est l'instrument par lequel les classes bourgeoises dominantes policent et répriment les classes ouvrières pour les mettre au service de leur propre bonheur. Dans cette perspective, c'est seulement en renversant l'État capitaliste que la classe ouvrière pourrait envisager une vie heureuse.

II L'État doit permettre à chacun de chercher le bonheur

1 Le bonheur est avant tout une affaire privée

■ Kant nous invite à ne pas confondre ce qui relève de la sphère publique et de la sphère privée. On ne peut pas attendre de l'État qu'il fasse notre bonheur, car cela ne relève pas de ses prérogatives.

■ L'État qui prétendrait légiférer les affaires privées au point d'être la condition nécessaire et suffisante de notre bonheur serait ainsi « le plus grand despotisme que l'on puisse concevoir. » En accordant aux hommes le bonheur, l'État les priverait aussi de la liberté de le chercher et de le définir pour eux-mêmes.

2 Le rôle de l'État est de ne pas empêcher la poursuite individuelle du bonheur

■ Si l'État ne peut pas faire le bonheur des citoyens sans tomber dans une forme de gouvernement paternaliste qui les prive de leur autonomie, il n'est pas pour autant purement étranger à ce bonheur individuel.

■ L'État doit permettre à chacun de chercher à être heureux sans priver autrui du même droit à tendre au bonheur.

> **MOT-CLÉ**
> On appelle **autonomie** la capacité de l'homme à se déterminer rationnellement sans se conformer à une autorité extérieure. L'autonomie est le plus haut degré de la liberté.

III. La recherche du bonheur ne doit pas conduire au délaissement de la sphère publique

■ Tocqueville étudie au XIXe siècle le développement de la démocratie américaine. Or, s'il reconnaît que les citoyens américains jouissent des droits et des libertés propres au régime démocratique, il y voit aussi la naissance d'un nouveau danger politique. En assurant la sécurité des hommes et en les enjoignant à se consacrer uniquement à leurs intérêts privés, l'État américain devient une puissance « tutélaire » qui vide la démocratie de son contenu.

■ Tocqueville rappelle que c'est le débat démocratique et l'intérêt des citoyens qui fondent la vitalité du tissu politique. En abandonnant cette besogne à quelques hommes qui finissent par concentrer d'immenses pouvoirs, les citoyens s'exposent à un despotisme « doux », qui leur garantit la jouissance individuelle mais les prive de leur souveraineté.

■ Si l'État ne doit pas entraver la recherche individuelle du bonheur, il ne faut pas penser en retour que le bonheur privé soit plus estimable que la participation à la sphère publique, sous peine d'abandonner sa liberté politique.

zoOm

The Truman Show : la représentation d'une dictature du bonheur

Peter Weir, *The Truman Show*, 1998.

■ Né sous X, Truman est élevé dans une téléréalité sans le savoir. Entouré par des comédiens qu'il prend pour des parents et des amis, il vit en étant scruté par des millions de spectateurs.

■ Le producteur de l'émission prétend pourtant œuvrer au bonheur de Truman, à la manière d'un État tutélaire qui maîtriserait tous les aspects de sa vie. Mais que vaut le bonheur d'un homme qu'on voudrait contraindre à être heureux ?

SUJET 9 | OBJECTIF BAC

EXPLICATION DE TEXTE ⏱ 4 h **Max Weber, *Le savant et le politique***

L'État semble pouvoir nous contraindre à agir ou à nous retenir d'agir au moyen de la loi. Mais que faut-il penser de la nature de ce pouvoir ? La violence exercée par l'État peut-elle être légitime ?

LE SUJET

Expliquez le texte suivant.

Lorsqu'on dit d'une question qu'elle est « politique », d'un ministre ou d'un fonctionnaire qu'ils sont « politiques », ou d'une décision qu'elle a été déterminée par la « politique », il faut entendre par là, dans le premier cas que les intérêts de la répartition, de la conservation ou du transfert du pouvoir
5 sont déterminants pour répondre à cette question, dans le second cas que ces mêmes facteurs conditionnent la sphère d'activité du fonctionnaire en question, et dans le dernier cas qu'ils déterminent cette décision. Tout homme qui fait de la politique aspire au pouvoir – soit parce qu'il le considère comme un moyen au service d'autres fins, idéales ou égoïstes, soit qu'il le désire pour
10 lui-même en vue de jouir du sentiment de prestige qu'il confère.
Comme tous les groupements politiques qui l'ont précédé historiquement, l'État consiste en un rapport de domination de l'homme sur l'homme fondé sur le moyen de la violence légitime (c'est-à-dire sur la violence qui est considérée comme légitime). L'État ne peut donc exister qu'à la condition que les hommes
15 dominés se soumettent à l'autorité revendiquée chaque fois par les dominateurs.

Max Weber, *Le savant et le politique*, trad. Julien Freund
© Plon, un département de Place des éditeurs, 1959.

LES **CLÉS** POUR RÉUSSIR

▶ **Définir le thème et la thèse du texte**

▶ Dans ce texte, Weber nous montre que le **pouvoir de l'État**, pouvoir politique par excellence, suppose l'**exercice de la violence**. Mais il faut bien comprendre que cette affirmation n'implique pas ici de condamnation du rôle de l'État : elle constitue une **réalité de fait**, commune à tout type d'organisation politique.

▶ Mais peut-on fonder la **légitimité** de ce pouvoir **en droit** ? Qu'appelle-t-on ici « violence légitime » ? Il faut voir que la légitimité ne se rapporte pas dans le texte à la justice ni à l'idée du bien en soi, mais simplement à l'obéissance et à la soumission volontaire des citoyens.

▶ Construire le plan de l'explication

❶ L'exercice d'un pouvoir (l. 1 à 10)
- ▶ Distinguez les différents usages du terme « politique ».
- ▶ En quoi le pouvoir peut-il être une fin ou un moyen ?

❷ L'usage de la violence légitime (l. 11 à 15)
- ▶ Dans quelle mesure peut-on dire que l'État implique un rapport de domination ?
- ▶ Intéressez-vous à la définition du concept de légitimité propre à ce texte.

 LE CORRIGÉ

Les titres ou mentions entre crochets ne doivent pas figurer sur la copie.

Introduction

[amorce] L'État se présente comme l'ensemble organisé des institutions qui gouvernent un peuple sur un territoire donné. Mais cette définition ne rend pas compte en elle-même de la nature ni des fondements de son pouvoir. Le texte nous invite à interroger le sens de l'ordre politique. **[problématique]** Comment le pouvoir de l'État peut-il être légitime alors qu'il repose sur l'exercice de la violence ? **[annonce du plan]** Weber cherche à préciser la définition du politique : toute organisation sociale requiert de s'interroger sur la répartition et la jouissance du droit de commander aux hommes. L'ordre politique repose donc par principe sur l'exercice d'un pouvoir. Dès lors, l'État est dans les sociétés modernes la structure à laquelle les hommes accordent le droit d'exercer ce pouvoir, c'est-à-dire de disposer d'un droit à la violence légitime, non pas parce qu'elle serait juste en elle-même, mais simplement parce qu'ils acceptent de s'y soumettre.

I. Le politique se définit comme exercice du pouvoir (l. 1 à 10)

1. La polysémie du politique

▶ Weber distingue d'abord la **variété des usages du terme « politique »**. Étymologiquement, ce dernier vient du grec *polis* (« cité ») et semble donc se rapporter à la manière dont les hommes organisent la vie en société.

▶ Dans l'expérience, nous parlons aussi bien de « la politique » que « du politique » ou de « l'homme politique », sans apporter de distinction claire.

▶ Cette polysémie n'est pas anodine, car elle se teinte souvent d'un **jugement de valeur** : « la politique politicienne » serait celle qui ne vise qu'à la conservation du pouvoir, aux manœuvres tactiques, étrangères à la préservation du bien commun. Dès lors pèserait toujours sur l'homme politique la suspicion d'un intérêt personnel dissimulé.

▶ Weber tente au contraire de dépasser la polysémie du politique en ramenant les usages du terme à une **unité fondamentale**, dégagée des jugements de valeur ou de la méfiance spontanée à l'égard du politique. Autrement dit, il tente de définir le politique en s'astreignant à la **neutralité axiologique** : il décrit strictement les ressorts de l'organisation politique et du pouvoir de l'État.

 DES POINTS EN +

La **neutralité axiologique** est une exigence scientifique défendue par Weber. Elle implique du savant qu'il traite des valeurs culturelles comme des faits à l'égard desquels il doit rester autonome. Cette neutralité fonde ainsi la probité intellectuelle du chercheur.

2. La définition du pouvoir politique

▶ Weber explique que nous employons le terme « politique » pour désigner aussi bien « une question », « un ministre » ou « une décision ». Qu'est-ce alors que le politique ? C'est tout ce qui **se rapporte à l'usage ou à l'exercice d'un pouvoir** dans l'organisation et la structuration de la vie en communauté.

▶ Pour Weber, la définition du politique est fondée sur « les intérêts de la répartition, de la conservation ou du transfert du pouvoir ». De fait, les rapports des hommes en société sont structurés par un **jeu de délégation et d'aménagement du pouvoir** : l'État autorise ou interdit certaines actions au moyen de la loi, et il contraint les hommes à se soumettre à ses règles en permettant à certains de les faire appliquer.

 MOT-CLÉ

Le **pouvoir** est la capacité d'action et de commandement dont jouit une personne individuelle ou collective. L'État n'est pas la seule source de pouvoir : tous les rapports entre les hommes, personnels, professionnels, financiers, impliquent des rapports de pouvoir.

▶ Dès lors, une « question politique » soulève le **problème de la répartition et de l'extension de ce pouvoir**, y compris celui dont jouit l'État lui-même. À quel point peut-il par exemple prélever les ressources des citoyens au moyen de l'impôt pour assurer son fonctionnement ? Comment doit-il éventuellement restituer ces ressources par des mécanismes de redistribution des richesses ?

▶ L'homme politique est celui qui prend les « décisions » qui tranchent les questions politiques en vue de **déterminer le droit de jouissance du pouvoir**. En démocratie, si tous les citoyens ne sont pas des professionnels de la politique, ils sont des hommes politiques lorsqu'ils expriment leur opinion par le vote, en accordant leur confiance au programme défendu par un candidat.

3. Le pouvoir politique peut être à la fois une fin et un moyen

▸ Weber pose alors la question du **sens du pouvoir politique**. Pourquoi certains hommes, que l'on appelle justement les « hommes politiques », se déterminent-ils à faire usage du pouvoir dans l'organisation de la communauté ? On peut considérer que le pouvoir est une « fin » ou un « moyen ».

▸ Lorsque le pouvoir est un moyen, il sert à accomplir des fins qui peuvent être « idéales » ou « égoïstes ». Dans le premier cas, l'homme politique, en jouissant du pouvoir, met en œuvre les décisions nécessaires à **la défense de certaines valeurs fondamentales** qu'il estime justes et légitimes. Il agirait ainsi en vue du bien commun. Mais lorsqu'il poursuit des fins « égoïstes », il se sert du pouvoir pour satisfaire **son intérêt particulier** ou celui d'un groupe social déterminé.

▸ Si le pouvoir est considéré en lui-même comme une fin, il ne sert qu'à « jouir du prestige qu'il confère » à celui qui le détient. Autrement dit, le pouvoir peut être **l'objet d'une avidité narcissique** : l'homme politique se sent personnellement valorisé par le simple fait d'en jouir, indépendamment de ce qu'il fera de ce pouvoir. C'est ce qui explique aussi que certains cèdent aux abus de pouvoir, dans l'ivresse du sentiment de domination et de puissance.

[transition] Le politique repose sur l'exercice et la répartition d'un pouvoir dans l'organisation sociale. Ce pouvoir n'est pas toujours employé à des fins utiles à tous, il peut aussi être reconduit à des fins individuelles, ou par simple désir de puissance. Mais comment fonder alors la valeur du pouvoir de l'État ?

II. L'État exerce le pouvoir politique par l'usage de la violence légitime (l. 11 à 15)

SECRET DE FABRICATION

Il faut distinguer l'usage que Weber fait du concept de **légitimité** de sa définition philosophique classique. La légitimité ne se rapporte pas ici à un idéal de droit, mais à la simple soumission de fait au pouvoir de l'État par l'obéissance des citoyens.

1. L'État s'institue par un rapport de domination au moyen de la force

▸ L'exercice du pouvoir politique au sein des États modernes repose sur un « rapport de domination de l'homme par l'homme ». Le concept de **domination** implique de se rapporter à l'usage de la force, c'est-à-dire au pouvoir de contrainte exercée par l'autorité politique. Au moyen de ses institutions, à l'image de la justice et de la police, l'État peut priver le citoyen de sa capacité d'agir dans le cadre défini par la loi.

▸ Il faut préciser que cette domination de l'homme par l'homme ne repose pas d'abord sur des rapports interpersonnels, comme cela peut être le cas dans la cellule familiale, mais sur la **médiation de la structure de l'État**.

▸ Le pouvoir par lequel l'État exerce sa domination résiste donc au passage des hommes. Il n'appartient à personne sinon à la structure étatique elle-même. C'est la structure légale de l'organisation sociale qui en définit les ressorts, et notamment **les textes fondamentaux** que sont les constitutions. Le pouvoir de l'homme d'État cesse dès lors que les citoyens se refusent par exemple à le réélire.

2. Qu'est-ce qu'une violence légitime ?

▸ Weber appelle « violence légitime » le moyen par lequel l'État exerce son pouvoir. Le problème de la légitimité semble renvoyer à la **distinction du juste et de l'injuste**, c'est-à-dire à ce qui pourrait fonder la valeur de l'usage de la violence en droit. Or, conformément au principe de neutralité axiologique, Weber ne prétend pas déterminer dans ce texte les grands principes qui justifieraient légitimement l'usage de la violence. Il se contente d'affirmer qu'est légitime ce qui est simplement « considéré » comme tel.

▸ Dans son œuvre, Weber distingue trois types de légitimité :

– La **légitimité traditionnelle** repose sur la sacralité accordée à certaines institutions fondées sur des coutumes. C'est la légitimité dont jouit par exemple le monarque de droit divin, par le simple fait qu'il hérite par lignage du pouvoir politique.

– La **légitimité charismatique** est fondée sur l'aura dont jouiraient certains hommes, dotés de qualités exceptionnelles qui leur permettent de se faire spontanément écouter et obéir des autres.

– La **légitimité légale-rationnelle**, enfin, repose sur la valeur accordée par examen rationnel aux règles qui s'imposent à tous dans l'organisation politique. C'est celle dont jouit le représentant politique élu par le peuple.

3. Le pouvoir de l'État repose sur la soumission volontaire des citoyens

▸ On le voit, la **légitimité d'un pouvoir** n'est pas définie *a priori* mais *a posteriori*, relativement à l'obéissance qu'il suscite. Le pouvoir d'une autorité véritable n'est pas celui qui s'impose au moyen de la force, mais celui qui peut utiliser la force car il est perçu comme légitime.

▸ Weber dégage donc **la « condition » nécessaire d'exercice de l'autorité de l'État**. Il s'agit de la « soumission » volontaire des individus au pouvoir que détiennent les « dominateurs ». Sans cette adhésion, il n'est pas possible pour l'État d'exercer réellement et durablement son pouvoir : l'usage de la force n'est pas la source du pouvoir de l'État, mais la manière dont il peut s'exprimer une fois qu'il est reconnu par les hommes.

> **À NOTER**
> Dans son *Discours de la servitude volontaire*, **La Boétie** faisait déjà remarquer l'apparente absurdité de l'asservissement des hommes sous l'autorité des monarques. La force d'un seul, ni même d'une armée, ne peut suffire en elle-même à vaincre un peuple entier : l'autorité ne s'exerce donc en réalité que parce que ses membres acceptent leur condition servile.

Conclusion

Ainsi, nous avons montré que la définition du pouvoir de l'État implique de s'intéresser à la définition même du politique. En s'attachant à comprendre le politique comme rapport de pouvoir dans l'horizon de l'organisation de la vie des hommes en société, Weber explique que l'État met en œuvre son pouvoir au moyen d'une violence dite légitime, car elle s'appuie sur le consentement des hommes. Dès lors, il ne faut pas penser que l'obéissance à l'État soit fondée sur son pouvoir de contrainte, mais plutôt que la violence constitue le moyen par lequel l'État exerce son pouvoir, dans le cadre défini par les lois et les textes fondamentaux qui en définissent la structure.

TEST > FICHES DE COURS > SUJETS GUIDÉS

▶ **SUJET 10** |

DISSERTATION ⏱ 4 h **Que devons-nous à l'État ?**

Nous acquitter de nos impôts et régler nos amendes, est-ce bien la seule chose que nous devons à l'État ?

Que devons-nous à l'État ?

✓ LE CORRIGÉ

Les titres ou mentions entre crochets ne doivent pas figurer sur la copie.

Introduction

[amorce] Il est d'usage de rappeler que l'État protège les droits des citoyens, mais que ceux-ci, en retour, sont tenus de respecter leurs devoirs.
[reformulation du sujet] Ces derniers apparaissent comme l'envers contraignant des avantages procurés par l'État pour la vie en communauté. En ce sens, nous aimerions parfois nous y soustraire, et nous nous y conformons le plus souvent par simple crainte de la sanction. Mais ces devoirs sont-ils étrangers à notre nature humaine elle-même ? Il faut considérer que ce que nous devons à l'État, nous nous le devons peut-être également à nous-mêmes, en tant qu'êtres moraux et librement pensants. **[problématique]** En nous donnant le sens de notre devoir, l'autorité politique ne permet-elle pas à l'homme de s'élever au-dessus de l'animalité et de l'horizon du seul intérêt particulier ?
[annonce du plan] Si l'on considère d'abord l'État comme une puissance aliénante qui prive les hommes de leur droit à se gouverner eux-mêmes, il semble que nous ne devons rien à l'État. Mais l'État est-il nécessairement ce qui nous prive de liberté ? En nous imposant des devoirs, ne nous permet-il pas au contraire de développer nos facultés proprement humaines, en réfléchissant aux conditions légitimes de la vie en communauté ? Il faut en réalité comprendre que nous ne devons à l'État que ce que nous nous devons à nous-mêmes, à savoir le respect de notre dignité et de notre autonomie rationnelle.

5 • L'État 101

I. L'État nous aliène en usant illégitimement de la force

1. Les hommes sont naturellement capables de vivre en harmonie

▶ On peut penser que les hommes, **universellement bons**, tendent spontanément à bien agir, c'est-à-dire à se comporter en vue du bien de leurs semblables. Ils seraient ainsi naturellement enclins à la bienveillance et il leur suffirait de suivre ce penchant pour vivre en harmonie avec les autres.

▶ L'**anarchiste** Kropotkine écrit ainsi que l'homme « agira toujours dans une certaine direction utile à la société », à la condition qu'il se développe dans un **environnement propice** à l'expression de sa bonté naturelle : il faut d'abord reconnaître l'égalité fondamentale des hommes et leur droit à se gouverner eux-mêmes.

> **MOT-CLÉ**
> L'**anarchisme** est un courant politique qui vise à l'abolition de l'autorité étatique par la révolution. Les anarchistes ne cherchent pas à instituer le chaos : ils supposent au contraire que la vie des hommes peut être ordonnée sans hiérarchie ni autorité spécifique.

2. Les devoirs que l'État cherche à imposer aux citoyens sont inutiles et illégitimes

▶ Or, pour Kropotkine, l'État contrevient précisément à la bienveillance spontanée de l'homme en assurant un **usage illégitime de la force**. Il contribue à l'asservissement des peuples à la volonté de quelques-uns.

▶ En prétendant assigner aux citoyens des devoirs qui assureraient la paix et la sécurité par le respect de la loi, l'État s'oppose à la meilleure et la plus juste des organisations possibles : la **société anarchiste**.

3. Notre devoir envers nous-mêmes commanderait d'abolir l'État

▶ Nous ne devons donc à l'État que le maintien des inégalités entre les hommes et le règne d'une violence institutionnelle. Ce que nous devons au contraire à notre nature humaine, c'est l'abolition de l'État pour **reconquérir notre liberté naturelle**.

▶ Cette abolition ne peut dès lors pas être mise en œuvre par la réforme des institutions : elle implique d'exercer contre l'État une **violence révolutionnaire**, qui nécessite la destruction de ses symboles et de ses représentants. Il faudrait en passer par l'usage de la force, c'est-à-dire se rendre coupable de délits et de crimes pour parvenir à ses fins.

[transition] Mais l'État n'est-il qu'un instrument de domination et de violence ? Un gouvernement éclairé et juste est-il nécessairement impossible ?

II. L'État est la condition de possibilité de notre liberté et de notre humanité

1. À l'état de nature, les hommes ne connaissent ni justice ni morale

▶ Rousseau distingue **deux états de nature successifs**. L'homme naturel vit d'abord dans la paix et l'indépendance : il n'entretient pas de relations avec autrui. Il n'est donc pas un être immoral mais **amoral**, c'est-à-dire ignorant des principes moraux.

> **CITATION**
> « Il paraît d'abord que les hommes dans cet état n'ayant entre eux aucune sorte de relation morale, ni de devoir connus, ne pouvaient être ni bons ni méchants et n'avaient ni vices ni vertus » (Rousseau, *Discours sur l'inégalité*).

▶ Mais pour faire face à la satisfaction de leurs besoins, les hommes finissent par entrer en contact. Parce qu'ils se sont **mal dénaturés**, mal socialisés, ils sont gouvernés par l'amour-propre et la jalousie : ils entrent en concurrence avec les autres et se montrent violents.

▶ Pour Rousseau, ce second état de nature est donc un **état de guerre permanent** où les hommes, « méchants » et « dépravés », ont l'instinct pour seule norme d'action, et plus particulièrement l'instinct physique.

2. L'homme doit à l'État sa liberté civile et la possibilité de la moralité

▶ L'état civil marque l'avènement d'un homme qui échappe au règne des instincts, qui accède au **sens du devoir et de la vie morale**. Le passage de l'état de nature à l'état civil n'est donc pas un bouleversement uniquement politique : il a également une valeur morale.

▶ L'institution de l'État permet ainsi à l'homme de **se développer en tant qu'homme**. En vivant sous la direction de la volonté générale, l'homme cesse d'être obnubilé par lui-même, ses facultés s'exercent et se développent. L'homme est capable d'apprendre et de créer. Il exerce un métier, il peut s'adonner à l'art, autant de pratiques impossibles à l'état de nature : l'homme se contentait de protéger sa vie et d'accroître le nombre de biens en sa possession.

▶ Son existence ne se résume plus à la satisfaction d'un besoin ou d'un appétit, l'homme s'extrait de cette nécessité aliénante. Il devient véritablement homme dans le sens où il accomplit en lui ce qui fait sa spécificité, à savoir **l'exercice de ses facultés rationnelles** et de son sens moral.

3. Dès lors, l'homme a le devoir d'obéir à la loi

▶ Au sein de cette démocratie, l'homme s'obéit à lui-même en tant qu'il est **à la fois peuple et Souverain**. Nous avons ainsi le devoir de vivre selon le précepte suivant : « L'obéissance à la loi qu'on s'est prescrite est liberté. »

▶ La loi politique que se prescrit l'homme à lui-même est dès lors issue de la raison : l'homme autonome est véritablement libre et donc véritablement homme. L'obéissance à la loi constitue ainsi non seulement un devoir envers l'État et envers les autres membres du peuple, mais également un devoir envers soi-même.

[transition] L'obéissance à la loi n'est toutefois pas inconditionnée. L'homme a le devoir d'examiner en lui-même la valeur de la loi avant de lui obéir.

III. L'homme ne doit à l'État que ce qui est juste

1. L'homme ne doit pas obéir aveuglément à la loi

▶ Il ne suffit pas de se contenter de suivre la loi pour agir par devoir, c'est-à-dire conformément à ce qui est juste. Par respect pour lui-même, l'homme se doit d'**examiner rationnellement** ce que commande l'État.

5 • L'État

▸ L'**obéissance** que nous devons à l'État n'est donc **pas automatique** : elle n'est légitime que lorsqu'elle respecte la liberté de l'homme. C'est la raison pour laquelle nous ne devons à l'État que ce que nous nous devons à nous-mêmes et à l'idée que nous nous faisons de notre humanité.

2. Nous devons résistance et obéissance à l'État

▸ Pour Alain, l'ordre et la liberté sont nécessaires l'un à l'autre. Autrement dit, l'ordre et la liberté ne peuvent pas se passer l'un de l'autre.

▸ L'**obéissance** et la résistance sont des termes « corrélatifs ». Sans un certain nombre de **règles** auxquelles tous les hommes s'engagent à obéir, la vie en communauté ne serait que le règne de la violence qui prive les hommes de leur liberté. L'ordre n'est pas une fin mais le moyen de protéger les libertés et les droits fondamentaux. C'est la raison pour laquelle les hommes peuvent aussi **résister** : ils peuvent refuser de se plier à ce qu'impose l'État lorsqu'ils estiment que la loi est fondamentalement injuste.

> **CITATION**
>
> « Résistance et obéissance, voilà les deux vertus du citoyen. Par l'obéissance il assure l'ordre ; par la résistance il assure la liberté »
> (Alain, *Politique*).

3. L'État doit garantir au citoyen les moyens de cette résistance

▸ Le pouvoir politique doit toujours **rendre possibles les critiques** qui pourraient être formulées contre lui. Résister, c'est manifester son désaccord sans troubler le jeu du dialogue et de la communication entre les hommes. C'est pourquoi la démocratie repose sur la protection d'un espace public de discussion qui permet la circulation des informations et des opinions.

▸ À cet égard, **la violence ne peut être utilisée qu'en dernier recours** : c'est d'abord en signifiant leur désaccord par les voies institutionnelles que les hommes peuvent résister sans entraver l'exercice de la liberté d'autrui.

Conclusion

On peut d'abord penser que le citoyen ne doit rien à l'État, car celui-ci exerce un pouvoir illégitime en imposant au peuple la domination de quelques hommes. En ce sens, le devoir ne semble commander rien d'autre que l'abolition de l'État. Mais ne peut-on pas plutôt penser que l'instauration de l'État, en garantissant aux hommes leur sécurité et leur liberté, leur permet de s'élever au-dessus d'une vie animale pour développer leurs facultés proprement humaines ? Ne devons-nous pas à l'État la possibilité même de l'autonomie et de la moralité ? Le cas échéant, il faut toutefois remarquer que si nous devons obéissance à l'État, celle-ci ne doit pas être immédiate ni aveugle. Nous nous devons d'être des citoyens éclairés qui aident l'État à gouverner les hommes justement et légitimement, en participant à l'élaboration et à l'évaluation de la loi.

Les notions

6 L'inconscient

Au début du xxe siècle, le médecin viennois Sigmund Freud découvre l'existence de l'inconscient en essayant de soigner des maladies mentales, comme les névroses et les psychoses. Ces troubles psychiques sont, selon lui, les symptômes de traumatismes oubliés et la psychanalyse doit les ramener à la conscience pour les guérir.

TEST — Pour vous situer et identifier les fiches à réviser — 106

FICHES DE COURS
- MÉMO VISUEL — 108
- 16 Peut-on connaître l'inconscient ? — 110
- 17 L'inconscient ruine-t-il la morale ? — 112
- 18 Quelles objections à l'inconscient ? — 114

SUJETS GUIDÉS & CORRIGÉS
OBJECTIF BAC
- 11 DISSERTATION | Suis-je l'esclave de mon inconscient ? — 116

OBJECTIF MENTION
- 12 EXPLICATION DE TEXTE | Alain, *Éléments de philosophie* — 121

TESTEZ-VOUS → CORRIGÉS P. 348

Faites le point sur vos connaissances, puis établissez votre **parcours de révision** en fonction de votre score.

1 Peut-on connaître l'inconscient ? → FICHE 16

1. Quelles définitions de l'inconscient vous semblent justes ?
- a. les désirs et les pulsions présents en l'homme et qu'il ne connaît pas
- b. ce que l'on pense être vrai mais qui ne l'est pas
- c. les habitudes et les automatismes du corps et des organes

2. Vrai ou faux ? Cochez la case qui convient. V F
- a. Pour Leibniz, l'inconscient correspond aux pulsions jugées immorales par l'individu et que ce dernier refuse de voir.
- b. Bergson distingue la « mémoire-habitude » et la « mémoire vive ».
- c. Pour Freud, le rêve est toujours la réalisation imaginaire de désirs refoulés.
- d. Le symptôme désigne la manifestation visible d'une maladie.

3. La psychanalyse est…
- a. une thérapie.
- b. une hypothèse scientifique.
- c. une réflexion mystique.
- d. une technique d'interprétation.

4. Vrai ou faux ? Cochez la case qui convient. V F
- a. La première topique freudienne présente l'inconscient, le préconscient et le conscient.
- b. La seconde topique freudienne présente le ça, le sous-moi et le surmoi.
- c. Le refoulement désigne le processus de décryptage de l'inconscient grâce à l'analyse des rêves.

…/4

2 L'inconscient ruine-t-il la morale ? → FICHE 17

1. Associez chaque citation à son auteur.
- a. « Le moi n'est pas maître dans sa propre maison. »   • Sartre
- b. « L'inconscient n'est que la mauvaise foi personnifiée. »   • Freud
- c. « J'appelle libre […] une chose qui est et agit par la seule nécessité de sa nature. »   • Spinoza

2. Les « blessures narcissiques » présentées par Freud sont…
- a. la révolution copernicienne.
- b. l'évolutionnisme darwinien.
- c. la découverte des petites perceptions leibniziennes.
- d. l'hypothèse de l'inconscient.

3. Complétez le texte avec les mots ou expressions qui conviennent.
Pour Sartre, l'hypothèse de l'inconscient est dangereuse, car elle conduit l'homme à ne pas assumer ses …….., faisant ainsi acte de …….. Le tort de la psychanalyse est de penser que l'esprit, tout comme les objets de la nature, serait lui aussi soumis au …….. naturel.

…/3

3 Quelles objections à l'inconscient ?

→ FICHE 18

1. Pour Alain, l'inconscient freudien est…
- a. une idolâtrie du corps.
- b. une révolution nécessaire.
- c. une méprise sur le Moi.

2. Selon Levinas…
- a. l'existence humaine est liberté.
- b. l'inconscient est une pseudoscience.
- c. l'hypothèse freudienne est réductrice.

3. Quel est le seul vrai « inconscient » selon Alain ?
- a. l'inconscient freudien
- b. les mécanismes corporels
- c. un autre « moi en nous »

4. Lesquelles de ces disciplines font partie des « fausses sciences » pour Popper ?
- a. l'astrologie
- b. la psychanalyse
- c. la chimie
- d. le marxisme

…/4

Score total …/11

Parcours PAS À PAS ou EXPRESS ? → MODE D'EMPLOI P. 3

6 • L'inconscient

MÉMO VISUEL

DÉFINITIONS CLÉS

Inconscient psychique
Au sens freudien, désirs et pulsions primitives de la vie psychique, qui font l'objet d'un refoulement car ils sont incompatibles avec les exigences morales et sociales.

Inconscient corporel
Habitudes et automatismes du corps et des organes. Le fonctionnement spontané du corps échappe à la conscience, comme la respiration ou la digestion, sauf en cas de problème ou de maladie.

L'INCONSCIENT

Peut-on connaître l'inconscient ? (→ p. 110)

Les repères utiles
médiat/immédiat → p. 341

La réponse de Leibniz
Le corps et la sensibilité causent dans notre esprit des petites perceptions dont nous n'avons pas conscience.
« Il y a à tout moment une infinité de perceptions en nous, mais sans aperception et sans réflexion. »

La réponse de Freud
Des symptômes, comme le rêve ou l'acte manqué, doivent être interprétés comme des manifestations visibles et médiatisées de désirs inconscients.

L'inconscient ruine-t-il la morale ? (→ p. 112)

Les repères utiles
obligation/contrainte → p. 342

La réponse de Sartre
L'inconscient nie la liberté et rend l'homme irresponsable de lui-même.
« L'inconscient n'est que la mauvaise foi personnifiée. »

La réponse de Freud
L'inconscient me détermine, mais je peux me libérer par la connaissance des désirs cachés.

Quelles objections à l'inconscient ? (→ p. 114)

Les repères utiles
théorie/pratique → p. 344

La réponse d'Alain
L'inconscient est un « fantôme mythologique », incompatible avec la liberté de l'esprit. Admettre son existence est à la fois une erreur théorique et une faute morale.

La réponse de Levinas
L'hypothèse de l'inconscient conduit à déposséder chacun du sens de ses paroles et de ses actes.
« On ne peut plus parler, car personne ne peut commencer son discours sans témoigner aussitôt de tout autre chose que de ce qu'il dit. Psychanalyse et sociologie guettent les interlocuteurs. »

16 Peut-on connaître l'inconscient ?

En bref *La conscience peut-elle connaître l'inconscient qui, par définition, lui échappe ? Il nous faut soit admettre avec les cartésiens que l'inconscient est une hypothèse fausse, soit reconnaître que certains phénomènes psychiques ne peuvent s'expliquer médiatement que par des causes inconscientes.*

I Un inconscient sensible

1 Les « petites perceptions » de Leibniz

■ « Pour entendre [l]e bruit [de la mer] comme l'on fait, il faut bien qu'on entende les parties qui composent ce tout, c'est-à-dire les bruits de chaque vague, quoique chacun de ces petits bruits ne se fasse connaître que dans l'assemblage confus de tous les autres ensembles. » Leibniz admet ici l'existence de perceptions infraconscientes, qui échappent à l'aperception ou conscience car elles sont « trop petites et en trop grand nombre ou trop unies », et qui composent nos représentations conscientes.

■ Par ce subconscient sensible, Leibniz suppose que nous avons une expérience du monde beaucoup plus riche que ce que la seule conscience nous fait croire.

2 L'inconscient corporel

« La santé c'est la vie dans le silence des organes », disait le médecin René Leriche. Au quotidien, notre corps fonctionne inconsciemment. Par des automatismes et des habitudes, nous agissons sans y penser pour nous rendre la vie plus facile.

3 L'inconscient mémoriel

■ Bergson figure la mémoire comme un cône inversé dont la pointe touche la ligne de l'action. N'arrivent alors à la conscience que les souvenirs qui nous aident à agir.

■ Les autres souvenirs peuvent être dits préconscients ou virtuels, prêts à être actualisés selon les besoins de l'action. Bergson distingue ainsi la « mémoire-habitude », disponible pour l'action, et la « mémoire-souvenir », qui s'intéresse au passé pour lui-même.

II Un inconscient psychique révélé par des symptômes

1 Des symptômes incompréhensibles ?

■ Selon Freud, qui est médecin, il existe des représentations et des actes irrationnels qui échappent au contrôle de la conscience : les délires, les obsessions, les manies, les angoisses, les dépressions, les actes manqués, les lapsus et, bien sûr, les rêves.

- Freud voit le rêve comme la réalisation imaginaire de désirs refoulés car interdits : « L'interprétation des rêves est la voie royale qui mène à la connaissance de l'inconscient ». Nous avons le choix entre renoncer à comprendre cette face obscure du psychisme, ou essayer de guérir ces sources de souffrance.

- Aussi la psychanalyse freudienne est-elle d'abord une thérapie visant à soigner les maladies mentales, comme les psychoses et les névroses. Elle est ensuite une technique d'interprétation, qui a utilisé l'hypnose avant de se tourner vers la libre association d'idées. Enfin, elle est une hypothèse scientifique : celle de l'existence d'un inconscient qu'on ne peut prouver qu'indirectement par ses manifestations.

2 | Le résultat du refoulement des pulsions

MOT-CLÉ
La **pulsion** désigne une force psychique, souvent issue du corps, qui cherche à se satisfaire au moyen d'actes conscients ou manqués.

- L'inconscient ne décrit pas seulement des représentations en sommeil, mais des désirs et des **pulsions** primitifs de la vie psychique (le « ça » selon Freud). Ces derniers font l'objet d'un refoulement, car ils sont incompatibles avec les exigences morales et sociales intériorisées par le sujet (le « surmoi »).

- Les pulsions inconscientes ne connaissent ni le temps ni la réalité, mais elles sont constamment actives et ne peuvent se satisfaire qu'en trompant la censure de la conscience, sous forme déguisée dans les **symptômes**.

MOT-CLÉ
Le **symptôme** est un terme médical désignant la manifestation visible d'une maladie. Il doit être interprété pour trouver sa cause cachée. La toux ou des plaques rouges, par exemple, sont des symptômes.

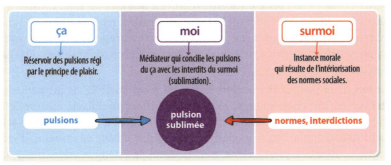

Les deux topiques freudiennes

Après avoir organisé le psychisme en trois instances, à savoir l'inconscient, le préconscient et le conscient, Freud remplace, en 1920, cette conception par une autre topique : celle du ça, du moi et du surmoi.

17 L'inconscient ruine-t-il la morale ?

En bref *La théorie freudienne met à mal l'idée, héritée de Descartes, d'un sujet pensant qui serait le véritable centre de commandes de l'activité psychique. L'existence de l'inconscient nous rendrait définitivement opaques à nous-mêmes. Mais elle pose aussi des problèmes moraux : qu'en est-il de la responsabilité de nos actes, et finalement de notre liberté ?*

I L'inconscient nie la liberté

1 L'inconscient choque la morale

■ L'inconscient conduit-il à l'inconscience et à l'irresponsabilité ? Cette conséquence immorale est souvent reprochée à la psychanalyse freudienne.

■ La nature même des désirs inconscients choque le sens moral. Le désir incestueux d'un enfant pour sa mère, le désir de meurtre du père, le déguisement de désirs honteux, sont autant de signes de l'immoralité de l'inconscient. De fait, l'inconscient ignore la morale, comme il ignore les contraintes de temps et d'espace.

> **À NOTER**
> Le **complexe d'Œdipe** désigne, chez le tout jeune garçon de trois ou quatre ans, le désir d'inceste avec sa mère. Œdipe, dans la tragédie grecque, est un héros qui tue son père Laïos, roi de Thèbes, et qui épouse sa mère Jocaste, sans savoir qu'ils sont ses parents.

2 L'inconscient nous détermine

■ La psychanalyse construit la théorie d'un sujet décentré par rapport à lui-même : « Le moi n'est pas maître dans sa propre maison » (Freud, *Introduction à la psychanalyse*). Ce qui signifie que le moi conscient est déterminé par des forces inconscientes qui le rendent opaque à lui-même et porteur d'illusions, comme celle de la liberté.

■ Sartre critique cette perte de liberté. Il affirme que seul un sujet conscient est donneur de sens. La liberté définit l'existence humaine, rendant l'homme totalement responsable de ses actes et de ses pensées. Refuser cette liberté est un acte de « mauvaise foi », un refus hypocrite d'assumer sa responsabilité en se cherchant des excuses.

■ Le tort de la psychanalyse, selon Sartre, est d'objectiver la vie mentale, de la traiter comme une chose soumise à des déterminismes psychiques, comme l'est le monde à des déterminismes naturels. Le déterminisme est une conception selon laquelle tout ce qui arrive se produit en vertu d'une chaîne de causes et d'effets nécessaires. Ainsi, la psychanalyse nie la liberté de l'homme, alors même que l'homme n'est pas un objet parmi les autres, mais une pure subjectivité, ce que Sartre appelle un « pour-soi ».

II. La connaissance de l'inconscient nous libère

1. Comprendre les causes qui nous déterminent

Selon Spinoza, la liberté n'est pas le libre arbitre, qui est illusoire, mais la connaissance de la nécessité . Elle nous permet de nous libérer des illusions et d'agir en connaissance de cause. C'est en ce sens que nous pouvons dire que la connaissance de notre détermination par l'inconscient nous libère.

2. Comprendre l'inconscient nous guérit

Connaître notre inconscient peut aussi nous libérer des maladies psychiques, nous soulager des souffrances mentales. Par exemple, la psychanalyse prétend guérir en aidant le patient névrotique à se remémorer les traumatismes enfouis dans l'inconscient, lesquels sont à l'origine de ses troubles.

3. Le surmoi nous donne les normes morales

Si l'inconscient est largement immoral, une autre instance, elle aussi inconsciente, équilibre le psychisme en apportant une autorité morale : le surmoi. Ce dernier intériorise, à travers l'éducation, les valeurs et les normes morales. Il propose un « idéal du moi » qui sert de modèle positif à ma conduite, pour devenir « celui que je rêve d'être ». Ainsi, le surmoi surplombe le moi pour le juger et lui donner des repères moraux qui alimentent la censure exercée sur les pulsions inconscientes.

> **MOT-CLÉ**
> La **censure** est un mécanisme inconscient qui empêche des désirs de devenirs conscients et de se réaliser, car ils sont contraires aux normes sociales. Ces désirs censurés sont alors « refoulés ».

---

zoOm

Les trois blessures narcissiques de l'humanité

■ Narcisse est un personnage mythologique qui admirait, dans l'eau, le reflet de sa beauté. Freud appelle « narcissisme » ce besoin fondamental de tout être humain de se sentir aimé et admiré.

■ Une blessure narcissique est une déception dans la satisfaction de ce besoin. L'humanité dans son ensemble s'est longtemps prise pour le sommet de la Création. Mais le progrès des sciences l'a fait descendre de son piédestal à travers trois « blessures » : la révolution copernicienne, l'évolutionnisme darwinien, l'inconscient freudien.

18 Quelles objections à l'inconscient ?

En bref *L'inconscient est une hypothèse qui explique bien des effets, mais ne peut être directement prouvée, d'où sa faiblesse épistémologique. De plus, la psychanalyse comme interprétation permet de guérir, mais crée aussi un rapport de pouvoir et de dépossession du sens. Enfin, l'inconscient aliène le sujet humain, en faisant de lui le jouet de forces souterraines.*

I Alain : l'inconscient est faux et inutile

■ La contestation la plus frontale de la pensée freudienne vient du philosophe qui, au XXe siècle, se présente comme un disciple de Descartes : Alain. « L'inconscient est une méprise sur le Moi, c'est une idolâtrie du corps », écrit-il dans les *Éléments de philosophie*.

■ Selon lui, l'inconscient est un « fantôme mythologique », incompatible avec la liberté de l'esprit. Admettre son existence est à la fois une erreur théorique et une faute morale. Une erreur théorique car il est absurde de dire qu'il existe des pensées auxquelles on ne pense pas : toute pensée requiert un sujet qui les pense. Une faute morale car, comme pour Sartre, le recours à l'inconscient revient à nous déresponsabiliser, à excuser toutes nos inconduites (« C'est plus fort que moi »).

■ Le seul inconscient qui existe, pour Alain, c'est le corps, qu'il considère avec Descartes comme une machine : les mécanismes corporels sont certes inconscients, mais c'est parce qu'en eux il n'y a aucune pensée. Il est absurde et dangereux d'affirmer l'existence de pensées inconscientes.

II Levinas : l'inconscient dépossède le sujet

■ Levinas soutient que l'existence humaine est liberté et responsabilité morale envers l'autre. Il reproche aux sciences humaines, en particulier à la psychanalyse et à la sociologie, de confisquer le sens du discours en prétendant interpréter le « vrai » sens caché à la conscience du locuteur.

■ Ceux qu'on a appelés les philosophes du soupçon (Marx, Nietzsche et Freud) soutiennent en effet que la conscience est aliénée par des illusions et que seuls des interprètes peuvent révéler le sens caché de ses croyances. Ces interprètes acquièrent de ce fait un pouvoir de vérité.

■ Pour Levinas, l'inconscient freudien réduit l'homme à être le produit de son passé. L'homme devient dès lors un objet de connaissance scientifique, et donc une chose aliénée, fermée sur elle-même. Au contraire, l'homme se libère dans le souci de l'autre, non dans le repli sur soi et ses besoins égoïstes.

II. Popper : la psychanalyse est une fausse science

■ Popper adresse une critique épistémologique à la théorie freudienne : c'est une fausse science, car tous les cas, même contradictoires, sont toujours vérifiés par la même hypothèse de l'inconscient. Qu'un patient guérisse ou non à la fin d'une cure, on peut toujours expliquer ces deux issues contraires par des mécanismes inconscients. La psychanalyse n'est donc pas « falsifiable » ou réfutable.

■ Popper distingue les vraies et les fausses sciences au moyen du critère de « **falsifiabilité** ». Les vraies sciences doivent pouvoir être réfutées → FICHE 39. Les fausses sciences, comme l'astrologie, le marxisme ou la psychanalyse, sont quant à elles toujours vérifiées : que la révolution ait ou non lieu, que le patient soit ou non guéri. Ce sont plus des « visions du monde » que des sciences.

> **MOT-CLÉ**
> La **falsifiabilité**, ou réfutabilité, est la possibilité dans une théorie scientifique d'imaginer une expérience cruciale où la théorie serait réfutée. Ce critère s'oppose à la conception inductive qui veut qu'une science ne soit qu'une accumulation d'expériences vérifiées.

zoOm — L'inconscient et le surréalisme

■ Dans les années 1920, le mouvement surréaliste s'inspire largement de la psychanalyse.

■ André Breton s'exerce à l'écriture automatique censée lever la censure du conscient. Luis Buñuel au cinéma, Salvador Dali en peinture, s'inspirent des images oniriques et défient les règles de la logique et de la bienséance.

■ L'art prétend ici, comme le rêve, trouver la voie de l'inconscient par le dérèglement des mécanismes conscients.

Salvador Dali, *La Girafe en feu*, 1937.

SUJET 11 — OBJECTIF BAC

DISSERTATION ⏱ 4h **Inconscient et esclavage ?**

> Le marketing sensoriel consiste à utiliser des stimuli pour influencer notre comportement. Une musique rapide, par exemple, nous ferait acheter plus. Si une partie cachée de nous dirige nos vies, n'en sommes-nous pas esclaves ?

LE SUJET

Suis-je l'esclave de mon inconscient ?

LES CLÉS POUR RÉUSSIR

▶ Analyser les termes du sujet

▸ **Inconscient :** nom composé du suffixe « in- » (« privé de ») et du terme « conscience » (« accompagné d'un savoir »), qui désigne une activité cachée de l'esprit, qui se passe en nous mais sans que nous le sachions.

▸ **Esclave :** dans son sens premier, dans l'Antiquité, homme qui a un statut inférieur à celui du maître et qui ne peut ni s'exprimer ni agir librement, parce qu'il est sous le joug d'un autre.

▶ Dégager la problématique et les enjeux du sujet

▸ Le sujet demande s'il existe une partie de nous qui **dirige nos pensées et nos actes à notre insu**.

▸ Ce sujet revêt des **enjeux éthiques et judiciaires**, dans la mesure où il pose la question de la liberté humaine, et donc celle de la responsabilité. En effet, si l'homme n'est pas libre mais qu'il est esclave de son inconscient, il ne peut pas être considéré comme pleinement responsable de ses actes.

▸ Il s'agit donc de **s'interroger sur le statut de la conscience**. Est-elle au cœur de notre être, de telle sorte que nous pouvons nous définir comme des individus lucides sur nous-mêmes et libres, ou existe-t-il une partie de nous qui nous échappe mais qui nous détermine à notre insu ?

▸ En outre, si l'inconscient nous rend esclaves, est-il possible de **nous en affranchir** ?

TEST › **FICHES DE COURS** › **SUJETS GUIDÉS**

▶ Construire le plan de la dissertation

① Mon inconscient dirige mes actes à mon insu
- Renseignez-vous sur la conception leibnizienne de l'inconscient et trouvez un exemple capable de l'illustrer.
- Réfléchissez au statut de l'esclave dans l'Antiquité. Que ne peut-il pas faire ?
- À partir de là, demandez-vous dans quelle mesure l'inconscient réduit l'homme au statut d'esclave.

② Je peux m'affranchir de mon inconscient
- Faites des recherches sur la théorie freudienne de l'inconscient et citez un exemple capable de l'illustrer.
- Demandez-vous dans quelle mesure prendre conscience de votre inconscient peut vous libérer de sa tutelle.

③ L'inconscient permet de fuir l'angoisse de la liberté
- Interrogez-vous sur les problèmes posés par la conception freudienne.
- Trouvez des cas dans lesquels la conscience humaine peut être tentée de se croire esclave d'un inconscient.

✓ LE CORRIGÉ

Les titres ou mentions entre crochets ne doivent pas figurer sur la copie.

Introduction

[amorce] Les personnes victimes d'un traumatisme ressentent souvent un malaise lorsqu'elles sont placées dans une situation qui leur rappelle l'événement en question. C'est ce qu'on appelle le stress post-traumatique. Dans la mesure où la conscience ne parvient pas à contrôler ce phénomène, nous pouvons y voir l'expression d'une partie de nous qui nous échappe : notre inconscient. **[reformulation du sujet]** Est-il possible que nous ne soyons pas maîtres de nos pensées et de nos actions, mais que celles-ci soient contrôlées par notre inconscient ? **[problématique]** Si l'inconscient désigne une activité cachée de l'esprit humain, cela signifie qu'une partie de nous échappe à notre connaissance et à notre contrôle. Nous pouvons donc penser que nous sommes esclaves de notre inconscient. Mais si nous définissons l'inconscient comme une entité psychique distincte de la conscience, n'est-il pas possible de décrypter son fonctionnement propre et de nous affranchir de sa tutelle ?

[annonce du plan] Il s'agira d'abord de montrer que l'inconscient fait de nous des esclaves, car il contrôle nos pensées et nos actes. Nous expliquerons ensuite qu'il est néanmoins possible de nous affranchir de la domination de l'inconscient, dès lors que nous pouvons comprendre son mode de fonctionnement pour nous en rendre maîtres. Nous finirons par nous demander si ce n'est pas la conscience elle-même qui feint d'être esclave de l'inconscient pour fuir sa liberté.

I. Mon inconscient dirige mes actes à mon insu

 SECRET DE FABRICATION

Il s'agit de montrer que l'inconscient, conçu comme un ensemble de perceptions impossibles à distinguer, met en cause la liberté du sujet : en contrôlant ses actes, il le réduit au statut d'esclave.

1. Mon inconscient est formé d'une multitude de perceptions

▶ On peut concevoir l'inconscient comme **un ensemble de perceptions infra-conscientes**, c'est-à-dire que l'on ne perçoit pas, car elles ne franchissent pas le seuil de la conscience. C'est ainsi que Leibniz le définit dans les *Nouveaux essais sur l'entendement humain*. Il explique que nos perceptions conscientes sont formées d'une infinité de perceptions qui sont **trop petites, unies et nombreuses** pour que nous puissions les distinguer. Nous n'en prenons dès lors conscience que quand elles s'additionnent les unes aux autres pour former une perception globale consciente.

▶ Leibniz illustre son propos par **l'exemple du bruit de la mer** : il se compose d'une multitude de perceptions, comme le bruit de plusieurs gouttes d'eau ou de plusieurs grains de sable qui s'entrechoquent, lesquelles, additionnées les unes aux autres, forment un bruit que nous percevons bien. Ces informations, captées par l'inconscient, peuvent diriger nos actes sans que nous nous en apercevions.

2. Mon inconscient influence mes décisions à mon insu

▶ Ces perceptions inconscientes **remettent en cause la liberté** conçue comme libre arbitre ou comme capacité à être la cause consciente de ses actes.

▶ Par exemple, Leibniz affirme que lorsque nous nous croyons libres de tourner à gauche ou à droite, cela relève de l'illusion, puisqu'en réalité des petites perceptions dont nous n'avons pas conscience nous incitent à choisir une direction plutôt qu'une autre, sans même que nous nous en apercevions. Dans cette perspective, je suis bien l'esclave de mon inconscient, car ce dernier dirige mes actes à mon insu.

[transition] Cependant, cette définition de l'inconscient peut sembler réductrice. En effet, l'inconscient n'est pas seulement ce qui n'est pas perçu, il peut être aussi une entité distincte de la conscience, ayant un mode de fonctionnement propre, qu'il est possible de connaître. Dès lors, si je suis bien l'esclave de mon inconscient, ne puis-je pas m'en affranchir en prenant conscience de l'action qu'il exerce sur moi ?

II. Je peux m'affranchir de mon inconscient

SECRET DE FABRICATION
Il s'agit de montrer que l'inconscient, redéfini comme une entité distincte de la conscience ayant son propre mode de fonctionnement, n'est pas incompatible avec la liberté. Il rend possible une forme de liberté, conçue comme un processus de libération, une prise de conscience des causes qui nous font agir en vue de moins les subir.

1. Certes, mon inconscient dirige mes pensées et mes actes

▶ Freud envisage l'inconscient comme **une entité psychique distincte de la conscience**. À côté de la partie consciente du sujet, qu'il appelle le « moi », il existe deux instances inconscientes : le « ça » correspond à l'ensemble des pulsions cherchant à être satisfaites. Celles-ci sont filtrées par le « surmoi », que Freud définit comme l'intériorisation par le sujet des interdits sociaux. C'est une instance de contrôle qui empêche les pulsions du ça non conformes aux normes sociales de pénétrer dans la conscience. Ainsi, « le moi n'est pas maître dans sa propre maison. »

▶ Cet inconscient **dicte nos conduites**. En effet, les pulsions censurées, que Freud nomme « les désirs refoulés », cherchent à s'exprimer de manière détournée, non seulement à travers les rêves, mais également par le biais de lapsus ou d'actes manqués. À travers ces manifestations, c'est bien mon inconscient qui s'exprime malgré moi. Freud développe ici une **conception déterministe**, selon laquelle nos actes conscients sont le résultat de processus inconscients.

MOT-CLÉ
Un **acte manqué** est un acte qui a manqué son objectif conscient. Par exemple, le fait de se tromper d'adresse peut être un acte manqué, dès lors que le sujet n'avait pas l'intention consciente de le faire. À travers cet acte, le ça contourne la censure du surmoi : il fait passer pour une chose acceptable – une simple erreur – un désir qui ne l'est pas – le désir inconscient de ne pas se rendre à un rendez-vous.

2. Mais l'inconscient ne supprime pas totalement ma liberté

Même si certains de ses choix sont influencés par son inconscient, l'homme reste capable de faire des **choix conscients**, d'effectuer des délibérations, de trancher entre plusieurs actions, contrairement à l'esclave qui est dans une attitude de pure soumission.

3. Je peux m'affranchir partiellement de la tutelle de l'inconscient

▶ En prenant conscience de nos pulsions inconscientes lors de la cure psychanalytique, nous pouvons devenir davantage maîtres de nous-mêmes.

▶ En effet, nous pouvons choisir, consciemment, d'assouvir ou de rejeter ces pulsions inconscientes : nous cessons donc d'en être les esclaves, puisque nous pouvons **les soumettre à notre volonté**.

MOT-CLÉ
La **psychanalyse** est une thérapie inventée par Freud, qui vise à aider le patient à découvrir ses désirs refoulés à l'origine de maladies psychiques. Les troubles cessent, du moins pour un temps, une fois la pulsion devenue consciente.

[transition] Toutefois, cette conception pose un problème en termes de responsabilité : n'est-il pas impossible de juger une personne dès lors qu'elle n'est pas initialement libre ? Ne faut-il pas suspecter l'hypothèse de l'inconscient d'être une excuse que nous nous donnons pour fuir notre liberté ?

III. L'inconscient me permet de fuir ma liberté

 SECRET DE FABRICATION
Il s'agit de mettre en doute l'existence de déterminismes inconscients pour montrer que c'est plutôt la conscience elle-même qui tente de nier sa propre liberté en se croyant esclave d'un inconscient.

1. Croire que je suis l'esclave de mon inconscient me rassure

▸ L'homme est doté d'une conscience libre, qui lui offre la possibilité de faire des choix : **je suis donc le maître de ma vie**, dont je suis totalement responsable. Tel est le fondement de l'<mark>existentialisme</mark> de Sartre.

▸ Or **cette responsabilité est angoissante**, puisque l'homme n'a alors plus d'excuse pour justifier ses échecs. C'est pourquoi il invente des stratagèmes pour se cacher sa liberté, comme l'existence d'un déterminisme inconscient. Dès lors, je ne suis pas l'esclave de mon inconscient mais j'aime le croire, car cela apaise mon angoisse devant ma liberté. Sartre appelle **mauvaise foi** ce mensonge à soi-même.

 MOT-CLÉ
L'**existentialisme** est une conception philosophique qui nie l'existence d'une nature ou d'une essence humaine. Elle affirme que l'homme a une conscience libre et qu'il se définit lui-même en agissant.

2. Si je suis esclave, ce ne peut être que de moi-même

Pour Sartre, l'inconscient freudien est donc un leurre. Ce qui est inconscient chez l'homme n'est pas le produit d'une instance soumettant sa conscience, c'est bien plutôt ce que sa conscience a décidé de mettre de côté. Ce que nous choisissons d'oublier et de connaître est conscient. Pour illustrer la mauvaise foi, Sartre prend l'exemple d'un homme qui n'a pas trouvé l'amour. Cet homme fait preuve de mauvaise foi s'il accuse les circonstances ou les autres de son échec. En réalité, lui seul est responsable : il ne tenait qu'à lui de se donner les moyens de trouver l'amour.

Conclusion

[synthèse] Si nous ne sommes pas les esclaves de notre inconscient, c'est moins parce que nous avons la capacité de nous en affranchir en le connaissant, que parce que nous nous rendons nous-mêmes esclaves de croyances fictives qui nous rassurent.

[ouverture] La difficulté de réagir face au réchauffement climatique est sans doute l'exemple le plus actuel d'une stratégie d'évitement, par laquelle l'homme tente de se protéger d'une réalité qui l'effraie.

SUJET 12 — OBJECTIF MENTION

EXPLICATION DE TEXTE — 4 h — Alain, *Éléments de philosophie*

> Freud affirme que l'homme est en partie dirigé par des forces inconscientes. Mais quelle est la valeur d'une telle hypothèse ? Ne risque-t-elle pas d'avoir des conséquences morales désastreuses ?

LE SUJET

Expliquez le texte suivant.

L'homme est obscur à lui-même ; cela est à savoir. Seulement il faut éviter ici plusieurs erreurs que fonde le terme d'inconscient. La plus grave de ces erreurs est de croire que l'inconscient est un autre Moi ; un Moi qui a ses préjugés, ses passions et ses ruses ; une sorte de mauvais ange, diabolique
5 conseiller. Contre quoi il faut comprendre qu'il n'y a point de pensées en nous sinon par l'unique sujet, Je ; cette remarque est d'ordre moral. Il ne faut point se dire qu'en rêvant on se met à penser. Il faut savoir que la pensée est volontaire ; tel est le principe des remords : « Tu l'as bien voulu ! » On dissoudrait ces fantômes en se disant simplement que tout ce qui n'est point
10 pensée est mécanisme, ou encore mieux, que ce qui n'est point pensée est corps, c'est-à-dire chose soumise à ma volonté ; chose dont je réponds […] L'inconscient est une méprise sur le Moi, c'est une idolâtrie du corps. On a peur de son inconscient ; là se trouve logée la faute capitale.

Alain, *Éléments de philosophie* © Éditions Gallimard.

LE CORRIGÉ

Les titres ou mentions entre crochets ne doivent pas figurer sur la copie.

Introduction

[amorce] Selon Freud, l'homme a un inconscient, partie obscure de lui-même, qui guide en partie ses choix et ses actions : « Le moi n'est pas maître dans sa propre maison. » Dans le présent texte, Alain critique la théorie freudienne, qui selon lui est non seulement fausse, mais aussi moralement dangereuse.

[**problématique**] Selon Freud, il y aurait en l'homme une forme de pensée inconsciente. Or n'est-il pas paradoxal de parler de « pensée inconsciente » ? Toute pensée n'est-elle pas volontaire, donc consciente ? De plus, la théorie freudienne conduit à penser que l'homme ne serait pas totalement maître de lui-même. Or cela n'est-il pas moralement dangereux ? Peut-il encore exister une moralité, si le principe de responsabilité humaine est remis en question ?

[**annonce du plan**] Alain commence par montrer les problèmes théoriques et moraux posés par la théorie freudienne, avant d'expliquer que ce qui est inconscient chez l'homme correspond en fait aux mécanismes du corps.

I. La théorie freudienne de l'inconscient est une erreur théorique et une faute morale (l. 1 à 8)

 SECRET DE FABRICATION

Alain établit une double critique de la théorie freudienne. Cette théorie est à la fois invalide d'un point de vue théorique (c'est une « erreur ») et dangereuse d'un point de vue moral (c'est une « faute »).

1. Il existe une part d'inconnu chez l'homme

▸ Alain commence par un **argument concessif**. En effet, alors qu'il s'apprête à critiquer la théorie freudienne de l'inconscient, il admet néanmoins qu'il y a bien une part d'inconnu chez l'homme. Il existe bien en l'homme des mécanismes qui ne sont pas conscients. C'est le cas, par exemple, des mécanismes corporels comme la digestion. Même si une étude scientifique de ce qui se passe en nous pendant la digestion est possible, l'homme vit ce processus sans s'en apercevoir.

▸ D'autres phénomènes, comme les rêves, n'ont pas encore été totalement décryptés scientifiquement. Cette partie de nous qui nous est mystérieuse correspond à l'inconscient corporel, conçu comme l'ensemble des automatismes du corps, qui échappent à la conscience.

2. Il n'existe pas de second Moi dans le sujet

▸ Néanmoins, l'erreur freudienne est de penser que « l'inconscient est un autre Moi ». Il faut entendre par là **une entité distincte de la conscience, mais ayant des caractères communs avec celle-ci**. En effet, selon Freud, l'inconscient serait une partie cachée du psychisme ayant « ses préjugés, ses passions et ses ruses ».

 CONSEIL DE MÉTHODE

Il est important, pour mettre en avant les enjeux d'un texte, de montrer à quelles conceptions philosophiques l'auteur s'oppose.

▸ Les préjugés renvoient à l'idée que l'inconscient s'appuie, selon Freud, sur des éléments non remis en question, comme le « surmoi » qui est un ensemble d'interdits sociaux intériorisés. Les « passions » renvoient aux pulsions du « ça » qui cherchent à se manifester. Quant aux « ruses », elles peuvent faire référence aux stratégies des pulsions du « ça », qui tentent de s'exprimer de manière détournée, afin de contourner la censure du surmoi.

▶ L'inconscient freudien apparaît comme une forme de « mauvais ange » ou de « diabolique conseiller ». En recourant à des métaphores religieuses pour le désigner, Alain sous-entend que cette hypothèse n'est qu'un **mythe moderne**, une fiction inventée par Freud pour expliquer des phénomènes encore incompris. On comprend donc que la conscience a deux caractéristiques que ne peut avoir l'inconscient : **l'unité et la pensée**.

3. Les enjeux moraux de ce propos

▶ Alain explique que seul le moi est capable de pensée consciente. Il précise que « cette remarque est d'ordre moral ». Ici s'effectue donc le passage de la critique théorique de l'inconscient à la critique morale. En effet, dire qu'il y a une seconde pensée, inconsciente, dans le sujet revient à **mettre en question la liberté humaine**. Celle-ci repose sur deux conditions : agir volontairement et consciemment. Or Freud montre que nos actes ne sont pas le fruit de notre volonté mais de contraintes inconscientes. Il met donc en cause la liberté, conçue comme la capacité de s'auto-déterminer ou le libre arbitre. Or cette liberté est la condition de la responsabilité humaine et la source de toute moralité. L'hypothèse de l'inconscient a donc pour conséquence de **déresponsabiliser les hommes**.

▶ Alain montre qu'il est **impossible d'envisager une pensée inconsciente**, comme une pensée du rêve. Pour Freud, l'individu endormi a une conscience éteinte, mais un psychisme qui reste actif, puisque l'inconscient met en place des stratégies pour réaliser ses désirs refoulés dans le rêve. Au contraire, Alain affirme que « la pensée est volontaire », ce qui signifie que toute pensée découle d'un choix du sujet, qui ne peut être que conscient.

▶ Pour défendre cette idée, Alain s'appuie sur **le cas du remords**. La présence de remords chez l'homme montre bien que l'individu est la cause première de ses pensées et de ses actes, dont il est par conséquent responsable.

 MOT-CLÉ
Être **cause première** de ses pensées et de ses actes signifie en être l'auteur. C'est la condition même de la liberté. Au contraire, si l'on affirme qu'il existe un inconscient dictant ses pensées et ses actions, l'homme n'en est plus cause première et la liberté disparaît.

▶ La critique morale que livre Alain est proche de celle de Sartre. En effet, dans *L'être et le néant*, Sartre reproche à l'hypothèse de l'inconscient d'être le fruit de la mauvaise foi des hommes, les conduisant à fuir leur liberté.

[transition] Mais quelle est alors la part d'inconnu en l'homme, si la pensée ne peut être que consciente ?

II. L'inconscient ne correspond qu'à des mécanismes corporels (l. 8 à 13)

 SECRET DE FABRICATION
Après avoir montré que toute pensée est consciente, Alain en tire désormais les conséquences : ce qu'il y a d'inconscient en l'homme ne peut venir que du corps. Freud se trompe donc en surestimant le corps.

1. La partie obscure de l'homme, ce sont les mécanismes de son corps

▸ Ce que l'homme ignore de lui n'est alors pas une seconde pensée, mais ce sont simplement les mécanismes de son corps. Ainsi, **les rêves** ne sont pas les résultats d'une pensée inconsciente, mais de mécanismes cérébraux.

▸ Dire que ce qui est inconscient est corporel a pour conséquence de **redonner au sujet la totale responsabilité de ses actes** : en effet, le corps ne peut prendre lui-même de décisions sans la conscience. Alain se fait ici l'héritier de Descartes. Ce dernier explique en effet, dans le *Discours de la méthode*, que l'homme est constitué d'un corps et d'un esprit, correspondant à deux substances distinctes. Le corps, matériel, obéit à des processus mécaniques. L'esprit, immatériel, permet à l'homme de faire des choix libres, le rendant alors responsable de ses actes. Le corps est dirigé et gouverné par l'esprit, seul capable de prendre les décisions. Ainsi, pour Alain, puisque l'homme est responsable de ses actes, la moralité redevient possible.

2. L'inconscient freudien comme « idolâtrie du corps »

▸ Alain reproche à l'inconscient freudien d'être une « idolâtrie du corps ». Idolâtrer quelqu'un ou quelque chose, c'est lui donner une valeur qu'il n'a pas. Freud se trompe en voyant une pensée dans ce qui ne correspond qu'à de purs mécanismes corporels : **il surestime le corps**.

▸ Alain recommande donc d'abandonner l'explication freudienne, qu'il juge mythologique, pour la remplacer par **une hypothèse rigoureusement scientifique.** On peut concevoir le progrès scientifique comme le fait de cesser d'expliquer des phénomènes naturels, comme la foudre, par des causes surnaturelles pour les expliquer par des causes naturelles. C'est ce que fait ici Alain : alors que Freud expliquait l'inconscient par des causes mystérieuses (le « mauvais ange » du début du texte), il l'explique par une cause naturelle, à savoir le corps.

▸ Alors qu'au début de notre extrait Alain parlait d'« erreur », il parle désormais de « faute », ce terme renvoyant à un manquement à un principe moral. Il y a là l'idée selon laquelle la peur de l'inconscient, qui est un phénomène moral, est ce qui freine sa connaissance.

Conclusion

[synthèse] Ainsi, Alain critique l'hypothèse freudienne à un double niveau. La théorie freudienne de l'inconscient est théoriquement fausse, car il est impossible d'envisager une pensée inconsciente. Elle est, de plus, moralement condamnable, puisqu'elle revient à nier la responsabilité du sujet, ce qui remet en cause la possibilité d'une moralité.

[ouverture] Ainsi, en montrant que la conscience de l'homme le rend pleinement responsable de ses actes, Alain redonne à l'homme la possibilité d'être un sujet libre.

Les notions
7 La justice

La notion de justice climatique pose le problème de l'égalité des hommes devant leurs conditions de vie et la qualité de leur environnement. Existe-t-il un devoir de préserver la nature ?

TEST — Pour vous situer et identifier les fiches à réviser 126

FICHES DE COURS

MÉMO VISUEL 128
- **19** La justice est-elle toujours une affaire d'intérêts ? 130
- **20** Toutes les inégalités sont-elles des injustices ? 132
- **21** La justice peut-elle être injuste ? 134

SUJETS GUIDÉS & CORRIGÉS

OBJECTIF BAC
- **13** DISSERTATION | Faut-il préférer l'injustice au désordre ? 136

OBJECTIF MENTION
- **14** EXPLICATION DE TEXTE | Friedrich Hayek, *Droit, législation et liberté* 141

TESTEZ-VOUS
→ CORRIGÉS P. 348

Faites le point sur vos connaissances, puis établissez votre **parcours de révision** en fonction de votre score.

1 La justice est-elle toujours une affaire d'intérêts ?
→ FICHE 19

1. Quelles sont les conditions nécessaires à la mise en œuvre de la justice ?
- ☐ **a.** l'impartialité
- ☐ **b.** l'indépendance
- ☐ **c.** la sévérité

2. Vrai ou faux ? Cochez la case qui convient.   V   F
- **a.** Le pouvoir exécutif est détenu par les juges.   ☐   ☐
- **b.** La justice institutionnelle permet de venger la victime.   ☐   ☐
- **c.** Pour Nietzsche, les hommes doivent renoncer à la vengeance.   ☐   ☐

3. Sur quoi doit être fondée l'application de la loi ?
- ☐ **a.** les sentiments du juge
- ☐ **b.** le respect de la loi
- ☐ **c.** l'intérêt de la communauté

…/3

2 Toutes les inégalités sont-elles des injustices ?
→ FICHE 20

1. Associez chaque citation à son auteur.

- **a.** « [Les] biens des faibles et des petits appartiennent de droit au plus fort. »   •   • Simone de Beauvoir
- **b.** « On ne naît pas femme : on le devient. »   •   • Calliclès
- **c.** « Les inégalités sociales et économiques doivent être organisées de façon à ce qu'elles apportent aux plus désavantagés les meilleures perspectives. »   •   • John Rawls

2. Qu'est-ce que l'égalité des chances ?
- ☐ **a.** le fait que tous les individus aient les mêmes conditions de vie matérielles
- ☐ **b.** le fait que tous les individus puissent accéder à la même position sociale
- ☐ **c.** le fait que tous les individus aient dès la naissance les mêmes chances

3. Complétez le texte avec les expressions suivantes : la fin, le moyen, l'égalité, l'équité.

Il faut distinguer deux types de justice. Le premier consiste à donner strictement à chacun la même chose : c'est …….. Mais on peut aussi donner aux individus relativement à leurs besoins ou leur mérite, c'est …….. Il faut ainsi considérer que l'égalité n'est pas immédiate, elle est …….. dont l'équité constitue ……..

…/3

3 La justice peut-elle être injuste ?

→ FICHE 21

1. Qu'est-ce que le droit naturel ?
- a. le droit particulier et institué dans un État déterminé
- b. le droit universel reposant sur notre nature humaine
- c. le droit qui protège l'environnement

2. Qui affirme que « le châtiment fait honneur au criminel » ?
- a. Marx
- b. Thoreau
- c. Hegel

3. Lisez l'extrait et cochez la (ou les) proposition(s) qui rend(ent) compte du sens du texte.

> Je crois que nous devrions être hommes d'abord et sujets ensuite. Il n'est pas souhaitable de cultiver le même respect pour la loi et pour le bien. La seule obligation qui m'incombe est de faire bien. On a dit assez justement qu'un groupement d'hommes n'a pas de conscience, mais un groupement d'hommes consciencieux devient un groupement doué de conscience. La loi n'a jamais rendu les hommes un brin plus justes, et par l'effet du respect qu'ils lui témoignent les gens les mieux intentionnés se font chaque jour les commis de l'injustice.
>
> Henry David Thoreau, *La désobéissance civile*, 1849, trad. Léon Bazalgette, 1921.

- a. Ce n'est pas la loi mais l'examen rationnel par la conscience morale qui détermine ce qui est juste.
- b. La loi aide les hommes à être plus justes et à ne pas commettre d'injustice.
- c. En respectant strictement la loi, on peut commettre une injustice.

…/3

Score total …/9

Parcours PAS À PAS ou EXPRESS ? → MODE D'EMPLOI P. 3

MÉMO VISUEL

DÉFINITIONS CLÉS

Justice (sens 1)
Caractère de ce qui est juste par conformité :
1. au droit positif particulier d'une communauté (légalité) ;
2. à un idéal universel d'ordre et d'égalité (légitimité).

Justice (sens 2)
Pouvoir judiciaire. Ensemble des institutions qui font appliquer le droit positif et sanctionnent sa transgression.

La justice est-elle toujours une affaire d'intérêts ?
(→ p. 130)

Les repères utiles
universel/général/
particulier/singlier → p. 345

La réponse de Montesquieu
La justice ne doit profiter à aucun citoyen plus qu'à un autre : celle-ci doit être indépendante. C'est le principe de séparation des pouvoirs.
« Pour qu'on ne puisse abuser du pouvoir, il faut que par la disposition des choses le pouvoir arrête le pouvoir. »

La réponse de Nietzsche

Il n'y a de justice que dans la loi, indifféremment de l'intérêt des particuliers.

TEST • **FICHES DE COURS** • SUJETS GUIDÉS

JUSTICE

Toutes les inégalités sont-elles des injustices ? (→ p. 132)

Les repères utiles
en fait/en droit → p. 339

La réponse de Calliclès
Les faibles tentent injustement de dominer les forts en les soumettant à la loi : il faut en réalité se conformer aux inégalités instituées par la nature.

La réponse de Rawls
Les différences de traitement doivent conduire à l'égalité des chances pour être justes.

La justice peut-elle être injuste ? (→ p. 134)

Les repères utiles
légal/légitime → p. 341

La réponse de Hegel
Même lorsqu'elle punit, la justice n'est pas injuste : elle présuppose la liberté et la conscience des hommes.
« Le châtiment fait honneur au criminel. »

La réponse de Thoreau
Lorsque la loi est injuste, il est de notre devoir de désobéir. Le droit positif n'est pas toujours conforme au principe universel de justice.

7 • La justice

19 La justice est-elle toujours une affaire d'intérêts ?

En bref *La justice est à la fois une institution politique et un idéal, selon lequel chacun obtient ce qu'il mérite. Mais la justice peut-elle encore être juste si elle défend des intérêts ?*

I La nécessité de l'impartialité et de l'indépendance

■ Lorsque nous souhaitons que justice soit faite, nous exigeons que l'affaire soit tranchée par une **instance extérieure** qui n'a intérêt à favoriser personne. On dit d'ailleurs qu'il ne faut pas être « à la fois juge et partie », c'est-à-dire être engagé dans un procès dans lequel on endosse pour soi-même la position de juge.

■ Nous supposons que **les sentiments et les intérêts particuliers** sont susceptibles de nuire à la justice : ils affecteraient notre clairvoyance et nous inclineraient tantôt à la clémence tantôt à la sévérité, sans que cela soit nécessairement fondé en raison.

■ Dans *De l'esprit des lois*, Montesquieu montre que c'est **la séparation des pouvoirs** qui constitue le fondement de la démocratie. Cette séparation garantit l'indépendance de la justice.

■ Si le pouvoir exécutif pouvait interférer dans les décisions de justice, alors il ne serait plus possible de **contrôler l'action publique**, qui serait toujours au-dessus des lois. Les hommes politiques pourraient faire de la justice l'instrument de préservation de leur propre intérêt et non le principe du bien commun.

> **À NOTER**
> • Le **pouvoir législatif** est détenu par le peuple qui vote la loi par l'intermédiaire de ses représentants.
> • Le **pouvoir exécutif** est détenu par le gouvernement qui met en œuvre l'exécution des lois.
> • Le **pouvoir judiciaire** est détenu par les juges qui sanctionnent le non-respect de la loi.

II La justice défend l'intérêt de la communauté politique

La justice n'est pas indifférente à la notion d'intérêt : elle a une utilité et une fonction. Elle défend l'intérêt de la communauté et non pas celui de quelques-uns de ses membres.

1 | Il faut dépasser le point de vue particulier

■ Nietzsche, dans la *Généalogie de la morale*, étudie le développement des systèmes de justice. Il explique que la justice a dû s'élever au-dessus des passions qui aliènent l'homme, à l'image du **ressentiment**. Il s'agit d'une passion réactive : elle ne se détermine que contre quelque chose qui a déjà été commis. Au contraire, Nietzsche invite l'homme à déployer des forces actives : elles s'affirment sans nier ce qui est.

> **MOT-CLÉ**
> Le **ressentiment** est une forme de rancune, qui se rapporte à un acte commis par un autre et sur lequel le sujet n'a plus de prise : on se contente de déplorer et de souffrir de ce que l'on ne peut plus changer.

■ L'institution de la loi permet de se détourner du simple sentiment d'injustice et transforme toute offense en crime contre la justice elle-même, et non plus contre un particulier. Comme l'écrit Nietzsche : « Après l'établissement de la loi, [la justice] considère toute infraction et tout acte arbitraire, individuel ou collectif, comme crime contre la loi, comme rébellion contre elle-même, et détourne ainsi l'attention des sujets du dommage immédiat causé par ces crimes. »

■ C'est donc la loi qui nous permet de considérer les méfaits de manière « plus impersonnelle » et de nous départir du ressentiment. La justice ne repose sur aucune détermination passionnelle : elle est simplement ce que la loi énonce.

2 | La justice n'a en vue que l'intérêt général

■ Il faut distinguer strictement la justice de la vengeance. Lorsque le juge rend son verdict, il ne venge pas la victime : il se contente de protéger la société tout entière des agissements du délinquant ou du criminel. C'est au nom de la communauté qu'il peut exiger la réparation d'un dommage ou la condamnation d'un citoyen.

■ C'est pour cette raison que les peines attribuées à ceux qui ne respectent pas la loi dépendent de la gravité du tort commis, mais aussi de leur propension à récidiver, c'est-à-dire de la menace future qu'ils représentent pour la société.

10ᵉ chambre : au cœur de la justice

Raymond Depardon, *10ᵉ chambre*, 2004.

■ Raymond Depardon montre la justice en train de se faire : il est autorisé en 2003 à filmer les audiences de la 10ᵉ chambre correctionnelle de Paris. Conduite en état d'ivresse, harcèlement, violences : le documentaire dresse le portrait de douze hommes et femmes qui tentent de se défendre en usant de stratégies argumentatives diverses.

■ C'est le travail du juge qui est ici central : écouter sans se laisser aller au sentiment, pour garantir l'impartialité de la justice.

20 Toutes les inégalités sont-elles des injustices ?

En bref *On peut penser que la loi implique la stricte égalité de traitement entre les citoyens : c'est ce qui garantirait le fonctionnement de la justice. Mais n'est-il pas juste de traiter aussi chacun selon son mérite ou ses besoins ?*

I Les inégalités naturelles ne semblent pas être des injustices

■ Le constat selon lequel certains semblent bien lotis par la naissance peut nous scandaliser : certains sont plus vifs, d'autres plus forts, certains pourvus de talents et d'autres non. Mais ne faut-il pas plutôt reconnaître qu'il existe nécessairement des inégalités ? Que les hommes ne sont pas égaux par nature ?

■ Dans le *Gorgias* de Platon, le sophiste Calliclès soutient que l'injustice est ce qui fait violence à l'ordre de la nature. En empêchant les plus forts d'exprimer leur force, la loi défend l'intérêt des plus faibles et contrevient à la domination des forts sur les faibles.

■ Si l'on considère comme Calliclès que la justice est « une institution de la nature », il n'y a plus de différence entre le droit et le fait : tout ce que la nature permet devient juste et légitime. Si je peux voler, tuer, commander, c'est que la nature m'y autorise parce qu'elle m'a pourvu des attributs nécessaires et qu'elle en a privé les autres. Ce ne sont pas les inégalités qui constitueraient ainsi une injustice mais l'égalité imposée par le droit : la loi ne doit pas se substituer à la nature. Le droit du plus fort doit l'emporter.

> **CITATION**
> « [Calliclès] À consulter la nature, [...] les bœufs et tous les autres biens des faibles et des petits appartiennent de droit au plus fort et au meilleur » (Platon, *Gorgias*).

II Il est toutefois juste de lutter contre les inégalités

1 | L'insuffisance du droit du plus fort

■ Comment être certain que c'est bien la nature qui s'exprime, et non pas les structures de notre communauté politique et sociale ? Si certains sont plus riches, est-ce seulement parce qu'ils le méritent ? Ou bien parce qu'ils ont disposé, par la naissance ou par la chance, des moyens de s'enrichir plus que les autres ?

■ L'homme a en propre sa capacité à penser et à critiquer les valeurs sur lesquelles est fondée la société. Celle-ci est dynamique et non pas statique : elle n'est pas commandée par l'instinct naturel. Il nous revient donc d'établir par nous-mêmes ce qui paraît bon et juste. Nous ne pouvons nous satisfaire des inégalités qui ne seraient justifiées que par la nature.

2 | Il faut travailler à réduire les inégalités

Marx explique que les inégalités sociales n'ont pas pour origine des différences de mérite mais simplement des **différences sociales**. Les hommes qui naissent en possédant le capital, c'est-à-dire qui ont la propriété des moyens de production, s'enrichissent au détriment des autres. Or ces inégalités ne sont pas légitimes. Il faut dès lors réclamer l'égalité réelle entre les individus.

III L'équité peut constituer une juste inégalité

■ Il faut distinguer la stricte égalité de l'équité : l'égalité consiste à donner la même chose à chacun, l'équité implique de **traiter les citoyens différemment**, justement en vue de leur égalité. Cela implique de reconnaître que tous n'occupent pas la même position sociale. C'est le but des mécanismes de redistribution des richesses par exemple.

■ John Rawls explique que les inégalités de traitement économiques et sociales doivent **bénéficier aux plus désavantagés** pour être justes. Il ne s'agit pas de modifier ou de compenser les différences naturelles, mais plutôt de donner à chacun la chance de ne pas subir sa situation sociale, c'est-à-dire de pouvoir exprimer ses mérites.

zoOm

Simone de Beauvoir : à l'épreuve des inégalités de genre

Simone de Beauvoir, en 1953.

■ Comme l'affirme Simone de Beauvoir, « on ne naît pas femme : on le devient » (*Le deuxième sexe*).

■ Cette affirmation, étendard des luttes féministes, montre que les inégalités de genre ne sont pas naturelles mais socialement construites. L'assignation des femmes aux tâches ménagères ou les inégalités salariales n'ont rien de légitime en elles-mêmes : elles supposent que le travail d'une femme vaut moins que celui d'un homme. Or cette représentation n'est pas fondée en raison et repose seulement sur des préjugés de genre.

21 La justice peut-elle être injuste ?

En bref *Comment fonder la légitimité de la justice ? Faut-il toujours obéir à la loi même lorsque celle-ci nous semble injuste ?*

I Les deux fondements de la justice : droit positif et droit naturel

■ Il faut distinguer le droit **positif**, qui désigne l'ensemble des lois d'une communauté politique, du droit naturel. Ce dernier repose sur les normes et les valeurs idéales propres à la nature de l'homme, indépendamment de toute détermination temporelle ou spatiale. En ce sens, le droit naturel est universel (il est le même pour tous les hommes), tandis que le droit positif est particulier (il ne vaut que pour une communauté déterminée).

> **À NOTER**
> Le terme **positif** n'a pas ici de valeur morale : le droit positif n'est pas le bon droit par opposition à un droit nuisible. Cela signifie seulement qu'il a été posé, c'est-à-dire institué, et donc qu'il ne vaut que pour les membres d'une communauté donnée.

■ L'enjeu est alors de savoir si le droit positif est toujours conforme aux règles du droit naturel. Si la coïncidence est parfaite, alors il n'est pas possible que l'institution judiciaire soit injuste : en faisant appliquer le droit positif, elle ne contreviendrait jamais au droit naturel. Mais si au contraire certaines lois ne respectent pas le bien commun, comment la justice pourrait-elle encore être juste ?

■ Il ne faut donc pas confondre la légalité et la légitimité. Ce qui est injuste du point de vue du droit positif ne l'est pas toujours du point de vue de la morale.

II L'institution judiciaire doit aider à bien agir

1 La loi nous guide dans la connaissance du juste

■ Les règles du droit définissent ce qui est permis et défendu, en sorte de permettre à chaque citoyen d'exercer sa liberté sans entraver les autres. En ce sens, la loi doit instituer les règles permettant à la société de vivre en harmonie.

■ Étymologiquement, le terme « droit » vient du latin *rectus*, nous renvoyant à la rectitude, c'est-à-dire à l'honnêteté et au bien. Alors que nous serions enclins à agir égoïstement en négligeant autrui, la loi nous aide à savoir ce qui est juste.

2 Punir rend justice à la liberté du citoyen

■ Lorsque le citoyen transgresse la loi, il est puni par la justice qui le condamne au nom de la société. Hegel explique que « le châtiment fait honneur au criminel ». La punition n'a donc rien d'une injustice ! Elle invite l'homme à réfléchir au sens et aux conséquences de son action.

■ Si l'on considérait que l'homme ne pouvait ni changer ni penser par lui-même, les punitions ou les récompenses seraient privées de signification et de légitimité. L'exercice de la justice repose sur la reconnaissance du citoyen comme conscience libre capable de se représenter le bien et le mal.

III. Mais elle ne peut être juste si la loi est injuste

■ Nous l'avons vu, ce qui est légal n'est pas toujours légitime. Certaines lois sont injustes parce qu'elles instituent des différences de traitement fondées non pas sur le mérite des citoyens, mais, par exemple, sur des distinctions de genre, de couleur de peau, etc. Autrement dit, elles supposent que certains auraient par nature plus de droits et de libertés que d'autres.

■ L'institution judiciaire qui ferait appliquer de telles lois ne pourrait alors qu'être injuste. L'homme juste est au contraire celui qui se soustrait à la loi pour refuser de se faire complice de l'injustice. Thoreau invite ainsi le citoyen à ce qu'il appelle la « désobéissance civile » : il refusa par exemple de payer ses impôts pour ne pas financer les guerres.

zoOm

Rosa Parks : un exemple de désobéissance civile

Rosa Parks, en 1956.

■ Le 1er décembre 1955, dans la ville de Montgomery aux États-Unis, Rosa Parks, couturière noire de quarante-deux ans, refuse de céder sa place à un passager blanc. Elle désobéit ce jour-là aux lois de ségrégation raciale : elle est donc interpellée et emprisonnée.

■ Par son geste, Rosa Parks contribue à l'éveil de la conscience politique et sociale : elle désobéit dans le but de rétablir la justice, montrant par là que c'est l'institution qui est injuste. Près d'un an plus tard, la Cour suprême américaine interdit la ségrégation raciale dans les bus.

SUJET 13 — OBJECTIF BAC

DISSERTATION ⏱ 4 h **Injustice ou désordre ?**

Dans le cadre scolaire, vous êtes parfois conduit à taire des injustices pour vous soumettre à l'autorité qui garantit l'ordre. Mais est-ce légitime ?

LE SUJET

Faut-il préférer l'injustice au désordre ?

LES CLÉS POUR RÉUSSIR

▶ Analyser les termes du sujet

▸ **Injustice** : fait de priver un individu de ce qui lui revient de droit, c'est-à-dire de ne pas donner à chacun ce qu'il mérite.

▸ **Désordre** : perturbation d'un état structuré et organisé par des lois, qui en assurent la stabilité et la pérennité.

▸ **Préférence** : terme qui a ici un sens à la fois pratique – est-ce plus efficace ? – et moral – est-ce plus juste ?

▶ Dégager la problématique et les enjeux du sujet

▸ Le sujet invite à réfléchir sur le rapport entre les **conditions nécessaires** à la vie en communauté et la **légitimité** de celles-ci. Est-ce parce que nous avons besoin d'ordre que nous devons accepter l'injustice ?

▸ Il faut aussi voir que ces deux exigences doivent **être pensées ensemble** : de fait, n'est-ce pas aussi l'injustice qui génère le désordre ? Les hommes se rebelleraient alors contre la loi lorsque celle-ci est injuste.

▶ Construire le plan de la dissertation

① Il faut maintenir l'ordre pour garantir la sécurité

▸ Quelle est la fin de l'État pour Hobbes ?

▸ Cherchez des exemples qui justifient l'adage « la fin justifie les moyens ».

▸ Peut-on assurer l'ordre sans jamais commettre d'injustice ?

② L'ordre véritable ne peut reposer sur l'injustice
- Intéressez-vous à la nature du contrat social chez Rousseau.
- En démocratie, faut-il distinguer l'ordre de la justice ?

③ Contre l'injustice, le citoyen a le devoir de se révolter
- Cherchez des exemples historiques montrant que le régime démocratique n'implique pas nécessairement un ordre juste.
- Que faire lorsque l'ordre est injuste et que nous voulons bien agir ?

 LE CORRIGÉ

Les titres ou mentions entre crochets ne doivent pas figurer sur la copie.

Introduction

[amorce] Le poète Goethe écrit qu'« il préfère commettre une injustice plutôt que de tolérer un désordre. » **[reformulation du sujet]** Faut-il entendre par là que tous les moyens sont bons pour faire régner l'ordre, y compris l'injustice ? Le sujet laisse entendre que nous devons déterminer le moindre mal, suggérant que le maintien de l'ordre et l'idéal de justice sont deux objectifs peu conciliables. Vouloir être juste reviendrait à céder au laxisme et au désordre, vouloir l'ordre nous conduirait à exercer une violence illégitime.

[problématique] Mais l'ordre est-il seulement une nécessité de fait ou faut-il en fonder la légitimité en droit ? Peut-il y avoir un ordre, stable et durable, reposant sur l'injustice ? **[annonce du plan]** Pour permettre aux hommes de vivre ensemble, il faut peut-être assurer l'ordre à tout prix, même si cela implique de commettre une injustice. Mais l'ordre véritable n'est-il pas surtout celui qui peut durer parce qu'il est juste ? Dès lors, les hommes ont le devoir de semer le désordre pour rétablir la justice lorsque l'ordre est injuste.

I. Le maintien de l'ordre garantit la sécurité

1. Pour bien vivre ensemble, les hommes ont besoin d'ordre

- Si les hommes étaient d'emblée capables de s'organiser pour vivre harmonieusement en société, ils pourraient se passer de l'État qui détient le pouvoir de faire régner l'ordre, c'est-à-dire de **faire respecter de la loi**.

- Hobbes explique qu'à l'état de nature les hommes vivent dans la crainte et l'insécurité. Dans la mesure où ils jouissent du même droit à disposer de toute chose, ils se querellent sans cesse pour la possession des biens et la préservation de leur vie : c'est un **état de guerre de tous contre tous**.

▶ Les hommes, doués de passions mais également de raison, procèdent à un calcul simple : pour vivre en paix, chacun doit transférer ses droits naturels à un tiers, à qui il reviendra de diriger la communauté. C'est par ce **pacte social** que naît l'État, dont le but premier est dès lors de **mettre fin au désordre de l'état de nature**.

2. Afin d'assurer le maintien de l'ordre, le Souverain peut commettre une injustice

▶ Pour garantir l'ordre, le Souverain peut employer des moyens qui semblent illégitimes ou injustes. Dans *Le Prince,* Machiavel nous donne une leçon de **réalisme politique**.

> **MOT-CLÉ**
> Le **réalisme politique** consiste à définir la politique comme un art de la conquête et de la conservation du pouvoir, et non comme la mise en œuvre d'un projet ou la défense de valeurs spécifiques (idéalisme politique).

▶ Il raconte ainsi comment César Borgia, seigneur italien du XVe siècle, ramène la paix et la sécurité en Romagne alors que la région est minée par le crime et le brigandage. Il met à la tête de cette province un tyran cruel et arbitraire : Rémy d'Orque. Celui-ci **fait régner l'ordre en inspirant la crainte**. Mais il est également détesté du peuple : pour éviter la révolte populaire, César Borgia convoque Rémy d'Orque en place publique et le fait exécuter, s'attirant ainsi les faveurs de ses sujets.

▶ On pourrait dire que César Borgia se rend coupable d'injustice : il a trahi Rémy d'Orque, qui lui était resté fidèle, en vue d'assurer la stabilité de son règne et la sécurité de la province. Dans une perspective réaliste cependant, **la fin justifie les moyens** : il importe peu que la conservation de l'ordre implique l'usage injuste de la violence.

3. Le désordre semble en réalité la pire des injustices

▶ Une fois le pacte politique conclu, plus rien ne pourrait donc justifier la désobéissance des hommes : ils doivent **se soumettre à l'autorité du souverain**, quand bien même la loi serait injuste et mauvaise. Kant nous le dit : « Il n'y a rien d'autre à faire qu'obéir » (*Théorie et pratique*).

> 👍 **LE PIÈGE À ÉVITER**
> Cela ne signifie pas du tout pour Kant qu'il faille être aveugle quant à la valeur de la loi : ce n'est pas parce que nous lui obéissons que la loi est juste par nature. Mais la rébellion ne peut jamais pour Kant être le moyen adéquat de contester l'action de l'État ou de combattre une injustice.

▶ **La rébellion**, en semant le trouble et le désordre, serait « le crime le plus grave et le plus condamnable », car elle rend impossible le règlement des désaccords dans le cadre du droit. Si certains estiment qu'ils peuvent outrepasser la loi, l'État moderne perd le socle fondamental qui a permis aux hommes de s'élever au-dessus de la loi du plus fort et du règne de la violence. Le seul horizon envisageable devient donc celui, non du désordre, mais de **la réforme**.

[transition] La fin de l'existence humaine est-elle seulement de vivre dans la tranquillité ? L'injustice ne génère-t-elle pas au contraire le désordre dans la mesure où nous estimons que la justice est une valeur fondamentale de la vie en commun ?

II. L'injustice ne peut en réalité fonder aucun ordre

 SECRET DE FABRICATION

Si l'on a d'abord pu préférer l'ordre à l'injustice, c'est que la tranquillité des hommes et leur sécurité paraissaient devoir être préférées au déchaînement de la violence et au droit du plus fort. Mais la sécurité n'est-elle pas plutôt le moyen d'atteindre une autre fin plus fondamentale, à savoir la liberté humaine ?

1. L'ordre ne peut pas reposer sur un usage injuste de la force

Rousseau, dans *Du contrat social*, explique ainsi que tout ordre qui impliquerait l'injustice constitue une forme d'aliénation inacceptable. L'ordre social doit reposer sur des lois justes qui respectent **la liberté des hommes**, car en renonçant à notre liberté nous renoncerions à notre humanité. C'est la raison pour laquelle l'usage de la force au nom de la sécurité n'est pas en lui-même légitime.

CITATION
« Convenons donc que force ne fait pas droit, et qu'on n'est obligé d'obéir qu'aux puissances légitimes » (Rousseau, *Du contrat social*).

2. Tout ordre légitime est donc par nature un ordre juste

▶ Pour Rousseau, l'ordre véritable est en réalité indissociable de la justice, qui attribue à chacun ce qu'il mérite. De fait, lorsque les hommes s'associent pour former **le peuple de la démocratie**, ils deviennent également souverains de l'ordre politique : ils sont les garants de l'ordre et de la justice, ceux qui fondent la loi et ceux à qui elle s'applique.

▶ Les deux notions s'articulent autour du concept de **volonté générale** : celle-ci n'est pas la somme des intérêts particuliers mais l'intérêt de la communauté tout entière. En ce sens, le citoyen ne peut jamais entrer en contradiction avec le commandement de la loi : il y adhère rationnellement en tant que la loi est instituée pour le bien commun.

3. C'est seulement lorsqu'il refuse d'être libre que l'homme confond l'ordre et l'injustice

▶ Il ne faut donc pas confondre ce qui me semble injuste parce que cela contrevient à mon **intérêt immédiat et particulier** – lorsque j'estime injuste de payer des impôts parce que j'aimerais employer mes ressources à des fins particulières – et l'injustice véritable que constituent **la privation des droits et l'aliénation de l'homme**.

▶ Or, pour Rousseau, la véritable aliénation réside dans le fait de refuser de se plier à la volonté générale, puisque c'est justement le pacte social qui constitue la source de la liberté humaine. En ce sens, le citoyen récalcitrant peut paradoxalement être **« contraint par corps » à être libre**, c'est-à-dire à obéir à la raison et à ce que commande le bien commun.

[transition] L'idéal démocratique suffit-il à produire un ordre juste en fait ? L'ordre légal ne peut-il pas être injuste ?

III. Le citoyen dispose d'un devoir de révolte contre l'injustice

> **SECRET DE FABRICATION**
> Nous l'avons dit, il semble que l'ordre repose avant tout sur le respect de la loi. Or le modèle de la démocratie rousseauiste mérite d'être interrogé : s'agit-il d'un idéal de droit ou d'une réalité de fait ?

1. Même l'ordre démocratique n'est pas nécessairement juste

▶ Il n'est pas certain que les hommes soient capables de s'élever au-dessus de leur intérêt particulier ni qu'ils fassent les lois conformément à la volonté générale, c'est-à-dire au bien commun.

▶ En outre, si les institutions démocratiques reposent sur le principe de souveraineté populaire, celle-ci n'est pas à l'abri des abus et des dérives. Le **fait totalitaire** s'est par exemple développé en Europe au sein de régimes dits démocratiques, qui ont permis l'accession au pouvoir des dictateurs par le vote. Le devoir ne commande-t-il pas alors de désobéir à la loi ?

2. Il faut alors reconnaître au citoyen le droit de subvertir l'ordre au nom de la justice

▶ Thoreau explique dans son traité *La désobéissance civile* qu'il est légitime de se soustraire à la loi lorsque celle-ci est injuste. Rien ne doit contraindre l'homme à renoncer à **l'idéal de justice qu'il peut examiner en lui-même**, à savoir le droit naturel, lequel se distingue du droit positif fixé par la loi.

▶ Le non-respect de la loi génère de fait **un désordre** : le fonctionnement de la communauté politique repose sur l'obéissance des citoyens à la loi. À ce titre, refuser de payer ses impôts, comme l'a fait Thoreau pour ne pas se rendre complice de la guerre menée au Mexique par les États-Unis, implique un désordre.

3. Le désordre est le moyen de constituer un ordre plus juste

▶ Le but de la désobéissance, ici comprise comme désordre, n'est donc pas de subvertir l'ordre en lui-même, mais d'**œuvrer à l'institution d'un ordre plus juste**. Elle ne s'inscrit donc pas dans un programme anarchiste visant à l'abolition de l'autorité étatique, mais elle témoigne de la liberté que l'homme conserve à l'égard de la loi en tant qu'être autonome et pensant.

▶ Dès lors, la désobéissance doit contribuer à la fondation d'un ordre nouveau, plus juste que le précédent. Le désordre serait donc par nature provisoire : il est mis au service de la justice.

Conclusion

En somme, si l'ordre peut impliquer de commettre l'injustice, il semble qu'il devienne par nature illégitime et donc instable. Dès lors, il ne faut pas opposer l'ordre et la justice, mais comprendre que l'ordre véritable ne peut tolérer aucune injustice. Il revient donc au citoyen de s'opposer à l'ordre injuste, y compris en désobéissant et en semant le désordre, non pas pour détruire l'ordre mais pour viser à l'établissement d'un ordre plus juste.

SUJET 14 | OBJECTIF MENTION

EXPLICATION DE TEXTE ⏱ 4 h **Friedrich Hayek,**
Droit, législation et liberté

Les inégalités sociales sont-elles des injustices ou le reflet du mérite des individus ? Revient-il à l'État de lutter contre les inégalités ?

LE SUJET

Expliquez le texte suivant.

La revendication de « justice sociale » ne requiert pas seulement que le gouvernement observe quelque principe d'action, suivant des règles uniformes dans les opérations qu'il doit assumer en tout cas, mais demande qu'il entreprenne des tâches additionnelles, et par là endosse de nouvelles responsabilités ; des tâches qui ne sont pas nécessaires au maintien du droit et de l'ordre, ni à la fourniture de certains services que le marché ne peut procurer.
Le grand problème est de savoir si cette nouvelle exigence d'égalité n'est pas en conflit avec l'égalité des règles de juste conduite que le gouvernement est tenu d'imposer à tous dans une société libre. Il y a évidemment une grande différence entre un pouvoir à qui l'on demande de placer les citoyens dans des situations matérielles égales (ou moins inégales) et un pouvoir qui traite tous les citoyens selon les mêmes règles dans toutes les activités qu'il assume par ailleurs. Il peut en vérité surgir un conflit aigu entre ces deux objectifs. Comme les gens différent les uns des autres en de nombreux attributs que le gouvernement ne peut modifier, celui-ci serait obligé de traiter fort différemment des autres pour que tous obtiennent la même situation matérielle. Il est incontestable que pour assumer une même position concrète à des individus extrêmement dissemblables par la vigueur, l'intelligence, le talent, le savoir et la persévérance, tout autant que par leur milieu physique et social, le pouvoir devrait forcément les traiter de façon très dissemblable pour compenser les désavantages et les manques auxquels il ne peut rien changer directement. Et d'autre part, la stricte égalité des prestations qu'un gouvernement pourrait fournir à tous dans cet ordre d'idées conduirait manifestement à l'inégalité des situations matérielles résultantes.

Friedrich Hayek, *Droit, législation et liberté*, trad. Raoul Audoin revue par Philippe Nemo, coll. « Quadrige » © PUF, 2013.

 **LE CORRIGÉ**

Les titres ou mentions entre crochets ne doivent pas figurer sur la copie.

Introduction

[amorce] La justice sociale est-elle injuste ? Dans ce texte, Hayek interroge la pertinence des politiques de lutte contre les inégalités sociales. **[problématique]** Comment l'État pourrait-il mettre en œuvre la justice sociale alors même qu'il se doit de traiter tous les citoyens de manière égale ? **[annonce du plan]** Il faut d'abord reconnaître que la justice sociale ne fait pas partie des fins traditionnelles attribuées à l'État. Il lui reviendrait à la fois d'être juste, en ne favorisant aucun citoyen, et équitable, en compensant les différences sociales. Mais la conciliation de ces deux exigences semble en réalité impossible.

I. La justice sociale est un but nouveau pour l'État (l. 1 à 6)

 SECRET DE FABRICATION

Lorsque nous nous trouvons dans le champ politique, il s'agit non pas de démontrer mais de discuter. La justice sociale est donc une « revendication » dans un espace public de discussion et il s'agit d'en évaluer les implications et les conséquences.

1. L'État ne peut plus se contenter de traiter également les citoyens

▸ L'exigence de justice sociale viserait ici à **l'égalisation des conditions matérielles** des citoyens. Il ne s'agirait pas de réclamer la simple possibilité de cette égalité (égalité des chances), mais son effectivité (égalité de position) : les citoyens pourraient exiger dans les faits des conditions de vie similaires, en tant qu'ils sont citoyens.

 À NOTER

Hayek est un penseur libéral : il prône la réduction du rôle de l'État à ses fonctions minimales. Il estime que toute intervention de l'État hors de ces attributions risque de perturber ou de pervertir le fonctionnement naturel du marché.

▸ Pour les défenseurs de la justice sociale, ces inégalités sont injustes parce qu'elles seraient non seulement **héritées** – le patrimoine familial dont bénéficie un individu à sa naissance est étranger à toute notion de mérite –, mais également **autoreproductrices** – les efforts des personnes qui se situent en bas de l'échelle sociale n'ont pas les mêmes effets que ceux des individus qui bénéficient déjà d'un bagage économique, social et culturel.

▸ Or comment opère le pouvoir exécutif dans la mise en œuvre de la loi ? Il l'applique de manière « uniforme », c'est-à-dire qu'il **traite également tous les citoyens**. Or, si à un moment déterminé deux individus A et B sont dans une situation matérielle différente et que l'on se donne pour but d'égaliser ces conditions, il est évident que nous ne pouvons les traiter de manière uniforme. La réduction de l'inégalité impliquerait par exemple de mobiliser les ressources de l'individu le plus riche pour donner au plus pauvre (selon le principe de la redistribution des richesses) : c'est qu'on appelle **l'équité**.

2. La justice sociale est étrangère aux objectifs classiques de l'État

▶ Hayek identifie ici le rôle le plus classique attribué à l'État, à savoir celui de garantir la sécurité des citoyens et le respect de la justice. Ce sont les **fonctions régaliennes** de l'État. En économie, on entend par régaliennes les fonctions que l'État ne doit pas ou ne peut pas déléguer à des sociétés privées.

MOT-CLÉ
Le terme **régalien**, qui vient du latin *regalis* (« royal »), définit ce qui est attaché à la souveraineté de celui qui détient le pouvoir.

▶ Hayek hérite du travail mené dans ses *Recherches sur la nature et les causes de la richesse des nations* par Adam Smith, lequel explique que l'État est responsable de la fourniture de biens et services qui sont nécessaires et bénéfiques à la société, mais que les sociétés privées ne produiront pas parce que ce n'est pas profitable.

▶ Or la justice sociale ne relève pas des fonctions régaliennes : en ce sens, elle constituerait bien une « **responsabilité nouvelle** ».

[transition] Si nous avons montré que la justice sociale est une tâche nouvelle, faut-il pour autant penser que celle-ci est légitime et juste ?

II. L'État devrait agir également et équitablement (l. 7 à 13)

1. La justice sociale peut sembler injuste

▶ Dans un régime démocratique, et donc dans une « société libre », la justice se fonde avant tout sur une **égalité de droit**. Toute distinction, c'est-à-dire tout avantage accordé par l'État à un citoyen particulier, ne doit pas reposer sur une préférence individuelle, un titre de naissance, un patrimoine économique, etc. Autrement dit, aucun citoyen ne peut bénéficier des privilèges de l'État.

À NOTER
La Déclaration des droits de l'homme et du citoyen de 1789 énonce clairement ceci dans son premier article : « Les hommes naissent et demeurent libres et égaux en droit. Les distinctions sociales ne peuvent être fondées que sur l'utilité commune. »

▶ Or, si cela paraît bien différent des privilèges de l'Ancien Régime par exemple, la justice sociale exige elle aussi une forme de discrimination entre les citoyens. C'est que l'on appelle la « **discrimination positive** » : on traite inégalement les citoyens en vue de lutter contre une inégalité.

2. Égalité et équité impliquent de l'État des attitudes opposées

▶ Pour Hayek, il faut reconnaître à l'individu un **droit fondamental à la liberté** : ici l'État ne doit pas entraver l'exercice individuel de la liberté au nom de l'égalité concrète, sous peine de léser certains citoyens et d'en favoriser d'autres. Il se rendrait ainsi coupable d'injustice.

▶ Au contraire, ceux qui réclament de l'État qu'il mette en œuvre la justice sociale estiment que la liberté antérieure à la réalisation effective de l'égalité sociale n'est qu'une illusion : le moyen pour les mieux lotis de faire croire aux moins chanceux qu'il ne revient qu'à eux de gravir l'échelle sociale.

[transition] Le conflit entre les deux exigences semble radical : à quoi faut-il alors renoncer pour être juste ?

III. L'État ne peut concilier justice sociale et égalité (l. 13 à 24)

SECRET DE FABRICATION
En apparence, Hayek argumente sans prendre position, mais votre lecture attentive du texte et votre connaissance du libéralisme doivent vous permettre, en creux, de lire ici une critique de l'idée de justice sociale.

1. La justice sociale, un effort vain ?

▸ Hayek explique que les individus, « extrêmement dissemblables », ne sont pas égaux par les mérites et les talents. Il sous-entend qu'une partie des inégalités sociales, celles qui ne sont pas héritées mais produites, sont générées par **les attributs des individus**, que l'État ne peut pas « modifier ».

▸ Pour Hayek, dans une « société libre », c'est-à-dire une société où l'État ne manipule pas les citoyens, ni ne les commande comme des automates, on ne peut rien contre la différenciation qualitative des individus : certains seront plus savants, d'autres plus rusés, d'autres plus forts. Ces différences génèrent des inégalités sociales. Ainsi, on peut déduire avec Hayek que **sacrifier l'égalité au nom de l'équité serait foncièrement inutile**.

▸ L'État serait en réalité incapable d'assurer l'égalité des conditions matérielles des citoyens à travers des politiques de redistribution des richesses sans **fausser ou pervertir le marché**, et sans fournir un effort constant.

▸ Mais on peut critiquer le fait qu'Hayek mette sur le même plan les attributs des individus et le « milieu physique et social ». Le sociologue Bourdieu soutient ainsi que le milieu social favorise ou empêche le développement de certaines qualités chez l'individu : c'est la **thèse du déterminisme social**. Il reviendrait donc à l'État de compenser le désavantage comparatif subi par les individus.

2. L'État doit préférer l'égalité à la réduction des inégalités

L'égalité de traitement entre les citoyens implique de sacrifier l'exigence de justice sociale, c'est-à-dire la réduction ou l'annulation des inégalités sociales. Si tous les citoyens sont traités de la même manière, sans distinction aucune, alors « l'inégalité des situations matérielles » générée par la diversité des individus perdure.

Conclusion

En somme, Hayek soutient l'idée selon laquelle l'exigence de justice sociale contraint l'État à renoncer à l'égalité de traitement entre les citoyens. En mettant en œuvre des mesures équitables, l'État se méprendrait sur la nature des inégalités sociales. Pour l'auteur, celles-ci ne sont pas des injustices, mais le reflet des attributs et des efforts de chacun dans une société libre. Il faudrait donc renoncer à la revendication de justice sociale.

Les notions
8 Le langage

Lors du discours de John F. Kennedy à Berlin, le 26 juin 1963, une phrase prononcée par le président américain bouleverse le monde en pleine guerre froide :
« *Ich bin ein Berliner.* »

TEST — Pour vous situer et identifier les fiches à réviser — 146

FICHES DE COURS
- MÉMO VISUEL — 148
- 22 Le langage est-il le propre de l'homme ? — 150
- 23 En quoi le langage peut-il être un instrument de domination ? — 152
- 24 Peut-on tout dire par le langage ? — 154

SUJETS GUIDÉS & CORRIGÉS
OBJECTIF BAC
- 15 EXPLICATION DE TEXTE | Platon, *Phèdre* — 156

OBJECTIF MENTION
- 16 DISSERTATION | Le langage contribue-t-il à unir ou à diviser les hommes ? — 160

TESTEZ-VOUS
→ CORRIGÉS P. 348

Faites le point sur vos connaissances, puis établissez votre **parcours de révision** en fonction de votre score.

1 Le langage est-il le propre de l'homme ?
→ FICHE 22

1. Quel philosophe soutient que lorsqu'une pie dit « bonjour », cela ne traduit qu'un « mouvement de l'espérance qu'elle a de manger » ?

☐ **a.** Montaigne
☐ **b.** Descartes
☐ **c.** Diderot

2. Vrai ou faux ? Cochez la case qui convient.   V   F

a. Selon Descartes, le langage prouve que l'homme n'est pas une machine ou un organisme répondant mécaniquement à des stimuli. ☐ ☐
b. Selon Descartes, les muets ne disposent pas du langage. ☐ ☐
c. Selon Montaigne, les animaux possèdent un langage. ☐ ☐
d. Les langues humaines sont composées de morphèmes et de phonèmes. ☐ ☐

3. Pourquoi peut-on dire que les langues humaines ont une richesse expressive remarquable ?

☐ **a.** parce que les langues humaines permettent de tout connaître
☐ **b.** parce que les langues humaines nous permettent d'espérer pouvoir un jour communiquer avec les animaux
☐ **c.** parce que les langues humaines permettent d'élaborer non seulement des énoncés quotidiens, mais aussi des énoncés scientifiques, philosophiques, poétiques, etc.

.../3

2 En quoi le langage peut-il être un instrument de domination ?
→ FICHE 23

1. Associez chaque citation à son auteur.

a. La rhétorique a « le pouvoir de persuader par ses discours les juges au tribunal, les sénateurs dans le Conseil, les citoyens dans l'assemblée du peuple. » •   • Annie Ernaux

b. « Enfant, quand je m'efforçais de m'exprimer dans un langage châtié, j'avais l'impression de me jeter dans le vide. » •   • Le sophiste Gorgias

2. Pourquoi, selon Bourdieu, un discours doit-il respecter des règles de grammaire pour être légitime ?
- ☐ **a.** pour que toute la communauté linguistique puisse le comprendre
- ☐ **b.** pour démarquer les classes sociales les unes des autres
- ☐ **c.** pour marquer l'appartenance à une communauté nationale

…/2

3 Peut-on tout dire par le langage ?

→ FICHE 24

1. Qu'est-ce qu'une nomenclature ?
- ☐ **a.** une classification des noms propres
- ☐ **b.** une instance de classification qui repose sur le repérage de caractères communs
- ☐ **c.** une instance de classification qui repose sur le repérage de singularités

2. Selon Bergson…
- ☐ **a.** il y a de l'ineffable.
- ☐ **b.** il n'y a pas d'ineffable.
- ☐ **c.** il y a de l'ineffable dans certaines langues seulement.

3. Lisez l'extrait et cochez la (ou les) proposition(s) qui rend(ent) compte du sens du texte.

> Posséder le Je dans sa représentation : ce pouvoir élève l'homme infiniment au-dessus de tous les autres êtres vivants sur la terre. Par-là, il est une personne : et grâce à l'unité de la conscience dans tous les changements qui peuvent lui survenir, il est une seule et même personne, c'est-à-dire un être entièrement différent, par le rang et la dignité, de choses comme le sont les animaux sans raison, dont on peut disposer à sa guise : et ceci, même lorsqu'il ne peut pas dire Je. Car il l'a dans sa pensée ; ainsi toutes les langues, lorsqu'elles parlent à la première personne, doivent penser ce Je, même si elles ne l'expriment pas par un mot particulier.
>
> Kant, *Anthropologie du point de vue pragmatique*, 1798, trad. Michel Foucault
> © Librairie Philosophique J. Vrin, Paris, 1994.
> http://www.vrin.fr.

- ☐ **a.** La possibilité de dire *je* permet l'émergence de la personne.
- ☐ **b.** Les langues qui n'expriment pas le *je* par un mot particulier ne permettent pas l'émergence de la personne.
- ☐ **c.** La possibilité de dire *je* rend les hommes et les animaux égaux en dignité.

…/3

Score total …/8

Parcours PAS À PAS ou EXPRESS ? → MODE D'EMPLOI P. 3

MÉMO VISUEL

DÉFINITIONS CLÉS

Langage (sens 1)
Faculté d'exprimer des pensées et de communiquer au moyen d'un système de signes.

Langage (sens 2)
Tout système de signes permettant la communication.

LE

Le langage est-il le propre de l'homme ? (→ p. 150)

Les repères utiles
essentiel/accidentel → p. 338

La réponse de Descartes
L'homme est le seul être vivant qui pense et qui parle.
« La parole […] ne convient qu'à l'homme seul. »

La réponse de Montaigne
Beaucoup d'animaux possèdent un langage que les hommes ne comprennent pas.

TEST | **FICHES DE COURS** | **SUJETS GUIDÉS**

En quoi le langage peut-il être un instrument de domination ? (→ p. 152)

Les repères utiles
persuader/convaincre → p. 343

La réponse de Platon
La rhétorique est une forme de flatterie.
« La cuisine est à la médecine ce que la rhétorique est à la justice. »

La réponse de Bourdieu
Le langage est au service d'une domination symbolique. Les classes favorisées parlent un langage qui les démarque des classes populaires.

ANGAGE

Peut-on tout dire par le langage ? (→ p. 154)

Les repères utiles
universel/général/
particulier/singulier → p. 345

La réponse de Bergson
Les mots ne sont que « des étiquettes collées sur [les choses] ».

La réponse de Hegel
Le langage est la forme de la pensée. Les mots sont les corps dont la pensée a besoin pour être réelle.

8 • Le langage 149

22 Le langage est-il le propre de l'homme ?

En bref *La possession du langage, cette faculté d'exprimer des pensées et de communiquer au moyen d'un système de signes, semble ne concerner que les hommes. Pourtant les animaux communiquent entre eux et, parfois, avec les hommes. Ne s'agit-il pas là d'une forme de langage ?*

I Le langage : une spécificité humaine ?

1 | Le mutisme des animaux

Certains animaux émettent des sons qui ressemblent à des mots : les pies sont capables de dire « bonjour » à leur maître. Cela ne prouve pas que ces animaux possèdent le langage et sont polis, mais qu'ils peuvent être dressés et acquérir des réflexes sonores. Ainsi, la pie ne dit rien. Son « bonjour » n'est pas le reflet d'une pensée, mais n'est qu'un « mouvement de l'espérance qu'elle a de manger si l'on a toujours accoutumé de lui donner quelque friandise lorsqu'elle l'a dit » (Descartes).

> **CITATION**
> Se promenant dans le Jardin du Roi, le cardinal de **Polignac** se serait arrêté devant une cage de verre où se tenait un orang-outang et lui aurait dit : « Parle, et je te baptise. »

2 | Le langage humain

■ Au contraire, le langage humain permet d'exprimer des pensées →FICHE 31. Celles-ci peuvent être ses représentations de ce qui affecte l'homme, mais aussi des idées sans relation avec ses impératifs vitaux. L'usage poétique de la langue en est le meilleur exemple. Le langage prouve ainsi que l'homme n'est pas une machine ou un organisme répondant mécaniquement à des stimuli.

■ Le langage humain peut utiliser d'autres vecteurs que la parole : « Les muets se servent de signes en même façon que nous de la voix » (Descartes). Les gestes utilisés peuvent alors également manifester des pensées.

■ Ainsi, il apparaît que le langage est le propre de l'homme et cela prouve que l'homme pense, alors que les animaux ne pensent pas.

3 | L'incompréhension humaine des langages animaux

Montaigne fait cependant la critique de la croyance selon laquelle seuls les hommes disposeraient du langage. Selon lui, c'est parce que nous sommes incapables de comprendre le langage des animaux que nous nions son existence, alors même que la communication des animaux entre eux et avec les hommes est patente (*Essais*). Beaucoup de travaux d'éthologues (scientifiques étudiant le comportement des espèces animales) contemporains corroborent ces analyses.

TEST FICHES DE COURS SUJETS GUIDÉS

II Une différence de degré

1 La double articulation du langage humain

Les langues humaines se caractérisent par une double articulation. Elles sont composées de **morphèmes** et de **phonèmes**. Ainsi, elles ont un avantage économique fondamental : elles sont d'une souplesse exceptionnelle et peuvent former un grand nombre de mots différents avec un petit nombre de modifications.

> **MOTS-CLÉS**
> Les **morphèmes** sont des unités minimales de signification (« arbre » ou « écrire », par exemple). Ils sont composés de **phonèmes** : des unités sonores minimales qui permettent de passer d'un mot à un autre (de « bon » à « pont », par exemple).

2 La richesse du langage humain

■ Les discours et dialogues humains ne se limitent pas, contrairement à la conversation animale en général, au champ des besoins vitaux. L'homme peut parler alors même qu'aucune utilité biologique immédiate n'est en jeu.

■ Les langues humaines ont une grande richesse expressive : elles permettent d'élaborer des énoncés quotidiens, mais aussi scientifiques, poétiques, etc.

■ Il faut alors en conclure que, même si le langage n'est pas le propre de l'homme, une différence de degré sépare le langage humain et les langages animaux, ce qui s'explique biologiquement par la théorie de l'évolution.

zoOm — Washoe et la langue des signes

■ Les chimpanzés sont très proches des hommes du point de vue génétique et ils ont des formes de communication qui ressemblent fortement au langage humain.

■ Les époux Gardner ont réussi à enseigner près de deux cent cinquante signes de l'A.S.L. (la langue des signes américaine) à un chimpanzé femelle nommé Washoe. Ils ont même pu constater qu'elle était capable d'initier la conversation.

23 En quoi le langage peut-il être un instrument de domination ?

En bref *Le langage n'est pas neutre : nommer les choses permet de les classifier et de les maîtriser. Les usages publicitaires ou politiques montrent que le langage peut être un instrument de domination. Comment le comprendre ?*

I Convaincre et persuader

1 La conviction

Le langage donne le pouvoir de convaincre, c'est-à-dire de **produire l'accord des esprits**. Tel est le cas lorsque le locuteur fonde son discours sur des définitions strictes et enchaîne de manière cohérente et rigoureuse les énoncés. Le discours est alors rationnel et produit une vérité en droit partagée par tous les hommes.

2 La persuasion

■ Il peut arriver que le locuteur ne respecte pas ces règles et use volontairement du langage non comme d'un vecteur de vérité, mais comme d'un instrument de persuasion. Le discours produit paraît alors vraisemblable, mais n'en reste pas moins de l'ordre du **mensonge**.

■ Le locuteur peut persuader en jouant notamment sur les mots, les sons, les figures de style et le ton. Les paroles ne s'adressent donc pas seulement à notre intelligence, mais aussi à **notre sensibilité**.

II Le langage et la rhétorique

1 Une éloquence creuse

■ Tel est le cas des orateurs qui utilisent la **rhétorique** décrite par Socrate dans le *Gorgias* de Platon. Vide de connaissance, la rhétorique est, selon l'aveu même du sophiste Gorgias, « **le pouvoir de persuader par ses discours** les juges au tribunal, les sénateurs dans le Conseil, les citoyens dans l'assemblée du peuple. »

MOT-CLÉ
La **rhétorique** est l'art de bien parler, mais, telle que Platon la conçoit, elle n'est qu'une éloquence purement formelle.

■ Selon Socrate, le discours rhétorique est une forme de flatterie adaptée à ceux qui l'écoutent. L'orateur dit à son public ce qu'il souhaite entendre. Son but n'est pas de produire le « plus grand bien » en cherchant à élever les citoyens à la vertu, mais de **plaire au plus grand nombre**.

■ Attisant les peurs sans objet et suscitant les espoirs souvent délirants, le rhéteur **manipule les affects de son auditoire**. Comme l'explique Gorgias, « avec ce pouvoir », il est possible de faire de tout homme son esclave.

2. Les champs de la rhétorique

L'utilisation de la rhétorique comme instrument de domination est particulièrement patente dans les champs de la séduction amoureuse, de la publicité, ou encore de la politique, où la légitimation de l'autorité nécessite toujours le discours. Le rhéteur habile quoique ignorant a le pouvoir d'amener des foules à adhérer à n'importe quelle cause.

III. Le langage et la domination symbolique

■ Pour être considéré comme légitime par un groupe linguistique, un discours doit respecter un certain nombre de règles (vocabulaire, grammaire, etc.). Cela ne s'explique pas seulement par une bienséance désintéressée, mais renvoie à des processus de démarcation sociale : les classes favorisées parlent un langage châtié pour ne pas être confondues avec les classes populaires. Ainsi, la prononciation du *r* diffère d'un milieu social à un autre.

> **CITATION**
> Annie **Ernaux** explique :
> « Enfant, quand je m'efforçais de m'exprimer dans un langage châtié, j'avais l'impression de me jeter dans le vide » (*La place*).

■ Les classes défavorisées intériorisent cette domination symbolique et se retrouvent dans un état d'insécurité linguistique. Elles peuvent alors pratiquer l'hypercorrection, mais le caractère artificiel de cette tentative les trahit souvent.

■ Ainsi, comme l'explique Bourdieu, les discours concrets contiennent un capital symbolique et doivent être compris en fonction du pouvoir que détiennent ou non les locuteurs.

zoOm — Hitler et le langage au service du tyran

■ Pour le plus grand malheur de l'humanité, Hitler incarne la figure la plus aboutie du rhéteur capable d'entraîner des foules entières vers des comportements irrationnels et immoraux.

■ Ses discours sont emblématiques de l'utilisation possible du langage comme instrument de domination.

8 • Le langage

24 Peut-on tout dire par le langage ?

En bref *Il est courant d'avoir l'impression de ne pas pouvoir dire ce que nous ressentons. Tout se passe alors comme si toute une partie de la réalité devait rester ineffable. Mais ne serait-ce pas une illusion ?*

I Les limites du langage

1 Le langage est une nomenclature

■ Le langage est constitué de mots qui, à l'exception des noms propres, traduisent des genres, ce qui fait de lui une **nomenclature**. Ainsi, quand nous disons « le loup », nous visons peut-être un loup singulier, mais le mot que nous utilisons est comme une étiquette qui pourrait être collée à un grand nombre d'animaux similaires.

> **MOT-CLÉ**
> Une **nomenclature** est une instance de classification qui repose sur le repérage de caractères communs. Par exemple : un chat est un chat, quels que soient sa couleur, son caractère, etc.

■ Ainsi, le langage, qui découle de la nécessité pour l'homme de s'adapter au monde, retient seulement des choses leur « fonction la plus commune » et leur « aspect banal » (Bergson). Il s'agit alors de communiquer avec la plus grande efficacité, c'est-à-dire en occultant les détails afin de transmettre un message utile qui suscite les conduites les plus appropriées.

2 Des mots généraux qui ne restituent pas la singularité des vécus

■ Bergson explique qu'il en va de même pour nos propres états d'âme « qui se dérobent à nous dans ce qu'ils ont de personnel, d'originellement vécu ». C'est ainsi que le langage voile sous des catégories générales (l'amour, la haine, etc.) les nuances singulières de nos sentiments.

■ Certes, pour que la communication humaine soit possible, cela est indispensable, puisqu'en droit il faudrait une infinité de mots pour dire chacun de nos états d'âme et que ces mots parfaitement expressifs demeureraient incompréhensibles par les autres hommes.

■ Il n'en demeure pas moins que, ce faisant, l'individualité nous échappe. Nous ne pouvons faire autrement que nous mouvoir parmi des généralités et des symboles qui n'expriment pas la singularité des choses et de nos états d'âme. C'est ainsi, par exemple, que nous disons identiquement « je t'aime » à un parent ou à un conjoint, alors même que nous savons bien que nos états d'âme sont très différents.

■ Une conclusion semble donc devoir s'imposer : le langage n'a pas la capacité de tout dire, il se borne à exprimer des généralités. Il y aurait donc de l'ineffable.

II. Pensons-nous en dehors des mots ?

1. L'ineffable

■ Pour Hegel, prétendre penser sans les mots est une « tentative insensée » qui ne peut conduire qu'à la folie.

■ Ainsi, contrairement à un préjugé courant, l'ineffable n'est pas ce qu'il y a de plus haut et de plus raffiné, mais une pensée obscure qui n'est qu'« à l'état de fermentation, et qui ne devient claire que lorsqu'elle trouve le mot. » Autrement dit, le sentiment de ne pas trouver les mots adéquats pour exprimer une pensée n'est rien d'autre que le signe d'une absence de pensée.

2. La réalité objective des pensées précède-t-elle le langage ?

■ Considérer que certaines pensées ne sauraient être dites par le langage suppose l'existence de ces pensées avant leur formulation dans des mots. Selon Hegel, c'est là se tromper lourdement sur les pouvoirs du langage, car en fait « nous n'avons conscience de nos pensées, nous n'avons des pensées déterminées et réelles que lorsque nous leur donnons la forme objective » que leur confère le langage.

■ Ainsi, selon Hegel, une véritable pensée s'incarne dans le mot et, loin de n'être qu'une connaissance creuse, « l'intelligence, en se remplissant de mots, se remplit aussi de la nature des choses. » Le mot donne une forme objective aux pensées et aux choses en les délimitant, en les distinguant les unes des autres.

zoOm

Boileau et l'expression d'une pensée claire

■ Dans *L'Art poétique* (1674), Boileau écrit : « Ce que l'on conçoit bien s'énonce clairement, Et les mots pour le dire arrivent aisément. »

■ Selon l'idéal classique, la pensée précède le langage.

Jean-Baptiste Santerre, *Portrait de Nicolas Boileau*.

▶ SUJET 15 | OBJECTIF BAC

EXPLICATION DE TEXTE ⏱ 4 h **Platon, *Phèdre***

Dans *Les Combustibles*, Amélie Nothomb met en scène trois personnages qui sont contraints de brûler des livres sous peine de mourir de froid. Quelle catastrophe ! Pas si sûr finalement…

LE SUJET

Expliquez le texte suivant.

> SOCRATE
> Celui donc qui prétend laisser l'art consigné dans les pages d'un livre, et celui qui croit l'y puiser, comme s'il pouvait sortir d'un écrit quelque chose de clair et de solide, me paraît d'une grande simplicité ; et vraiment il [est naïf], s'il
> 5 croit que des discours écrits soient quelque chose de plus qu'un moyen de réminiscence pour celui qui connaît déjà le sujet qu'ils traitent […]
> Car voici l'inconvénient de l'écriture, mon cher Phèdre, comme de la peinture. Les productions de ce dernier art semblent vivantes ; mais interrogez-les, elles vous répondront par un grave silence. Il en est de même des discours
> 10 écrits : vous croiriez, à les entendre, qu'ils sont bien savants ; mais questionnez-les sur quelqu'une des choses qu'ils contiennent, ils vous feront toujours la même réponse. Une fois écrit, un discours roule de tous côtés, dans les mains de ceux qui le comprennent comme de ceux pour qui il n'est pas fait, et il ne sait pas même à qui il doit parler, avec qui il doit se taire. Méprisé ou
> 15 attaqué injustement, il a toujours besoin que son père vienne à son secours ; car il ne peut ni résister ni se secourir lui-même.
>
> Platon, *Phèdre*, vers 370 av. J.-C., trad. Victor Cousin.

─ LES **CLÉS** POUR RÉUSSIR ─

▶ Définir le thème et la thèse du texte

▸ Contrairement à l'opinion commune, Socrate explique que l'écriture est nocive et dangereuse. Quelle erreur entend-il dénoncer ?

▸ À quelle fonction Socrate réduit-il l'écriture ?

▸ Quelles sont les fonctions et valeurs réelles de l'écriture ? Faut-il admettre, avec la *doxa*, que l'écriture augmente les facultés de l'homme et assure une transmission adéquate des savoirs ? Ne faut-il pas plutôt reconnaître que l'écriture peut être contre-productive et dangereuse ?

Construire le plan de l'explication

1 L'écriture n'est qu'un moyen (l. 1 à 6)
- Montrez comment et pourquoi Socrate dénonce l'erreur de ceux qui croient que l'art peut être consigné ou puisé dans les pages d'un livre.
- Expliquez ce qu'est l'écriture selon Socrate.

2 Des productions impropres au dialogue (l. 7 à 12)
- Montrez pourquoi, selon Socrate, les œuvres picturales sont mortes.
- Expliquez ce que cette étude de la peinture nous apprend sur l'écriture.

3 Un discours écrit est équivoque (l. 12 à 16)
- Montrez dans quelle mesure les discours écrits peuvent être dangereux.
- Quel est l'unique moyen, selon Socrate, d'éviter la mauvaise compréhension des textes écrits ?

LE CORRIGÉ

Les titres ou mentions entre crochets ne doivent pas figurer sur la copie.

Introduction

[amorce] Communément, l'écriture est conçue comme l'instrument qui, par excellence, permet l'élaboration et la transmission de la connaissance entre les hommes au fil du temps. **[problématique]** Mais est-ce véritablement le cas ? Ne faut-il pas plutôt dire avec Socrate, d'une part, que l'écriture n'est que le moyen de rappeler vaguement des souvenirs et, d'autre part, qu'elle est dangereuse car, muette, elle se prête aux fausses compréhensions ? En fin de compte, l'écriture ne serait-elle pas un obstacle à la connaissance ?

> **CONSEIL DE MÉTHODE**
> Soulignez en couleur les mots les plus importants du texte. C'est autour de ceux-ci que devront être centrées les explications. Par exemple, dès la première phrase du texte, il faut bien repérer le terme « art » qui, manifestement ici, ne désigne pas seulement les beaux-arts.

[annonce du plan] Dans un premier temps, Socrate explique que l'écriture est tout au plus un moyen de réminiscence. Dans un deuxième moment, il argumente cette thèse en comparant l'écriture aux peintures qui sont bien incapables de répondre aux questions qu'on leur pose. Enfin, Socrate signale le danger des discours écrits : ils peuvent être mal compris et seul leur auteur est à même d'en dénoncer les mauvaises interprétations.

I. L'écriture n'est qu'un moyen (l. 1 à 6)
1. Une double dénonciation

▸ Socrate commence par désigner deux types d'individus, à travers la répétition du pronom démonstratif « celui » : il s'agit de l'auteur et du lecteur d'un livre.

▸ L'**auteur** pense vaniteusement « laisser l'art », c'est-à-dire ici non seulement les belles œuvres, mais plus largement le savoir technique fondé scientifiquement, « consigné dans les pages d'un livre ».

▸ Cette erreur est symétrique de celle du **lecteur** qui « croit » pouvoir « puiser » l'art dans des écrits. L'auteur et le lecteur paraissent naïfs : ils pensent que le savoir est assimilable à un liquide qu'on peut stocker au fond d'un puits et qu'on peut tirer à volonté. Ils oublient, selon Socrate, qu'**un véritable savoir est une pensée vivante** que doit s'approprier rationnellement celui qui veut maîtriser ledit savoir.

2. Un simple moyen de réminiscence

▸ La **mémoire** est la faculté qui met à la disposition de l'homme un savoir véritable, fondé sur la connaissance des principes et des raisons des phénomènes. Il faut la distinguer d'un simple « moyen de **réminiscence** », expression qui dénote un rappel « pour celui qui connaît déjà » les sujets traités par les livres.

▸ Ainsi, au mieux, l'écriture est l'occasion de se remémorer les savoirs. **La véritable mémoire est l'esprit même du savant**, qui possède grâce à elle ces savoirs en puissance, avec la possibilité de les actualiser à tout moment.

II. Des productions impropres au dialogue (l. 7 à 12)
1. Les œuvres picturales sont mortes

▸ Pour expliciter le diagnostic précédent, Socrate procède à une analogie, avec pour termes : l'écriture, dont les productions semblent savantes, et la peinture, dont les productions semblent vivantes.

▸ C'est un « inconvénient » inhérent à l'écriture et à la peinture, que Socrate signale à Phèdre. On comprend que l'intention est **pédagogique** : il est plus facile de repérer ce défaut dans les œuvres picturales que dans les textes écrits.

▸ Ainsi, « les productions » picturales « semblent vivantes ». Néanmoins, ce n'est là qu'une illusion que l'injonction de Socrate « interrogez-les » suffit à démasquer. Les œuvres picturales sont vouées à un « grave silence » qui signe leur mort.

> **À NOTER**
> Au Ve siècle av. J.-C., Zeuxis peignit des raisins avec tant de réalisme que des oiseaux vinrent les becqueter. Parrhasios recouvrit alors l'œuvre de Zeuxis par une représentation d'un rideau si naturelle que Zeuxis tomba dans le piège et demanda qu'on tire le rideau pour faire voir son tableau.

2. Les œuvres écrites sont ignorantes

▸ Socrate peut à présent en venir à l'objet de son étude : les « discours écrits ». À les « entendre », les discours écrits paraissent « bien savants ».

▶ Pourquoi Socrate utilise-t-il le verbe « entendre » plutôt que « lire » ? C'est qu'à l'époque, les discours écrits étaient souvent lus à haute voix devant des assemblées. À l'écoute, on a l'impression que de tels discours contiennent des savoirs. Néanmoins, tel n'est pas le cas, puisque si on les questionne sur « quelqu'une des choses qu'ils contiennent, ils [...] feront toujours la même réponse. »
Un discours écrit est, en effet, figé. Le lire à plusieurs reprises ne débouche que sur une répétition inutile.

▶ Cette **fixité** est contradictoire avec l'acquisition réelle des savoirs, qui réclame que l'esprit accouche de ceux-ci, par la **maïeutique**, afin qu'il puisse les reconnaître comme réellement fondés. Le savoir ne se réduit donc pas à un ensemble de mots qu'il suffirait d'avoir présents à l'esprit.

MOT-CLÉ
La **maïeutique socratique** postule que chacun porte en lui le savoir, sans en avoir conscience. Elle est l'art d'accoucher les esprits, de leur faire enfanter la vérité.

III. Un discours écrit est équivoque (l. 12 à 16)

1. Les discours écrits sont dangereux

▶ L'**impossibilité de dialoguer** dans le cas d'un discours écrit rend ce dernier dangereux. En effet, il « roule de tous côtés » : il est lu par de nombreuses personnes. Et, parmi elles, il y en aura « pour qui il n'est pas fait », à savoir tous ceux qui n'ont pas encore fait le chemin rationnel individuel d'appropriation du savoir.

▶ Le discours écrit, par sa nature, « ne sait pas même à qui il doit parler. » Au-delà de la dimension évidente de l'**incapacité du texte écrit à discriminer ses lecteurs**, il faut peut-être voir là, signalé par Socrate, le risque d'une utilisation immorale des textes écrits. Le méchant est encore plus dangereux quand il dispose d'un pouvoir que pourrait lui octroyer la lecture de certains écrits.

2. Seul l'auteur peut expliquer le sens d'un discours écrit

▶ Muet, le discours écrit peut être « méprisé ou attaqué injustement ». Le lecteur peut, en effet, sur fond d'incompréhension irréductible, le critiquer voire le refuser. Seul alors son « père », c'est-à-dire son auteur, qui sait ce qu'il a voulu dire et qui peut lever les contresens, peut venir « à son secours ».

▶ La vérité du discours écrit n'est donc pas contenue entièrement en lui-même. Celui-ci ne peut « ni résister ni se secourir lui-même ». Son sens total ne devient absolument manifeste que par la parole orale de celui qui l'a écrit. Autrement dit, ce n'est qu'en restaurant un **véritable dialogue avec les lecteurs** peu avertis que pourra se réaliser l'appropriation rationnelle des savoirs par ceux-ci.

Conclusion

[synthèse] Loin d'être une connaissance ou un outil utile à la connaissance, l'écriture, d'après Socrate, n'est que l'occasion de réminiscence, c'est-à-dire d'un souvenir flou et vague. Comme les œuvres picturales, les discours écrits sont des choses mortes sujettes à toutes les mauvaises compréhensions. Seul l'auteur peut, en fin de compte, expliciter la vérité de ses propres textes écrits. **[ouverture]** N'est-ce pas un tel diagnostic qui explique le choix de Socrate de toujours privilégier le dialogue oral comme vecteur de la philosophie ?

SUJET 16

DISSERTATION ⏱ 4 h **Le langage : facteur d'union ou de division ?**

> On raconte que Pyrrhon d'Élis, philosophe sceptique radical, renonça à l'enseignement pour élever des cochons et fit le choix de se taire définitivement… S'agit-il du résultat d'une légitime méfiance envers la raison et le langage ?

LE SUJET

Le langage contribue-t-il à unir ou à diviser les hommes ?

 LE CORRIGÉ

Les titres ou mentions entre crochets ne doivent pas figurer sur la copie.

Introduction

[amorce] Dans l'Ancien Testament, les hommes décident de construire la tour de Babel dont le sommet touche le ciel. Pour les punir de leur orgueil, Dieu invente plusieurs langues, empêchant ainsi les hommes de se comprendre les uns les autres. Cet épisode biblique présente la pluralité des langues humaines comme le résultat d'une sanction divine : Dieu divise les hommes vaniteux en divisant les langues.

[reformulation du sujet] Quels sont donc les effets réels du langage ? Est-il le vecteur d'un lien entre les hommes ? Ne signe-t-il pas plutôt leur irréductible séparation ? **[problématique]** Si le langage contribue à unir les hommes, comment se fait-il que les oppositions humaines prennent souvent une forme verbale ? À l'inverse, si le langage contribue à diviser les hommes, comment comprendre l'existence de l'accord universel des esprits face aux énoncés scientifiques ? **[annonce du plan]** Il semble évident, à première vue, que le langage contribue à unir les hommes. La vie en société et l'existence d'une science universelle n'en sont-elles pas la preuve ? Et pourtant, ne faut-il pas reconnaître que les langues concrètes séparent les hommes en les faisant vivre dans des mondes différents ? Quelles que soient ces différences, le langage n'est-il pas incontournable pour que puisse s'initier un processus d'union entre les hommes ?

I. Le langage contribue à unir les hommes

1. Le langage : un élément indispensable à la société

Les hommes vivent en société, or celle-ci n'est pensable que si ses membres peuvent échanger, c'est-à-dire **communiquer**. Comme le souligne Bergson, la fonction première du langage « est d'établir une communication en vue d'une coopération ».

2. Le langage mathématique : un vecteur de la science

Le langage unit les hommes autour de **vérités rationnellement partagées**. Ainsi, les théories scientifiques sont des énoncés qui engendrent l'accord des esprits.

3. Le langage politique et moral : la condition même des relations humaines

Le langage humain rend possible la relation contractuelle, c'est-à-dire politique. C'est, en effet, par la parole qui promet que le langage **lie les hommes** et leur permet d'échapper à la violence des rapports de force.

> **CITATION**
> « Il est manifeste […] que l'homme est un animal politique […] Car, comme nous le disons, la nature ne fait rien en vain ; or seul parmi les animaux l'homme a un langage » (Aristote, *Les Politiques*).

[transition] Si ces arguments montrent que le langage contribue à unir *des* hommes, cela ne signifie pas pour autant qu'il contribue à unir *les* hommes...

II. Le langage contribue à diviser les hommes

> 👍 **SECRET DE FABRICATION**
> Dans cette partie, vous devez trouver des arguments qui montrent que le langage peut contribuer à diviser les hommes. Que se passe-t-il quand des hommes qui ne parlent pas la même langue essaient de converser ? Ou lorsque des personnes de classes socio-culturelles différentes dialoguent ?

1. Les langues concrètes : autant de visions du monde différentes

Les langues concrètes, c'est-à-dire réellement et communément utilisées, ne sont pas simplement l'expression d'une pensée préexistante. Elles conditionnent la vision qu'ont du monde les individus qui les parlent.

> **À NOTER**
> La langue arabe contient environ six mille mots se rapportant au chameau. Les Esquimaux utilisent de nombreux mots pour différencier les aspects de la neige.

2. Le langage scientifique : une langue culturellement située

Et si l'idée de « science universelle » était infondée ? Ainsi, selon Benjamin Lee Whorf, la science ne serait qu'une **forme culturelle particulière**. Elle unirait *des* hommes, mais pas *les* hommes.

3. Le langage concret : un instrument de domination
Les langues concrètes ne sont pas neutres. Elles sont des marqueurs de domination symbolique. Bourdieu explique ainsi que « les discours [...] sont aussi des **signes de richesse** destinés à être évalués, appréciés et des **signes d'autorité** destinés à être crus et obéis. »

[transition] Et pourtant, quand l'anthropologue Whorf ou le sociologue Bourdieu parlent, ils prétendent bien tenir un discours à valeur objective universelle. N'est-ce pas là le signe qu'un certain usage du langage peut apporter sa contribution à l'union des hommes ?

III Le langage comme solution à la division des hommes

1. Les langues ne sont pas des carcans

▶ Contrairement à ce que soutient Whorf, Chomsky défend la thèse selon laquelle il existe une **grammaire universelle innée** : tous les hommes naissent en possédant la même structure cognitive permettant d'acquérir des compétences linguistiques.

▶ À supposer même que Chomsky se trompe, les langues ne sont pas des carcans indépassables. Tout d'abord parce qu'**une langue peut être traduite** en une autre langue. Ensuite parce que **les langues peuvent être apprises** et, ce faisant, l'ouverture à de multiples visions du monde est toujours possible.

2. Le langage scientifique : un vecteur d'union

Le développement de la science s'est accompagné d'une rupture avec les langages ordinaires au profit de la **construction d'un langage universel**. Ainsi, Galilée soutient que l'univers « est écrit dans une langue mathématique, et [que] les caractères en sont les triangles, les cercles, et d'autres figures géométriques, sans lesquelles il est humainement impossible d'en saisir le moindre mot. »

3. La sociologie : une thérapie du langage

Un des buts de la sociologie est de **combler les fossés linguistiques** qui séparent les hommes. Bourdieu défend l'idée d'une pédagogie rationnelle au sein des musées : il faut proposer davantage d'informations claires pour que les membres des classes défavorisées puissent enfin accéder à une compréhension des œuvres.

Conclusion

[synthèse] Alors même que le langage semble bien constituer, en première analyse, un facteur d'union des hommes, il faut reconnaître que les langues concrètes peuvent contribuer à les opposer. C'est seulement grâce à un travail réflexif sur lui-même que le langage peut réellement participer à l'union des hommes.
[ouverture] Si la science et la philosophie sont bien quêtes de vérités universelles, ce travail de réflexion critique du langage sur lui-même ne s'impose-t-il pas comme la tâche préalable indispensable ?

Les notions
9 La liberté

À la suite des attentats contre le journal *Charlie Hebdo* en janvier 2015, des marches républicaines sont organisées en hommage aux victimes. La liberté de la presse, qui repose sur la liberté d'expression et d'opinion, est un principe fondamental dans les sociétés démocratiques.

TEST — Pour vous situer et identifier les fiches à réviser — 164

FICHES DE COURS

MÉMO VISUEL — 166
- 25 En quoi consiste la liberté ? — 168
- 26 La liberté est-elle une illusion ? — 170
- 27 Sommes-nous condamnés à être libres ? — 172

SUJETS GUIDÉS & CORRIGÉS

OBJECTIF BAC
- 17 DISSERTATION | Se révolter, est-ce un signe de liberté ? — 174

OBJECTIF MENTION
- 18 EXPLICATION DE TEXTE | René Descartes, *Méditations métaphysiques* — 178

TESTEZ-VOUS

→ CORRIGÉS P. 349

Faites le point sur vos connaissances, puis établissez votre **parcours de révision** en fonction de votre score.

1 En quoi consiste la liberté ?

→ FICHE 25

1. Pour les anciens Grecs, une cité libre est une cité…
- a. prospère.
- b. indépendante.
- c. cultivée.

2. Vrai ou faux ? Cochez la case qui convient.   V   F

a. Selon Leibniz, la liberté physique est d'abord la spontanéité du mouvement.
b. La liberté politique suppose l'isonomie.
c. Pour les stoïciens, seule la volonté est vraiment libre.

3. Qui a dit que « l'obéissance à la loi qu'on s'est prescrite est liberté » ?
- a. Marx
- b. Hegel
- c. Rousseau

…/3

2 La liberté est-elle une illusion ?

→ FICHE 26

1. Associez chaque citation à son auteur.

a. « La liberté au sens pratique est l'indépendance de l'arbitre. » • • Sartre

b. « L'homme est condamné à être libre. » • • Spinoza

c. « Les hommes se croient libres pour cette seule cause qu'ils sont conscients de leurs actions et ignorants des causes par où ils sont déterminés. » • • Kant

2. Pour quel(s) philosophe(s) le libre arbitre est-il un postulat nécessaire à la morale ?
- a. Spinoza
- b. Descartes
- c. Kant

3. Vrai ou faux ? Cochez la case qui convient. V F
a. Le libre arbitre rend Dieu responsable de mes fautes. ☐ ☐
b. L'âne de Buridan illustre l'absurdité de la liberté d'indifférence. ☐ ☐
c. L'acte gratuit, chez Gide, illustre un acte libre, sans motif ni raison. ☐ ☐

…/3

3 Sommes-nous condamnés à être libres ? → FICHE 27

1. L'existentialisme de Sartre s'oppose radicalement au…
☐ a. marxisme.
☐ b. christianisme.
☐ c. déterminisme.

2. Qu'est-ce qu'une liberté « en situation » selon Sartre ?
☐ a. une liberté inscrite dans des circonstances historiques
☐ b. une liberté qui choisit sa situation sociale
☐ c. une liberté qui nécessite certaines conditions pour se réaliser

3. Pour Rousseau, affirmer que la liberté est un droit naturel inaliénable signifie…
☐ a. que la liberté appartient aussi aux animaux.
☐ b. qu'on n'a pas le droit de se vendre comme esclave.
☐ c. que Dieu nous a créés libres.

4. Lisez l'extrait et cochez la (ou les) proposition(s) qui rend(ent) compte du sens du texte.

> C'est ainsi qu'un petit enfant croit désirer librement le lait, un jeune garçon en colère vouloir se venger, et un peureux s'enfuir. Un homme ivre aussi croit dire d'après un libre décret de l'esprit ce que, revenu à son état normal, il voudrait avoir tu ; de même le délirant, la bavarde, l'enfant et beaucoup de gens de même farine croient parler selon un libre décret de l'esprit, alors que pourtant ils ne peuvent contenir leur envie de parler.
>
> Spinoza, *L'Éthique*, trad. Roland Caillois © Éditions Gallimard.

☐ a. Le libre arbitre est une illusion.
☐ b. Les hommes ne savent pas ce qu'ils veulent.
☐ c. Chacun est responsable de ce qu'il fait et dit.

…/4

Score total …/10

Parcours PAS À PAS ou EXPRESS ? → MODE D'EMPLOI P. 3

MÉMO VISUEL

 **DÉFINITIONS CLÉS**

Liberté (sens 1)
Au sens courant, mouvement sans contrainte ni obstacle.

Liberté (sens 2)
Au sens moral et politique, obéissance à la loi qu'on se donne – ce qu'on appelle aussi autonomie.

LA

En quoi consiste la liberté ? (→ p. 168)

Les repères utiles
théorie/pratique → p. 344

La réponse de Leibniz
La liberté physique est l'absence d'entraves matérielles, la spontanéité du mouvement. Par exemple, un prisonnier libéré.

« La liberté est la puissance qu'un homme a de faire ou de ne pas faire quelque chose conformément à ce qu'il veut. »

La réponse de Kant
La liberté morale est la capacité de choisir le bien ou le mal, et d'obéir à la loi que l'on se donne.

LIBERTÉ

La liberté est-elle une illusion ? (→ p. 170)

Les repères utiles
contingent/nécessaire → p. 337

La réponse de Spinoza
Le libre arbitre est une illusion qui vient de l'ignorance des causes qui nous font agir. La véritable liberté est la connaissance de la nécessité.

La réponse de Kant
La liberté n'est pas un objet de connaissance. Le libre arbitre est un postulat de la morale.
« La liberté au sens pratique est l'indépendance de l'arbitre. »

Sommes-nous condamnés à être libres ? (→ p. 172)

Les repères utiles
abstrait/concret → p. 336

La réponse de Sartre
La liberté est liée à l'existence humaine et nous rend pleinement responsables de nos choix. Nous ne choisissons pas d'être libres.
« L'homme est condamné à être libre. »

La réponse de Rousseau
La liberté est un droit inaliénable, perfectible par l'éducation et l'histoire.

25 En quoi consiste la liberté ?

En bref *« Liberté, c'est un de ces détestables mots qui ont plus de valeur que de sens, qui chantent plus qu'ils ne parlent » (Paul Valéry). La liberté est une valeur, un idéal, qu'il est difficile de définir. D'autant que ce terme s'applique autant à la physique des corps qu'aux mouvements de l'âme ou de la volonté. Cette notion est pourtant au centre des questions de politique et de morale.*

I La liberté physique

■ Au sens physique, la liberté signifie l'absence de contrainte. Un animal ou un homme est libre dans la mesure où il n'est pas enchaîné ou enfermé. La liberté physique est liberté de mouvement et spontanéité de l'action.

■ Il existe néanmoins des contraintes naturelles auxquelles on ne peut échapper : l'homme n'est pas libre de voler ou de marcher sur l'eau, par exemple. L'homme réduit à la seule liberté physique n'est pas plus libre qu'une pierre qui tombe sans rencontrer d'obstacle. Il est soumis au déterminisme naturel : tout, dans la nature, résulte de causes nécessaires.

MOT-CLÉ
Le **déterminisme** s'oppose à la liberté. Il désigne une conception scientifique selon laquelle il n'y a pas d'effet sans cause, et où tout phénomène obéit à des lois naturelles.

■ La liberté physique, pour Aristote ou Leibniz, consiste dans la spontanéité de ses mouvements dus à une cause interne, et non à une contrainte externe. C'est faire ce que je veux et peux sans contrainte.

II La liberté politique

1 La liberté comme indépendance

Au sens politique, la liberté désigne d'abord l'indépendance à l'égard de tout pouvoir. Elle suppose d'être soi-même son propre maître. Une cité libre n'obéit qu'à ses propres lois ; un homme libre n'obéit qu'à sa propre volonté.

2 Les conditions d'une liberté politique

■ Mais l'homme, « animal politique » (Aristote), ne vit pas seul. En société, il est un citoyen libre à la condition d'obéir à une loi égale pour tous. L'isonomie (égalité devant la loi) est la première condition de la liberté politique.

■ Il faut aussi que la loi soit l'expression d'une volonté générale qui dépasse les égoïsmes individuels au profit de l'intérêt commun. À cette condition, le citoyen obéit librement à une loi qu'il s'est lui-même donnée (Rousseau).

3 | La liberté comme résultat d'un processus

Pour Hegel et Marx, cette liberté purement légale reste formelle. La liberté n'est pas un statut juridique, mais le résultat d'un processus historique de libération par le travail. Le maître qui ne travaille pas est condamné par l'histoire, et c'est l'esclave qui devient le nouveau maître en transformant la nature et sa propre nature grâce à son travail → FICHE 47.

À NOTER

L'inscription « *Arbeit macht frei* » («Le travail rend libre») figure sur la grille d'entrée du camp d'Auschwitz. Les nazis ont détourné cette phrase de son sens originel, Hegel l'ayant écrite car il était favorable à la libération des opprimés.

III La liberté morale

■ Au sens moral, la liberté suppose la responsabilité de ses actes et la possibilité de choisir entre le bien et le mal, ce qu'on appelle le libre arbitre.

MOT-CLÉ

La **responsabilité** désigne le fait de rendre compte de quelque chose devant quelqu'un. Je ne suis responsable que de ce qui dépend de moi.

■ Pour les Anciens est libre une volonté indépendante de toute contrainte. Est libre celui qui agit selon sa volonté, et non selon la volonté d'autrui. Les stoïciens soutiennent qu'une volonté libre peut résister à la torture ou à la tyrannie, à condition de savoir que la liberté réside dans la volonté intérieure, et non dans le corps. Pour rester libres face aux coups du destin, nous devons détacher la volonté des biens extérieurs qui ne dépendent pas de nous : non pas « faire ce que je veux », mais vouloir ce que je peux → FICHE 11.

zOOm

La publicité : suis-je libre de choisir ce que j'achète ?

■ La publicité entretient une ambiguïté entre information et manipulation.

■ La publicité et les « algorithmes de recommandation » se situent entre une aide au libre choix et une pure détermination du choix, c'est-à-dire entre liberté éclairée et déterminisme. Le rôle massif de la publicité dans une société de consommation conduit à se demander si la liberté de choix est une illusion.

26 La liberté est-elle une illusion ?

En bref Nous avons, dit Descartes, une expérience de liberté comme spontanéité de la volonté. Mais la connaissance de la nature montre que rien n'existe sans cause et que notre volonté elle-même est soumise à des causes qui l'orientent ou la déterminent. Notre croyance en le libre arbitre est donc contestée par le déterminisme naturel.

I L'homme possède un libre arbitre

1 Liberté et culpabilité

■ Le christianisme fonde la liberté morale sur le libre arbitre : **pouvoir choisir une chose ou son contraire**, le bien ou le mal. À cette condition, je peux être jugé innocent ou coupable de péchés.

■ Sans libre arbitre, mes choix seraient déterminés : je ne serais donc pas responsable et Dieu serait coupable de mes péchés.

> **À NOTER**
> **Leibniz** montre qu'en créant le meilleur des mondes possibles, Dieu a créé l'homme libre pour le rendre responsable de ses actes. Avec la liberté humaine, le monde est plus parfait et Dieu est innocent.
>

2 Liberté d'évidence et liberté d'indifférence

■ Au sein du libre arbitre, Descartes distingue deux libertés. La première, la « liberté d'évidence », fait que je suis **spontanément porté à me soumettre à l'évidence**. Le libre arbitre choisit la vérité et la volonté suit l'entendement. L'évidence guide, sans la déterminer strictement, la volonté, qui conserve sa liberté de choix.

■ La seconde, à savoir la « liberté d'indifférence », laisse quant à elle toute liberté à la volonté en l'absence de vérité évidente. Elle est **le plus bas degré de l'action**, car elle nous laisse dans un doute et une hésitation sans issue. C'est pourquoi Descartes préfère la « liberté d'évidence », grâce à laquelle je vois clairement le meilleur parti et le suis sans hésiter.

> **À NOTER**
> Pour illustrer les polémiques sur le libre arbitre, Jean Buridan imagine un âne qui, ayant également faim et soif, hésite entre un seau d'eau et un sac d'avoine. Incapable de choisir, l'animal se laisse mourir.

3 Une volonté diabolique ?

Liberté absolue de la volonté, la liberté diabolique choisit le mal et le faux volontairement, en connaissance de cause. Ce qui conduit à **l'acte gratuit** : faire le mal gratuitement, simplement pour prouver sa liberté.

II. Spinoza : le libre arbitre est une illusion

■ Pour Spinoza, le libre arbitre n'est qu'une illusion : « Les hommes se croient libres pour cette seule cause qu'ils sont conscients de leurs actions et ignorants des causes par où ils sont déterminés. »

■ L'ignorance des causes est la source de cette illusion : l'ivrogne croit boire parce que le vin est bon, alors qu'il est déterminé inconsciemment par une addiction ou une tristesse qui le pousse à boire.

■ Spinoza définit la vraie liberté comme la connaissance de la nécessité, donc des causes qui me déterminent. Mes actions sont causées par des forces extérieures, des désirs et des passions. Leur connaissance doit aider la raison à me libérer de leur emprise pour agir plus rationnellement et me conserver dans mon être.

III. Kant : le libre arbitre est un postulat

■ Kant rétablit la nécessité du libre arbitre pour fonder la morale. La liberté de choisir le bien ou le mal doit être une autonomie de la volonté : obéir à la loi qu'on se donne rationnellement, donc universellement. Non pas « faire ce que je veux, mais agir conformément à ce que la raison exige universellement de tout homme ».

■ L'existence de Dieu, l'immortalité de l'âme et la liberté sont les trois postulats de la raison pratique. Sans ces trois principes, la morale est impossible. Ce sont des postulats, dans la mesure où il est impossible de les prouver ou de les démontrer.

zoOm

La science contre la liberté ?

La science propose une vision du monde déterministe, où tous les phénomènes sont soumis à des causes nécessaires. Mais, parallèlement à la physique classique, la physique quantique redonne une place à la liberté et à l'indétermination. Dans l'infiniment petit, la physique des particules élémentaires observe une part de mouvements aléatoires imprévisibles.

27 Sommes-nous condamnés à être libres ?

En bref *La liberté est la possibilité de choisir l'orientation de notre existence dans certaines situations données. Mais la liberté elle-même est-elle objet de choix ? Peut-on choisir de ne pas être libre ? Choisir de ne pas être libre, n'est-ce pas encore choisir ?*

I Sartre : « L'homme est condamné à être libre »

1 La liberté est une donnée native

■ Heidegger et l'existentialisme de Sartre soutiennent que la liberté précède la nature : « L'existence précède l'essence. » Par sa conscience de la mort, l'homme fait exception à la nature et échappe à tout déterminisme. L'homme n'est pas une nature, mais une liberté radicale. Il choisit totalement son existence et en est pleinement responsable.

> **CITATION**
> « L'homme […] n'est d'abord rien. Il ne sera qu'ensuite, et il sera tel qu'il se sera fait. Ainsi il n'y a pas de nature humaine, puisqu'il n'y a pas de Dieu pour la concevoir » (Sartre, *L'existentialisme est un humanisme*).

■ Pour Sartre, nous sommes « condamnés à être libres ». Invoquer un déterminisme physique, psychologique ou social est l'effet d'une mauvaise foi qui se cherche des excuses pour ne pas assumer sa liberté.

■ L'athéisme radicalise la liberté en livrant l'homme à sa solitude et en le privant de recourir à Dieu pour nier ou atténuer sa liberté.

2 Une liberté « en situation »

■ Néanmoins, cette liberté n'est pas abstraite, mais toujours « en situation ». La situation désigne les circonstances qui ne dépendent pas de nous, dans lesquelles s'exerce cette liberté. Nous ne choisissons pas notre famille, notre époque, notre situation de guerre ou de paix, de santé ou de maladie.

■ La situation nous est donnée sans nous déterminer : par exemple, vivre en temps de guerre conduit à des choix différents (être résistants ou collaborateurs) que ceux que nous aurions à faire en temps de paix. Sartre avance même que plus la situation est contraignante, plus nous sommes libres.

II Rousseau : nous ne pouvons renoncer à la liberté

1 Nous sommes libres par nature

Pour Rousseau, à l'état de nature, l'homme n'obéit qu'à ses besoins naturels et bénéficie d'une liberté qui n'a d'obstacle que ses capacités naturelles. Ainsi, la liberté est une chose innée et sa perte ne peut être que l'effet d'une aliénation, qui rend l'homme dépendant d'une force supérieure et injuste.

2 | La liberté est inaliénable

■ Dans *Du contrat social*, Rousseau condamne toute légitimation de l'esclavage. Il n'y a pas d'esclavage selon la nature, contrairement à ce que soutient Aristote ; il ne peut y en avoir non plus par contrat, comme cela se faisait dans la Rome antique.

■ Au-delà de l'esclavage, Rousseau réfute toute idée de soumission volontaire, qui serait contre-nature. Il dénonce le « faux contrat social » défendu par Hobbes, en lequel il voit un contrat de soumission entre le loup et l'agneau. La soumission civile ou politique ne peut être qu'un rapport de force déguisé.

■ La liberté est donc un droit naturel inaliénable, même pour soi-même. L'esclavage ne peut être un droit. Le seul droit naturel est celui de naître et de demeurer libre.

■ Cependant, contrairement à l'animal, l'homme est un être perfectible. Par l'éducation et l'histoire, la liberté n'est pas un *statu quo* mais un devenir historique. La liberté est une libération indéfinie, intellectuelle, morale et politique, contre toutes les formes de dépendance.

zoOm

La liberté dans la Déclaration des droits de l'homme et du citoyen

Jean-Jacques Le Barbier, Déclaration des droits de l'homme et du citoyen, 1789.

■ « Les hommes naissent et demeurent libres et égaux en droits. » (article 1) ; « Ces droits sont la liberté, la propriété, la sûreté, et la résistance à l'oppression. » (article 2)

■ En 1789, la liberté prend la forme de droits positifs qui doivent être garantis par la loi. Ainsi l'idéal abstrait adopte-t-il une forme concrète et politique.

■ Liberté de pensée, d'expression, de circulation, de contrôle des dépenses publiques, de participation au gouvernement : autant de droits individuels et sociaux qui fondent la démocratie et définissent le progrès historique de la liberté.

SUJET 17 — OBJECTIF BAC

DISSERTATION ⏱ 4 h — Liberté et révolte

La liberté prend souvent la forme de la lutte contre l'oppression, du soulèvement, de la révolte ou de la révolution. Mais ces images spectaculaires et romantiques suffisent-elles à comprendre ce qu'est vraiment la liberté ?

LE SUJET

Se révolter, est-ce un signe de liberté ?

LES CLÉS POUR RÉUSSIR

▶ Analyser les termes du sujet

▸ **Se révolter :** acte d'un individu contre un pouvoir abusif ou une injustice.
▸ **Signe :** élément qui renvoie à un référent et doit être interprété pour acquérir un sens. On trouve des signes dans les langages, les arts, la nature…
▸ **Liberté :** peut prendre plusieurs formes (physique, morale ou politique).

▶ Dégager la problématique et les enjeux du sujet

▸ La question porte sur la **définition de la liberté** : peut-on trouver un critère sûr pour la reconnaître ? Pourquoi a-t-on besoin de « signes » ?
▸ La révolte, d'un adolescent ou d'un peuple, est **ambiguë** : forme la plus spectaculaire de soif de liberté, elle est aussi souvent aveugle et destructrice. N'incarne-t-elle pas une vision anarchiste de la liberté ? Ne doit-on pas lui préférer des formes plus rationnelles et stables, en morale comme en politique ?
▸ Le sujet interroge l'**opposition entre deux modèles de liberté**. La loi peut-elle naître de la révolte ? A-t-on toujours le droit de se révolter ou la liberté passe-t-elle aussi par l'obéissance à la loi ?

▶ Construire le plan de la dissertation

① L'idéal de liberté porté par les révoltes
▸ À quoi reconnaît-on une révolte ?
▸ Affinez votre définition de la révolte à partir d'exemples historiques.
▸ Les révoltes sont-elles toujours justes ?

TEST > **FICHES DE COURS** > **SUJETS GUIDÉS**

❷ **L'instauration d'un ordre juste**
▸ Dans quelle mesure la révolte s'avère-t-elle insuffisante ?
▸ La révolte peut-elle aboutir au contraire de la liberté ? Illustrez cette idée avec des exemples.

❸ **La révolte comme état d'esprit**
▸ Au-delà du phénomène matériel et historique, la révolte n'est-elle pas un état d'esprit qui nourrit toutes les formes de liberté ?
▸ Montrez comment l'esprit de révolte permet à l'homme de rester vigilant face aux atteintes à la liberté.

LE CORRIGÉ

Les titres ou mentions entre crochets ne doivent pas figurer sur la copie.

Introduction

[amorce] L'histoire collective est traversée par de grandes révoltes sanglantes, tout comme l'histoire individuelle peut l'être par la révolte adolescente. **[problématique]** Contre une injustice ou une domination, la révolte veut être une libération. Pourtant, si la révolte, devenue révolution, marque de nombreux progrès de la liberté, elle conduit parfois à des régressions et à des massacres inutiles. Se révolter est donc un signe à interpréter au cas par cas. **[annonce du plan]** Nous étudierons tout d'abord le rôle des révoltes et de la violence dans l'histoire de la liberté. Puis nous verrons en quoi se révolter peut représenter une impasse illusoire voire contre-productive. Enfin, nous dépasserons la révolte en tant que simple phénomène matériel pour y lire un état d'esprit conditionnant la préservation de la liberté.

I. L'idéal de liberté apparaît dans l'histoire à travers des révoltes

> 👍 **SECRET DE FABRICATION**
> Citez des exemples concrets de révoltes pour en dégager les traits communs et en déduire une définition.

1. Un soulèvement violent contre une oppression

▸ La révolte des esclaves menée par Spartacus, les jacqueries paysannes ou encore la Commune de Paris sont autant d'exemples historiques de révoltes.

▸ Toutes se caractérisent par un soulèvement violent **contre une domination insupportable**, souvent elle-même violente. Elles manifestent le refus radical de se soumettre à une force extrême ou à une injustice flagrante, le rejet d'un ordre des choses dépassé, le premier temps d'une éventuelle libération.

9 • La liberté   **175**

▶ Collectives ou individuelles, elles prennent un tour spontané et inorganisé. C'est un **acte désespéré**, un cri du cœur face à un mal implacable.

2. Une liberté méritée par la révolte

▶ « L'esclave, à l'instant où il rejette l'ordre humiliant de son supérieur, rejette en même temps l'état d'esclave lui-même. » Par ces mots, Camus souligne que se révolter est **un signe de liberté, ici et maintenant**. L'acte de révolte est en même temps le moteur et le déclencheur de la liberté.

▶ La révolte vient affirmer la liberté comme **bien suprême et sacré**. Dans son *Discours de la servitude volontaire*, La Boétie explique que toute la force du tyran réside dans la passivité et l'absence de révolte du peuple — d'où son appel à s'unir « contr'un ». Dans cette perspective, le renoncement à se révolter est servitude.

3. L'échec des révoltes

▶ Pourtant, les révoltes échouent le plus souvent : les groupes révoltés finissent massacrés, l'adolescent révolté finit par devenir adulte à son tour.

▶ Cet échec vient de leur **caractère désorganisé et spontané** face à des États structurés et de l'absence d'un projet fédérateur au-delà du rejet de l'oppresseur.

[transition] Si se révolter déclenche souvent un élan de liberté, cela ne suffit pas à réaliser l'accomplissement d'un état permanent de liberté, fondé sur la loi et le droit.

II. La révolte doit être dépassée par l'instauration d'un ordre juste

> 👍 **SECRET DE FABRICATION**
> L'antithèse ici ne consiste pas à nier ce qui précède, mais à le nuancer et à le compléter par une vision plus aboutie de la liberté.

1. De la révolte à la révolution

▶ La Révolution française de 1789 a aboli la monarchie et instauré les droits de l'homme. La Révolution bolchévique de 1917 a libéré de l'exploitation de classe.

▶ En somme, la révolution est **une émeute qui réussit**, par l'abolition de l'ancien régime et l'instauration d'un ordre nouveau. Engels soutient ainsi que « les révolutions sont les locomotives de l'histoire. »

2. La liberté aboutie passe par la loi et le droit

▶ Rousseau est révolté par le spectacle de l'inégalité parmi les hommes et par l'oppression générale. La liberté civile exige une loi, qui soit l'expression de la volonté générale, et un État respectueux du contrat social. Elle est **obéissance à la loi qu'on se donne**.

▶ Pour Rousseau, la liberté naturelle de jouir de toute sa puissance physique, comme chez les animaux, est perdue avec l'avènement de l'état civil sous l'autorité d'un État et de la loi. Il faut s'efforcer, par une loi juste, de retrouver un équivalent politique de la loi naturelle, qui garantisse une égalité des droits. La révolte contre la tyrannie du « faux contrat social », qui asservit les faibles au plus fort, doit **conduire à l'instauration d'un vrai contrat social**, qui place la liberté dans l'obéissance à une loi juste et égale.

[transition] Le fait que les révolutions conduisent finalement à de nouvelles tyrannies ne signifie-t-il pas que tout pouvoir est tenté d'en abuser ? Si la révolte est signe de liberté, ne réside-t-elle pas d'abord et surtout dans une vigilance et un état d'esprit qui refusent le fatalisme ?

III. La révolte est avant tout un état d'esprit

SECRET DE FABRICATION
De ce qui précède, on conclut que la révolte n'est pas un signe sûr de liberté. On va essayer de sortir de cette hésitation en transposant la révolte du plan historique au plan moral.

1. « La conscience vient au jour avec la révolte » (Camus)

▶ Se révolter n'est pas nécessairement une violence extérieure. Ce peut être **une prise de conscience** du scandaleux et de l'inacceptable, une émergence de la conscience du bien et du mal, du juste et de l'injuste.

▶ Nécessaire « maladie infantile », l'esprit de révolte est **l'éternelle jeunesse de la liberté de l'esprit** face à l'inertie du réel.

2. La liberté est une volonté en acte

▶ Ainsi, la liberté est moins un état qu'un **processus indéfini et infini**, un combat sans cesse recommencé. « La liberté ne s'use que si l'on ne s'en sert pas », disait avec humour Beaumarchais, parlant surtout de la liberté d'expression et de critique qui devient un devoir pour les artistes et les journalistes.

▶ Dans cette perspective, l'esprit de révolte est **la condition morale de la liberté politique**. Contre la pesanteur conservatrice des institutions et la résignation, il constitue un rempart salutaire. « Ce qu'il y a de plus scandaleux dans le scandale, c'est qu'on s'y habitue », disait Simone de Beauvoir. L'esprit de révolte peut nous en prémunir.

Conclusion

[synthèse] État d'esprit ou état de fait, la révolte pose la question du rôle de la violence, force tantôt d'oppression, tantôt de libération. **[ouverture]** Elle interroge également le rôle de la négativité dans l'avènement de la liberté. Comme tout signe, une révolte doit être interprétée au cas par cas, faisant de l'histoire une herméneutique (science de l'interprétation).

SUJET 18 — OBJECTIF MENTION

EXPLICATION DE TEXTE ⏱4h René Descartes, *Méditations métaphysiques*

Beaucoup entendent par liberté de choix la possibilité de choisir sans être influencés. Or la plus haute liberté ne serait-elle pas le fait de choisir sans hésiter le vrai et le bien ?

LE SUJET

Expliquez le texte suivant.

> Afin que je sois libre, il n'est pas nécessaire que je sois indifférent à choisir l'un ou l'autre des deux contraires ; mais plutôt, d'autant plus que je penche vers l'un, soit que je connaisse évidemment que le bien et le vrai s'y rencontrent, soit que Dieu dispose ainsi l'intérieur de ma pensée, d'autant
> 5 plus librement j'en fais choix et je l'embrasse. Et certes la grâce divine et la connaissance naturelle, bien loin de diminuer ma liberté, l'augmentent plutôt, et la fortifient. De façon que cette indifférence que je sens, lorsque je ne suis point emporté vers un côté plutôt que vers un autre par le poids d'aucune raison, est le plus bas degré de la liberté, et fait plutôt paraître un défaut dans
> 10 la connaissance, qu'une perfection dans la volonté ; car si je connaissais toujours clairement ce qui est vrai et ce qui est bon, je ne serai jamais en peine de délibérer quel jugement et quel choix je devrais faire ; et ainsi je serais entièrement libre, sans jamais être indifférent.
>
> René Descartes, *Méditations métaphysiques*, 1641.

LE CORRIGÉ

Les titres ou mentions entre crochets ne doivent pas figurer sur la copie.

Introduction

[amorce] On dit souvent qu'être libre c'est choisir de faire ce que l'on veut. Mais cela ne revient-il pas à vouloir aveuglément, comme une sorte de caprice ? **[thèse]** Selon Descartes, le bon usage de notre liberté consiste à ne vouloir qu'en proportion de ce que nous savons, non à choisir sans savoir ou à hésiter. Cette affirmation revêt une dimension morale.

[problématique] La parfaite liberté est-elle de choisir de façon arbitraire le bien ou le mal, ou est-elle de choisir de façon responsable selon les conseils de la raison ? [annonce du plan] Après avoir récusé la liberté d'indifférence, l'auteur présente la liberté d'évidence comme le plus haut degré de la liberté. Il qualifie ensuite plus précisément la première, qu'il voit comme le plus bas degré de la liberté, avant de conclure que la seconde est la parfaite liberté.

I. La liberté n'est pas l'indifférence (l. 1 à 2)

▶ L'indifférence désigne **l'hésitation ou l'incapacité à choisir entre deux contraires**. Elle est illustrée par les exemples que les stoïciens appellent les indifférents : par exemple, dois-je choisir une chemise blanche ou une chemise noire ?

▶ Selon Descartes, l'indifférence n'est pas une fausse liberté. Elle est **une forme de liberté**, mais « il n'est pas nécessaire » de réduire le libre arbitre à la seule indifférence. En effet, la vraie liberté dépend de la connaissance et de la raison.

II. La liberté est proportionnelle à la connaissance (l. 2 à 7)

1. Un choix non contraint mais obligé

▶ Notre volonté doit s'obliger à choisir le vrai (l'évidence théorique) et le bien (l'utilité pratique). Elle n'y est pas vraiment contrainte, mais y est **obligée** : connaissant le vrai et le bien, je peux toujours choisir le contraire.

▶ L'obligation est un **mouvement spontané et naturel de la volonté** : si je vois deux articles semblables dont l'un est moins cher, mon choix va « pencher » naturellement vers ce dernier, même si je reste libre de choisir le plus cher.

2. Une volonté éclairée par la raison ou par Dieu

▶ La raison, ou entendement, est la « **lumière naturelle** », la source naturelle de nos connaissances : l'expérience, les mathématiques, les sciences. Elle se distingue de la « **lumière surnaturelle** », qui regroupe nos connaissances révélées par Dieu : les prophéties, les miracles...

▶ Ces deux sources de connaissances éclairent et guident la volonté. Il serait ridicule de vouloir que deux et deux fassent cinq. Pour un croyant, nier que Jésus est fils de Dieu serait un blasphème.

3. Une liberté proportionnelle

Il existe **une infinité de degrés entre les deux extrêmes** que sont la liberté d'indifférence et la liberté d'évidence. Ainsi, bien loin de limiter ou de contraindre notre liberté, la connaissance la « fortifie ».

> **À NOTER**
> La conception cartésienne de la liberté est très proche de celle des stoïciens, pour lesquels la volonté doit suivre la raison.

III. L'indifférence, « le plus bas degré de la liberté » (l. 7 à 10)

1. Les poids d'une balance

▶ L'indifférence est décrite sur **un modèle mécaniste de rapport de poids**. Comme une balance dont les deux plateaux seraient égaux sous deux poids égaux, la volonté ne penche pas, si « le poids d'aucune raison » ne l'emporte.

▸ C'est ce qu'illustre **le doute radical** dans la première méditation métaphysique : ne sachant plus si mon corps et le monde existent, si Dieu est vérace ou trompeur, je suspends mon jugement et n'affirme plus rien. Ce doute est provisoire et méthodique. S'il persistait, il conduirait à la paralysie et à la mort.

2. Un manque de connaissance

▸ L'indifférence est **un « défaut »**, un manque de connaissance, un pis-aller. Descartes rejette la conception selon laquelle l'indifférence serait une puissance de la volonté. Il vise le scepticisme qui prône de suspendre volontairement son jugement en cas de doute.

▸ Selon Descartes, l'homme est à l'image de Dieu par sa **volonté infinie**, non par son entendement fini. Ainsi, « l'erreur est humaine », car l'homme affirme plus qu'il ne sait. Pour éviter l'erreur, l'homme ne doit vouloir que ce qu'il sait.

[transition] Si l'indifférence naît d'un défaut de connaissance, on peut en déduire que plus la connaissance est claire, plus la volonté est libre.

IV. L'évidence, « le plus haut degré de la liberté » (l. 10 à 13)

1. L'évidence élimine le doute

▸ L'évidence est **une connaissance immédiate**, « claire et distincte », qui s'impose à l'esprit. Il est par exemple évident que tous les rayons d'un cercle sont égaux. Inutile de réfléchir ou de démontrer, cela saute aux yeux.

▸ L'évidence est **indubitable**. L'existence du cogito, qui seul échappe au doute méthodique, en est le modèle : « Je pense donc je suis. » Pas besoin de raisonnement : penser et exister sont une même chose, que l'esprit ne peut contester.

2. « Je serai entièrement libre »

▸ Le « entièrement » désigne le plus haut degré d'une totale liberté. La vraie liberté positive est dans le choix sans aucune hésitation de ce que je sais être vrai et bon. C'est la perfection de la **liberté « morale »**.

▸ Mais il reste une **liberté « métaphysique »** ou absolue, qui fait que le libre arbitre peut encore refuser l'évidence et faire le mal volontairement : « Je vois le bien, et pourtant je suis le mal », dit Médée qui tue ses enfants. Le libre arbitre est « incliné » à suivre **raisonnablement** l'évidence, mais il n'est pas déterminé et peut choisir le contraire. C'est ce que Kant appellera une volonté « **diabolique** ».

Conclusion

[synthèse] Si Descartes défend l'existence du libre arbitre, il affirme également la supériorité de la liberté d'évidence sur la liberté d'indifférence. Le libre arbitre cartésien soumet dès lors la volonté à la raison : la raison « incline » la volonté, mais sans la déterminer. **[ouverture]** Par cette nuance, Descartes sauve le libre arbitre contre la prédestination et, avec lui, la responsabilité morale de l'homme dans ses choix et ses péchés. Cette question de la responsabilité morale sera fortement mise en cause par le déterminisme intégral de Spinoza.

Les notions

10 La nature

Les productions naturelles ressemblent parfois à des signes intentionnels. C'est le cas du Cœur de Voh, une clairière naturelle de Nouvelle-Calédonie qui, vue d'en haut, a la forme d'un cœur stylisé.

TEST — Pour vous situer et identifier les fiches à réviser ... 182

FICHES DE COURS
- MÉMO VISUEL ... 184
- 28 Peut-on opposer, en l'homme, la nature et la culture ? ... 186
- 29 La nature peut-elle être la norme des conduites humaines ? ... 188
- 30 La nature est-elle est un ensemble de lois ? ... 190

SUJETS GUIDÉS & CORRIGÉS

OBJECTIF BAC
- 19 EXPLICATION DE TEXTE | John Stuart Mill, *La nature* ... 192

OBJECTIF MENTION
- 20 DISSERTATION | Que signifie l'expression « retour à la nature » ? ... 196

TESTEZ-VOUS

→ CORRIGÉS P. 349

Faites le point sur vos connaissances, puis établissez votre **parcours de révision** en fonction de votre score.

1 Peut-on opposer, en l'homme, la nature et la culture ? → FICHE 28

1. Quelles définitions de la nature vous semblent justes ?
- ☐ a. l'ensemble du monde physique et des principes qui l'animent
- ☐ b. l'ensemble de la végétation et des oiseaux
- ☐ c. l'ensemble des propriétés fondamentales d'un être ou d'une chose

2. Vrai ou faux ? Cochez la case qui convient. V F

a. Selon Kant, l'éducation est un processus de dressage de l'homme. ☐ ☐
b. L'existentialisme est une conception philosophique qui nie l'existence d'une nature humaine. ☐ ☐
c. Selon Merleau-Ponty, l'homme est déterminé par la nature. ☐ ☐

3. Associez chaque citation à son auteur.

a. La culture permet à l'espèce humaine de tirer « par ses propres efforts toutes les qualités naturelles qui appartiennent à l'humanité. » •   • Merleau-Ponty

b. « Tout est fabriqué et tout est naturel chez l'homme. » •   • Rousseau

c. « Tout est bien sortant des mains de l'Auteur des choses, tout dégénère entre les mains de l'homme. » •   • Kant

…/3

2 La nature peut-elle être la norme des conduites humaines ? → FICHE 29

1. Comment les Anciens conçoivent-ils la nature ?
- ☐ a. comme un ensemble de forces chaotiques
- ☐ b. comme une totalité harmonieuse et finalisée
- ☐ c. comme une norme pour les actions humaines

2. Complétez le texte avec les mots qui conviennent.

Selon Locke, le droit de propriété a un fondement …….. : l'homme est par nature propriétaire de droit de son corps et de son …….., mais aussi de tout ce qui vient de lui-même ou a été valorisé par lui-même, notamment les biens et les richesses acquis par son …….. .

3. Vrai ou faux ? Cochez la case qui convient. V F

a. Selon Épictète, la nature est une norme pour l'action humaine. ☐ ☐

b. Selon Hobbes, l'état civil conduit à « la guerre de tous contre tous ». ☐ ☐

c. Le droit naturel est la conception selon laquelle il existe des droits inscrits dans la nature humaine. ☐ ☐

…/3

3 La nature est-elle un ensemble de lois ? → FICHE 30

1. Vrai ou faux ? Cochez la case qui convient. V F

a. Selon les Anciens, la nature est un mécanisme aveugle qu'il faut dompter pour survivre. ☐ ☐

b. Galilée conçoit la nature comme un grand livre « écrit en langage mathématique ». ☐ ☐

c. Selon Heidegger, la nature n'est qu'un ensemble de lois mesurables et maîtrisables par l'homme. ☐ ☐

2. Lisez l'extrait et cochez la (ou les) proposition(s) qui rend(ent) compte du sens du texte.

> [Mes connaissances en physique] m'ont fait voir qu'il est possible de parvenir à des connaissances qui soient fort utiles à la vie, et qu'au lieu de cette philosophie spéculative, qu'on enseigne dans les écoles, on peut en trouver une pratique, par laquelle, connaissant la force et les actions du feu, de l'eau, de l'air, des astres, des cieux et de tous les autres corps qui nous environnent, aussi distinctement que nous connaissons les divers métiers de nos artisans, nous les pourrions employer en même façon à tous les usages auxquels ils sont propres et ainsi nous rendre comme maîtres et possesseurs de la nature.
>
> René Descartes, *Discours de la méthode*, 1637.

☐ **a.** La connaissance de la nature est totalement inutile dans la vie quotidienne.

☐ **b.** La connaissance de la nature offre à l'homme un pouvoir : elle lui permet de maîtriser la nature en la transformant.

☐ **c.** Grâce à la technique, l'homme peut transformer la nature et acquérir un pouvoir comparable à celui de Dieu.

3. Quels sont les problèmes posés par la conception moderne de la nature ?

☐ **a.** Elle réduit la nature à une abstraction, négligeant sa puissance créatrice.

☐ **b.** Elle mystifie sans raison.

☐ **c.** Elle l'instrumentalise et néglige ses droits.

…/3

Score total …/9

Parcours PAS À PAS ou EXPRESS ? → MODE D'EMPLOI P. 3

MÉMO VISUEL

DÉFINITIONS CLÉS

Nature (sens 1)
L'ensemble des propriétés fondamentales d'un être ou d'une chose.

Nature (sens 2)
L'ensemble du monde physique et des principes qui l'animent.

LA

Peut-on opposer, en l'homme, la nature et la culture ? (→ p. 186)

Les repères utiles
en acte/en puissance → p. 336

La réponse de Rousseau

La culture est un processus de dénaturation. Le passage de l'homme de l'état de nature à l'état de culture signe une décadence.

« Tout est bien sortant des mains de l'Auteur des choses, tout dégénère entre les mains de l'homme. »

La réponse de Kant

La culture permet à l'espèce humaine de tirer « par ses propres efforts toutes les qualités naturelles qui appartiennent à l'humanité. »

La nature peut-elle être la norme des conduites humaines ? (→ p. 188)

Les repères utiles
origine/fondement → p. 342

La réponse d'Épictète
Il faut « vivre selon la nature », car elle est un modèle.

La réponse de Kelsen
La nature n'est qu'un mécanisme aveugle et ne saurait donc constituer une norme éthique.

NATURE

La nature est-elle un ensemble de lois ? (→ p. 190)

Les repères utiles
principe/cause/fin → p. 343

La réponse de Galilée
La nature est un livre « écrit en langage mathématique ».

La réponse de Heidegger
La nature dans sa vérité échappe nécessairement à une explication rationnelle mécaniste.
« L'Arraisonnement nous masque l'éclat et la puissance de la vérité [de la nature]. »

10 • La nature

28. Peut-on opposer, en l'homme, la nature et la culture ?

En bref *L'un des sens du terme « nature » est de désigner l'essence d'une chose. Dans cette acception, la culture, entendue comme l'ensemble des artifices produits par l'homme, semble bien arracher l'homme à sa nature...*

I La culture : une dénaturation ?

1 La sortie de l'état de nature

■ Rousseau soutient qu'à **l'état de nature** les individus humains mènent une **vie solitaire et indépendante**, si bien que règnent l'harmonie et la paix. L'entrée dans le processus de culture est accidentelle et source de dénaturation : les individus deviennent des rivaux et les passions naissantes les opposent →FICHE 13.

■ Selon Rousseau, l'essence de l'homme se compose de **deux sentiments primitifs** : l'amour de soi, qui porte les hommes à l'autoconservation, et la pitié, qui « nous porte sans réflexion au secours de ceux que nous voyons souffrir. » La culture vient recouvrir ces deux sentiments et engendre rivalités et mésententes entre les hommes.

> **MOT-CLÉ**
> Par opposition à l'état civil, **l'état de nature** désigne la situation dans laquelle l'humanité se serait trouvée avant l'émergence de la société, et notamment avant l'institution de l'État et du droit positif. Rousseau y voit une fiction méthodologique.

2 La perfectibilité comme essence de l'homme

■ La perfectibilité est pourtant le propre de l'homme. Celui-ci est, en effet, doté d'une **plasticité** qui le programme à sortir de l'état de nature à l'occasion d'un événement accidentel contraignant les hommes à se réunir (un tremblement de terre, par exemple).

■ C'est ainsi que l'homme peut progresser (devenir plus savant, plus intelligent), mais également régresser : perdre notamment son aptitude à la compassion.

II La culture réalise la nature humaine

1 L'homme doit se faire lui-même

■ Comparés à l'animal et au végétal, les hommes sont fort démunis en termes d'instincts : comme l'écrit Kant, « il faut [que l'homme] se fasse à lui-même son **plan de conduite** » .

■ Ainsi, les hommes sont le produit de leurs interactions et de leurs apprentissages. Les qualités naturelles dont l'homme dispose en puissance ne germeraient pas sans la culture. Celle-ci apparaît donc comme un **achèvement de la nature humaine**.

2 | L'importance de l'éducation

L'éducation, qu'il faut distinguer du dressage, a un rôle fondamental dans le développement de l'humanité. Kant explique ainsi qu'au fil de l'histoire les hommes apprennent les uns des autres à concrétiser, c'est-à-dire à faire passer de la puissance à l'acte, leurs qualités naturelles : « une génération fait l'éducation de l'autre. »

III Le dépassement de l'opposition nature/culture

1 | L'impossible distinction nature/culture

Il est, en fait, impossible de séparer chez l'homme l'inné et l'acquis. Selon Merleau-Ponty, « tout est fabriqué et tout est naturel chez l'homme. » Tous les comportements et toutes les paroles s'enracinent dans la biologie humaine sans jamais s'y réduire, car ils portent le signe de la culture. Tiraillé par la faim, l'homme ne se contente pas de manger, il prépare ses mets et fait des repas.

2 | La nature humaine n'existe pas

L'existence même d'une nature humaine est contestable. Ainsi, explique Sartre, « l'existence précède l'essence », ce qui signifie que chaque homme a à définir sa propre nature à travers ses actes et ses choix. C'est ainsi qu'un homme lâche n'est rien d'autre qu'un homme qui a choisi une existence de lâcheté.

zoOm

L'Enfant sauvage : l'exemple de Victor de l'Aveyron

François Truffaut, *L'Enfant sauvage*, 1970.

■ En 1800, un enfant sauvage qui sera surnommé Victor de l'Aveyron est découvert. Il marche à quatre pattes, se nourrit de plantes et est sourd et muet. Le docteur Itard cherche à humaniser le garçon.

■ Le cas de cet enfant sauvage montre que, sans la culture, les caractères qui semblent naturels chez l'homme ne se développent pas.

29 La nature peut-elle être la norme des conduites humaines ?

En bref *La nature désigne l'essence d'une chose et la totalité des choses existantes, exception faite des productions humaines. Comprise dans ces deux sens, la nature peut-elle constituer une règle morale pour l'homme ?*

I La conception ancienne

1 Un exemple d'harmonie

MOT-CLÉ
Pour les Anciens, comme Ovide, le **chaos** désigne un milieu chronologiquement premier et sans orientation possible, où l'on chute dans tous les sens.

■ La nature est ordonnée et harmonieuse. Elle est comme un grand être vivant dont les régularités manifestent la constance. Elle est l'exact opposé du chaos.

■ C'est ainsi que, selon Marc Aurèle, la nature « se propose toujours un but, et [qu']elle ne s'occupe pas moins de la fin des choses que de leur origine et de leur existence. Elle ressemble assez à un joueur de ballon », c'est-à-dire à une personne qui vise intentionnellement un but.

2 Vivre selon la nature

Dans ce contexte, la formule injonctive d'Épictète « vivre selon la nature » est pour l'homme un rempart éthique contre la démesure. La vie humaine la plus achevée consiste alors à accepter et retrouver cet ordre naturel en soi-même, si bien que vivre selon la nature équivaut à vivre selon *sa* nature.

II Le droit naturel moderne

1 Le droit naturel à la propriété

■ Certains philosophes modernes croient pouvoir fonder le droit sur ce que la nature a inscrit en l'homme, c'est-à-dire la nature humaine.

■ C'est ainsi que, selon Locke, l'homme est par nature propriétaire de droit de son corps et de son esprit, mais aussi de tout ce qui vient de lui-même ou a été valorisé par lui-même, notamment les biens et les richesses acquis par son travail.

2 La possibilité du pacte social fondé sur la nature humaine

Dans le même temps, Hobbes soutient que la nature humaine présente tous les éléments nécessaires à l'élaboration du pacte social. Ayant naturellement le droit absolu de tout faire pour préserver leur vie et ayant subi l'épreuve d'une constante menace de mort dans la vie précivile, les hommes découvrent par la raison la première loi de nature, qui leur interdit de faire ce qui mène à la destruction de leur vie, et découvrent la règle de leur intérêt : « s'efforcer à la paix » .

III La nature : entre la violence et le silence

1 | Une nature violente

Pourtant, Hobbes souligne également que l'étude de la nature humaine conduit au constat d'une rivalité fondamentale entre les individus qui s'opposent nécessairement du fait qu'ils désirent tous les mêmes choses. C'est ainsi que l'état de nature est « la guerre de tous contre tous » et que « l'homme est un loup pour l'homme. »

2 | L'illusion du droit naturel

■ Le droit naturel repose sur l'illusion d'une nature qui ferait « autorité » et qui poserait des droits. Or, d'après Kelsen, la nature n'est qu'un ensemble de faits qui n'ordonnent jamais.

> **CITATION**
>
> « Des hommes se réunissent [...], prononcent des discours, les uns lèvent la main, les autres ne la lèvent pas [...] Juridiquement [cela] signifie qu'une loi est votée, que du droit est créé » (Kelsen, *Théorie pure du droit*). Selon l'auteur, aucune norme naturelle ne fonde l'instauration du droit, qui ne repose que sur des décisions humaines.

■ Scientifiquement parlant, en effet, la nature n'est qu'un mécanisme aveugle dénué de volonté et qui ne saurait dicter aucun devoir-être.

■ Ainsi, à moins de postuler que Dieu ou toute autre puissance transcendante commanderait aux hommes de se conduire d'une certaine façon, la nature ne peut pas servir de boussole politique et juridique aux hommes.

zoOm

Délivrance, l'épreuve d'une nature amorale

John Boorman, *Délivrance*, 1972.

Dans le film *Délivrance*, quatre Américains font l'épreuve douloureuse d'une nature hostile, peuplée d'hommes attardés, aux antipodes de toute normativité morale, c'est-à-dire de tout modèle permettant de régler la vie humaine. La violence aveugle et la mort seront au rendez-vous de cette expédition...

30 La nature est-elle un ensemble de lois ?

En bref *La nature n'est pas chaotique, les phénomènes naturels s'enchaînent selon un ordre rigoureux, prévisible et calculable. C'est ainsi, par exemple, que les hommes peuvent anticiper les marées ou les éclipses. Faut-il en conclure que la nature est entièrement déterminée ?*

I La nature au-delà des lois

1 La nature divinisée

■ La nature apparaît, en premier lieu, comme une totalité irréductible à une explication mécaniste aveugle. C'est ainsi que, pour les Anciens, la nature est enchantée et dotée d'intentions.

■ Dans la culture latine, la nature est considérée comme une mère nourricière : « La terre, sans être violée par la houe, ni blessée par la charrue, donnait tout d'elle-même » explique Ovide quand il décrit la nature vierge. Par conséquent, l'homme doit respecter la nature et se soumettre à elle. La vénération prend la forme de rites, de cultes et d'incantations visant à préserver l'ordre du monde.

2 La nature comme objet de croyance

■ Une nature ainsi conçue requiert, pour être comprise, une interprétation des signes qu'elle envoie aux hommes, d'où la grande importance accordée à l'astrologie.

■ Il faut noter que, dans un tel contexte, la nature ne saurait constituer un objet de connaissance scientifique, mais est bien plutôt l'occasion de croyances qui nous en apprennent davantage sur l'homme que sur la nature elle-même .

> **MOT-CLÉ**
> L'**astrologie** est un ensemble de croyances et de pratiques visant à déterminer le destin et le caractère des hommes par l'étude de la supposée influence des astres.

II La nature : un ensemble de lois

1 Un nouvel objet pour les sciences de la nature

■ Au XVIIᵉ siècle, l'ambition de la science physique est redéfinie : il ne s'agit plus de comprendre le *pourquoi* des phénomènes, mais le *comment*.

■ Tournant le dos à Aristote, les scientifiques ne se donnent plus comme objectif une connaissance des premiers principes et des premières causes, qu'ils jugent vouée à l'échec ou à l'obscurantisme, mais, plus modestement, la saisie des régularités qui lient les phénomènes, c'est-à-dire les lois de la nature.

À NOTER
Dans *Le Malade imaginaire*, **Molière** se moquera des savants anciens qui expliquaient que l'opium fait dormir en raison de sa « vertu dormitive ».

2 | La conception moderne de la nature

■ Descartes explique ainsi que la nature n'apparaît plus comme une « déesse ». Dépourvue d'intentions et ne visant aucun but, elle est assimilable, comme l'écrit Galilée, à un livre « écrit en langage mathématique, et [dont] les caractères sont des triangles, des cercles, et d'autres figures géométriques. » En droit, la nature est totalement explicable par des principes rationnels →FICHE 38.

■ Une telle conception purement scientifique de la nature ne risque-t-elle pas de réduire cette dernière à une abstraction simplificatrice ?

3 | Les limites de la conception moderne de la nature

■ Comme le signale Kant, cette conception moderne de la nature est peut-être tributaire de l'entendement humain qui, en tant que faculté de créer des concepts, détermine la manière dont nous apparaissent les phénomènes naturels.

■ Le fait est que la connaissance de la nature n'est pas épuisée par la science. Beaucoup de phénomènes demeurent encore énigmatiques et l'on comprend dans cette perspective que puissent perdurer des croyances qui dépassent les limites de la raison →FICHE 38.

■ Conçue comme nécessairement conforme aux lois de la raison, la nature est réduite à un ensemble de lois mesurables. Forcée d'entrer dans un cadre aussi étroit, la dimension de puissance et de jaillissement de la nature est oubliée. Comme le dit Heidegger, la nature est limitée à une somme d'ustensiles dont les hommes sont voués à se rendre maîtres et possesseurs.

zoOm — Michel Serres : la nature comme sujet de droit

■ Dans *Le contrat naturel*, Michel Serres critique la conception mécaniste et utilitariste de la nature, qui ne vise qu'à la connaître objectivement pour la dominer.

■ Le temps est venu pour l'humanité d'inventer un contrat naturel par lequel justice sera faite à la nature.

Michel Serres, en 2007.

SUJET 19 — OBJECTIF BAC

EXPLICATION DE TEXTE ⏱ 4 h **John Stuart Mill, *La nature***

Mill remet en question l'idée selon laquelle il faudrait « suivre la nature ». Il va ainsi à l'encontre de ce préjugé très répandu, qui fait de la nature une norme.

LE SUJET

Expliquez le texte suivant.

Le mot Nature a deux sens principaux : il désigne soit le système entier des choses, avec l'ensemble de leurs propriétés, soit les choses telles qu'elles seraient en l'absence d'intervention humaine.

Dans le premier sens, la doctrine selon laquelle l'homme doit suivre la nature est absurde, car l'homme ne peut rien faire d'autre que suivre la nature, puisque toutes ses actions reposent sur une ou plusieurs des lois physiques ou mentales de la nature et obéissent à ces lois.

Dans le second sens de ce mot, la doctrine selon laquelle l'homme doit suivre la nature ou, en d'autres termes, devrait prendre le cours spontané de la nature pour modèle de ses actions volontaires, est à la fois irrationnelle et immorale. Irrationnelle, parce que toute action humaine consiste à altérer le cours spontané de la nature, et toute action utile à l'améliorer. Immorale, parce que le cours des phénomènes naturels étant rempli de tous les événements qui, lorsqu'ils résultent de l'action humaine, méritent le plus d'inspirer la répulsion, quiconque s'efforcerait par ses actes d'imiter un tel cours naturel serait universellement considéré comme le plus méchant des hommes.

John Stuart Mill, *La nature*, 1874, trad. Estiva Reus, La Découverte, 2003.

LES CLÉS POUR RÉUSSIR

▶ Définir le thème et la thèse du texte

▶ Il est commun d'affirmer que ce qui est naturel est bon et que l'homme devrait suivre la nature.

▶ Mais, pour Mill, il est à la fois **absurde, irrationnel et déraisonnable** de recommander à l'homme de suivre la nature.

> TEST > FICHES DE COURS > SUJETS GUIDÉS

▸ L'injonction de suivre la nature suppose que l'homme n'en fait pas partie. Cette idée n'est-elle pas absurde ?
▸ De plus, est-il concevable et souhaitable de prendre la nature comme modèle ?

▶ Construire le plan de l'explication

① Les deux sens du mot « nature » (l. 1 à 3)
Distinguez les deux sens du mot « nature » énoncés par Mill. En quoi s'opposent-ils ?

② L'homme est un être naturel (l. 4 à 7)
▸ Qu'est-ce qu'une tautologie ?
▸ Si la nature désigne le « système entier des choses », pourquoi est-il tautologique de demander à l'homme de la suivre ?

③ La nature ne peut être une norme (l. 8 à 16)
▸ Le propre de l'homme n'est-il pas de transformer la nature ? Montrez comment Mill développe cette idée.
▸ La nature ne peut-elle pas se montrer cruelle dans certaines circonstances ? Qu'en déduit Mill ?

LE CORRIGÉ

Les titres ou mentions entre crochets ne doivent pas figurer sur la copie.

Introduction

[amorce] Le philosophe stoïcien Zénon de Citium, né au IVe siècle avant notre ère, affirmait que l'homme devait vivre « conformément à la nature ».

[problématique] Faire de la nature une norme du comportement humain semble présenter l'avantage de fonder la morale sur un critère objectif, clairement lisible dans le réel. Mais Mill, dans cet extrait, s'attaque à cette idée en montrant qu'elle est faible, tant logiquement que moralement. En effet « suivre la nature » suppose que l'homme soit extérieur à celle-ci. Or l'homme n'est-il pas un membre à part entière de la nature ? De plus, n'est-il pas illusoire de considérer la nature comme un modèle à suivre, dans la mesure où elle est capable du meilleur comme du pire ? **[annonce du plan]** Dans le texte étudié, le philosophe commence par présenter les deux sens du mot « nature ». Il explique ensuite que l'homme fait partie de la nature : il est donc inutile de lui demander de la suivre. Il montre enfin que la nature n'est pas une norme et qu'il serait donc à la fois irrationnel et immoral de chercher à la suivre.

I. Les deux sens du mot « nature » (l. 1 à 3)

👍 SECRET DE FABRICATION
Vous devez montrer que Mill présente deux définitions du terme « nature », l'une incluant l'homme et l'autre l'excluant.

1. La nature comme ensemble des choses

▸ Mill commence par dégager le premier sens du mot « nature », qui renvoie au « système entier des choses, avec l'ensemble de leurs propriétés ». Le mot « choses » englobant à la fois les êtres vivants et les corps inertes, la nature désigne ici **la réalité dans son ensemble**.

▸ En tant qu'être vivant, **l'homme fait partie de la nature ainsi entendue**.

2. La nature comme ensemble des choses non produites par l'homme

▸ Dans sa seconde acception, la nature désigne « les choses telles qu'elles seraient en l'absence d'intervention humaine ». Elle correspond alors à ce qui n'est pas produit ou transformé par l'homme.

▸ Elle s'oppose ici à **l'artifice**, conçu comme le produit d'une activité humaine, et à **la culture**, entendue comme le processus par lequel l'homme s'éloigne de l'animalité en transformant la nature.

👍 CONSEIL DE MÉTHODE
Il est souvent utile, pour expliquer une notion (ici la nature), de l'opposer à ses antonymes (ici l'artifice, la culture).

[transition] Après avoir clarifié les deux sens du terme « nature », Mill examine ce que vaut le précepte selon lequel l'homme doit suivre la nature.

II. L'homme est un être naturel (l. 4 à 7)

1. L'homme fait partie de la nature

Mill explique que si l'on conçoit la nature comme la réalité dans son ensemble, alors « la doctrine selon laquelle l'homme doit suivre la nature est absurde ». Il rejoint ici la **conception de Spinoza** qui dénonce, dans l'*Éthique*, la tendance de l'homme à croire qu'il peut échapper aux lois de la nature, alors qu'il est, comme toute chose, soumis à ces lois, tant au niveau de son corps que de son esprit.

👍 CONSEIL DE MÉTHODE
Vous pouvez, pour justifier un argument du texte, mobiliser la pensée d'un autre auteur sur le même thème, comme ici avec la référence à Spinoza.

2. Il n'a donc pas le choix de la suivre

▸ Mill en déduit que le précepte qui recommande de suivre la nature est **tautologique** : l'homme faisant partie de la nature, il doit donc la suivre.

▸ Lui demander de suivre la nature, c'est supposer que cet acte repose sur une décision libre, alors que **les actions humaines suivent nécessairement la nature**.

[transition] Mill envisage ensuite le second sens du mot « nature », pour montrer qu'il ne permet pas non plus de justifier le précepte qui commande de la suivre.

III. La nature ne peut être une norme (l. 8 à 16)

1. Une thèse polémique

▶ Mill envisage désormais la nature comme l'ensemble des choses non produites par l'homme. Il contredit le précepte qui commande de suivre la nature, au nom de sa **conséquence à la fois « irrationnelle et immorale »**.

 **CONSEIL DE MÉTHODE**
Étudier la forme du raisonnement permet de mettre en lumière la logique du texte.

▶ Ce faisant, il vise des penseurs qui ont fait de l'obéissance à la nature le fondement de l'action humaine. Par exemple, dans la *Lettre à Ménécée*, **Épicure** préconise, pour être heureux, de **privilégier les désirs naturels**, comme le fait de se nourrir quand on a faim, et de renoncer aux désirs vains, comme la richesse, qui sont le fruit de la vie en société. Si cette conception a l'avantage de fonder la morale sur un critère objectif, Mill la juge problématique.

2. Suivre la nature : un précepte irrationnel

▶ En effet, l'homme ne peut vivre qu'en modifiant son environnement naturel. C'est ce que montre le mythe de Prométhée : les hommes, naturellement démunis, **ont besoin de la technique pour survivre**.

▶ Mill ajoute que la transformation de la nature est aussi la **condition du progrès** de l'homme en affirmant que « toute action utile » consiste à « améliorer » la nature. L'exemple des OGM peut cependant nous conduire à nuancer son propos : l'homme pensait initialement, grâce à eux, « améliorer » la nature. Mais est-ce réellement le cas dès lors que les OGM risquent de nuire à la biodiversité ?

3. Suivre la nature : un précepte immoral

▶ Mill dénonce ensuite l'illusion selon laquelle la nature ne produirait que de bonnes choses. En effet, la nature est **à l'origine de catastrophes naturelles** ou d'épidémies, qui sont perçues comme des malheurs par les hommes. Ainsi, prendre la nature comme norme de l'action humaine pourrait conduire à l'immoralité, car, comme Mill l'explique dans *L'utilitarisme*, une action dont les conséquences nuisent au bonheur du plus grand nombre est immorale.

▶ Mill montre ici qu'on ne peut faire du principe selon lequel il faut suivre la nature le fondement de l'action morale qu'à condition de spécifier ce qui, en elle, mérite d'être suivi. Or cela implique un **retour de la subjectivité** dans un fondement qui semblait objectif.

Conclusion

[synthèse] Mill montre donc qu'il est infondé de demander à l'homme de suivre la nature. Ce précepte est absurde, car l'homme, en tant qu'être naturel, ne décide pas de suivre la nature. Il est irrationnel, car l'homme a besoin de transformer la nature pour survivre. Enfin, il est immoral, car la nature ne produit pas que de bonnes choses. **[ouverture]** Les débats contemporains autour de la préservation de la nature font écho à la thèse de Mill : c'est bien parce que l'homme ne se contente pas de suivre la nature qu'il peut lui nuire, mais qu'il peut aussi se donner comme impératif de la respecter.

▶ SUJET 20 | OBJECTIF MENTION

DISSERTATION ⏱ 4h **La quête du « retour à la nature »**

L'engouement moderne pour l'alimentation biologique, les cosmétiques naturels ou les médecines douces témoigne d'une volonté de se rapprocher de la nature. Si cette quête semble faire consensus, il semble plus difficile de définir vraiment ce qu'on entend par « retour à la nature ».

📄 LE SUJET

Que signifie l'expression « retour à la nature » ?

✅ LE CORRIGÉ

Les titres ou mentions entre crochets ne doivent pas figurer sur la copie.

Introduction

[amorce] Dans le film *Into the wild*, réalisé par Sean Penn, le protagoniste décide de quitter la société moderne pour retrouver un contact direct avec la nature. Il découvre au fil des jours qu'un tel éloignement de la civilisation est tout sauf aisé.

[reformulation du sujet] Si le désir de revenir à la nature est de plus en plus présent aujourd'hui, savons-nous au juste ce qu'il signifie ? Quel(s) sens peut revêtir l'expression « retour à la nature » ?

[problématique] De prime abord, cette expression semble signifier une volonté de revenir à un état originel, non perverti par la culture. Mais cela peut sembler insensé, l'homme étant un être essentiellement culturel. Comment concevoir un retour à la nature qui ne soit pas une régression ? Comment peut-on concilier l'exigence morale d'un retour à la nature et la dimension proprement culturelle de l'homme ?

[annonce du plan] L'expression « retour à la nature » semble d'abord signifier la recherche d'un état antérieur non culturel. Néanmoins, plutôt qu'une volonté rétrograde de retour en arrière, cette expression peut désigner la volonté de renouer avec l'essence morale de l'homme. Enfin, ne faudrait-il pas voir dans cette expression l'exigence éthique d'un soin particulier porté à la nature ?

I. Le « retour à la nature » : la recherche d'un état originel

> **SECRET DE FABRICATION**
> Il s'agit, dans un premier temps, de comprendre l'expression « retour à la nature » dans son sens le plus évident, à savoir comme la volonté de rompre avec la culture, conçue comme ce qui s'oppose à la nature et la pervertit.

1. La volonté de nous éloigner des méfaits de la culture

▶ La culture, comprise comme le processus par lequel l'homme s'arrache à l'animalité, implique l'instauration de **conventions sociales**. Ces dernières peuvent sembler nuisibles, car elles créent chez l'homme des désirs non naturels, comme le désir de richesse ou d'honneur, qui nuisent à son bonheur.

▶ C'est pourquoi les **cyniques**, comme Diogène de Sinope, considéraient les animaux comme des modèles à suivre. Dénonçant de manière provocatrice les dérives de la culture, Diogène, raconte-t-on, vivait dehors, mangeait dans une écuelle et se masturbait en public.

2. La volonté de revenir à un ordre originaire

L'expression « retour à la nature » peut aussi signifier la volonté de **revenir à un ordre premier**. C'est ce que montre Calliclès dans le *Gorgias* de Platon. Il oppose ce qui est « juste selon la nature » et ce qui est « juste selon la loi ». Ce qui est juste selon la nature, c'est selon lui que le plus fort règne sur le plus faible. La loi instaurée par les hommes apparaît dès lors comme une dénaturation de cet ordre premier, qu'il s'agit de restaurer.

[transition] Cette conception peut sembler absurde, car l'homme évolue et se perfectionne grâce à la culture. Un tel retour en arrière serait donc une régression.

II. Le « retour à la nature » comme tentative de renouer avec l'essence de l'homme

1. Le « retour à la nature » comme redécouverte de notre essence

▶ « Retourner à la nature » pourrait plutôt signifier retrouver ce qu'il y a d'inné, de naturel, en nous, c'est-à-dire renouer avec notre **essence**, pour que l'homme soit **plus en accord avec lui-même**.

> **MOT-CLÉ**
> L'**essence** désigne ce qui constitue en propre une chose, ce qu'elle ne peut pas perdre sans cesser d'être elle-même.

▶ C'est ainsi que Rousseau, dans le *Discours sur l'inégalité*, imagine un état hypothétique de l'homme avant la vie en société : **l'état de nature**. Celui-ci est une hypothèse théorique permettant de penser l'essence de l'homme.

2. Le « retour à la nature » comme projet culturel

▶ Rousseau explique que le processus ayant conduit l'homme à vivre en société est irréversible. L'état de nature, conçu comme un état dans lequel la nature fournit à l'homme tout ce dont il a besoin pour survivre, est « un état qui n'existe plus, qui n'a peut-être point existé, qui probablement n'existera jamais. » Les hommes sont contraints de **travailler ensemble pour survivre**.

▶ Il n'en reste pas moins que l'homme peut, grâce à la **mise en place d'un État légitime**, renouer avec sa nature profonde. L'homme doit donc, grâce à cette construction culturelle qu'est l'État, veiller à conserver ce qu'il y a de naturel en lui, comme les deux vertus que sont l'amour de soi et la pitié, qui sont perverties par la culture.

[transition] L'homme étant un être culturel, il semblerait absurde de chercher à se couper de toute culture. Dans cette perspective, l'expression « retour à la nature » ne peut-elle s'entendre en un troisième sens, comme l'exigence morale de chercher à prendre soin de l'environnement qui nous entoure ?

III. Le « retour à la nature », un souci éthique de préservation

1. Le « retour à la nature » comme soin porté à la nature

▶ On peut entendre le terme « retour », utilisé par exemple dans l'expression « faire un retour sur soi », comme le fait de porter son attention sur un objet, de s'en préoccuper, s'en soucier. Ainsi, le « retour à la nature » peut signifier, dans un ultime sens, l'**exigence éthique** d'un soin porté à la nature.

▶ C'est ce qu'explique Henry David Thoreau dans son ouvrage *Walden ou la vie dans les bois*. Retiré dans la forêt, près de l'étang de Walden, l'auteur dénonce l'exploitation de la nature par l'homme. Face au développement de la société industrielle, il explique que l'homme a des **devoirs vis-à-vis de l'environnement naturel** dont il fait partie. Une vie simple, loin de la surconsommation et de la quête de l'enrichissement, est selon lui un moyen de préserver la nature.

2. Le « retour à la nature » comme nouvel impératif moral

▶ Le « retour à la nature » doit alors s'entendre comme une exigence morale : celle de **préserver l'environnement**. Jonas, dans *Le Principe responsabilité*, souligne le paradoxe de la technique : alors qu'elle visait initialement à améliorer la vie humaine, elle donne à l'homme la capacité de s'autodétruire, faisant de lui un « **Prométhée** définitivement déchaîné ».

MOT-CLÉ

Prométhée est un personnage mythologique qui a donné le feu et la technique aux hommes. Appeler l'homme un « Prométhée déchaîné », c'est montrer qu'il a perdu le contrôle de la technique.

▶ L'homme doit donc obéir à un nouvel impératif moral, que Jonas présente en ces termes : « Agis de façon que les effets de ton action soient compatibles avec la permanence d'une vie authentiquement humaine sur terre. »

▶ « Retourner à la nature », c'est donc nous soucier de notre environnement, afin qu'il ne soit pas menacé par le développement technique.

Conclusion

Il est impossible de comprendre simplement l'expression « retour à la nature » comme la recherche d'un état originel. Il convient plutôt d'y voir le projet culturel de renouer avec notre essence et l'exigence éthique de préserver l'environnement dont nous faisons partie.

Les notions

11 La raison

D'un côté Platon qui montre le ciel des idées, de l'autre Aristote qui rappelle l'existence du monde sensible. La raison, faculté de distinguer le vrai du faux, implique deux exigences : la cohérence des idées et leur accord avec l'expérience.

TEST	Pour vous situer et identifier les fiches à réviser	200
FICHES DE COURS	**MÉMO VISUEL**	202
	31 La raison est-elle le propre de l'homme ?	204
	32 Peut-on rendre raison de tout ?	206
	33 Faut-il toujours être raisonnable ?	208
SUJETS GUIDÉS & CORRIGÉS	**OBJECTIF BAC**	
	21 DISSERTATION ❙ Faut-il préférer la raison à l'imagination ?	210
	OBJECTIF MENTION	
	22 EXPLICATION DE TEXTE ❙ Raymond Aron, *Dimensions de la conscience historique*	214

TESTEZ-VOUS

→ CORRIGÉS P. 349

Faites le point sur vos connaissances puis établissez votre **parcours de révision** en fonction de votre score.

1 La raison est-elle le propre de l'homme ?

→ FICHE 31

1. Le terme « raison »…
- a. désigne la faculté qui permet de distinguer le vrai du faux.
- b. désigne la faculté qui permet d'avoir toujours raison.
- c. a pour étymologie le terme grec *logos* qui signifie « discours ».

2. Vrai ou faux ? Cochez la case qui convient. V F
- a. Pour Descartes, la raison est universelle. ☐ ☐
- b. Pour Descartes, il ne suffit pas de posséder la raison pour atteindre la vérité : il faut aussi s'appuyer sur une méthode. ☐ ☐
- c. Pour Descartes, raison et intelligence sont synonymes. ☐ ☐

3. Pour Aristote, les hommes se distinguent des animaux, car…
- a. ils possèdent une supériorité physique qui leur permet de maîtriser la nature.
- b. ils sont capables d'abstractions.
- c. ils ont une sensibilité plus grande.

4. Le terme d'« autonomie » désigne…
- a. le fait d'être indépendant et de n'avoir besoin de personne.
- b. le fait de se déterminer par soi-même, en particulier en pensant par soi-même.
- c. le fait de faire ce que l'on veut en permanence.

…/4

2 Peut-on rendre raison de tout ?

→ FICHE 32

1. Associez chaque thèse à son auteur.

a. Plus l'homme connaît le réel, plus il peut agir efficacement sur lui et progresser. • • Pascal

b. Les hommes ne peuvent pas tout démontrer ; certaines vérités reposent sur l'intuition. • • Comte

c. La raison a des limites qu'il convient de saisir pour ne pas tomber dans l'erreur. • • Kant

2. On oppose traditionnellement...
☐ **a.** intuition et réflexion.
☐ **b.** intuition et instinct.
☐ **c.** intuition et démonstration.

3. La citation « le cœur a ses raisons que la raison ne connaît point »...
☐ **a.** montre que tout n'est pas explicable par la raison.
☐ **b.** montre qu'il faut renoncer à démontrer ce qu'on croit vrai.
☐ **c.** montre que certaines intuitions sont difficiles à justifier.

.../3

3 Faut-il toujours être raisonnable ?
→ FICHE 33

1. Érasme fait un éloge de la folie...
☐ **a.** pour montrer que la vie n'a aucun sens.
☐ **b.** pour montrer que la folie conduit plus facilement au bonheur que la lucidité.
☐ **c.** mais cet éloge est ironique.

2. Pour Platon, la raison doit discipliner...
☐ **a.** l'imagination et la mémoire.
☐ **b.** l'ardeur et les désirs.
☐ **c.** la force et la paresse.

3. Lisez l'extrait et cochez la (ou les) proposition(s) qui rend(ent) compte du sens du texte.

> De l'avis général, le propre d'un homme prudent c'est d'être capable de délibérer correctement sur ce qui est bon et avantageux pour lui-même, non pas sur un point partiel (par exemple quelles sortes de choses sont favorables à la santé ou à la vigueur du corps), mais d'une façon générale, quelles sortes de choses par exemple conduisent à la vie heureuse.
>
> Aristote, *Éthique à Nicomaque*, trad. fr. Jules Tricot, éd. de poche p. 244-245
> © Librairie Philosophique J. Vrin, Paris, 2007 ; 2012.
> http://www.vrin.fr

☐ **a.** La prudence nuit au bonheur.
☐ **b.** La prudence permet d'être heureux.
☐ **c.** La prudence implique une connaissance intégrale du monde.

.../3

Score total .../10

Parcours PAS À PAS ou EXPRESS ? → MODE D'EMPLOI P. 3

MÉMO VISUEL

DÉFINITIONS CLÉS

Raison
1. Faculté de distinguer le vrai du faux, le bien du mal.
2. Ce qui permet d'expliquer ou de justifier un phénomène.

Ratio et logos
L'origine du mot « raison » est double : il vient du latin *ratio*, qui signifie « calcul », et du grec *logos*, qui désigne à la fois la parole, le discours et la faculté de penser.

LA

La raison est-elle le propre de l'homme ? (→ p. 204)

Les repères utiles
abstrait/concret → p. 336

La réponse d'Aristote
L'homme seul possède la parole, ce qui prouve que l'homme a vocation à la raison.

La réponse de Montaigne
Le spectacle du monde témoigne de la folie des hommes bien plus que de leur raison.

TEST FICHES DE COURS SUJETS GUIDÉS

Peut-on rendre raison de tout ? (→ p. 206)

Les repères utiles
persuader/convaincre → p. 343

La réponse de Comte
La raison doit s'attacher à tout expliquer, ce qui permet le progrès.
« Science, d'où prévoyance ; prévoyance, d'où action. »

La réponse de Pascal
La raison doit parfois admettre ses limites.
« Le coeur a ses raisons que la raison ne connaît point. »

RAISON

Faut-il toujours être raisonnable ? (→ p. 208)

Les repères utiles
contingent/nécessaire → p. 337

La réponse de Platon
Être raisonnable permet d'être heureux en évitant la démesure.
« Une vie sans examen ne vaut pas la peine d'être vécue. »

La réponse d'Érasme
Être déraisonnable donne sa saveur à l'existence, quand la sagesse conduit le plus souvent au malheur.

11 • La raison   203

31 — La raison est-elle le propre de l'homme ?

En bref *La raison est la faculté qui permet de distinguer le vrai du faux et le bien du mal. En ce sens, elle semble importante aussi bien d'un point de vue théorique que d'un point de vue pratique. Pour autant, permet-elle de définir l'homme et de le distinguer des autres animaux ?*

I La raison est le propre de l'homme

■ L'homme se distingue des animaux en ce qu'il possède une raison. C'est ce qu'affirme Aristote dans la *Politique* : les animaux possèdent une voix (*phonè*) qui leur permet de manifester leurs sensations. Les hommes possèdent la parole (***logos***) qui leur permet non seulement de manifester leurs sensations, mais aussi de former des abstractions comme l'utile et le nuisible, le juste et l'injuste .

> **NOTER**
> Le terme ***logos*** désigne à la fois la parole, le discours et la raison, que la langue française distingue. En effet, c'est par le discours que les hommes témoignent de leur capacité à réfléchir et à former des abstractions.

■ Que l'homme possède la raison montre qu'il n'est pas un simple animal et qu'il ne se réduit pas à ses besoins d'ordre biologique. Il est capable de penser, de parler et de s'accorder avec ses semblables. C'est en ce sens, pour Aristote, que « l'homme est un animal politique. »

II Le démenti de l'expérience

Si la raison est le propre de l'homme, c'est que celui-ci a vocation à chercher la vérité et à y conformer ses actions. La raison est à la fois un idéal théorique et un idéal pratique. Cependant, l'expérience semble démentir cette vocation.

1 | De l'erreur à la folie

■ Posséder la raison ne garantit pas l'accès à la vérité. Les hommes se trompent souvent : ils pensent avoir raison quand ils ont en fait tort, ils croient savoir mais ne savent pas. N'ayant pas toujours conscience de leurs limites, ils entrent en conflit avec les autres et imposent par la violence leurs idées.

■ Montaigne est un philosophe sceptique : dans ses *Essais*, il montre ainsi l'impuissance de l'homme à connaître parfaitement le réel. Les opinions s'opposent sans que l'homme dispose d'un critère qui lui permette de savoir où est la vérité.

2 | Le statut de l'animal

Si l'homme a longtemps cru à sa supériorité sur les autres animaux, de nombreux phénomènes témoignent d'une intelligence animale. Qu'il s'agisse du langage, de l'habileté technique ou de la sociabilité, les animaux sont capables de réalisations qui relativisent l'idée selon laquelle la raison serait le propre de l'homme → FICHE 46.

III La raison : un idéal à réaliser

■ Il faut cependant distinguer raison et intelligence. C'est ce qu'affirme Descartes dans le *Discours de la méthode* : « Ce n'est pas assez d'avoir l'esprit bon, mais le principal est de l'appliquer bien. » Si tous les hommes possèdent la raison, entendue comme la faculté de distinguer le vrai du faux, ils doivent apprendre à s'en servir en s'armant d'une méthode qui évite soigneusement l'erreur et la précipitation.

> **MOT-CLÉ**
> L'**intelligence** désigne l'ensemble des qualités de l'esprit (la mémoire, l'intuition) qui permettent d'atteindre la vérité plus rapidement et plus efficacement.

■ Cette distinction entre raison et intelligence permet d'affirmer que la raison est bien le propre de l'homme. On peut donc distinguer l'intelligence animale, qui relève d'un instinct, de la raison humaine, qui permet à l'homme de réfléchir par lui-même. Celle-ci renvoie à un idéal d'autonomie : l'homme cherche à devenir le fondement de ses pensées et de ses actes. Il apprend à devenir rationnel et raisonnable, en osant penser et se déterminer par lui-même → FICHE 26.

zoOm — Les animaux dans les *Fables*

Jean-Baptiste Oudry, *Le Renard et La Cigogne*, 1751.

Contre Descartes qui s'opposait à l'idée d'une pensée animale, réservant cette faculté à l'homme, La Fontaine a souligné, dans son « Discours à Madame de la Sablière », la complexité des comportements animaliers. Ce faisant, il a contribué à la remise en cause de l'idée selon laquelle l'homme serait supérieur à l'animal.

32 Peut-on rendre raison de tout ?

En bref — *La raison renvoie à la volonté de l'homme de comprendre le monde qui l'entoure et de se comprendre lui-même. Mais la tentative de rendre raison de tout n'a-t-elle pas des limites ? Si oui, ces limites sont-elles synonymes d'une faiblesse constitutive de la raison ?*

I Qu'est-ce que chercher à rendre raison de tout ?

■ D'un point de vue théorique, rendre raison signifie expliquer un phénomène, c'est-à-dire dégager les causes qui permettent d'en rendre compte. Par exemple, on rend raison de la fumée en la rapportant au feu qui la cause. Par une synthèse, on relie les deux phénomènes, en montrant que l'un est la cause de l'autre.

■ D'un point de vue pratique, rendre raison de ses paroles ou de ses actes signifie les justifier. Par exemple, les parents justifient la punition qu'ils ont donnée à leur enfant en lui en indiquant les raisons. Cela implique la responsabilité du sujet, capable d'expliquer les raisons qui l'ont amené à agir ainsi plutôt qu'autrement.

■ Dans les deux cas, vouloir rendre raison de tout semble un projet ambitieux mais légitime, qui se rapporte à un idéal de connaissance complète de soi et du monde. Cela donne à l'homme un pouvoir sur le réel, comme le montre la citation d'Auguste Comte : « Savoir pour prévoir, afin de pouvoir. »

II Un projet impossible et inutile

1 Une tâche infinie

Cependant, rendre raison de tout paraît être un idéal démonstratif impossible à atteindre. Premièrement, l'homme s'interroge sur des choses dont il ne peut pas faire l'expérience. Or notre connaissance suppose une expérience. Deuxièmement, toute démonstration repose sur des principes qu'il faut avoir préalablement démontrés. Tenter de rendre raison de tout serait donc une tâche infinie.

2 Et l'intuition dans tout ça ?

Bien plus, vouloir rendre raison de tout semble un projet inutile. Certaines choses ne s'expliquent pas et laissent la raison sans réponse. Peut-on par exemple justifier ses sentiments ou ses goûts ? Certains actes semblent irrationnels. La raison doit donc admettre son impuissance à rendre raison de tout et laisser la place à l'intuition. C'est ce que signifie la citation de Pascal à propos de la croyance religieuse : « Le cœur a ses raisons que la raison ne connaît point. » Le cœur saisit des vérités que la raison est incapable de démontrer .

MOT-CLÉ
L'**intuition** désigne la faculté qui permet de saisir immédiatement quelque chose. Elle ne présuppose pas de réflexion.

III Faut-il renoncer à rendre raison de tout ?

1 Les limites de la raison

■ La raison a donc des limites et on ne peut rendre raison de tout. Mais ces limites ne sont pas nécessairement un échec à la volonté de connaissance de l'homme. Elles montrent que l'homme doit réduire le champ de ses investigations pour mieux assurer son savoir. Ainsi, la raison détermine par elle-même les limites à l'intérieur desquelles un discours rationnel est possible.

■ Dans la *Critique de la raison pure*, Kant montre que la raison doit accorder une place à la croyance et s'en tenir à connaître ce dont on peut faire l'expérience.

2 Une entreprise nécessaire

Il s'agit donc de trouver un juste milieu entre la volonté de tout démontrer, impossible à satisfaire, et le refus de toute démonstration, qui serait un renoncement à la vérité. C'est dans l'expérience de ses limites que la raison est capable de progresser : ce qui paraît inexplicable aujourd'hui pourra peut-être s'expliquer demain. Cela montre que la raison n'est pas seulement l'application de règles, mais qu'elle demande une forme d'inventivité.

zoOm

Comment enquêter sur l'irrationnel ?

Quelle attitude adopter quand un phénomène nous paraît inexplicable ? Dans son film *L'Apparition* (2018), Xavier Giannoli met en scène un journaliste bouleversé par sa participation à une commission d'enquête qui tente de déterminer si une jeune fille a bien assisté à une apparition de la Vierge Marie.

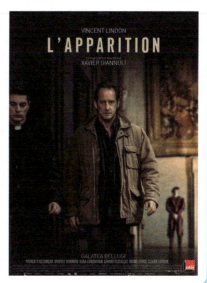

Xavier Giannoli, *L'Apparition*, 2018.

33 Faut-il toujours être raisonnable ?

En bref *La raison ne renvoie pas seulement au désir de vérité, mais aussi à l'exigence de pouvoir toujours répondre de ses actions. Il s'agit d'être raisonnable et de ne pas se laisser emporter par ses passions. Mais n'est-ce pas courir le risque de confondre le bonheur avec une vie sans saveur ?*

I « Rien de trop »

■ Dès l'Antiquité, recherche du bonheur et raison ont été associées. Contre les excès des désirs ou des passions, telles que la colère ou la jalousie, il s'agirait de mener une vie conforme à la raison. Les Grecs opposaient la mesure, qui conduit l'homme au bonheur, à l'*hybris*, la démesure, qui conduit les hommes au malheur et à l'immoralité. L'adage « rien de trop » illustre cet éloge de la vie raisonnable.

■ Platon, dans *La République*, considère que l'âme humaine est divisée en trois instances : la raison, qui correspond à la tête ; l'ardeur, qui renvoie au cœur ; les désirs, qui se rapportent au ventre. Le bonheur correspond à une harmonie entre ces trois instances : la raison doit discipliner les passions pour permettre la tranquillité. À l'inverse, être déraisonnable conduirait au malheur.

> **NOTER**
> Deux adjectifs sont dérivés du terme « raison » : **rationnel** et **raisonnable**. Le premier renvoie à une dimension logique : est *rationnel* ce qui est conforme aux principes logiques propres à la raison. Le second se rapporte plutôt à une dimension pratique.

II Faire l'éloge de la folie ?

1 Une vie d'ennui ?

La position de Platon est cependant ambiguë. Dans son dialogue intitulé *Gorgias*, il met en scène un débat opposant Socrate et Calliclès. Si Socrate défend l'idéal de mesure et de vie conforme à la raison, Calliclès s'y oppose fermement en montrant que Socrate confond bonheur et ennui. Une vie raisonnable ne conduit pas à une vie intense, mais à une existence ennuyeuse et fade qu'il compare à l'existence d'une pierre.

2 Savoir prendre des risques

■ En effet, ne faut-il pas, pour être heureux, laisser une place à l'imprévisible, à l'excès ? Contre une vie de calcul et de mesure, il faut certainement savoir prendre des risques pour être heureux. L'idée selon laquelle il faut toujours être raisonnable repose sur une conception péjorative du désir, comme si tout désir était trouble et porteur de conséquences négatives.

> **MOT-CLÉ**
> On oppose traditionnellement raison et **désir**. La raison renverrait à la maîtrise de soi, tandis que le désir, compris comme un manque, serait ce qui nous dépossède de nous-mêmes.

■ Dans un essai ironique, Érasme fait « l'éloge de la folie ». Cette dernière est personnifiée et s'exprime : elle qui est tant décriée est en réalité ce qui donne sa saveur à l'existence. En faisant disparaître les hésitations et les craintes que la raison ne manque pas de créer, la folie permet d'être heureux et de jouir pleinement de l'existence.

III Vivre selon la raison : une aventure ?

■ Cependant, faut-il opposer raison et intensité de vie ? On peut considérer qu'il est raisonnable de savoir prendre des risques et de se laisser aller. Il ne faut pas confondre une vie raisonnable avec une complète maîtrise de soi. Puisque l'on ne peut pas prévoir toutes les conséquences de ses actions, car l'avenir est contingent, la raison implique un calcul des chances qui n'exclut pas l'audace.

■ On appelle prudence la vertu qui permet de se déterminer à partir d'un calcul des risques que l'on prend en agissant. Aristote, dans l'*Éthique à Nicomaque*, montre qu'elle permet de prendre des décisions à partir d'une réflexion sur les conséquences, toujours imprévisibles, de nos actions. Elle est une des conditions de notre bonheur.

zoOm

Un difficile équilibre

Orelsan, en 2018.

■ Dans son duo avec Ibeyi, intitulé « Notes pour Trop tard », Orelsan, devenu adulte, donne des conseils pour réussir sa vie à un adolescent.

■ Comment trouver un équilibre entre mesure et démesure, vie raisonnable et vie intense, tout en connaissant le caractère incertain de l'avenir ?

▶ SUJET 21 | OBJECTIF BAC

`DISSERTATION` ⏱4h **Raison ou imagination ?**

Préférer l'imagination à la raison semble conduire à une vie plus heureuse, affranchie des bornes étroites du réel. Mais ce bonheur semble incompatible avec la vérité.

📄 LE SUJET

Faut-il préférer la raison à l'imagination ?

LES **CLÉS** POUR RÉUSSIR

▶ Analyser les termes du sujet

▸ **Raison :** faculté de distinguer le vrai et le faux, associée à la recherche de la vérité et à la tentative de prouver chaque proposition que l'on tient pour vraie.

▸ **Imagination :** capacité de former des images qui peuvent s'affranchir de toute correspondance à la réalité.

▸ **Préférer :** verbe qui suppose une rivalité entre ces deux facultés. Cela implique de définir un critère qui permette de les comparer.

▶ Dégager la problématique et les enjeux du sujet

▸ La raison et l'imagination sont **deux façons d'appréhender le réel** qui semblent **contradictoires**. La raison implique de s'attacher à décrire le réel tel qu'il est, quand l'imagination permet de s'éloigner des bornes étroites du réel.

▸ L'existence d'un **critère qui permette de comparer** raison et imagination pose problème : est-ce en fonction de l'idéal de vérité ? de la recherche du bonheur ?

▶ Construire le plan de la dissertation

❶ Le primat de la raison sur l'imagination
▸ Montrez que la raison est la faculté la plus adaptée pour atteindre la vérité.
▸ Faites des recherches sur le personnage de Don Quichotte. La raison est-elle également la faculté la plus adaptée pour atteindre le bonheur ?

210

❷ Faut-il toujours se méfier de l'imagination ?
▶ L'imagination conduit-elle nécessairement à l'erreur ? au malheur ?
▶ Prenez l'exemple de la pratique artistique pour montrer en quoi l'imagination est une faculté importante.

❸ Deux facultés complémentaires
▶ Comment se construisent les théories scientifiques : raison et imagination s'opposent-elles nécessairement ?
▶ Montrez la complémentarité entre raison et imagination.

 LE CORRIGÉ

Les titres ou mentions entre crochets ne doivent pas figurer sur la copie.

Introduction

[amorce] Voltaire attribue à Malebranche une formule comprise comme une critique de l'imagination : elle serait « la folle du logis », qui empêche l'homme d'user correctement de sa raison. Il s'agirait donc d'apprendre à préférer la raison, malgré notre penchant naturel à fabriquer des images. **[problématique]** Pourtant, peut-on se contenter de cette définition négative de l'imagination et s'en tenir à une défense, aussi bien théorique que pratique, de la raison ?

[annonce du plan] Nous montrerons tout d'abord que la raison permet d'atteindre la vérité et le bonheur plus facilement que l'imagination. Ensuite, nous réviserons cette conception négative de l'imagination pour en montrer la dimension créative. Nous montrerons enfin la complémentarité de la raison et de l'imagination.

I. Le primat de la raison sur l'imagination

1. Deux facultés différentes

▶ Raison et imagination sont toutes les deux des facultés de l'esprit. Autrement dit, elles renvoient à des **capacités intellectuelles** qui permettent au sujet d'appréhender le réel. Elles ne sont pas les seules facultés de l'esprit : la sensibilité, la mémoire nous permettent aussi de nous rapporter au monde.

▶ Mais raison et imagination se distinguent sur deux aspects. Premièrement, la raison semble attachée à connaître le réel tel qu'il est, tandis que l'imagination semble plutôt s'affranchir des bornes étroites du réel pour fabriquer de nouvelles images. Deuxièmement, la raison implique de suivre des règles strictes qui permettent à la pensée de rester dans le vrai, quand l'imagination implique une forme de liberté. Dès lors, quel **rapport au réel** est préférable ?

2. La supériorité de la raison

▸ Traditionnellement, on considère que la raison est une faculté maîtresse en ce qu'elle permet d'**accéder à la vérité et au bonheur**. À l'inverse, l'imagination serait dangereuse en ce qu'elle **conduirait à l'illusion**. Le personnage de Don Quichotte, prenant des moulins pour des géants à force de lire des romans de chevalerie, témoigne des dangers de l'imagination.

> **À NOTER**
> Dans *Mensonge romantique et vérité romanesque*, René **Girard** s'appuie sur le personnage de Don Quichotte pour montrer que notre désir est toujours influencé par les autres, ici par la lecture des romans de chevalerie. L'imagination nous trouble en ce qu'elle modifie nos désirs.

▸ Sénèque montre que **le jugement droit**, permis par la raison, **nous conduit au bonheur**. Au contraire, l'imagination nous fait donner de la valeur à ce qui n'en a pas. Elle fait notre malheur : nous craignons ou espérons des biens qui n'ont pas d'importance pour notre bonheur. La connaissance de la vérité par la raison permet donc d'éviter des maux illusoires.

[transition] Le primat accordé à la raison repose sur une conception négative de l'imagination, comprise comme fantaisie qui nous éloigne du réel. Pourtant, on peut concevoir l'imagination de façon plus positive.

II. Faut-il toujours se méfier de l'imagination ?

1. Les effets positifs de l'imagination

▸ Dans ses *Pensées*, Pascal approfondit l'opposition entre la raison et l'imagination. Certes l'imagination, « superbe puissance ennemie de la raison », peut conduire l'homme à l'erreur. Qu'on place une planche entre les deux tours de Notre-Dame, même le philosophe le plus raisonnable, sachant que la planche est suffisamment solide et large, aura peur d'y marcher, car il imaginera les conséquences de sa chute. Mais cette faculté a aussi des effets qui ont de la valeur.

▸ D'abord, **l'imagination conduirait plus facilement au bonheur** que la raison : « Elle ne peut rendre sages les fous, mais elle les rend heureux, à l'envi de la raison, qui ne peut rendre ses amis que misérables. » La lucidité conduirait au malheur, là où l'imagination associée à la folie pourrait nous rendre heureux.

▸ Elle est aussi pour Pascal au **fondement de l'ordre social**. Il prend l'exemple des costumes des magistrats et des symboles utilisés au tribunal, qui impressionnent l'imagination des hommes de telle sorte qu'ils accordent une valeur plus grande à la justice. Ainsi, sans nier le fait que l'imagination peut nous détourner de la vérité, il souligne ses avantages.

2. Art et imagination

▸ L'imagination revêt également une **dimension créatrice**. Contrairement à la raison, elle semble nous éloigner du réel. Mais cet écart ne doit pas toujours être associé à l'illusion, il peut aussi être fécond. Le **cas de l'artiste** est révélateur : par son imagination, il donne à voir de nouvelles formes expressives qui peuvent émouvoir le spectateur. Pour Baudelaire, l'imagination est la « reine des facultés » : elle permet de créer un monde nouveau qui ne se limite pas à la nature.

▶ Baudelaire va plus loin, ne réservant pas l'usage de l'imagination à l'artiste. **Tout homme doit savoir faire preuve d'imagination**. Le diplomate doit imaginer les traités à venir, sans s'en tenir à ce que la raison lui dicte. Même le scientifique en a besoin pour formuler de nouvelles théories et inventer de nouveaux concepts, de telle sorte que « l'imagination est la reine du vrai ».

[transition] Ne devons-nous pas valoriser l'imagination plutôt que la raison ?

III. Raison et imagination : deux facultés complémentaires

 SECRET DE FABRICATION
On peut terminer le devoir en remettant en cause le présupposé du sujet : y a-t-il un sens à vouloir préférer la raison ou l'imagination ? N'est-il pas plus intéressant de saisir leur complémentarité ?

1. Revoir les définitions de la raison et de l'imagination

▶ L'analyse précédente nous montre qu'il peut être stérile de chercher à établir une hiérarchie entre raison et imagination, au lieu d'en montrer la complémentarité. Ainsi, par exemple, l'imagination permet de **formuler des hypothèses** qui pourront par la suite être vérifiées par la raison dans le cadre d'une démarche expérimentale.

▶ L'imagination n'est pas nécessairement une faculté qui nous éloigne du réel. Elle peut aussi être comprise comme un moyen d'**accéder au réel** et de l'**envisager sous des rapports variés**. De même, la raison n'est pas simplement l'application de règles formelles strictes : elle implique imagination et inventivité.

2. Un dialogue créateur

▶ Bachelard insiste sur **l'ambiguïté de l'imagination**. Les productions de l'imagination sont des obstacles épistémologiques. Mais l'imagination est une étape nécessaire de la formation du savoir, car elle implique un effort permanent du savant pour s'en déprendre.

▶ Préférer la raison à l'imagination ne signifie donc pas rejeter l'imagination comme une faculté inutile voire nuisible. Cela implique bien plutôt d'**en saisir la spécificité, sans confondre les domaines d'application des deux facultés**. L'imagination a bien une force créatrice à laquelle la raison doit puiser, sans se laisser porter par ses séductions.

Conclusion

[synthèse] Préférer la raison à l'imagination ne doit pas conduire à sacrifier l'une de ces deux facultés au profit de l'autre. Tout au contraire, il convient de cerner leur spécificité pour faire de leur différence une tension créatrice : l'imagination permet à la raison de se dépasser, quand la raison discipline l'imagination. **[ouverture]** Cette thèse implique de dépasser l'opposition entre art et science, dans la mesure où toutes nos facultés concourent à la créativité de l'esprit.

SUJET 22 — OBJECTIF MENTION

EXPLICATION DE TEXTE — 4h — Raymond Aron, *Dimensions de la conscience historique*

Suivre l'actualité nous conduit souvent à rêver d'un monde meilleur dans lequel les hommes écouteraient effectivement leur raison. Faut-il céder au désespoir ou considérer de nouveau l'idéal qu'est la raison ?

LE SUJET

Expliquez le texte suivant.

De même, autant il est erroné de se donner par la pensée un état social où toutes les aspirations seraient simultanément comblées, autant il est légitime de construire une idée de la raison, la représentation d'une collectivité ordonnée et équitable, qui semblerait rétrospectivement la raison d'être du
5 long chemin, douloureux et sanglant, de l'humanité.
Cette société, où le sage serait satisfait, où les hommes vivraient selon la raison, on n'en peut abandonner l'espérance, puisque l'homme [...] est celui qui n'a jamais consenti à consacrer l'injustice en la mettant au compte de Dieu ou du cosmos. Mais confondre cette idée de la Raison avec l'action d'un
10 parti, avec un statut de propriété, une technique d'organisation économique, c'est se livrer aux délires du fanatisme. Vouloir que l'Histoire ait un sens, c'est inviter l'homme à maîtriser sa nature et à rendre conforme à la raison l'ordre de la vie en commun. Prétendre connaître à l'avance le sens ultime et les voies du salut, c'est substituer des mythologies historiques au progrès
15 ingrat du savoir et de l'action.
L'homme aliène son humanité et s'il renonce à chercher et s'il s'imagine avoir dit le dernier mot.

Raymond Aron, Dimensions de la conscience historique
© LES BELLES LETTRES, Paris, 1961.

LE CORRIGÉ

Les titres ou mentions entre crochets ne doivent pas figurer sur la copie.

Introduction

[amorce] Pour qui observe le monde, il ne va pas de soi que l'homme se définisse par la raison. Le règne de la violence, de la guerre, des inégalités, montrerait bien plutôt la déraison de l'homme, qui désire faire le bien et établir la justice, mais qui en est incapable. **[problématique]** Mais peut-on si facilement s'en tenir à un tel constat ? La raison n'est-elle qu'un vain idéal ou peut-elle devenir une valeur effective ? La capacité de l'homme à agir dans l'histoire est ici en jeu. L'homme a souvent le sentiment que l'histoire l'écrase. S'il recherche un sens à l'histoire et aux événements passés, c'est pour pouvoir se donner un avenir et agir à partir de cette connaissance du passé.

I. La raison : une puissance de refus (l. 1 à 9)

1. « Que puis-je espérer ? »

▶ Devant l'apparente absurdité du monde, il est légitime de se demander ce que l'homme peut attendre de l'avenir. Pour Kant, la philosophie cherche à répondre à trois questions : « Que puis-je connaître ? », « Que dois-je faire ? » et « Que m'est-il permis d'espérer ? » Le texte d'Aron se rapporte à cette troisième question. D'emblée, l'auteur distingue **deux attentes possibles** : « un état social où toutes les aspirations seraient simultanément comblées » et « la représentation d'une collectivité ordonnée et équitable ».

▶ La **première attente** est **désignée comme une erreur**. Imaginer un monde parfait relève de l'utopie, notamment parce que cet état imaginaire ne prend pas en compte la contradiction de nos aspirations. Les hommes désirent à la fois la liberté et la sécurité, une vie tranquille et une vie intense. Il est donc problématique de penser qu'un tel état soit accessible. La **seconde attente** est au contraire **valorisée**. Elle renvoie à une « idée de la raison » associée aux concepts d'ordre et de progrès. Il est ainsi légitime pour Aron d'espérer une société rationnelle. Mais en quoi n'est-ce pas ici encore une fois une utopie ?

2. L'origine de l'idée de raison

▶ Pour Aron, il est permis d'espérer que les hommes vivent un jour conformément à la raison, dans la mesure où **l'homme porte en lui une puissance de refus**. L'homme ne se résout pas à l'injustice. Il cherche à en comprendre l'origine sans l'admettre comme un fait indépendant de sa volonté. On peut reprendre ici la formule d'Alain : « Penser, c'est dire non. » La raison se définit comme un refus du fait, au nom d'un idéal de justice qu'elle porte.

> **À NOTER**
> **Alain** associe pensée et esprit critique : c'est en doutant de ce qui nous paraît évident que nous pouvons progresser dans la recherche de la vérité. L'erreur ou le préjugé sont donc des étapes nécessaires qu'il s'agit de dépasser.

▶ Ce refus implique **une responsabilité** : ce sont les hommes qui causent l'injustice, elle n'est pas l'effet d'une volonté divine ou d'un destin irrémédiable. Cela suppose que l'homme peut changer les choses. Aron s'oppose implicitement au fatalisme, qui consiste à croire que les hommes sont pris dans une histoire écrite d'avance sans qu'ils puissent en connaître le cours. Autrement dit, la raison renvoie à la soif de justice mais aussi de liberté de l'homme.

II. Un équilibre difficile (l. 9 à 17)

1. Sens et fin de l'histoire

▶ Dire que l'idée de raison est la fin de l'histoire ne signifie pas que la raison s'imposera nécessairement d'elle-même dans l'histoire, indépendamment d'un effort de l'homme pour réaliser cette idée. **Aron s'oppose à Hegel** et à l'idée d'une **« ruse de la raison »**. Pour Hegel, quelles que soient les intentions des acteurs de l'histoire, la raison se réalise progressivement. Aron critique cette conception du progrès, en montrant que ce n'est que rétrospectivement qu'une telle croyance est possible.

▶ De là, il faut se méfier de tous ceux qui prétendent savoir quelle est la fin de l'histoire, comme si celle-ci était écrite d'avance. Aron fait implicitement référence au **stalinisme**, qui prétendait voir dans l'abolition de la propriété privée la fin nécessaire de l'histoire, justifiant toutes les exactions commises par un État autoritaire. Dire que la raison est la fin de l'histoire ne doit pas conduire au fanatisme, mais à la responsabilité de celui qui cherche à savoir la vérité et à vivre conformément à ses idées.

2. Une tension permanente

▶ Aron semble ainsi aboutir à un **paradoxe** : les hommes doivent avoir une idée de la raison, qui leur permette d'échapper au fanatisme, mais ils ne doivent pas croire connaître d'avance la fin de l'histoire, sans quoi ils tombent dans le fatalisme. Il faut ainsi **vouloir un sens de l'histoire, sans prétendre en connaître d'avance le contenu.**

▶ Aron reprend ici l'idée kantienne selon laquelle **la raison est un idéal régulateur** : bien qu'on ne puisse guère donner un contenu parfaitement déterminé à l'idée d'une société rationnelle, celle-ci sert d'idéal qui oriente notre action. On ne peut guère prouver que la raison puisse se réaliser dans l'histoire, mais cette espérance nous permet d'agir et de donner un sens à nos efforts pour établir une société plus juste.

▶ On peut dès lors comprendre la formule finale du texte : l'humanité implique une tension permanente entre volonté d'un sens de l'histoire et humilité qui conduit à accepter que nul ne sait d'avance ce que sera l'avenir. Aron propose ainsi une **définition dynamique de l'humanité** : elle renvoie non pas à un état donné d'avance, mais à un devenir.

Conclusion

Dans cet extrait, Aron définit la raison comme une idée qui permet de donner du sens à l'histoire. Pour autant, il refuse, d'une part, la conception d'un progrès nécessaire, indépendamment d'un effort individuel pour vouloir réaliser cette idée de la raison, d'autre part, la prétention humaine à savoir de quoi sera fait l'avenir. « L'histoire est la tragédie d'une humanité qui fait son histoire, mais qui ne sait pas l'histoire qu'elle fait. » Au cœur de cette tragédie, la raison est à la fois le moyen qui permet de s'orienter dans l'histoire par la connaissance rigoureuse du passé et la fin qu'il s'agit de réaliser.

Les notions

12 La religion

Le pèlerinage à La Mecque est l'un des piliers de l'islam. La religion n'est pas seulement un ensemble de croyances : elle implique des rites qui ont une valeur individuelle et collective.

TEST

Pour vous situer et identifier les fiches à réviser — 218

FICHES DE COURS

MÉMO VISUEL — 220
34 La religion est-elle réductible à de la superstition ? — 222
35 La religion s'oppose-t-elle à la raison ? — 224
36 Peut-on se passer de religion ? — 226

SUJETS GUIDÉS & CORRIGÉS

OBJECTIF BAC
23 EXPLICATION DE TEXTE | Simone Weil, *Attente de Dieu* — 228
OBJECTIF MENTION
24 DISSERTATION | La religion peut-elle s'en tenir aux limites de la simple raison ? — 232

TESTEZ-VOUS

→ CORRIGÉS P. 350

Faites le point sur vos connaissances puis établissez votre **parcours de révision** en fonction de votre score.

1 La religion est-elle réductible à de la superstition ?

→ FICHE 34

1. Pour Hume, la religion est causée par…
- a. un besoin de distinguer le bien du mal.
- b. une tendance naturelle à attribuer des qualités humaines aux choses.
- c. la peur de la mort.

2. Associez chaque thèse à son auteur.

a. Il faut distinguer religion statique et religion dynamique.

b. Toutes les religions ont un point commun : la distinction entre le sacré et le profane.

c. Retrouver des qualités humaines dans les choses permet aux hommes de se rassurer.

- Mircea Eliade
- Hume
- Bergson

3. La foi…
- a. est synonyme de crédulité.
- b. peut impliquer des doutes et des remises en question.
- c. implique toujours une forme de dogmatisme.

…/3

2 La religion s'oppose-t-elle à la raison ?

→ FICHE 35

1. Pour Kant…
- a. on peut prouver l'existence de Dieu.
- b. on peut prouver que Dieu n'existe pas.
- c. on ne peut ni prouver que Dieu existe, ni que Dieu n'existe pas.

2. Kierkegaard parle de « saut »…
- a. à propos du passage de la rationalité à la foi.
- b. pour montrer que le fanatisme est une théorie valable.
- c. pour montrer que la foi est toujours aveugle.

3. Pour Ricœur…
- a. la raison cherche à résoudre des problèmes et la foi répond à un appel.
- b. la raison répond à un appel et la foi cherche à résoudre des problèmes.
- c. raison et foi ne doivent pas être hiérarchisées.

…/3

3 Peut-on se passer de religion ?
→ FICHE 36

1. Qui a écrit : « La religion est l'opium du peuple » ?
- a. Freud
- b. Marx
- c. Baudelaire

2. Pour Mircea Eliade…
- a. le sacré a totalement disparu de nos sociétés.
- b. les sociétés désacralisées conservent des habitudes qui s'apparentent au sacré.
- c. le sacré ne concerne que la religion.

3. Lisez l'extrait et cochez la (ou les) proposition(s) qui rend(ent) compte du sens du texte.

> Le bifteck participe à la même mythologie sanguine que le vin. C'est le cœur de la viande, c'est la viande à l'état pur, et quiconque en prend, s'assimile la force taurine. De toute évidence, le prestige du bifteck tient à sa quasi-crudité : le sang y est visible, naturel, dense, compact et sécable à la fois ; on imagine bien l'ambroisie antique sous cette espèce de matière lourde qui diminue sous la dent de façon à bien faire sentir dans le même temps sa force d'origine et sa plasticité à s'épancher dans le sang même de l'homme.
>
> Roland Barthes, « Le bifteck » in *Mythologies*
> © Éditions du Seuil, 1957, « Points Essais », 2014.

- a. Ce texte montre que l'homme peut accorder une valeur sacrée à des objets du quotidien.
- b. Barthes défend le végétarisme en montrant les limites de la consommation de viande.
- c. Barthes insiste sur la dimension symbolique de nos actions, y compris les plus simples comme le fait de manger.

…/3

Score total …/9

Parcours PAS À PAS ou EXPRESS ? → MODE D'EMPLOI P. 3

MÉMO VISUEL

DÉFINITIONS CLÉS

Religion
Ensemble de croyances et de rites qui se rapportent à une ou plusieurs entité(s) supérieure(s).

Foi
1. Croyance spécifiquement religieuse.
2. Plus largement, confiance que l'on accorde à quelque chose ou à quelqu'un.

LA

La religion est-elle réductible à de la superstition ? (→ p. 222)

Les repères utiles
transcendant/immanent → p. 344

La réponse de Hume

Religion et superstition ont la même origine : la tendance naturelle de l'homme à attribuer des qualités humaines aux choses.

La réponse de Weil
Les pratiques superstitieuses nuisent à une foi authentique qui refuse toute forme d'illusion.
« La religion en tant que source de consolation est un obstacle à la véritable foi. »

La religion s'oppose-t-elle à la raison ? (→ p. 224)

Les repères utiles
croire/savoir → p. 337

La réponse de Pascal
La foi ne s'oppose pas à la raison mais elle lui est supérieure.

La réponse de Ricœur
Il faut maintenir l'opposition entre foi et raison, pour leur permettre de progresser.

« Un problème, c'est ce que nous formons et formulons, en philosophie comme en mathématiques ; en revanche, un appel est reçu, comme ne venant pas de nous. »

RELIGION

Peut-on se passer de religion ? (→ p. 226)

Les repères utiles
théorie/pratique → p. 344

La réponse de Freud
La religion est une illusion, ce qui explique la difficulté de s'en passer.

La réponse de Marx
La religion est une illusion qui permet au peuple de supporter sa misère mais qui l'empêche de se retourner contre les vrais responsables de celle-ci.

« La religion est l'opium du peuple. »

34 La religion est-elle réductible à de la superstition ?

En bref *Dans la mesure où la croyance religieuse renvoie à un acte de foi et non à une preuve scientifique, il est tentant de rapprocher religion et superstition. Pourtant, la religion semble mettre en jeu un engagement plus fort qu'un simple comportement irrationnel.*

I La religion comme croyance supérieure

1 Le sacré et le profane

■ On définit la religion comme un ensemble cohérent de croyances et de pratiques partagées par une communauté. Mircea Eliade montre que le point commun entre toutes les religions est la distinction entre le sacré et le profane.

■ Le temps et l'espace sont hétérogènes. L'espace sacré (le lieu de culte) et les temps sacrés (les fêtes, les pèlerinages) imposent à l'homme d'adopter un comportement réglé par des rites précis.

MOTS-CLÉS
Le **sacré** désigne ce qui implique pour l'homme une attitude de respect, tandis que le **profane** désigne ce qui n'a pas de valeur en soi et n'engage aucun comportement particulier.

2 L'expérience d'une entité supérieure

■ Cette distinction entre sacré et profane s'appuie sur l'expérience d'une entité supérieure, soit immédiate, soit par l'intermédiaire d'un texte sacré. Cette expérience engage l'individu dans une démarche de conversion. La personne convertie adopte une disposition intérieure qui la convainc de respecter de nouvelles règles.

■ En ce sens, la religion s'oppose à la superstition, laquelle se rapporte à une pratique irrationnelle qui n'implique pas nécessairement un ensemble de croyances et de rites cohérents. La peur de passer sous une échelle par exemple renvoie à un mélange de bon sens et d'inquiétude irrationnelle, sans mettre en jeu une volonté de conversion et de cohérence dans la vie humaine. La religion semble donc supérieure à la superstition.

II Religion et superstition : du pareil au même ?

1 Superstition et religion : une seule et même cause ?

Hume montre que c'est la tendance naturelle à attribuer des qualités humaines (sentiments, apparence, etc.) à tous les objets qui conduit à la superstition. L'homme a besoin de se rassurer devant l'étrangeté du monde : telle est la cause même de la superstition comme de la religion.

2 | Superstition et religion : un devenir identique ?

■ S'il n'est pas toujours mécanique dès l'origine, l'accomplissement de certains rites comme la prière peut le devenir. Il n'engage dès lors plus l'individu dans une démarche de conversion. De même, certaines croyances peuvent être répétées sans jamais être interrogées, ce qui conduit à une forme de dogmatisme → FICHE 49. Dès lors, la religion peut se transformer en superstition.

■ Bien plus, peut-on réduire complètement la religion à de la superstition ? En effet, quelles que soient les bonnes intentions de celui qui croit, ses croyances et ses actes ne finissent-ils pas toujours par prendre la forme d'une habitude irrationnelle et mécanique ?

III La foi comme tension permanente

■ Bergson oppose la religion statique et la religion dynamique. La religion statique (la superstition) figurerait un ensemble de fictions figées qui consolent l'individu, tandis que la religion dynamique renverrait à un effort créatif de l'individu qui cherche à donner sens à sa vie.

■ Si le risque de dégradation de la religion en superstition est avéré, il faut néanmoins admettre que la plupart des croyants ont conscience de ce risque. Loin de le considérer comme un obstacle à leur foi, ils y voient davantage un moyen d'interroger en permanence leurs croyances et leurs pratiques.

■ Simone Weil présente la foi comme un effort permanent pour viser un bien ultime, en luttant contre toute forme d'idolâtrie. Dans cette perspective, il importe de distinguer foi et crédulité : la crédulité consiste à croire tout ce qui peut rassurer l'individu, tandis que la foi oblige à un examen véritable des différentes croyances. En ce sens, la foi n'est pas forcément confortable pour le croyant.

zoOm — La foi : en paroles ou en actes ?

■ *Silence* de Martin Scorsese interroge ce qu'est la religion. Deux missionnaires portugais chrétiens partent au Japon soutenir les chrétiens persécutés par les autorités, lesquelles font du bouddhisme une religion d'État. Ils désirent retrouver leur maître spirituel, qui dit-on a changé de religion.

■ Mais qu'est-ce qu'avoir la foi : défendre à tout prix des dogmes ou s'engager en acte, peu importe le dogme défendu ?

Martin Scorsese, *Silence*, 2016.

35 La religion s'oppose-t-elle à la raison ?

En bref Parce que certains passages des textes dits sacrés vont à l'encontre du discours scientifique, foi et raison semblent s'opposer. Tout au moins, elles seraient deux moyens différents de connaître la réalité.

I Le conflit entre la foi et la raison

1 | Croire ou démontrer ?

La raison implique de rechercher des preuves de ce qu'on admet comme vrai. Elle exige un effort de justification permanent, soit par l'expérience, soit par l'argumentation. Au contraire, la foi se définit comme une confiance aveugle envers une personne, un texte, indépendamment de toute preuve. Dès lors, foi et raison semblent inconciliables.

 À NOTER
Il ne faut pas confondre foi et fanatisme. La **foi** peut impliquer des doutes et des inquiétudes. Au contraire, le **fanatique** ne remet jamais en cause ses croyances et tente de les imposer aux autres.

2 | Peut-on prouver l'existence de Dieu ?

■ De nombreux philosophes et théologiens ont cherché à prouver l'existence de Dieu. Ils se sont appuyés tantôt sur la beauté et la régularité du monde pour en déduire l'existence d'une intelligence supérieure et créatrice, tantôt sur l'idée de la perfection divine qui implique l'existence de Dieu.

■ Selon Kant, il est impossible de prouver l'existence de même que l'inexistence de Dieu. Cette question ne relève pas de l'entendement, puisque l'existence d'une chose ne se démontre pas. Dans la *Critique de la raison pratique*, Kant déplace la question de l'existence de Dieu sur le plan pratique et moral : elle est une hypothèse moralement nécessaire. Agir moralement suppose de postuler l'existence de Dieu comme ce qui impose de rechercher le bien.

3 | Comment justifier sa foi ?

Si le croyant ne peut prouver l'existence de Dieu, il peut justifier sa foi en s'appuyant sur différentes expériences, lesquelles n'ont pas en elles-mêmes de valeur scientifique. Il fonde ses propos en particulier sur les témoignages de proches ou de grandes figures spirituelles, ainsi que sur son expérience intime.

4 | La foi : un dépassement de la rationalité ?

■ La foi n'est pas disqualifiée du simple fait qu'elle ne se justifie pas aux yeux de la raison. Elle renvoie à une confiance qui, par-delà la raison, admet la vérité de certaines propositions.

■ Elle engage aussi des actes. Kierkegaard parle d'un « saut » qui permet de donner du sens à l'existence.

II Réconcilier foi et raison ?

1 Une association possible

■ On pourrait dire que le conflit entre foi et raison n'est qu'apparent et qu'en réalité ces deux facultés cohabitent, chacune ayant son propre domaine de validité. Pascal, par exemple, distingue les vérités accessibles par la raison et les vérités accessibles par le cœur. La raison renvoie à une connaissance discursive, par démonstration, tandis que la foi renvoie à une intuition immédiate.

■ Pourtant, cette tentative de réconcilier foi et raison renvoie toujours à une hiérarchie implicite entre les deux facultés. La raison devrait s'humilier et reconnaître ses limites devant une foi triomphante, qui nous donnerait accès à une vérité plus importante. La raison serait réduite à deux rôles : s'intéresser aux questions secondaires, qui n'influencent guère le sens de notre vie, ou bien préparer le cœur humain à accepter la foi. On pourrait inverser cette hiérarchie : la foi devrait alors s'humilier devant les exigences démonstratives de la raison.

2 Une tension enrichissante

Plutôt que de tenter à tout prix de réconcilier les deux termes, ne vaudrait-il pas mieux maintenir la tension entre foi et raison ? En ce sens, Ricœur distingue « problème » et « appel ». La raison répond à des problèmes que nous formulons, qu'il s'agisse des sciences ou de la philosophie. La foi répond à un appel qui est reçu à partir d'un texte ou d'une tradition. Un écart entre raison et foi est maintenu, mais on reconnaît son caractère fécond : il permet aussi bien le progrès de la raison qu'une foi plus intelligente.

zoOm

La figure d'Abraham

■ Abraham est considéré par le judaïsme, le christianisme et l'islam comme le premier croyant.

■ Les différents textes religieux en dressent un portrait étonnant. Ils le présentent tantôt comme un personnage rationnel, qui remet en cause l'idolâtrie de son temps, tantôt comme un être capable d'une confiance absolue en son dieu, allant jusqu'à sacrifier son fils unique.

Rembrandt, *Le Sacrifice d'Isaac*, 1635.

36 Peut-on se passer de religion ?

En bref *Se demander si l'on peut se passer de religion implique de chercher quelles sont les fonctions de la religion et si d'autres institutions peuvent les remplir. On estime actuellement que 84 % de la population mondiale est croyante. Peut-on imaginer un monde sans religion ?*

I La fonction psychologique de la religion

■ La religion a d'abord une fonction psychologique : elle permet de rassurer l'individu devant l'étrangeté du monde et de donner du sens à sa vie. Par exemple, la mort paraît moins effrayante quand elle est rapportée à un projet divin pour l'homme. En effet, les idées de vie éternelle ou de réincarnation peuvent rendre l'événement de la mort moins douloureux.

■ Selon Freud, la croyance en Dieu n'est pas une erreur, mais plutôt une illusion. Elle provient d'un besoin infantile de sécurité, qui consiste à projeter vers une entité supérieure tous les attributs de la puissance. L'individu peut ainsi se sentir protégé. Si la religion était une erreur, il serait facile de s'en passer : il suffirait de connaître la vérité. Comme la religion est une illusion, il est plus difficile de s'en défaire, dans la mesure où elle comble un besoin humain fondamental.

> **MOTS-CLÉS**
> Pour Freud, une **erreur** consiste à manquer la vérité par manque de connaissance ou d'attention. Au contraire, l'**illusion** renvoie à un désir inconscient qui empêche l'individu d'atteindre la vérité.

II La fonction sociale de la religion

■ La religion revêt aussi une dimension collective : elle permet de souder une communauté qui partage les mêmes valeurs (l'entraide, la charité, le refus de la violence…), les mêmes croyances et les mêmes pratiques. Dans cette perspective, elle serait une forme de ciment indispensable à la société.

> **MOT-CLÉ**
> Le mot **religion** vient du latin *ligare, religare* (« lier », « relier »). Non seulement la religion relie l'homme à un ou plusieurs dieux, mais elle relie aussi les hommes entre eux.

■ Marx voit dans cette dimension collective de la religion un danger pour l'émancipation des hommes : « La religion est l'opium du peuple. » Certes, la religion crée des formes de solidarité et permet aux hommes de supporter leurs conditions d'existence. Elle apporte une forme de réconfort. Mais en même temps, elle empêche l'homme de modifier concrètement sa vie : l'homme continue d'attendre d'un dieu un secours, au lieu d'agir dans l'espace public pour créer un monde meilleur. Il faut donc apprendre à se passer de religion pour ne pas être condamné à une forme d'impuissance.

III De la religion au sacré

1 Les substituts de la religion

Il semble possible de se passer des fonctions psychologique et sociale de la religion en remettant en cause certaines traditions et en inventant de nouvelles institutions. Par exemple, si la religion n'assure plus le lien social, la vie associative ou l'engagement citoyen peut prendre le relais. Ainsi, la vie en société peut se construire autour d'institutions non religieuses qui se substituent aux anciennes structures religieuses.

2 La permanence du sacré

■ Mais, si l'homme peut se passer de religion, peut-il pour autant cesser de donner une valeur particulière à certaines choses ? N'éprouve-t-il pas toujours un besoin de sacré ? En effet, si les religions semblent en perte de vitesse dans certains pays, les hommes ne continuent pas moins d'accorder un caractère sacré à des choses (comme un drapeau), à des personnes (comme un chef politique), à des souvenirs de voyage, etc. Pour Mircea Eliade, même les sociétés les plus désacralisées conservent des croyances et des rites similaires à ceux des religions.

■ Barthes prend l'exemple de la Citroën DS pour montrer que les hommes ont tendance à attribuer un caractère sacré à des objets du quotidien. Par son apparence, ses performances et par l'imaginaire qu'elle met en jeu, une automobile peut devenir un objet sacré pour un groupe social.

zoOm

D'un bâtiment religieux à un mémorial civique

■ Construit au XVIIIe siècle par Soufflot, le Panthéon devait initialement être une église. Depuis la Révolution française, il sert à rendre hommage aux grands hommes qui ont participé au progrès de la nation. Y sont notamment inhumés Victor Hugo, Jean Jaurès, des grandes figures de la Résistance.

■ S'il n'y a pas de religion d'État dans une République, il y subsiste néanmoins un sens du sacré qui permet l'unité des citoyens.

SUJET 23 — OBJECTIF BAC

EXPLICATION DE TEXTE ⏱ 4h **Simone Weil, *Attente de Dieu***

Pour adopter une religion, il faut d'abord la connaître. La croyance suppose des raisons de croire. Mais tant qu'on est extérieur à cette religion, peut-on réussir à la connaître ?

LE SUJET

Expliquez le texte suivant.

    La comparaison des religions n'est possible dans une certaine mesure que par la vertu miraculeuse de la sympathie. On peut dans une certaine mesure connaître les hommes si en même temps qu'on les observe du dehors on transporte en eux pour un temps sa propre âme à force de sympathie. De
5 même l'étude de différentes religions ne conduit à une connaissance que si on se transporte pour un temps, par la foi, au centre même de celle qu'on étudie. Par la foi au sens le plus fort du mot.
    C'est ce qui n'arrive presque jamais. Car les uns n'ont aucune foi ; les autres ont foi exclusivement dans une religion et n'accordent aux autres que l'es-
10 pèce d'attention qu'on accorde à des coquillages de forme étrange. D'autres encore se croient capables d'impartialité parce qu'ils ont une vague religiosité qu'ils tournent indifféremment n'importe où. Il faut au contraire avoir accordé toute son attention, toute sa foi, tout son amour à une religion particulière pour pouvoir penser à chaque autre religion avec le plus haut degré
15 d'attention, de foi et d'amour qu'elle comporte. De même ce sont ceux qui sont capables d'amitié, non les autres, qui peuvent aussi s'intéresser de tout leur cœur au sort d'un inconnu.

Simone Weil, Attente de Dieu,
© Librairie Arthème Fayard 1966.

LES CLÉS POUR RÉUSSIR

▶ Définir le thème et la thèse du texte

▶ Dans ce texte, Simone Weil s'intéresse aux **moyens de comparer les religions**. Une telle comparaison semble nécessaire pour chacun, qu'il s'agisse de l'historien des religions ou de la simple personne qui s'interroge sur la valeur des différentes religions.

228

▶ D'emblée, **un problème** apparaît : faut-il adhérer à une croyance religieuse pour la connaître véritablement, ou faut-il la saisir avec un certain recul, comme on cherche à connaître n'importe quel objet ? Cette alternative renvoie à un questionnement sur la religion elle-même : est-elle d'abord une **expérience subjective**, ou bien plutôt un **ensemble objectif** de croyances et de rites ?

▶ **Construire le plan de l'explication**

❶ La sympathie (l. 1 à 7)
▶ Comment la sympathie est-elle définie dans le premier paragraphe ? Pourquoi permet-elle de connaître une religion ?
▶ En quoi cette connaissance implique-t-elle la foi ?

❷ Comment connaître une religion ? (l. 8 à 17)
▶ Distinguez les différents cas où la connaissance de la religion est impossible.
▶ Montrez en quoi la thèse de Simone Weil peut paraître paradoxale en la rapportant à la façon dont on définit habituellement une connaissance impartiale.

 **LE CORRIGÉ**

Les titres ou mentions entre crochets ne doivent pas figurer sur la copie.

Introduction

[amorce] Comparer les différentes religions paraît nécessaire à celui qui veut en connaître la valeur et éventuellement adhérer à l'une d'elles. **[problématique]** Mais à quelles conditions une telle comparaison est-elle possible ? Suffit-il d'observer les caractéristiques extérieures d'une religion pour en saisir l'essentiel ? **[annonce du plan]** Dans un premier temps, Simone Weil montre que toute comparaison entre différentes religions implique un effort de sympathie. Dans un second temps, cela la conduit à affirmer que tout le monde ne peut pas connaître la religion.

I. La sympathie (l. 1 à 7)

1. Une thèse paradoxale

 CONSEIL DE MÉTHODE
Pour montrer les enjeux d'un texte, on peut comparer les affirmations de l'auteur à l'opinion commune. Dirait-on tout à fait la même chose ? Pourquoi ? Cela permet de mettre en valeur l'originalité de l'auteur.

▶ Simone Weil s'interroge sur les conditions de possibilité d'une comparaison des religions entre elles : qu'est-ce qui permet de comparer les différentes religions ?

▶ On pourrait attendre ici un éloge de l'objectivité : il faudrait être extérieur aux religions pour pouvoir les comparer. Or, pour Simone Weil, c'est **la sympathie** qui **permet la comparaison entre les religions**.

▶ Cette **affirmation** semble **paradoxale** : habituellement, on considère qu'un effort d'impartialité permet une connaissance objective. Au contraire, la sympathie semble introduire un préjugé favorable quant à l'objet à connaître, si bien qu'il devient impossible de le connaître faute d'impartialité.

2. Qu'est-ce que la sympathie ?

▶ Le terme **sympathie** vient du grec *syn pathos* (« souffrir avec »). Simone Weil distingue **deux points de vue possibles sur les hommes** : soit « on les observe du dehors », soit on fait preuve de sympathie, c'est-à-dire « on transporte en eux pour un temps sa propre âme ». La priorité est donnée à ce second point de vue : il faut apprendre à ressentir ce que les autres ressentent.

À NOTER
La **sympathie** est une notion souvent reprise par les philosophes. **Hume** propose de fonder la morale sur la sympathie : meilleur moyen de saisir ce que ressent autrui, la sympathie permet de me mettre à la place de l'autre et de penser le bien et le mal.

▶ La sympathie implique **une forme de déplacement de soi à l'autre** : il s'agit de sentir ce que ressent l'autre, de se mettre littéralement à sa place. Ainsi, Simone Weil définit la religion comme une expérience intime du sujet. Connaître la religion à partir de croyances et de rites extérieurs, ce n'est pas connaître la religion dans ce qu'elle a d'essentiel.

3. De la sympathie à la foi

▶ La sympathie est permise « par la foi ». Simone Weil ajoute « par la foi au sens le plus fort ». Le mot « foi » signifie d'abord **la confiance** en quelque chose ou en quelqu'un. Il désigne par suite la croyance religieuse : le fait d'avoir confiance en un texte, en une figure marquante, le fait de s'engager à les suivre.

▶ Ainsi, il faudrait avoir la foi pour connaître et comparer les différentes religions. Seul un esprit religieux pourrait connaître véritablement une religion, quelle qu'elle soit. Cela pose problème, dans la mesure où c'est souvent celui qui n'a pas encore la foi qui voudrait comparer les différentes religions.

[transition] Pourtant, Simone Weil montre qu'une telle connaissance des religions « n'arrive presque jamais ». La foi ne suffit-elle pas à connaître la religion ?

👍 **CONSEIL DE MÉTHODE**
On trouve souvent les transitions dans le texte lui-même : l'auteur insiste sur un problème qui le conduit à préciser sa pensée.

II. Comment connaître une religion ? (l. 8 à 17)

1. « Celui qui croyait au ciel, celui qui n'y croyait pas »

À NOTER
Ce titre reprend un vers d'**Aragon** dans le poème « La Rose et le Réséda ». Tout le poème repose sur une comparaison entre celui qui a la foi et celui qui ne l'a pas pour montrer que tous deux s'engagent de la même façon dans la résistance.

▶ Simone Weil montre qu'une comparaison véritable entre les différentes religions est presque impossible. **Elle exclut d'abord ceux qui n'ont pas la foi.** C'est la conséquence de ce qui a été dit précédemment : seule la foi permet une sympathie authentique à l'égard de ceux qui ont la foi.

▶ Mais **elle exclut aussi ceux qui « ont foi exclusivement dans une religion ».** Cette affirmation est étonnante, car on considère que la foi est toujours exclusive : on est juif, chrétien ou musulman, mais pas les trois en même temps. Ce sur quoi insiste Simone Weil, c'est l'idée selon laquelle celui qui adhère dogmatiquement à une religion ne verra dans la religion des autres qu'un objet exotique, étrange, mais ne saura pas véritablement faire preuve de sympathie.

2. Critique de la « vague religiosité »

▶ Il faudrait donc, pour pouvoir comparer les religions, avoir la foi non pas en une religion particulière, mais en plusieurs, c'est-à-dire **saisir ce qu'elles ont de commun** (la croyance en un Dieu, en la nécessité de faire le bien). On passe de la religion à la religiosité.

MOT-CLÉ
On définit la **religiosité** comme une disposition à la religion, c'est-à-dire une tendance à croire ou à s'intéresser aux différentes religions. Elle ne signifie pas pour autant une adhésion à une religion particulière.

▶ Simone Weil **rejette également la religiosité,** qui ne permet pas de connaître une religion dans ce qu'elle a de véritable. Elle montre que l'incapacité à choisir une religion n'est pas synonyme d'impartialité. Elle vaut plutôt comme un manque d'engagement.

3. Qui peut donc connaître une religion ?

▶ Le fait d'avoir écarté plusieurs points de vue possibles nous permet finalement d'établir qui peut faire preuve de sympathie à l'égard des religions : c'est celui qui s'est **pleinement engagé dans une religion** qui peut penser à une autre religion. Ainsi, paradoxalement, seul un authentique musulman peut par exemple comprendre la valeur de l'expérience d'un authentique chrétien.

▶ La foi est rapportée ici à **une notion étonnante : l'attention.** Cette faculté consiste à être capable de porter toute sa pensée sur un point précis. On peut être plus ou moins attentif. Ce qui permet la sympathie, c'est cette capacité de suspendre sa propre pensée pour comprendre pleinement un autre objet. La comparaison avec l'amitié est significative : seul celui qui sait suspendre un instant la recherche de son propre intérêt peut s'ouvrir aux autres.

Conclusion

[synthèse] Comme la religion se définit essentiellement par une disposition subjective, une connaissance objective, extérieure, ne sert à rien pour comprendre le phénomène religieux. Seule la sympathie permet de saisir ce qu'est vraiment une religion et de comparer les différentes religions entre elles. **[ouverture]** Simone Weil s'oppose ainsi à une réduction sociologique de la religion, qui ferait de cette dernière une somme de croyances dogmatiques et de rites susceptibles d'être connus indépendamment d'un effort de l'individu pour en saisir la vérité intrinsèque.

▶ SUJET 24 | OBJECTIF MENTION

DISSERTATION ⏱ 4h ## La religion et les limites de la raison

On associe souvent la religion aux manifestations d'intolérance et de violence dont elle a été la cause dans les siècles passés. Ce faisant, condamne-t-on sans appel la foi religieuse ?

LE SUJET

La religion peut-elle s'en tenir aux limites de la simple raison ?

LE CORRIGÉ

Les titres ou mentions entre crochets ne doivent pas figurer sur la copie.

Introduction

[amorce] Le nom de Dieu est souvent invoqué pour justifier des actions violentes : meurtres, attentats, conversions forcées, etc. Ce même nom sert ensuite à défendre la paix et la non-violence.

[problématique] L'histoire des religions conduit à se demander si la religion ne doit pas être limitée pour rester un phénomène sensé et ne pas devenir l'expression de la folie des hommes. Mais alors, comment limiter la religion ? Cette tentative de limitation ne devient-elle pas une volonté de la faire disparaître ?

[annonce du plan] D'abord, on relèvera que le sujet repose sur une conception péjorative de la religion, toujours dérivant vers la superstition et la violence. Puis on montrera la nécessité d'une limitation de la religion par la raison, en s'interrogeant enfin sur la possibilité de limiter la religion sans en nier la valeur.

I. Un sujet riche en présupposés

👍 **SECRET DE FABRICATION**

Dégager les présupposés d'un sujet permet de comprendre le problème. Attention : aucune référence philosophique n'est attendue. On peut faire ce sujet sans savoir que sa formulation reprend le titre d'un ouvrage de Kant.

232

1. La référence à Kant

▸ La formulation du sujet reprend le titre d'un ouvrage de Kant : *La religion dans les limites de la simple raison*. Kant y distingue, dans les religions, ce qui est compatible avec la raison de ce qui ne l'est pas. Il recherche donc **le noyau commun de croyances et de pratiques** susceptibles d'être acceptées par tous au nom de la raison, par-delà la variété des religions.

▸ Cela conduit Kant à critiquer certaines pratiques qui relèveraient davantage de la **superstition** que de la religion. La raison se présente donc comme **un ensemble d'exigences que la religion doit respecter** pour être valable d'un point de vue moral et pour tous, sous peine de dériver vers des pratiques superstitieuses.

2. Les excès de la religion

▸ Si la religion doit être limitée, c'est qu'elle a **tendance à dépasser les limites**. Celles-ci seraient les frontières hors desquelles la religion ne serait plus valable.

▸ Tout d'abord, les différentes religions conduisent l'individu à croire des propositions qui sont discutables aux yeux de la raison. Si la foi, comprise comme simple volonté de faire le bien, est compatible avec la raison, elle devient douteuse quand il s'agit de croire des **choses qui paraissent contradictoires**.

▸ Ensuite, l'histoire des religions comprend des **épisodes violents**, comme les guerres de religion ou les croisades, qui semblent disqualifier la religion. Celle-ci ne serait rien d'autre qu'un fanatisme superstitieux, contraire à l'idéal de paix entre les hommes.

[transition] Deux questions se posent : la religion tend-elle véritablement à dépasser ses limites ? La raison est-elle le bon moyen de limiter la religion ?

II. La religion : un phénomène ambigu

1. Pour le meilleur et pour le pire

▸ Certes, la religion a **un lourd passé**. Nul ne peut nier qu'elle a donné lieu à des pratiques intolérantes et violentes. Celui qui croit en la vérité d'une révélation a du mal à accepter que « la pluralité [soit] la loi de la terre », selon une formule d'Arendt. La religion prend dès lors l'apparence d'une menace pour ceux qui ne croient pas ou pour ceux qui croient autre chose.

▸ Néanmoins, la religion peut conduire l'individu sur d'autres chemins. Les appels à la paix, à l'accueil de l'autre ou à la non-violence sont nombreux dans les textes religieux. Et de fait, la plupart des croyants cherchent simplement à **vivre leur foi discrètement**, sans nuire aux autres.

▸ Si l'on ne peut pas nier les dangers de la religion, il paraît difficile de la réduire à ses manifestations les plus violentes. Le croyant est pris entre **deux exigences** : la défense de ses convictions et la nécessité de vivre avec d'autres, qui n'ont pas les mêmes convictions.

À NOTER
On parle ici du **problème théologico-politique** : comment concilier croyance religieuse et vie en communauté ? Comment articuler religion et politique ?

2. La nécessité d'une limitation

▸ Il convient donc de **tracer une limite nette** entre ce à quoi peut conduire la religion et ce à quoi ne doit pas conduire la religion. On passe dès lors d'une question religieuse à une **question politique**. La religion doit ainsi se tenir à deux règles essentielles : le refus de la violence et le respect de la liberté de penser.

▸ C'est ce que montre Spinoza dans son *Traité théologico-politique* : « Chacun peut dire et enseigner ce qu'il pense sans danger pour la paix, à la condition de laisser au souverain décider quant aux actions. » La loi règle les actions et condamne la violence, mais elle ne peut réduire **la liberté de penser**.

[transition] Quel est le lien entre, d'une part, la nécessité de concilier diversité des religions et vie en commun et, d'autre part, la notion de raison ?

III. La raison : juge de la religion ?

1. Raison et universalité

▸ La raison paraît le bon critère pour limiter la religion, dans la mesure où elle renvoie à la **recherche de l'universel**. La raison implique des principes (en particulier celui de non-contradiction) que tous peuvent reprendre à leur compte. Chacun peut ainsi admettre la vérité des mathématiques, car la validité des propositions ne repose que sur la faculté de distinguer le vrai et le faux. À l'inverse, la religion repose sur une expérience qui n'est pas toujours partageable. Celui qui est touché par un texte sacré ou par un modèle ne peut pas communiquer cette expérience singulière.

▸ Spinoza associe **liberté religieuse et raison** : abandonner haine, colère, ruse, et ne pas chercher à imposer ses croyances aux autres, c'est user de sa raison. La raison permet d'éviter que la religion ne devienne superstition et fanatisme.

2. Un risque ou une chance pour la religion ?

▸ Mais si la religion doit s'adapter aux exigences de la raison, ne court-elle pas le risque de perdre ce qui fait sa spécificité ? Si le croyant ne doit pas chercher à faire valoir ses convictions, s'il doit interroger ses pratiques pour voir ce qui, en elles, est ou non rationnel, ne devient-il pas un homme comme un autre, qui veut simplement faire le bien ? On passe d'une croyance religieuse à une **attitude morale**.

▸ Kant parle de « **religion morale** » : « Chacun doit faire tout ce qui dépend de lui pour devenir meilleur. » Il faudrait évaluer l'ensemble des religions positives à partir de ce principe moral pour savoir ce qui, en elles, a de la valeur. C'est un risque pour la religion, car elle est ainsi invitée à une remise en cause d'elle-même.

Conclusion

La religion doit être limitée par la raison. Son histoire suffit à montrer les dangers de la religion. Cette limitation permet la paix et la garantie de la liberté de penser. Cela ne signifie pas pour autant que tout soit mauvais dans la religion. Cette limitation n'est pas nécessairement imposée de l'extérieur aux croyants, elle peut être une exigence interne à leur foi.

Les notions

13 La science

Connaître le monde implique un effort permanent de l'homme pour inventer de nouveaux instruments, constituer des méthodes rigoureuses et imaginer des théories qui répondent précisément à l'expérience. La science témoigne de cet effort.

TEST

Pour vous situer et identifier les fiches à réviser   236

FICHES DE COURS

(MÉMO VISUEL)   238

- **37** N'y a-t-il de connaissance que scientifique ?   240
- **38** Y a-t-il une différence entre sciences naturelles et sciences humaines ?   242
- **39** Peut-on tout attendre de la science ?   244

SUJETS GUIDÉS & CORRIGÉS

OBJECTIF BAC
- **25** EXPLICATION DE TEXTE | Karl Popper, *La société ouverte et ses ennemis*   246

OBJECTIF MENTION
- **26** DISSERTATION | Tout peut-il être objet de science ?   250

TESTEZ-VOUS → CORRIGÉS P. 350

Faites le point sur vos connaissances, puis établissez votre **parcours de révision** en fonction de votre score.

1 N'y a-t-il de connaissance que scientifique ?
→ FICHE 37

1. « Ne recevoir jamais aucune chose pour vraie que je ne la connusse évidemment être telle : c'est-à-dire […] éviter soigneusement la précipitation. »
- ☐ **a.** Cette citation énonce la première règle de la méthode de Descartes.
- ☐ **b.** Cette citation énonce la deuxième règle de la méthode de Descartes.
- ☐ **c.** Cette citation montre que la raison est universelle.

2. Vrai ou faux ? Cochez la case qui convient.   V   F
- **a.** Kant utilise la notion d'obstacle épistémologique.   ☐   ☐
- **b.** Un obstacle épistémologique empêche d'atteindre la vérité.   ☐   ☐
- **c.** Les obstacles épistémologiques sont le moteur de la science.   ☐   ☐
- **d.** L'opinion commune peut être un obstacle épistémologique.   ☐   ☐

3. L'allégorie de la caverne de Platon montre…
- ☐ **a.** qu'il faut se méfier des apparences.
- ☐ **b.** que connaître implique de dégager les causes des phénomènes.
- ☐ **c.** que rechercher la vérité implique un effort.

…/3

2 Y a-t-il une différence entre sciences naturelles et sciences humaines ?
→ FICHE 38

1. Associez chaque terme à la formule correspondante.

- **a.** expliquer •
- **b.** comprendre •

 • dégager les causes d'un phénomène
 • saisir l'unité d'un vécu, d'un contenu de conscience
 • le propre des sciences humaines, pour Dilthey

2. Pour Durkheim, …
- ☐ **a.** il y a une différence radicale entre sciences de la nature et sciences humaines.
- ☐ **b.** les sciences humaines doivent viser la même objectivité que celle obtenue dans les sciences de la nature.
- ☐ **c.** « la première règle et la plus fondamentale est de considérer les faits sociaux comme des choses. »

3. La recherche scientifique repose…
- **a.** sur les principes de contradiction et de raison suffisante.
- **b.** sur l'intuition de génies scientifiques.
- **c.** sur un dialogue permanent entre les différentes sciences.

4. Pour Descartes…
- **a.** chaque science implique une forme d'intelligence spécifique.
- **b.** c'est le même esprit qui est à l'oeuvre dans toutes les sciences.
- **c.** le développement de la science implique de ne pas se servir de son imagination.

…/4

3 Peut-on tout attendre de la science ? → FICHE 39

1. Pour Weber…
- **a.** il faut distinguer le rôle du savant et le rôle de l'homme politique.
- **b.** l'homme politique doit nécessairement être un savant.
- **c.** le savant est une sorte de prophète que les hommes politiques doivent écouter.

2. Le propre d'un régime totalitaire selon Arendt est…
- **a.** de s'opposer à toute forme de discours scientifique.
- **b.** d'instrumentaliser le discours scientifique pour défendre une idéologie.
- **c.** de ne jamais s'intéresser aux avancées de la science.

3. Le propre d'un discours scientifique pour Popper est…
- **a.** que ses résultats soient absolument indiscutables.
- **b.** qu'il autorise le débat et puisse être remis en question.
- **c.** qu'il ait une autorité politique incontestable.

4. Pour les philosophes des Lumières, la science…
- **a.** est nuisible car elle rend l'homme malheureux.
- **b.** est utile car elle permet de lutter contre l'obscurantisme.
- **c.** permet un progrès social.

…/4

Score total …/11

Parcours PAS À PAS ou EXPRESS ? → MODE D'EMPLOI P. 3

MÉMO VISUEL

DÉFINITIONS CLÉS

Science
1. Connaissance qu'un individu possède.
2. Processus méthodique par lequel un individu cherche à connaître le monde.

Scientifique et scientiste
1. L'adjectif scientifique désigne de façon neutre ce qui renvoie à la pratique de la science.
2. L'adjectif scientiste a une connotation péjorative : il désigne un excès de confiance en la science.

LA

N'y a-t-il de connaissance que scientifique ? (→ p. 240)

Les repères utiles
croire/savoir → p. 337

La réponse de Platon
L'opinion peut être aussi efficace que la connaissance scientifique.
« L'opinion vraie n'est pas un moins bon guide que la science quant à la justesse de l'action. »

La réponse de Descartes
La connaissance scientifique est supérieure en ce qu'elle implique une méthode.

TEST | **FICHES DE COURS** | **SUJETS GUIDÉS**

SCIENCE

Y a-t-il une différence entre sciences naturelles et sciences humaines ? (→ p. 242)

Les repères utiles
expliquer/comprendre → p. 338

La réponse de Durkheim
Les sciences humaines doivent suivre les mêmes méthodes que les sciences naturelles.

La réponse de Dilthey

Les sciences humaines sont irréductibles aux sciences naturelles.
« La nature, on l'explique ; la vie de l'âme on la comprend. »

Peut-on tout attendre de la science ? (→ p. 244)

Les repères utiles
en fait/en droit → p. 339

La réponse de Descartes
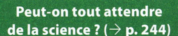
La science a une efficacité pratique telle qu'elle a une autorité légitime.

La réponse de Max Weber

Il faut circonscrire le domaine de validité des sciences.
« La science contribue à une œuvre de clarté. »

37 N'y a-t-il de connaissance que scientifique ?

En bref *Nombreux sont ceux qui prétendent connaître la vérité. Le discours scientifique paraît en être le prétendant le plus légitime. Quelle est sa spécificité ? Quelles en sont les caractéristiques ?*

I Le lien entre science et connaissance

■ On définit la science comme le processus historique par lequel les hommes cherchent à **connaître le monde**. Que ce soit par curiosité, pour se rassurer devant l'étrangeté du monde ou pour inventer des moyens d'améliorer leur quotidien, les hommes ont voulu comprendre le monde en en décrivant les régularités et en cherchant à en dépasser les apparences.

■ On oppose en ce sens l'opinion et la connaissance. **L'opinion est relative** au sujet qui l'énonce. La plupart du temps elle n'est pas réfléchie et témoigne de ce que tout homme est inscrit dans un contexte social qui le détermine. Au contraire, la connaissance vise une forme d'universalité : tous doivent pouvoir se mettre d'accord quant à la vérité. **La connaissance se veut objective**, c'est-à-dire indépendante du sujet qui l'énonce.

II La science et ses concurrents

■ Pourtant, l'opinion n'est pas nécessairement fausse et peut être aussi efficace que la connaissance. C'est ainsi que Platon montre la valeur de ce qu'il appelle, dans le *Ménon*, « **l'opinion droite** ». Quand un voyageur nous demande son chemin, nous pouvons lui indiquer la bonne route soit parce que nous la connaissons, soit par hasard.

■ De là apparaissent d'autres prétendants à la vérité : **la tradition, le discours religieux ou les autorités politiques** peuvent être tentés de se substituer à la démarche scientifique, voire de la dénoncer comme inutile ou dangereuse → FICHE 50.

III La spécificité de la connaissance scientifique

1 La méthode

■ Ce qui définit la science, c'est l'idée de méthode. La recherche scientifique suit des **règles strictes** qui permettent d'exposer clairement les conditions dans lesquelles un résultat est obtenu. Par exemple, un mathématicien expose ses démonstrations, un physicien rend compte des résultats de ses recherches en indiquant le protocole expérimental qu'il a suivi. Cela permet une connaissance objective qui puisse valoir pour tous.

■ Descartes, dans le *Discours de la méthode*, présente quatre règles à suivre pour atteindre la vérité. D'abord, il ne faut admettre pour vrai que ce que l'on connaît évidemment être tel. Puis il faut décomposer les difficultés à résoudre en difficultés plus simples et les traiter de la plus simple à la plus complexe. Enfin, il faut vérifier l'ensemble du raisonnement pour être sûr de n'avoir rien oublié.

2 | Théorie et expérience

■ Dans la démarche scientifique, théorie et expérience sont étroitement mêlées. D'une part, il faut décrire correctement les faits à expliquer, mais une telle description n'est possible qu'à partir d'une théorie préalablement conçue qui permettra d'organiser ces faits et de les rapporter les uns aux autres.

■ D'autre part, l'expérimentation permet d'améliorer une théorie, par l'accumulation de nouveaux résultats et par la précision de plus en plus grande des conditions expérimentales.

3 | La notion d'obstacle épistémologique

Cet effort de méthode et de vérification témoigne de ce que la science se développe en rupture avec d'autres discours qu'elle critique. Bachelard parle d'obstacles épistémologiques : la connaissance scientifique s'élabore toujours à partir de la critique d'opinions ou de savoirs préalables, que la science cherche à dépasser.

> **MOT-CLÉ**
> Le mot **épistémologie** vient du grec *épistémè*, qui désigne la science. L'épistémologie est donc l'étude de la science et cherche à comprendre les processus qui permettent l'établissement du savoir scientifique.

zoOm

L'allégorie de la caverne

■ Dans *La République*, Platon présente une allégorie qui permet de comprendre en quoi la connaissance dépasse la croyance : l'allégorie de la caverne. → RABATS

■ Des prisonniers attachés au fond d'une caverne n'ont jamais vu la lumière du soleil. Ils sont convaincus que des ombres que l'on projette au fond de la caverne sont la réalité.

■ Connaître, c'est dès lors refuser cette apparence pour sortir de la caverne, ce qui implique une forme de douleur, tant les hommes sont attachés à leurs opinions.

Buste de Platon, fin du IVe siècle av. J.-C.

38 Y a-t-il une différence entre sciences naturelles et sciences humaines ?

En bref *L'essor des sciences humaines à partir du XIXᵉ siècle a conduit les philosophes à s'interroger sur les points communs et les différences entre sciences naturelles et sciences humaines. Peut-on connaître l'homme de la même façon que l'on connaît la nature ?*

I Une distinction nécessaire

1 Deux objets différents

■ Sciences de la nature et sciences de l'homme n'ont pas le même objet. Les phénomènes naturels semblent pouvoir devenir facilement un objet de connaissance. Par l'utilisation d'outils de mesure, on peut éliminer en eux tout ce qui relève d'une appréhension subjective. Par exemple, un segment n'est pas petit pour les uns et grand pour les autres : tous peuvent se mettre d'accord sur sa taille. L'étude de l'homme semble quant à elle problématique. Comment éliminer ce qui en l'homme est subjectif ?

■ Certains scientifiques, comme Dilthey, ont montré le caractère irréductible des sciences humaines aux sciences de la nature. Les sciences humaines impliquent de toujours prendre en compte un ressenti qui est de l'ordre de la subjectivité. Le vécu formant un tout, il ne peut pas être décomposé et expliqué en termes de causalité.

2 Des enjeux différents

En ce sens, on distingue expliquer et comprendre. Expliquer consiste à dégager les causes d'un phénomène, ce qui est le propre des sciences de la nature. On explique la douleur en la rapportant au fonctionnement des nerfs par exemple. Comprendre implique de saisir le vécu d'un individu, qui n'est pas susceptible d'être décomposé. C'est donc le propre des sciences humaines. Comprendre la douleur de quelqu'un, c'est saisir ce qu'il a d'unique et de proprement humain.

II Des parallélismes possibles

■ Pourtant, qu'il s'agisse d'expliquer la nature ou de comprendre l'homme, c'est le même esprit qui est à l'œuvre. Descartes insiste sur ce point en montrant que, par-delà la variété des objets qu'il embrasse, l'esprit s'attache à suivre les mêmes règles pour connaître le réel : l'évidence, l'analyse, l'ordre et le dénombrement. Qu'il s'agisse des sciences de la nature ou des sciences humaines, l'esprit suit les mêmes principes : le **principe de non-contradiction** et le **principe de raison suffisante**.

 À NOTER
Le **principe de non-contradiction** implique qu'un discours, pour être valable, ne doit pas contenir de contradiction.
Le **principe de raison suffisante** suppose que tout phénomène a une cause et qu'aux mêmes causes répondent les mêmes effets.

■ Des scientifiques ont ainsi défendu l'idée selon laquelle les sciences humaines devaient suivre les mêmes méthodes que les sciences de la nature. Ainsi, pour Durkheim, il faut étudier les comportements de l'homme de la même façon qu'on étudie les phénomènes naturels, en essayant de repérer des régularités et en fixant des lois.

III Une distinction enrichissante

■ Ainsi, l'esprit doit faire preuve de créativité devant la variété des objets qu'il cherche à connaître. Dans la douzième des *Règles pour la direction de l'esprit*, Descartes montre qu'il faut savoir mobiliser « toutes les ressources de l'intelligence, de l'imagination, des sens, de la mémoire » pour pouvoir s'adapter à la spécificité de chaque objet. En ce sens, la science met bien en jeu des formes de créativité et d'inventivité.

■ Il y a donc une tension entre, d'un côté, la volonté de respecter la spécificité de chaque objet et, de l'autre, le dialogue entre les différentes sciences qui leur permet de progresser. Par exemple, le développement de la chimie ou de l'imagerie médicale a eu un impact sur l'histoire et l'archéologie.

zoOm
Le développement de l'intelligence artificielle

Le robot Sophia, en 2018.

Le développement des technologies numériques permet la constitution d'une intelligence artificielle. Ces recherches font certes appel à des mathématiciens et à des informaticiens, mais aussi à des psychologues et à des philosophes, dans la mesure où il faut d'abord être capable de définir précisément l'intelligence avant de pouvoir produire des machines qui semblent en manifester.

39 Peut-on tout attendre de la science ?

En bref La science joue un grand rôle dans les sociétés contemporaines. Ses résultats ont une efficacité pratique telle qu'il semble légitime d'avoir beaucoup d'attentes à son égard. Elle pourrait améliorer la vie, nous dicter nos codes de conduite. Mais est-ce là véritablement le rôle de la science ?

I Science et progrès

■ Dans la mesure où la science repose sur la volonté de penser par soi-même en s'appuyant sur la raison, elle semble être un progrès par rapport à d'autres discours qui veulent s'imposer comme des dogmes qu'on ne peut pas remettre en cause. Ainsi, les philosophes des Lumières voyaient dans le développement de la science le meilleur moyen de lutter contre toute forme d'obscurantisme.

■ Il paraît donc légitime d'avoir confiance en la science, que ce soit individuellement ou collectivement. Dans le *Discours de la méthode*, Descartes montre que la science ne doit pas seulement être un discours théorique, mais qu'elle doit avoir aussi des conséquences pratiques susceptibles d'améliorer les conditions de vie de l'homme.

II Les limites de la science

■ Cependant, n'est-il pas déraisonnable de tout attendre de la science ? Premièrement, certaines questions qui intéressent l'homme ne paraissent pas pouvoir être résolues grâce aux sciences. En effet, l'homme peut se poser des questions métaphysiques (quant à l'existence de Dieu, de l'âme) qui dépassent les limites de la science. Deuxièmement, le caractère historique de la science montre qu'il faut être vigilant quant à la valeur de ses résultats, car ce qui semble être vrai pour une époque ou une génération ne l'est pas nécessairement et pourra un jour être mis en cause.

À NOTER
On appelle **scientisme** l'idée selon laquelle le développement de la science permettra immanquablement un progrès de la société.

■ Il faudrait donc être méfiant à l'égard des discours qui s'appuient sur l'autorité scientifique, car il est possible d'en instrumentaliser les résultats. Arendt montre ainsi que les régimes totalitaires s'appuient sur des discours d'apparence scientifique pour en faire des instruments de pouvoir : le régime hitlérien sur la notion de race, le régime stalinien sur l'idée d'un sens de l'histoire.

■ Mais, à l'inverse, une défiance complète à l'égard de la science semble tout aussi déraisonnable dans la mesure où elle conduit l'individu à s'en remettre à des discours qui ne s'appuient sur aucune méthode pour établir la validité des propositions qu'ils défendent.

III L'autorité de la science

■ Dès lors, il convient de circonscrire les domaines dans lesquels l'autorité de la science est légitime. Max Weber distingue ainsi le domaine du savant et le domaine du politique. Le savant doit expliquer le réel, ce qui n'implique pas de considération quant à ce qui doit être. « La science contribue à une œuvre de clarté », elle n'est pas un discours prophétique qui indiquerait aux hommes la façon dont ils devraient se comporter.

■ À l'inverse, le domaine du politique est celui de l'imprévisibilité : dans la mesure où les conséquences de nos actions sont imprévisibles, la science ne peut pas répondre à toutes nos questions.

■ Bien plus, ce qui fait la valeur de la science, c'est qu'elle énonce elle-même les limites entre lesquelles elle se tient. Elle ne s'impose pas comme un dogme auquel il faudrait croire, mais implique la liberté de penser et la possibilité d'une discussion. Popper montre ainsi que le propre d'une théorie scientifique est de pouvoir être réfutée. Cet argument le conduit par exemple à remettre en cause le caractère scientifique de la psychanalyse → FICHE 18.

zoOm
Edward Bernays et le petit-déjeuner américain

■ Dans de nombreuses publicités, la science est utilisée comme un argument commercial pour permettre de vendre des produits. Cette stratégie a été mise au point par Edward Bernays. Ce dernier, employé pour faire la publicité d'une marque de bacon, a demandé à des médecins d'en vanter les mérites, notamment au petit-déjeuner.

■ Le documentaire « Propaganda, la fabrique du consentement » retrace l'histoire de la publicité et de son instrumentalisation de la science.

Publicité pour l'American Meat Institute, 1949.

13 • La science

SUJET 25 — OBJECTIF BAC

EXPLICATION DE TEXTE ⏱ 4 h **Karl Popper, *La société ouverte et ses ennemis***

Au XIXe siècle s'est développée la phrénologie, qui tentait de montrer le lien entre forme du crâne et caractère. Comment prouver qu'un tel discours n'est pas une science ?

LE SUJET

Expliquez le texte suivant.

    La méthode des sciences est caractérisée par une exigence de débat public, qui se présente sous deux aspects. Le premier est que toute théorie, si inattaquable qu'elle apparaisse à son auteur, peut et doit inviter à la critique ; l'autre est
5 que, pour éviter les équivoques et les malentendus, elle doit être soumise à l'expérience dans des conditions reconnues par tous. C'est seulement si l'expérimentation peut être répétée et vérifiée par d'autres, qu'elle devient l'arbitre impartial des controverses scientifiques.
    Ce critère de l'objectivité scientifique, d'ailleurs, tous les organismes ou services
10 chargés de contrôler ou de diffuser la pensée scientifique – laboratoires, congrès, publications spécialisées, etc. – le reconnaissent et l'appliquent. Seul le pouvoir politique, quand il se dresse contre la liberté de critiquer, mettra en péril une forme de contrôle dont dépend, en définitive, tout progrès scientifique et technique.
    On peut montrer par des exemples pourquoi ce sont les méthodes, plutôt que
15 les résultats, qui déterminent ce qui est scientifique. Si un auteur intuitif a écrit un livre contenant des résultats dits scientifiques que, vu l'état des connaissances à son époque, rien ne permettait de comprendre ou de vérifier, dira-t-on pour autant qu'il a écrit un livre de science, même si, par la suite, l'expérience prouve que sa théorie était exacte ? La réponse, selon moi, doit être négative.

Karl Popper, *La société ouverte et ses ennemis*. T.1. *L'Ascendant de Platon*
© Éditions du Seuil, 1979, pour la traduction française, « Points Essais », 2018.

LES CLÉS POUR RÉUSSIR

▶ Définir le thème et la thèse du texte

▶ Le texte cherche un **critère** qui permette de distinguer à coup sûr un discours scientifique d'un discours non scientifique. Habituellement, on considère qu'un discours est scientifique s'il permet d'expliquer le réel tel qu'il est. La **vérité des résultats** serait gage de la scientificité du discours.

TEST › FICHES DE COURS › SUJETS GUIDÉS

▶ Popper remet en cause cette thèse. Pour lui, le caractère scientifique d'un discours vient plutôt des **méthodes** suivies pour l'établir.

▶ Construire le plan de l'explication

① Les conditions (l. 1 à 7)
▶ Repérez les deux aspects qui permettent de dire qu'un discours est scientifique.
▶ Montrez la complémentarité de ces deux aspects.

② La dimension sociale (l. 8 à 13)
▶ Le deuxième paragraphe justifie le critère proposé dans le premier : comment ?
▶ Quel rapport établit Popper entre la pratique scientifique et le pouvoir politique ?

③ Vérité et science (l. 14 à 19)
▶ « Ce sont les méthodes, plutôt que les résultats » : montrez en quoi Popper s'oppose à l'opinion commune qui définit la science par ses résultats.
▶ Suffit-il de dire la vérité pour formuler un discours scientifique ?

 LE CORRIGÉ

Les titres ou mentions entre crochets ne doivent pas figurer sur la copie.

Introduction

[amorce] On appelle pseudoscience un discours qui prend une apparence scientifique pour faire valoir la validité de ses résultats, mais dont les méthodes ne sont pas rigoureuses. Par exemple, l'astrologie n'a pas le même statut que l'astronomie, bien que les astrologues tentent d'asseoir leurs prédictions sur un vocabulaire d'apparence scientifique.

[problématique] Il semble ainsi complexe de distinguer une pseudoscience d'une science véritable. Quels sont les critères qui permettent de le faire, si les résultats ne suffisent pas à montrer la supériorité de la science ?

[annonce du plan] Popper répond à cette question en trois temps. D'abord, il dégage un critère qui permet de définir la scientificité d'un discours. Il appuie ensuite son analyse sur une réflexion portant sur le contexte social qui détermine la pratique scientifique. Enfin, il montre que ce ne sont pas les résultats de la science qui justifient sa scientificité, mais bien plutôt les méthodes utilisées.

I. Les conditions d'un discours scientifique (l. 1 à 7)
1. La possibilité de la critique

▶ Qu'est-ce qui fait le caractère scientifique d'un discours ? Popper répond d'emblée à cette question : « La méthode des sciences est caractérisée par une **exigence de débat public**. » Cette réponse peut sembler paradoxale : les résultats auxquels aboutit le scientifique ne devraient-ils pas être indiscutables ? Au contraire, une théorie scientifique se définit par la possibilité de la critique.

▶ L'esprit critique suppose donc une **interrogation permanente** qui ne se contente pas d'admettre ce qui est tenu pour vrai. Popper note bien que ce n'est pas facile, car si nous acceptons de critiquer les théories des autres, il est plus difficile d'autoriser les autres à critiquer nos propres théories.

2. La possibilité de vérification

▶ Mais il ne s'agit pas seulement de remettre en cause un résultat scientifique, car il ne plaît pas. C'est pourquoi Popper distingue un second aspect du discours scientifique : une théorie « doit être soumise à l'expérience dans des conditions reconnues par tous. » Toute théorie doit **indiquer les conditions** dans lesquelles il est possible d'en vérifier la validité.

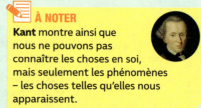

À NOTER
Kant montre ainsi que nous ne pouvons pas connaître les choses en soi, mais seulement les phénomènes – les choses telles qu'elles nous apparaissent.

▶ Cela implique qu'une théorie dont on ne peut pas faire l'expérience n'est pas une théorie scientifique. Une telle théorie ne serait rien d'autre qu'une hypothèse ou qu'une croyance dont on ne peut vérifier la validité.

▶ Mais le terme « expérience » est ambigu. Par exemple, le croyant pense faire l'expérience de Dieu dans la prière. Pour autant, la religion n'est pas une théorie scientifique. C'est pourquoi Popper précise que l'expérience doit être valable « dans des conditions reconnues par tous ». L'expérience ne désigne pas le vécu, l'intuition, mais **l'expérimentation**.

[transition] Popper a donc établi le critère permettant de déterminer le caractère scientifique d'un discours : **la possibilité d'une discussion critique, basée sur l'expérimentation**. Un discours qui veut y échapper est non scientifique.

II. La dimension sociale de la science (l. 8 à 13)
1. Méthode scientifique et contexte social

▶ Le statut du deuxième paragraphe est double : il justifie ce qui vient d'être établi, mais il insiste aussi sur le fait que la pratique scientifique s'enracine toujours dans un contexte qui en fait la valeur. C'est **le cadre social** dans lequel la science se pratique qui prouve qu'elle se caractérise par une exigence de débat public.

▶ Le scientifique ne mène pas seul ses recherches : il est membre d'une équipe, il écrit des articles pour diffuser l'état de sa recherche, il participe à des colloques. **Sa pratique implique la discussion**. La critique des théories scientifiques n'est donc pas un obstacle à la science : elle en est la condition.

2. Une entreprise à haut risque

▸ Popper montre donc que **le débat est la condition du progrès scientifique**. Ce dernier met en jeu des institutions qui doivent organiser et réglementer ce débat. La pratique scientifique est donc dépendante d'un contexte qui doit être protégé.

▸ Le véritable obstacle à la science serait plutôt le refus de la critique. Il y a là **un danger d'origine politique** : le refus de « la liberté de critiquer », autrement dit la censure et la réduction de la liberté d'expression. On peut penser ici aux régimes totalitaires qui, en imposant une idéologie qui ne peut être discutée, empêchent le progrès scientifique.

[transition] La possibilité de la critique implique un contexte social qui permet la discussion et l'expérimentation. La pratique scientifique se caractérise donc par une **attitude critique** à l'égard des théories et par des **institutions sociales** qui garantissent la scientificité du discours.

III. Vérité et science (l. 14 à 19)

1. La science se définit par ses méthodes et non par ses résultats

▸ La scientificité de la science n'est pas garantie par ses résultats, contrairement à une opinion répandue. Les résultats auxquels aboutit un discours n'ont de valeur scientifique que s'ils peuvent être discutés. Ils ne s'imposent pas d'eux-mêmes. Ce sont ses méthodes qui font la valeur de la science. Une science se distingue d'une pseudoscience par **l'effort pour établir méthodiquement un protocole expérimental** qui en légitime les résultats.

 DES POINTS EN +
Cette question est très actuelle, notamment en médecine. Certaines disciplines, comme la sophrologie, la naturopathie ou l'ostéopathie, sont très discutées : si elles apportent éventuellement du bien-être au patient, leurs méthodes posent problème.

2. Il ne suffit pas d'être dans le vrai pour tenir un discours scientifique

▸ La thèse de Popper semble aboutir à un **paradoxe** : il ne suffit pas de dire la vérité pour tenir un discours scientifique. La vérité n'est pas le critère ultime pour définir la science, bien que l'opinion commune associe souvent les deux.

▸ Popper propose une **expérience de pensée** : imaginons qu'un auteur du passé a écrit un ouvrage avec des résultats qui nous semblent valables aujourd'hui, sans que ledit auteur ait eu la possibilité de les vérifier rigoureusement. Un tel ouvrage indique la vérité sans être un livre scientifique. L'auteur a eu une bonne intuition, mais n'a pas pu la justifier : il n'a donc pas tenu de discours scientifique.

Conclusion

Ce texte permet de définir ce qui fait le caractère scientifique d'un discours : sa réfutabilité. Un discours qui échappe à cette condition, sciemment ou non, ne peut être dit scientifique. La science n'est donc pas la simple recherche de la vérité, elle implique des méthodes et des institutions pour en garantir la validité.

SUJET 26 — OBJECTIF MENTION

DISSERTATION ⏱ 4 h **Tout peut-il être objet de science ?**

Les hommes peuvent-ils connaître l'intégralité du réel ? S'ils en ont souvent l'ambition, cela suppose que tout puisse être objet de science. Mais cette objectivité ne va pas de soi.

LE SUJET

Tout peut-il être objet de science ?

LE CORRIGÉ

Les titres ou mentions entre crochets ne doivent pas figurer sur la copie.

Introduction

[amorce] Chaque science semble avoir un objet, c'est-à-dire un domaine de prédilection sur lequel portent ses efforts de connaissance.
[reformulation du sujet] Mais est-ce à dire que tout peut devenir objet de science ? **[problématique]** D'un côté, les hommes veulent connaître la totalité du réel. De l'autre, l'objectivité d'une connaissance semble impliquer des conditions que la totalité du réel ne remplit pas. **[annonce du plan]** Tout d'abord, nous déterminerons les conditions qui permettent à un objet de devenir objet de science. De là, nous verrons que certaines choses ne remplissent pas ces conditions. Enfin, nous montrerons que la science ne trouve pas ses objets tout faits, mais qu'elle a à les construire.

I. De l'objet à l'objectivité

1. Qu'est-ce qu'un objet de science ?

> **SECRET DE FABRICATION**
> Définir les termes du sujet permet de mieux cerner le problème. Ici, le terme « objet » n'est pas à entendre en un sens vague, il n'est pas synonyme de « chose ».

▶ Le mot « objet » vient du latin *ob-jectum* (« ce qui est placé devant »). L'objet se rapporte à un sujet qui le perçoit et veut le connaître. Ainsi, l'objet de science est **ce que veut connaître le scientifique et qui détermine sa discipline**. Par exemple, les mathématiques ont pour objet le nombre et la figure.

▶ Pour Kant, un objet peut être compris comme **un phénomène ou une chose en soi**. Le phénomène implique une expérience du sujet qui en est affecté par les sens et l'appréhende par son entendement. Nous ne pouvons connaître que les phénomènes, les choses telles qu'elles nous apparaissent, et non les choses en soi.

▶ Seuls les phénomènes peuvent être des objets de science, car ils impliquent **une expérience possible**. Ce dont on ne fait pas l'expérience ne peut être objet de science. Dieu par exemple peut être objet de discours mais non de science.

2. De l'expérience à la théorie

▶ L'expérience doit donner lieu à des régularités que l'esprit humain peut dégager. En faisant varier les paramètres dans le cadre d'un protocole expérimental, **le scientifique repère des lois**.

▶ Une théorie scientifique consiste ainsi à construire une représentation précise des différents phénomènes étudiés par l'intermédiaire de lois. **La théorie est vérifiée par l'expérience**, qu'elle permet aussi de diriger.

[transition] Une chose peut devenir objet de science à deux conditions : il faut qu'on puisse en faire l'expérience et cette expérience implique une régularité telle qu'on puisse dégager des lois qui s'unifient en une théorie.

II. Ce qui résiste à l'objectivité

1. Une objectivité problématique

▶ Ainsi, si une chose ne répond pas à ces deux conditions, elle ne peut pas être objet de science. Cela implique une **première limitation de la science** : la totalité des choses et l'être en soi, ne pouvant être les objets d'une représentation, ne sauraient être des objets pour la science.

▶ La **connaissance du futur et du passé** pose un problème similaire. Certes, la science cherche à prédire ce qui se passera, mais elle le fait à partir de théories construites sur des expériences passées. Ce n'est donc pas l'avenir en tant que tel qui est objet de science. De même, le caractère scientifique de l'histoire a été discuté dans la mesure où l'expérience qu'on en fait n'est pas répétable.

▶ Pour Ricœur, la notion d'objectivité pensée dans les sciences de la nature ne peut être appliquée à toutes les sciences. Il y a **différents niveaux d'objectivité** et une science doit prendre en compte la spécificité de son objet.

2. Le sujet peut-il être un objet de science ?

▶ La connaissance du sujet pose un problème spécifique. L'homme ne veut pas seulement connaître les choses qui se trouvent devant lui, il veut aussi se connaître en tant qu'être conscient et libre. Telle est l'ambition de la psychologie, de la sociologie. Or peut-on faire de l'homme un objet de connaissance ? N'est-ce pas dès lors nier en lui ce qui relève de la **subjectivité** ?

À NOTER
Pour Auguste **Comte**, l'expérience que le sujet peut avoir de lui-même est problématique : « L'esprit humain peut observer tous les phénomènes, excepté les siens propres. »

▸ Durkheim montre que « les faits sociaux sont des choses » dont on peut tirer une connaissance objective. Il étudie le suicide, en laissant de côté ce que ressentent les individus, pour dégager, à partir de données statistiques, des causes objectives.

▸ Lévi-Strauss montre ainsi le **caractère paradoxal de l'expression « sciences humaines »** : plus un discours est scientifique, plus il a tendance à effacer ce qu'il y a de subjectif dans l'expérience humaine. Or plus un discours cherche à connaître l'homme, plus son objectivité est problématique.

[transition] La science veut donc connaître certaines choses (l'avenir, le passé, l'homme) qui semblent échapper à toute forme d'objectivité.

III. La construction de l'objet

 SECRET DE FABRICATION
La troisième partie permettra de clarifier ce qui a été exposé précédemment : qu'implique l'idée selon laquelle il existerait différents niveaux d'objectivité ?

1. La science construit son objet

▸ S'il y a ainsi différents niveaux d'objectivité, c'est que **la science ne trouve pas son objet tout fait devant elle** : elle le construit. Il n'est pas donné dans l'expérience commune, il est « la conclusion d'un jugement » selon Ullmo. L'objet de la science n'est pas un objet ordinaire que le scientifique n'aurait qu'à décrire avec précision ; il renvoie à un effort d'invention du scientifique qui trouve prise pour connaître le réel.

▸ L'objet de la science est corrélatif à **un effort méthodique** pour le construire à partir de procédés de mesure, d'outils techniques et de théories. Par exemple, le physicien n'étudie pas les couleurs telles qu'elles nous apparaissent spontanément, mais il construit le concept de longueurs d'onde pour en rendre compte.

2. Un exemple privilégié : la biologie

▸ Le vivant est un exemple intéressant. Définir ce qu'est la vie est ardu. Les êtres vivants semblent impliquer une finalité, dont on a cherché à rendre compte à partir de la notion d'âme. Or la science privilégie le **rapport de causalité** pour expliquer les phénomènes.

▸ Les biologistes ont donc dû imaginer des **protocoles expérimentaux novateurs** pour prendre en compte la spécificité de leur objet. Si l'anatomie étudie les organes indépendamment les uns des autres, la physiologie cherche à montrer leur interdépendance. Les biologistes cherchent à élucider le rapport du vivant à son milieu pour rendre compte de ses facultés d'adaptation.

Conclusion

[synthèse] Tout ne peut pas devenir objet de science, dans la mesure où l'objectivité implique des conditions (expérience et régularité). Pourtant, il convient de saisir que la science doit construire ses objets, de telle sorte que ce qui ne paraît pas objectivable aujourd'hui le sera peut-être demain. **[ouverture]** Cela implique de saisir la dimension créatrice et inventive de la science : la science ne se contente pas de décrire le réel tel qu'il est, mais elle invente sans cesse de nouveaux protocoles pour permettre une connaissance plus grande du réel.

Les notions
14 La technique

Dans la mythologie grecque, Prométhée est surtout connu pour avoir dérobé le feu sacré de l'Olympe, c'est-à-dire le feu du travail, l'élément naturel qui permet de construire des outils artificiels grâce à la fusion du métal. Il en a fait don aux humains.

TEST — Pour vous situer et identifier les fiches à réviser — 254

FICHES DE COURS

MÉMO VISUEL — 256

40 La valeur d'une civilisation se reconnaît-elle au développement de sa technique ? — 258
41 La technique est-elle neutre ? — 260
42 La technique n'est-elle qu'une application de la science ? — 262

SUJETS GUIDÉS & CORRIGÉS

OBJECTIF BAC
27 DISSERTATION | Qu'attendons-nous de la technique ? — 264

OBJECTIF MENTION
28 EXPLICATION DE TEXTE | Gilbert Simondon, *Du mode d'existence des objets techniques* — 269

TESTEZ-VOUS

→ CORRIGÉS P. 350

Faites le point sur vos connaissances, puis établissez votre **parcours de révision** en fonction de votre score.

1 La valeur d'une civilisation se reconnaît-elle au développement de sa technique ?

→ FICHE 40

1. Qui soutient que le développement des sciences et des techniques rend envisageable le progrès indéfini de l'esprit humain ?

- a. Lévi-Strauss
- b. Francis Bacon
- c. Foucault

2. Vrai ou faux ? Cochez la case qui convient.

	V	F
a. Le terme « civilisation » est synonyme du terme « peuple ».	☐	☐
b. Les civilisations qui connaissent une technique fortement développée sont celles où les rendements agricoles sont les plus faibles.	☐	☐
c. Le terme « puissance » est synonyme de « capacité ».	☐	☐
d. Selon Lévi-Strauss, la civilisation occidentale, depuis deux ou trois siècles, s'est entièrement consacrée au progrès des techniques.	☐	☐

3. Selon Lévi-Strauss…

- a. il existe un critère universel de la valeur d'une civilisation, mais celui-ci n'est pas le développement technique.
- b. il n'existe pas de critère universel de la valeur d'une civilisation.
- c. le critère universel de la valeur d'une civilisation est l'aptitude à triompher des milieux géographiques les plus hostiles.

…/3

2 La technique est-elle neutre ?

→ FICHE 41

1. Associez chaque thèse à son auteur.

a. « Les machines exigent que le travailleur les serve. » • • Heidegger

b. La technocratie consiste en ce que « les grands groupes dirigeants semblent subir les exigences [d'appareils technologiques] plutôt que de les déterminer. » • • Arendt

c. Focalisé sur la technique, l'homme oublie d'entendre « l'appel d'une vérité plus initiale ». • • Marcuse

2. Selon Heidegger, l'arraisonnement désigne…

☐ **a.** une fusion de la raison et de la nature.

☐ **b.** un rapport raisonnable des hommes à la nature.

☐ **c.** un postulat selon lequel la nature ne peut se comprendre qu'à partir de catégories quantitatives.

3. Lisez l'extrait et cochez la (ou les) proposition(s) qui rend(ent) compte du sens du texte.

> Si la condition humaine consiste en ce que l'homme est un être conditionné pour qui toute chose, donnée ou fabriquée, devient immédiatement condition de son existence ultérieure, l'homme s'est « adapté » à un milieu de machines dès le moment où il les a inventées.
>
> Hannah Arendt, *Condition de l'homme moderne*
> trad. Georges Fradier © Éditions Calmann-Lévy, 1961, 1983 et 2018.

☐ **a.** L'homme invente des machines qui s'adaptent à ses capacités.

☐ **b.** L'humanité s'adapte à un milieu de machines qu'elle a produites.

☐ **c.** L'invention des machines n'a eu aucun effet sur la condition humaine.

…/3

3 La technique n'est-elle qu'une application de la science ?

→ FICHE 42

1. Selon Bergson…

☐ **a.** l'homme a été *homo faber* avant d'être *homo sapiens*.

☐ **b.** l'homme a été *homo sapiens* avant d'être *homo faber*.

☐ **c.** l'homme est devenu en même temps *homo sapiens* et *homo faber*.

2. Selon Bachelard…

☐ **a.** une science est postérieure à ses instruments de mesure.

☐ **b.** une science a l'âge de ses instruments de mesure.

☐ **c.** une science est antérieure à ses instruments de mesure.

3. Le savant qui prend en charge des obstacles techniques…

☐ **a.** devient de ce fait technicien.

☐ **b.** tâtonne pour les résoudre.

☐ **c.** les constitue en problèmes théoriques.

…/3

Score total …/9

Parcours PAS À PAS ou EXPRESS ? → MODE D'EMPLOI P. 3

MÉMO VISUEL

DÉFINITIONS CLÉS

Technique
1. Au sens large, ensemble de procédés employés pour produire une œuvre ou obtenir un résultat déterminé.
2. En un sens plus moderne, ensemble des applications de la science dans le domaine de la production.
3. Plus généralement, méthode efficace. On parle de techniques de calcul, par exemple.

Technologie
1. Étude de la technique.
2. Technique moderne fondée sur des principes scientifiques.

LA

La valeur d'une civilisation se reconnaît-elle au développement de sa technique ? (→ p. 258)

Les repères utiles
absolu/relatif → p. 336

La réponse de Francis Bacon
Le développement technique permet de combler les désirs humains et d'améliorer les mœurs.

La réponse de Lévi-Strauss
Il n'existe pas de critère universel de la valeur d'une civilisa-
« Selon le point de vue choisi, on aboutirait donc à des classements différents. »

La technique est-elle neutre ? (→ p. 260)

Les repères utiles
essentiel/accidentel → p. 338

La réponse de Gorgias
La technique n'est qu'un ensemble d'instruments. L'homme est responsable de son usage.

La réponse de Marcuse
La technique engendre un développement de la bureaucratisation, de l'administration et de la planification, ce qui provoque un affaiblissement des institutions démocratiques.

La technique n'est-elle qu'une application de la science ? (→ p. 262)

Les repères utiles
théorie/pratique → p. 344

La réponse de Bergson
Historiquement, la technique précède la science. L'homme est *homo faber* avant d'être *homo sapiens*.

La réponse de Bachelard
La science et la technique sont contemporaines.
« Une science a l'âge de ses instruments de mesure. »

40 La valeur d'une civilisation se reconnaît-elle au développement de sa technique ?

En bref Les civilisations humaines sont variées. Certaines, comme la civilisation de l'Europe occidentale, ont davantage développé la technique que d'autres. Le développement des techniques est-il la marque du progrès d'une civilisation ?

I. Technique, progrès et puissance

1. La maîtrise de la nature

■ Si la technique constitue un critère de valeur d'une **civilisation**, c'est parce qu'elle permet l'amélioration de la vie humaine par le biais d'une maîtrise efficace de la nature . Pour Francis Bacon, le développement des sciences et des techniques rend envisageable le progrès indéfini de l'esprit humain. Ce progrès tend vers une situation idéale, où seraient comblés tous les désirs des hommes et où leurs conduites seraient enfin moralement bonnes.

> **MOT-CLÉ**
> Terme équivoque, le mot **civilisation** désigne les progrès accomplis par l'humanité dans une nation, un idéal à atteindre, ou encore, de manière neutre, l'ensemble des traits qui caractérisent une société donnée.

■ Les civilisations qui connaissent une technique fortement développée sont aussi celles où les besoins matériels humains sont les mieux satisfaits. Les travaux y sont facilités par l'usage d'instruments et de machines toujours plus perfectionnés et les rendements (agricoles notamment) y sont accrus.

■ La technique permet d'offrir aux hommes une vie plus aisée, plus confortable, et de réaliser de grands rêves de l'humanité : voler, conquérir l'espace, marcher sur la Lune et peut-être bientôt sur Mars.

2. La domination économique et politique

■ C'est grâce au développement des techniques maritimes, militaires et commerciales que les États européens ont pu bâtir jadis un empire colonial. Aujourd'hui, la possession d'une technique développée signe la **puissance** d'un État, lequel impose ses règles à d'autres États.

> **MOT-CLÉ**
> La **puissance** est la propriété d'un objet ou d'une personne. Elle ne caractérise pas ici une simple capacité, mais la manifestation concrète d'un pouvoir d'action, d'une force.

■ Dès lors, il est tentant de hiérarchiser les civilisations en fonction de leurs développements techniques propres. On se représente chacune d'elles comme une étape dans un grand processus évolutif entraînant l'humanité entière vers des formes de civilisations toujours plus technicisées.

II Le caractère relatif des valeurs

1 Le risque de l'ethnocentrisme

■ Pour les membres d'une civilisation fortement développée techniquement, comme le relève Lévi-Strauss, les civilisations qui empruntent une autre voie semblent stationnaires. Cette évaluation exprime, en réalité, une **incompréhension** : un observateur extérieur à une civilisation projette sur celle-ci un critère qui ne vaut que pour une civilisation singulière.

■ Ainsi, là où nous croyons déceler l'immobilisme d'une civilisation, nous ne faisons qu'exprimer notre ignorance pour ses intérêts véritables. Autrement dit, les civilisations ont tendance à se mépriser parce qu'elles ne se ressemblent pas. Il s'agit là d'ethnocentrisme : nous faisons du groupe ethnique auquel nous appartenons le **modèle de référence**.

2 D'autres critères de valeur possibles ?

■ La civilisation occidentale, depuis deux ou trois siècles, s'est consacrée au progrès des techniques, en vue d'offrir à l'homme des moyens mécaniques de plus en plus puissants. **L'erreur est d'ériger ce fait en critère universel.**

■ En retenant d'autres critères, on obtiendrait des **évaluations bien différentes**. Si l'on privilégie, par exemple, le degré d'aptitude à triompher des milieux géographiques les plus hostiles, les civilisations des Esquimaux et des Bédouins remporteraient la palme de la valeur.

zoOm

Le yogi indien : un homme civilisé

■ Selon Lévi-Strauss, si le critère de la valeur d'une civilisation était la connaissance du corps humain et les rapports entre le physique et le moral, les civilisations orientales et extrême-orientales occuperaient la première place.

■ Ce yogi indien n'est pas moins civilisé qu'un homme consommateur occidental, il l'est autrement.

41 La technique est-elle neutre ?

En bref *La technique semble n'être qu'un ensemble de moyens à notre disposition. Force est pourtant de constater que les objets techniques occupent une place croissante dans notre vie. Ne faut-il pas en conclure que la technique finit par conditionner nos modes de vie, de pensée et de coexistence ?*

I La neutralité de la technique

1 La conception instrumentale de la technique

■ La technique est **un simple moyen**. Gorgias, le sophiste dépeint par Platon dans l'œuvre éponyme, se fonde sur cet argument pour défendre une conception purement instrumentale de la technique.

■ Par exemple, une arme est un simple moyen et est **moralement neutre** : elle peut servir à se défendre et à protéger ses amis, mais elle peut aussi être utilisée pour commettre des méfaits. L'arme n'est pas responsable de l'usage que l'on en fait.

2 La responsabilité humaine

■ La responsabilité morale des hommes est toujours engagée. Ainsi, l'idée d'**aliénation technique**, qui désigne un état de dépossession de la vie humaine dont la technique serait directement responsable, est infondée.

■ Marx souligne que la révolte ouvrière ne doit pas être un saccage des machines, mais qu'elle doit déboucher sur le changement politique de la société.

II La non-neutralité de la technique

1 La technique conditionne l'homme

■ Comme le souligne Arendt, on n'avait jamais auparavant ressenti le besoin de s'interroger à propos de la dépendance de l'homme vis-à-vis de ses outils. Le fait même que la question se pose concernant le **rapport de l'homme aux machines** est l'indice d'un problème nouveau et réel. Alors qu'un ensemble d'outils utilisés par la main humaine peut rester neutre, « les machines exigent que le travailleur les serve et qu'il adapte le rythme naturel de son corps à leur mouvement mécanique. »

■ La technique obéit toujours davantage à la **loi de l'efficacité rationnelle** : obtenir un maximum de résultats avec un minimum de dépenses. Une valeur économique devient ici une norme éthique.

■ Ce critère régit tous les domaines. Dans la vie professionnelle ou dans les loisirs, il faut être efficace, toujours plus productif, aller toujours plus loin, plus vite. La technique engendre une **conception purement quantitative de la réussite** et du bonheur.

2 | La technocratie

Selon Marcuse, le développement de la technique engendre un développement de la bureaucratisation, de l'administration et de la planification, ce qui provoque un affaiblissement des institutions démocratiques. En effet, les individus obéissent aux exigences d'appareils technologiques, de distribution et de consommation, dont « les grands groupes dirigeants semblent subir les exigences [...] plutôt que de les déterminer. » La domination politique devient **technocratique**.

MOT-CLÉ
Souvent péjoratif, le terme de **technocratie** désigne un accaparement du pouvoir politique par les techniciens et les fonctionnaires.

3 | L'essence de la technique

■ Selon Heidegger, l'essence de la technique moderne ne se réduit pas à un ensemble d'instruments. Elle est un dévoilement qui **arraisonne** la nature.

■ La nature se trouve dès lors identifiée à une source d'énergie. Par exemple, une centrale hydraulique ne fait pas corps avec un fleuve, mais le mure et le détermine comme fournisseur de pression hydraulique.

MOT-CLÉ
L'**arraisonnement** consiste à postuler que la nature entière peut se comprendre à partir de catégories rationnelles quantitatives. La nature se réduit donc à la mesure que le technicien en prend en vue de son usage par l'homme.

■ L'essence de la technique constitue un prisme déformant qui s'impose aux hommes. Mais en ne voyant dans la nature qu'une somme d'ustensiles, l'homme oublie d'entendre « l'appel d'une vérité plus initiale » : l'énigme de sa présence.

zoOm

Les techniques d'élevage intensif : un mépris des animaux ?

Au cœur des préoccupations contemporaines, l'élevage intensif vise à maximiser le rendement en augmentant la densité d'animaux sur l'exploitation ou en s'affranchissant plus ou moins fortement du milieu environnant. Cette technique n'exprime-t-elle pas la confusion des animaux avec de simples choses ?

42 La technique n'est-elle qu'une application de la science ?

En bref *Si la science cherche le vrai et que la technique vise l'utile, il semble logique de se représenter la technique comme chronologiquement postérieure à la science, dont elle ne serait que la concrétisation. La technique dérive-t-elle entièrement des connaissances scientifiques ?*

I La technique précède la science

1 Une question de chronologie

■ Historiquement, la technique précède la science : elle est indispensable à l'homme pour sa survie, alors que la connaissance scientifique n'a pas cette urgence. C'est ainsi que Bergson souligne que l'homme a été *homo faber*, constructeur d'outils, avant d'être *homo sapiens*, individu visant à connaître le monde.

■ C'est ainsi, par exemple, que la médecine a précédé les sciences physiques, chimiques et biologiques : au Néolithique, la trépanation, opération consistant à pratiquer un trou dans la boîte crânienne, était une pratique opératoire courante, alors qu'on ne disposait d'aucune connaissance scientifique de l'anatomie du crâne et encore moins des mécanismes cérébraux.

2 La science comme solution aux difficultés de la technique

■ La technique antérieure à la science est une pratique spontanée et routinière, qui rencontre de nombreux échecs. Elle est donc insatisfaisante pour l'homme, qui va tâcher de comprendre les raisons de ces échecs. Tel est l'acte de naissance de la recherche scientifique.

■ Les difficultés rencontrées par les techniciens provoquent une mutation de l'esprit : le savant s'empare alors d'obstacles techniques et en fait des problèmes théoriques.

NOTER
Les anciens Égyptiens ont développé les sciences, mais uniquement dans une perspective pratique (construction architecturale, administration…), sans s'engager dans un examen scientifique du monde. Ce n'est qu'avec les Grecs qu'apparaîtront les démonstrations.

■ Alors que la ville de Florence était en plein essor, au XVIIe siècle, et qu'elle avait donc besoin d'un meilleur approvisionnement en eau, les fontainiers se sont demandé comment faire monter l'eau dans les pompes au-delà de 10,33 mètres. Torricelli et Pascal se sont interrogés sur les causes du problème. Les scientifiques découvrent alors que la hauteur maximale de l'eau est déterminée par la pression atmosphérique.

II Technique et science s'enrichissent mutuellement

1 | La science participe aux succès de la technique

Même la science la plus désintéressée contribue à la réussite de techniques. L'invention du transistor, qui remplaça avantageusement les lampes dans les récepteurs radio, fut par exemple rendue possible par la science physique pure, et plus précisément par l'étude fondamentale de la diffusion des électrons par la matière.

2 | La technique est indispensable à la science

■ La technique est au cœur même de la démarche scientifique, dans la mesure où elle permet de vérifier les hypothèses grâce à des instruments.

■ Ce lien est de plus en plus patent avec la science contemporaine : la physique atomique serait impossible sans tout un appareillage technique extrêmement sophistiqué. Par exemple, l'existence du boson de Higgs, une particule élémentaire, n'aurait pas pu être prouvée en 2012 sans un accélérateur de particules de près de vingt-sept kilomètres : le grand collisionneur de hadrons.

■ Ainsi, il faut en conclure avec Bachelard qu'« une science a l'âge de ses instruments de mesure. » La connaissance scientifique est toujours une connaissance approchée, corrélée à l'état de développement des instruments techniques de mesure du réel.

■ Enfin, l'image d'une science absolument pure est erronée : comme la technique, la science a pour but de mesurer des résultats et de prévoir, non de connaître les causes premières ou l'essence des choses → FICHE 37.

zoOm

Les arpenteurs du Nil et le développement de la géométrie

Lors des crues du Nil, le débordement des eaux du fleuve rendait indistinctes les propriétés agricoles inondées. Il a donc fallu développer la mesure de la terre (géométrie) pour pouvoir procéder à des délimitations justes. Cela a permis de remédier aux insuffisances des techniques utilisées par les arpenteurs de l'Égypte.

SUJET 27 — OBJECTIF BAC

DISSERTATION ⏱ 4 h **Qu'attendons-nous de la technique ?**

Si, comme le soutient Arthur C. Clarke, « toute technologie suffisamment avancée est indiscernable de la magie », qu'attendons-nous des sorciers modernes que sont les techniciens ? Et si des chapeaux de ces derniers jaillissaient des monstres ?

LE SUJET

Qu'attendons-nous de la technique ?

LES CLÉS POUR RÉUSSIR

▶ Analyser les termes du sujet

▸ **Technique :** terme qui ne se limite pas à des manifestations matérielles, mais qui désigne des procédés et des moyens utiles à une activité.

▸ **Attendre :** verbe qui désigne un rapport à l'avenir, lequel peut être passif (l'attente d'un destin inéluctable) ou actif (une utilisation orientée).

▸ **Nous :** désigne, au sens le plus large, l'humanité ou, en un sens plus restreint, un groupe (des spécialistes, des philosophes, par exemple).

▶ Dégager la problématique et les enjeux du sujet

Attendons-nous de la technique des **effets positifs ou négatifs** pour l'homme ? Ne risquons-nous pas d'être, dans un cas, toujours insatisfaits ou, dans l'autre, submergés par la crainte ?

▶ Construire le plan de la dissertation

① La satisfaction de nos désirs
▸ L'homme pourrait-il survivre sans la technique ?
▸ Comment la technique peut-elle combler nos désirs ? Cherchez des exemples.
▸ Montrez que la technique nous donne l'espoir de voir se réaliser nos rêves.

② La crainte du progrès technique

▸ Pour quelles raisons le progrès technique nous angoisse-t-il ?

▸ Quels peuvent être les effets négatifs de la technique sur la nature ?

▸ Montrez que la technique modifie l'homme.

▸ Les productions techniques sont-elles toujours moralement acceptables ?

③ Il n'y a rien à attendre de la technique

▸ L'homme n'est-il pas toujours responsable des usages de la technique ?

▸ Si la technique conditionne la vie humaine, l'homme n'a-t-il plus aucune marge de liberté ?

✓ LE CORRIGÉ

Les titres ou mentions entre crochets ne doivent pas figurer sur la copie.

Introduction

[amorce] Les productions artistiques présentent souvent un monde futur profondément modifié et impacté par la prolifération des objets techniques. L'épisode « San Junipero » de la série *Black Mirror* fait entrevoir un avenir très proche où les hommes pourraient préférer une immortalité heureuse fondée sur un système de réalité virtuelle à la vie réelle et son lot de vicissitudes.

[reformulation du sujet] Espérons-nous que la technique améliore nos vies ou, au contraire, la craignons-nous comme un facteur de dégradation ? **[problématique]** Si nous attendons de la technique des bienfaits pour l'homme, ne risquons-nous pas d'être toujours déçus, jamais totalement comblés ? Si nos attentes masquent, au contraire, des craintes, ces émotions ne risquent-elles pas de constituer une entrave à notre pensée et à nos actions ? Ne faudrait-il pas dire alors que l'attente désigne un rapport erroné à la technique ?

[annonce du plan] Nous attendons de la technique qu'elle vienne satisfaire nos besoins et nos désirs et réalise nos rêves les plus grands. Néanmoins, il faut aussi reconnaître que le progrès technique suscite en nous des craintes. Ne sommes-nous pas effrayés à l'idée de voir la nature toujours davantage dégradée, l'homme modifié et les barrières morales franchies par le développement inexorable de la technique ? Pourtant, il ne faut pas oublier que l'homme reste toujours responsable de l'usage qu'il fait de la technique.

I. La satisfaction de nos besoins et de nos désirs

 SECRET DE FABRICATION

Il faut, dans un premier temps, vous pencher sur les effets positifs de la technique pour l'homme, tant au niveau de sa simple survie qu'à celui de la réalisation de ses désirs et de ses rêves.

1. La technique au service de notre survie

▸ **L'homme est un animal fort démuni**. Comme le souligne Kant, « la nature ne lui a donné ni les cornes du taureau, ni les griffes du lion, ni les crocs du chien, mais seulement les mains » (*Idée d'une histoire universelle d'un point de vue cosmopolitique*).

▸ La technique est aussi ancienne que l'homme. D'emblée, l'homme ne peut survivre qu'**en interposant des médiations entre lui et la nature**, et ces médiations sont produites par la technique. Un simple bâton, parce qu'il devient dans la main de l'homme un instrument permettant de cueillir, de chasser ou de frapper, est un moyen nécessaire à la satisfaction des besoins.

2. La technique au service de la satisfaction de nos désirs

▸ L'homme n'est pas qu'un être de besoins. Plus essentiellement, il est **un être de désirs**. Nous avons besoin de manger pour survivre, mais nous désirons telle ou telle nourriture. Ainsi, Descartes brandit l'espoir de voir la science et la technique « nous rendre comme maîtres et possesseurs de la nature » (*Discours de la méthode*).

▸ Alors que le besoin désigne le manque de ce qui est nécessaire et indispensable, le désir est **une tendance devenue consciente** et est sélectif. Spinoza soutient qu'il constitue l'« essence de l'homme ».

▸ La satisfaction du désir réclame souvent des **médiations techniques**. L'homme qui veut explorer le monde a besoin de navires, d'instruments de navigation, de techniques de conservation des aliments, etc. C'est ainsi que les projets de Christophe Colomb, Vasco de Gama ou Magellan seraient restés lettre morte sans tout un ensemble de techniques.

3. La technique au service de la réalisation de nos rêves

Plus encore, nous attendons de la technique la réalisation de nos rêves les plus grands. C'est grâce à la technique que l'homme a pu construire des avions et **voler**. La Nasa ambitionne de conquérir et d'habiter durablement la Lune, Vénus et Mars grâce à l'invention de nouveaux moteurs de fusée et à la création de villes flottantes. Grâce à ce même progrès technique, l'homme ambitionne même de prolonger indéfiniment la vie.

[transition] Néanmoins, il est manifeste que nous n'attendons pas seulement de la technique la production d'un monde idyllique. Ne faut-il pas comprendre aussi nos attentes comme des formes d'angoisse ?

II. La crainte du progrès technique

> **SECRET DE FABRICATION**
> Il s'agit dans un deuxième temps de saisir dans quelle mesure l'homme peut craindre la technique, en étudiant plus particulièrement ses dommages possibles sur la nature, sur les comportements humains et sur la morale.

1. La destruction de la nature

▶ Si l'homme ne cesse pas de gagner continuellement en maîtrise de la nature grâce à la technique, nous pouvons **nous attendre à des excès**. C'est au prix de torts irrémédiables commis envers la nature que se développe le progrès technique. La nature est souillée, polluée, et nous craignons une artificialisation du monde qui le rendrait invivable pour les hommes.

▶ C'est ainsi que, selon beaucoup de scientifiques, les **crises environnementales**, telles que l'érosion de la diversité biologique, le réchauffement climatique ou encore la déforestation, seraient des effets d'un développement et d'un usage des techniques incontrôlés.

2. La destruction d'une forme de relations humaines

▶ Comme le souligne Rousseau, le progrès technique permet à l'homme de se procurer de plus grandes commodités, or celles-ci **amollissent le corps et l'esprit** et dégénèrent « en de vrais besoins », si bien que la privation en devient « beaucoup plus cruelle [que la] possession n'en était douce », à tel point qu'on est « malheureux de les perdre, sans être heureux de les posséder » (*Discours sur l'inégalité*).

▶ L'omniprésence accrue d'objets techniques de plus en plus performants nous effraie, car elle engendre **une forme d'addiction**. Une enquête menée en 2019 par l'Observatoire français des drogues et des toxicomanies montre que près de trois adolescents de dix-sept ans sur cinq passent au moins quatre heures cumulées quotidiennes devant les différents types d'écrans. Avec des conséquences évidentes sur leur sociabilisation, leur scolarité, voire leur comportement.

▶ En outre, nous craignons de voir la technique engendrer **une modification des relations humaines**. Comme le souligne Marcuse, « la société industrielle contemporaine tend au totalitarisme » (*L'Homme unidimensionnel*), c'est-à-dire à une uniformisation douce des besoins sous le prétexte d'un « faux intérêt général ». De telles conditions rendent caduque toute opposition au système en place.

3. L'amoralité de la technique

▶ La technique vise à **maximiser l'efficacité de moyens en vue de la production de fins**. La question de la valeur de ces fins n'a aucun sens technique. Ainsi, dans le contexte d'un vaste marché de consommation et dans une perspective strictement économique, avec pour seuls objectifs l'efficacité et la maximisation des rendements, les entreprises visent l'augmentation indéfinie de la production.

▶ La **loi** dite **de Gabor** stipule que tout ce qui est techniquement possible sera réalisé. Si cela est juste, c'est le caractère amoral de la technique qui est effrayant. Ellul souligne que la technique « ne tolère pas d'être arrêtée pour une raison morale [...] Le technicien ne tient tout bonnement aucun compte de ce qui lui paraît relever de la plus haute fantaisie, et d'ailleurs nous savons à quel point la morale est relative » (*Le Système technicien*).

[transition] Pourtant, que ce soit sous la forme de l'espoir ou de la crainte, attendre quoi que ce soit de la technique traduit peut-être une erreur en soi. L'idée d'attente n'oblitère-t-elle pas la liberté humaine ?

III. Il n'y a rien à attendre de la technique

1. L'homme est toujours responsable

▶ Attendre quoi que ce soit de la technique revient à l'humaniser. En réalité, la technique ne veut rien, ne dicte rien, si bien que c'est toujours **l'homme** qui **choisit librement l'usage effectif des instruments techniques**.

▶ Comme le souligne Gorgias, le sophiste dépeint par Platon, une arme est moralement neutre. Elle n'est pas responsable de l'usage que son possesseur en fait.

2. L'homme dépendant de la technique peut s'en libérer

▶ À supposer même que la vie humaine soit conditionnée par la technique, la liberté humaine n'en serait pas pour autant abolie. La technique n'est pas une malédiction dont il faudrait se défaire. Ainsi, explique Heidegger, même si nous dépendons des objets que la technique nous fournit, l'humanité aurait tort « de donner l'assaut, tête baissée, au monde technique et ce serait faire preuve de vue courte que de vouloir condamner ce monde comme étant l'œuvre du diable. »

▶ C'est ainsi que « nous pouvons dire *oui* à l'emploi inévitable des objets techniques et nous pouvons en même temps lui dire *non* en ce sens que nous les empêchions de nous accaparer et ainsi fausser, brouiller et finalement vider notre être » (*Questions III*). Autant il est illusoire de prétendre refuser la totalité de la technique qui, de fait, s'impose à nous, autant il nous faut refuser que toute notre vie soit engloutie par une fascination envers ces objets et instruments. C'est ainsi qu'il ne s'agit pas de condamner les écrans qui nous entourent, mais de **rester vigilants** quant à leur prolifération qui pourrait finir par accaparer toute notre vie.

Conclusion

[synthèse] Ce que nous attendons de la technique est pluriel et, peut-être, contradictoire. Tantôt, au-delà de la satisfaction de nos besoins, nous misons sur elle pour réaliser nos désirs. Tantôt nous attendons son progrès comme la venue d'un monstre s'apprêtant à dévorer la nature et l'homme. C'est peut-être là le signe qu'il est inapproprié d'attendre quoi que ce soit de la technique, mais qu'il est urgent de régler les rapports que nous entretenons avec elle.

[ouverture] L'humanité est-elle capable d'accomplir une telle tâche ? Voici peut-être la question essentielle de l'époque contemporaine.

SUJET 28

OBJECTIF MENTION

EXPLICATION DE TEXTE ⏱ 4 h **Gilbert Simondon, *Du mode d'existence des objets techniques***

Dans *Les Temps modernes*, Charlot se fait littéralement « manger » par une machine. Faut-il craindre les machines qui pourraient automatiser toute notre vie et nous ôter tout pouvoir de penser et de nous rebeller ?

LE SUJET

Expliquez le texte suivant.

Or, en fait, l'automatisme est un assez bas degré de perfection technique. Pour rendre une machine automatique, il faut sacrifier bien des possibilités de fonctionnement, bien des usages possibles. L'automatisme, et son utilisation sous forme d'organisation industrielle que l'on nomme *automation*,
5 possède une signification économique ou sociale plus qu'une signification technique. Le véritable perfectionnement des machines, celui dont on peut dire qu'il élève le degré de technicité, correspond non pas à un accroissement de l'automatisme, mais au contraire au fait que le fonctionnement d'une machine recèle une certaine marge d'indétermination. C'est cette marge qui
10 permet à la machine d'être sensible à une information extérieure. C'est par cette sensibilité des machines à de l'information qu'un ensemble technique peut se réaliser, bien plus que par une augmentation de l'automatisme. Une machine purement automatique, complètement fermée sur elle-même, dans un fonctionnement prédéterminé, ne pourrait donner que des résultats som-
15 maires. La machine qui est douée d'une haute technicité est une machine ouverte, et l'ensemble des machines ouvertes suppose l'homme comme organisateur permanent, comme interprète vivant des machines les unes par rapport aux autres. Loin d'être le surveillant d'une troupe d'esclaves, l'homme est l'organisateur permanent d'une société des objets techniques qui ont
20 besoin de lui comme les musiciens ont besoin du chef d'orchestre.

Gilbert Simondon, *Du mode d'existence des objets techniques*
© Aubier, Flammarion, 1958.

 LE CORRIGÉ

Les titres ou mentions entre crochets ne doivent pas figurer sur la copie.

Introduction

[amorce] Il est courant de se représenter l'automatisme comme l'expression d'un haut degré de perfection technique. **[problématique]** N'est-ce pas là, en réalité, tomber dans le piège des idolâtres de la machine, qui pensent la perfection de la technique sous la forme d'une machine de toutes les machines, c'est-à-dire d'une interconnexion de toutes les machines entre elles ? Ne faut-il pas, bien au contraire, soutenir que le critère du perfectionnement des machines serait l'indétermination ? **[annonce du plan]** Dans un premier moment du texte, Simondon expose sa thèse centrale : c'est l'indétermination, et non l'automatisme, qui est le signe du perfectionnement technique. Il expose, dans un deuxième temps, pourquoi il choisit ce critère. Dans un troisième et dernier temps, il explique quelle place l'homme peut occuper dans cet ensemble de machines ouvertes : celle d'un organisateur.

I. L'indétermination : le critère du perfectionnement (l. 1 à 9)

1. L'automatisme limite les usages possibles de la machine

▶ L'expression « or, en fait » signifie que le présent texte s'articule avec un autre, qui le précède et dont l'auteur montrera ici le caractère erroné.

▶ Très souvent, on croit en effet que l'automatisme incarne le sommet du développement technique, or c'est le contraire qui est vrai : « L' est un **assez bas degré de perfection technique**. » Un automate fonctionne de lui-même, sans nécessiter d'interventions extérieures, mais il est aussi dénué de toute volonté et de toute réflexion sur lui-même. Il ne fait que répéter les mouvements et les actions pour lesquels il a été programmé. C'est pourquoi il incarne bien un « degré de développement technique » : il est d'une efficacité plus grande qu'un simple outil, mais ce degré demeure faible (« assez bas »).

> **MOT-CLÉ**
> Le terme **automatisme** dérive du grec *automatos* (« qui se meut soi-même ») qui désigne le hasard, le fortuit et le spontané.

▶ **L'automatisation nécessite un sacrifice**, c'est-à-dire un renoncement à « bien des possibilités de fonctionnement. » En effet, l'automatisme est dénué de souplesse. Rivé à la répétition, il est incapable de s'adapter à des situations qui dépassent sa programmation. Par essence, l'automatisme est aveugle aux situations changeantes et à l'apparition de nouveautés dans le réel.

2. Le véritable sens de l'automation

▶ Ainsi l'automation, la forme industrielle d'utilisation de l'automatisme, a « une signification économique ou sociale plus qu'une signification technique. »

▶ L'automation s'accompagne d'une **augmentation de l'efficacité de la production** et, corrélativement, de la rentabilité, tout en modifiant les rapports sociaux, puisque la nature et la répartition du travail se trouvent bouleversées. Comparativement à cela, sa signification technique est de faible importance.

3. L'indétermination est le critère du perfectionnement technique

Simondon énonce alors une thèse contre-intuitive : c'est la « marge d'indétermination » dans son fonctionnement qui signe le perfectionnement d'une machine, c'est-à-dire l'absence de liens nécessaires entre les conditions qui s'offrent à la machine et à ses actions. Comment faut-il alors comprendre concrètement cette « marge d'indétermination » ?

MOT-CLÉ

Le terme **indétermination** ne désigne pas ici un caractère hésitant, un manque de décision ou de volonté. Une marge d'indétermination signifie dans le cas présent que la machine porte en elle une capacité d'autorégulation.

II. L'indétermination des machines : une sensibilité aux informations extérieures (l. 9 à 15)

1. La machine sensible aux informations extérieures

▸ La marge d'indétermination ne désigne pas une liberté au sens d'un libre arbitre offrant la possibilité d'effectuer des choix absolument indéterminés, mais un jeu, c'est-à-dire **une forme de plasticité inhérente à la machine** qui la rend « sensible », donc apte à réagir « à une information extérieure » et, par suite, capable de communiquer avec d'autres machines, sans que cela renvoie à une quelconque conscience machinale.

À NOTER

Plus loin dans son ouvrage, Simondon explique que **l'information** « est la variabilité des formes, l'apport d'une variation par rapport à une forme ». L'information est à « mi-chemin entre le hasard pur et la régularité absolue ». Il faut donc la comprendre comme un jeu dans des limites déterminées.

▸ Une telle machine est conçue pour **adapter son fonctionnement** aux données changeantes du réel. C'est ainsi que le développement technique d'un véhicule, par exemple, ne se reconnaît pas simplement à son déplacement automatique, mais à sa capacité à enregistrer l'éventuelle présence d'obstacles grâce à des capteurs et à engendrer une modification de sa trajectoire.

2. Les limites des machines purement automatiques

▸ Il faut comprendre alors qu'« une machine purement automatique », c'est-à-dire qui fonctionnerait de manière absolument indépendante, serait « complètement fermée sur elle-même, dans un fonctionnement prédéterminé ».

▸ Une telle machine **serait insensible à toute information extérieure**. Elle produirait peut-être d'excellents résultats, mais ceux-ci demeureraient « sommaires », c'est-à-dire rudimentaires et invariables. Elle ne pourrait que réitérer et engendrer des réponses à des cas particuliers voire singuliers et des fonctionnements généraux. Le résultat produit par une telle machine serait souvent inadéquat.

[transition] Quel peut être alors le rôle de l'homme face à un ensemble de machines ouvertes ?

III. Le rôle de l'homme (l. 15 à 20)

1. L'homme comme organisateur

▶ Il apparaît ainsi que le critère de la haute technicité d'une machine est son **ouverture**, c'est-à-dire son potentiel à prendre en compte les données réelles dans leur singularité.

▶ Loin d'éloigner l'homme de leur processus de fonctionnement, les « machines ouvertes » supposent la présence et l'action humaines. La crainte d'un monde de machines susceptibles de remplacer totalement l'homme et de le détrôner est infondée. Les machines sont inventées par l'homme et seul celui-ci peut être l'« organisateur permanent », c'est-à-dire l'« interprète vivant des machines les unes par rapport aux autres ». L'homme est justement celui qui va déterminer les marges d'indétermination des machines pour produire les résultats souhaités. Il a donc bien une **tâche créative et inventive qui lui est propre**.

2. L'homme comme chef d'orchestre

▶ Ce n'est donc **pas le rôle de « surveillant d'une troupe d'esclaves »** qui échoie à l'homme. Cette métaphore souligne que les machines ouvertes ne sont pas assimilables à des êtres rivés à des tâches répétitives, dont l'homme ne serait que le gardien passif.

> 👍 **LE PIÈGE À ÉVITER**
>
> Soyez très attentif à l'usage d'images et de métaphores. Vous allez devoir en proposer une interprétation. Gardez bien à l'esprit que vous avez affaire à une argumentation rationnelle.

▶ L'homme a pour tâche d'**organiser une « société des objets techniques »**, c'est-à-dire tout à la fois une société humaine qui comprend des objets techniques et l'ensemble constitué par ces objets techniques qui sont en interaction.

▶ C'est ainsi que l'homme est appelé à se rapporter à cet ensemble de machines comme un chef d'orchestre à ses musiciens. Il s'agit d'éviter la cacophonie et de produire à partir de simples bruits un ensemble de sons qui composeront une symphonie. C'est **l'harmonie des machines** que l'homme doit réaliser et, dans ce rôle, il est irremplaçable : les objets techniques « ont besoin de lui ». La perspective d'un homme qui se trouverait englouti par des machines intelligentes n'est qu'un scénario d'un mauvais roman de science-fiction...

Conclusion

[synthèse] L'auteur explique dans quelle mesure, loin de l'automatisme, c'est l'indétermination qui est le critère du perfectionnement technique des machines. Dans ce contexte, l'homme a pour tâche d'organiser l'ensemble de ces machines ouvertes. **[ouverture]** Il faut donc souligner que l'homme, loin d'être voué à devenir esclave des machines, en demeure le maître suprême. Il apparaît donc que la technophobie trouve davantage sa source dans une ignorance de la technique, qu'on assimile à quelque chose de démoniaque, que dans la technique elle-même. Si tel est le cas, ne faut-il pas avec Simondon prôner la réhabilitation de la culture technique ?

Les notions
15 Le temps

À partir du XVIIe siècle, les Vanités sont des natures mortes qui renvoient allégoriquement à la futilité de l'existence humaine : le crâne symbolise une mort certaine, les bulles de savon incarnent la fragilité et le caractère anecdotique de la vie… Mais faut-il penser que tout ce qui s'anéantit dans le temps est vain ?

TEST — Pour vous situer et identifier les fiches à réviser — 274

FICHES DE COURS
- MÉMO VISUEL — 276
- 43 Peut-on faire l'expérience du temps ? — 278
- 44 Seul ce qui dure a-t-il de la valeur ? — 280
- 45 Faut-il craindre de perdre son temps ? — 282

SUJETS GUIDÉS & CORRIGÉS

OBJECTIF BAC
- 29 EXPLICATION DE TEXTE | Henri Bergson, *La perception du changement* — 284

OBJECTIF MENTION
- 30 DISSERTATION | Faut-il oublier le passé pour se donner un avenir ? — 289

TESTEZ-VOUS

→ CORRIGÉS P. 351

Faites le point sur vos connaissances puis établissez votre **parcours de révision** en fonction de votre score.

1 Peut-on faire l'expérience du temps ?

→ FICHE 43

1. Vrai ou faux ? Cochez la case qui convient.

	V	F
a. Le temps objectif est universel.	☐	☐
b. Toutes nos expériences ont lieu dans le temps.	☐	☐
c. Le temps vécu ne dépend pas de nos états de conscience.	☐	☐

2. Complétez le texte avec les mots ou expressions qui conviennent :
la sensibilité, l'expérience, l'espace, transcendantale, possibilité.

Pour Kant, le temps tout comme …….. constituent les conditions de …….. de toute expérience : ils ont donc une valeur …….. À ce titre, nous ne pouvons justement pas en faire …….. Il s'agit des « formes pures *a priori* de …….. ».

3. Comment Bergson définit-il le temps ?

☐ a. une succession d'instants   ☐ b. une continuité dans la durée

…/3

2 Seul ce qui dure a-t-il de la valeur ?

→ FICHE 44

1. Lisez l'extrait et cochez la (ou les) proposition(s) qui rend(ent) compte du sens du texte.

> Du point de vue de la durée pure, les œuvres d'art sont clairement supérieures à toutes les autres choses ; comme elles durent plus longtemps au monde que n'importe quoi d'autre, elles sont les plus mondaines des choses. Davantage, elles sont les seules choses à n'avoir aucune fonction dans le processus vital de la société ; à proprement parler, elles ne sont pas fabriquées pour les hommes, mais pour le monde, qui est destiné à survivre à la vie limitée des mortels, au va-et-vient des générations. Non seulement elles ne sont pas consommées comme des biens de consommation, ni usées comme des objets d'usage : mais elles sont délibérément écartées des procès de consommation et d'utilisation, et isolées loin de la sphère des nécessités de la vie humaine.
>
> Hannah Arendt, « La crise de la culture : sa portée sociale et politique », traduit par Barbara Cassin, in *La crise de la culture*, édition de Patrick Lévy © Éditions Gallimard.

☐ a. Les œuvres d'art ne peuvent pas résister au passage du temps.
☐ b. Les œuvres d'art peuvent passer à la postérité.
☐ c. Les œuvres d'art sont protégées des processus de consommation.

2. Quel philosophe nous recommande de vivre dans l'instant ?
- ☐ a. Saint Augustin
- ☐ b. Kant
- ☐ c. Nietzsche

3. D'après Kierkegaard, quel est l'ennemi de l'amour conjugal ?
- ☐ a. la passion
- ☐ b. l'ennui
- ☐ c. le temps

…/3

3 Faut-il craindre de perdre son temps ?
→ FICHE 45

1. Un philosophe affirme que la conscience de la mort nous encourage à ne pas perdre notre temps. Lequel ?
- ☐ a. Heidegger
- ☐ b. Platon
- ☐ c. Pascal

2. Vrai ou faux ? Cochez la case qui convient.   V   F

a. La crainte de perdre son temps peut susciter l'angoisse.   ☐   ☐

b. D'après Pascal, « nous ne nous en tenons jamais au temps présent. » ☐   ☐

c. Pour Baudrillard, la société de consommation conduit
à une marchandisation du temps.   ☐   ☐

3. Qu'est-ce que la procrastination ?
- ☐ a. le fait d'agir en prenant son temps
- ☐ b. le fait d'anticiper les conséquences de ses actes
- ☐ c. le fait de remettre ses activités à plus tard

4. Qu'est-ce que le temps libre ?
- ☐ a. le temps qui n'est pas du temps de travail
- ☐ b. le temps qui n'est pas reconduit à une fin déterminée
- ☐ c. le temps qui est consacré aux loisirs

…/4

Score total …/10

Parcours PAS À PAS ou EXPRESS ? → MODE D'EMPLOI P. 3

MÉMO VISUEL

DÉFINITIONS CLÉS

Temps
Milieu indéfini et homogène caractérisé par sa double nature :
1. la continuité : le temps est un flux ininterrompu ;
2. la succession : le temps peut être découpé en moments isolés et mesurables.

Finitude
Caractère de l'existence qui renvoie l'homme à sa mortalité.

LE

Peut-on faire l'expérience du temps ? (→ p. 278)

Les repères utiles
absolu/relatif → p. 336

La réponse de Kant
Le temps est une condition de possibilité de l'expérience, c'est pour cette raison que nous ne pouvons pas faire l'expérience du temps lui-même.

La réponse de Proust
Certaines impressions sensibles qui ravivent le passé nous permettent d'appréhender le temps dans sa durée.

« Le contact […] avait permis à mon être d'obtenir, d'isoler, d'immobiliser — la durée d'un éclair — ce qu'il n'appréhende jamais : un peu de temps à l'état pur. »

TEMPS

Seul ce qui dure a-t-il de la valeur ? (→ p. 280)

Les repères utiles
contingent/nécessaire → p. 337

La réponse de Nietzsche
Il faut tenter de se dégager du poids de la mémoire qui fait durer le passé et fait obstacle au déploiement du présent.

La réponse de Kierkegaard
Il faut apprendre à donner de la valeur à ce qui dure et perd ainsi l'attrait de la nouveauté.

Faut-il craindre de perdre son temps ? (→ p. 282)

Les repères utiles
en fait/en droit → p. 339

La réponse de Pascal
Nous craignons de perdre notre temps parce que nous fuyons le présent. Nous ne prenons jamais le temps de vivre : nous sommes tournés vers l'espoir d'un avenir meilleur.
« Rien n'est si insupportable à l'homme que d'être dans un plein repos, sans passion, sans affaire, sans divertissement, sans application. »

La réponse de Heidegger
La conscience de notre finitude donne sa valeur au temps. Savoir que nous allons mourir nous encourage à vivre notre vie sans perdre notre temps.

43 Peut-on faire l'expérience du temps ?

En bref *Toute expérience se fait dans le temps : il n'y a rien qui échappe absolument au temps, qui soit véritablement hors du temps. Mais qu'est-ce alors que l'expérience du temps en lui-même ?*

I Le temps participe de toutes nos expériences

1 Le temps objectif

■ Nous pouvons d'abord distinguer nos expériences les unes des autres à l'aune d'un temps universel. Qu'on le mesure en secondes ou en millénaires, ce temps est le même pour tous et a une valeur objective.

■ Aristote explique par exemple que ce temps objectif est indispensable à toute théorie physique : nous avons besoin de mesurer et de quantifier l'évolution des états et des phénomènes successifs.

2 Le temps subjectif

■ Pour autant, il existerait également un temps subjectif, corrélatif à notre flux de conscience. Ce temps n'est pas le même pour tous : il ne s'écoule plus indifféremment de l'expérience qui est en jeu. On dira qu'il « passe vite » ou au contraire que « le temps est long ».

■ Dans l'expérience de l'ennui, le temps semble se dilater au point de ne presque plus s'écouler, comme si nous étions figés dans le temps. Schopenhauer écrit ainsi qu'en voulant « tuer le temps » nous cherchons à « fuir l'ennui ».

II Il serait donc impossible d'en faire l'expérience

1 La connaissance du temps nous échappe

■ Dans ses *Confessions*, Saint Augustin tente de définir le temps qui paraît résister à notre effort de connaissance.

■ Pour être du temps, le présent doit déjà se faire passé, c'est-à-dire s'étirer et durer. Mais le passé est ce qui n'est déjà plus. Quant au futur, il est ce qui n'est pas encore. Parce que le temps réside dans le mouvement, Saint Augustin explique que l'être du temps paraît insaisissable.

> **CITATION**
> « Qu'est-ce donc que le temps ? Si personne ne me le demande, je le sais : mais que je veuille l'expliquer à la demande, je ne le sais pas ! » (Saint Augustin, *Confessions*).

2 Il est en réalité la condition de possibilité de toute expérience

■ Dans la *Critique de la raison pure*, Kant explique que le temps n'a pas d'existence absolue. Il est une « forme a priori de la sensibilité », ce qui signifie que le temps n'existe que parce qu'une conscience fait l'expérience de quelque chose.

■ Il faut donc comprendre que le temps a une **valeur transcendantale** : c'est une condition de possibilité de l'expérience. On ne peut pas faire l'expérience du temps, parce que le temps n'est pas un « objet ». C'est, comme l'espace, une forme qui nous permet de faire l'expérience des objets dans le monde.

III L'expérience de la durée, un peu de « temps à l'état pur »

■ Proust explique qu'une telle expérience exige une forme d'abstraction : retrancher ce qui relève de l'expérience pour appréhender le temps lui-même. Cette opération se produit **lorsqu'une sensation présente ravive une sensation passée**. Cette sensation nous fait ainsi redevenir celui que nous étions la première fois que nous l'avons perçue.

■ Comme l'explique Bergson, l'expérience du temps est solidaire de celle de notre existence : l'unité de notre conscience nous permet d'appréhender le temps comme durée. Nous comprenons ainsi que le passé n'est pas seulement ce qui passe mais aussi **ce qui se conserve**.

> **CITATION**
> « La durée est le progrès continu du passé qui ronge l'avenir et qui gonfle en avançant » (Bergson, *L'évolution créatrice*).

zoOm

La madeleine de Proust

■ Dans un cycle de sept romans, Proust part « à la recherche du temps perdu ». C'est en goûtant une madeleine qu'il en fait pour la première fois l'expérience.

■ Cette madeleine, trempée dans une infusion, fait revivre en lui l'impression oubliée de toutes celles qu'il dégustait chez sa tante lorsqu'il était enfant. Au-delà du goût de la madeleine, c'est un pan entier de son enfance, de ses pensées et de ses impressions passées, qui refont surface.

■ Proust accède ainsi à la conscience que le passé peut redevenir présent, et donc que le temps ne s'inscrit pas seulement dans une pure succession : le temps résiste à son propre écoulement.

44 Seul ce qui dure a-t-il de la valeur ?

En bref *L'existence des objets et des êtres, les effets d'une action ou les leçons tirées de l'expérience, rien ne paraît échapper au passage du temps. Dès lors, faut-il s'attacher à ce qui dure plus longtemps ?*

I Ce qui dure semble être ce qui conserve sa valeur

1 Valeur et longévité des objets techniques

Nous mesurons ordinairement la **valeur** à l'échelle de la durée. Si nous pensons que nous pourrons utiliser un objet technique plus longtemps, nous sommes par exemple prêts à le payer plus cher. Cela signifie que sa valeur marchande est proportionnelle à sa longévité.

NOTER
La **valeur** n'est pas seulement économique : elle peut être culturelle, historique, morale, sentimentale, etc.

2 L'immortalité des œuvres d'art

■ Dans *La crise de la culture*, Arendt propose de distinguer les objets selon leur durée : certains sont éphémères et utiles, comme les objets de consommation, quand d'autres sont à la fois immortels et inutiles : il s'agit des œuvres d'art.

■ L'œuvre d'art peut accéder à la postérité et serait « destinée à survivre au va-et-vient des générations. » Les œuvres d'art ont donc une très grande valeur : elles peuvent résister mieux que tout autre objet fabriqué au passage du temps.

II Mais l'éphémère peut avoir une valeur spécifique

1 L'existence en quête d'intensité

■ Lorsqu'une chose ou une personne est vouée à disparaître, nous y attachons une valeur particulière. Nous vivons dans l'instant : nous désirons qu'il se prolonge, mais c'est l'impossibilité de sa durée qui lui confère sa valeur.

■ Cette valeur se fonde donc sur l'unicité de ce qui est éphémère. Certains événements sportifs peuvent ainsi procurer au supporter un plaisir très intense lorsqu'il a le sentiment d'assister à une victoire « historique ».

2 Les bienfaits du changement et de l'oubli

■ Nietzsche explique que ce qui dure, notamment parce que nous en gardons la mémoire, est susceptible de nous rendre prisonniers du temps.

■ Ce rapport au passé empêche l'homme de vivre heureux, car il se rend incapable d'accueillir le présent : il est aliéné à l'image du passé, par la nostalgie ou la rancœur. Au contraire, en se tenant « au seuil de l'instant », l'homme se libère de ce qui dure en s'ouvrant à de nouvelles perspectives créatrices.

III. Il faut réussir à apprécier la valeur de ce qui dure

■ Il n'est peut-être pas si facile d'apprécier la valeur de ce qui dure, c'est-à-dire de ce qui perd l'attrait de la nouveauté. Pour Kierkegaard, l'expérience de l'amour met la valeur à l'épreuve de la durée.

■ L'amour qu'il appelle « romantique » se contente de devoir surmonter des obstacles extérieurs et ne se prolonge qu'autant que ces derniers persistent. L'amour conjugal affronte une menace intérieure plus grande encore : la routine quotidienne « pire que la mort ».

> **CITATION**
> « Il ne s'est pas battu avec des lions et des ogres, mais avec l'ennemi le plus dangereux : le temps » (Kierkegaard, *Ou bien… ou bien…*).

■ L'amour conjugal est celui qui n'a plus rien d'impossible : il est entré dans l'ordre d'une réalité stable et assurée qui peut le rendre moins désirable. Tout l'effort de l'amour conjugal consiste donc à ne pas se contenter de la promesse initiale, mais à considérer que l'amour de l'autre est un bien dont la valeur est à la fois toujours identique et sans cesse renouvelée.

■ Cet effort a pour Kierkegaard le sens d'un devoir moral. Nous devons nous satisfaire de l'engagement, non pas parce que nous ne pourrions pas faire autrement, mais parce que nous continuons à donner une valeur à ce qui dure.

zoOm
Vers la fin de l'obsolescence programmée

■ Le droit français définit l'obsolescence programmée comme l'ensemble des techniques par lesquelles une entreprise « vise à réduire délibérément la durée de vie d'un produit », conduisant le consommateur à le remplacer plus rapidement.

■ L'obsolescence programmée est à la fois technologique et esthétique : elle s'appuie sur l'évolution des modes et la culture du « tout jetable ». Cette pratique, à la fois nuisible pour la préservation de l'environnement et socialement coûteuse, est condamnée par la loi depuis 2015.

45 Faut-il craindre de perdre son temps ?

En bref *Perdre son temps est-ce nécessairement céder à la paresse ? Peut-on prendre son temps tout en craignant de le perdre ?*

I. Notre finitude encourage à ne pas perdre notre temps

1. La finitude de l'existence humaine

■ Perdre son temps, cela signifie ne pas le mettre à profit, le laisser filer sans l'employer à des fins pratiques — orientées vers l'action —, intellectuelles — vers la connaissance —, morales — vers le bien. Le temps perdu ne sert donc à rien.

■ Or si ce temps « perdu » peut nous sembler gâché, c'est que nous ne disposons pas de lui sans limites : nous savons que l'existence humaine est finie. Bien plus, nous ignorons la durée de notre vie. À la certitude de la mort s'ajoute l'incertitude du moment et des circonstances dans lesquelles elle interviendra.

2. La responsabilité de l'homme devant l'angoisse de la mort

■ Heidegger explique que la conscience de la mort donne le sens originel de l'existence. L'existence serait ainsi orientée par son terme, c'est ce qu'Heidegger appelle « l'être-pour-la-mort ».

■ L'homme, pour fuir sa responsabilité, a tendance à se conformer aux normes sociales sans les interroger : Heidegger explique que le sujet n'existe plus en première personne mais à travers le « on ». La mort est la seule expérience que nous ne pouvons vivre sur la modalité du « on » : personne ne peut mourir à ma place.

■ Perdre son temps, c'est alors se détourner de la singularité de sa propre existence et ne pas avoir le courage de vivre sa vie. Il faut donc accepter l'angoisse de la mort pour accorder suffisamment de valeur à l'existence.

II. Mais nous pouvons perdre notre temps en voulant le mettre à profit

CITATION
« Ainsi nous ne vivons jamais, mais nous espérons de vivre ; et, nous disposant toujours à être heureux, il est inévitable que nous ne le soyons jamais » (Pascal, *Pensées*).

■ Nous ne vivons en réalité jamais au présent. La crainte de le voir s'échapper constitue une forme de misère de l'homme : tantôt nous regrettons le passé, tantôt nous anticipons le futur sous le signe de l'espérance.

■ Pour Pascal, l'homme se condamne ainsi au malheur. Nous agissons de telle sorte que le présent contribue à un avenir meilleur. Mais celui qui craint de perdre son temps est ainsi reconduit à ne jamais prendre son temps : le présent n'est pas vécu pour lui-même, nous perdons le temps de l'existence elle-même.

III Il faut donc nous libérer de l'aliénation du temps

1 | La marchandisation du temps

Baudrillard montre que le temps est devenu une marchandise qu'on monnaie au même titre que les objets de consommation. C'est ce que nous entendons lorsque nous affirmons que « le temps, c'est de l'argent ». De même que nous ne gâchons pas notre argent en pure perte, il serait devenu impossible de perdre notre temps.

2 | Le temps libre est celui que l'on peut perdre

■ Mais alors qu'est-ce que le temps libre ? Faut-il vouloir le remplir à tout prix pour le rendre productif ? L'injonction à user de son temps signale en réalité l'aliénation du temps. Le temps devient l'esclave d'une nécessité étrangère à lui : il faudrait sans cesse en faire quelque chose. Nous le consommons à la manière de tous les autres biens, sans faire état de sa valeur spécifique.

> **CITATION**
> « Le temps libre, c'est peut-être toute l'activité ludique dont on le remplit, mais c'est d'abord la liberté de perdre son temps, de le *tuer* éventuellement, de le dépenser en pure perte » (Baudrillard, *La société de consommation*).

■ Le temps réellement libre est celui dont on fait l'expérience pour lui-même sans le reconduire à une quelconque finalité pratique.

zoOm — La procrastination : un vice contemporain ?

■ La procrastination désigne le fait de remettre à plus tard ce que l'on pourrait ou devrait faire immédiatement. Sonder les réseaux sociaux plutôt que faire ses devoirs, regarder un film plutôt que ranger sa chambre, les exemples sont nombreux !

■ La procrastination montre l'ambivalence du temps « perdu ». D'une part, si elle est subie, elle manifeste l'impuissance de la volonté devant l'impulsion du désir. D'autre part, lorsque nous nous autorisons à procrastiner, elle témoigne de la liberté de prendre notre temps pour le perdre, c'est-à-dire de notre capacité à nous abstraire de l'utilité pour donner au temps la plasticité du superflu.

▶ SUJET 29 — OBJECTIF BAC

EXPLICATION DE TEXTE ⏱ 4 h **Henri Bergson, *La perception du changement***

Le temps s'écoule et semble sans cesse nous fuir. Si rien ne résiste au passage du temps, comment définir le temps lui-même ?

📄 LE SUJET

Expliquez le texte suivant.

Que le temps implique la succession, je n'en disconviens pas. Mais que la succession se présente d'abord à notre conscience comme la distinction d'un « avant » et d'un « après » juxtaposés, c'est ce que je ne saurais accorder. Quand nous écoutons une mélodie, nous avons la plus pure impression de
5 succession que nous puissions avoir — une impression aussi éloignée que possible de celle de la simultanéité — et pourtant c'est la continuité même de la mélodie et l'impossibilité de la décomposer qui font sur nous cette impression. Si nous la découpons en notes distinctes, en autant d'« avant », et d'« après » qu'il nous plaît, c'est que nous y mêlons des images spatiales et
10 que nous imprégnons la succession de simultanéité : dans l'espace, et dans l'espace seulement, il y a distinction nette de parties extérieures les unes aux autres. Je reconnais d'ailleurs que c'est dans le temps spatialisé que nous nous plaçons d'ordinaire. Nous n'avons aucun intérêt à écouter le bourdonnement ininterrompu de la vie profonde. Et pourtant la durée réelle est là.
15 C'est grâce à elle que prennent place dans un seul et même temps les changements plus ou moins longs auxquels nous assistons en nous et dans le monde extérieur.

Henri Bergson, *La perception du changement*, 1911, coll. « Quadrige » © PUF, 2011.

LES **CLÉS** POUR RÉUSSIR

▶ Définir le thème et la thèse du texte

▶ Dans ce texte, Bergson cherche à **définir le temps** en s'opposant à la conception classique que nous en avons. De fait, pour rendre compte du temps, nous utilisons spontanément la distinction entre le passé, le présent et le futur : nous appelons « temps » ce qui sépare deux moments isolés de l'expérience.

▶ Mais peut-on s'en tenir à cette décomposition ou succession d'états indépendants les uns des autres ? Bergson manifeste ici **la continuité essentielle du temps** : le temps est d'abord ce qui dure, et non ce qui sépare des états successifs, comme la mélodie qui articule les notes entre elles.

▶ Construire le plan de l'explication

① Le temps n'est pas constitué par l'avant et l'après (l. 1 à 8)
- ▶ En quoi la définition classique du temps peut-elle sembler paradoxale ?
- ▶ Quelle est la fonction de l'exemple musical dans l'argumentation ?

② Le temps décomposable est spatialisé (l. 8 à 14)
- ▶ Cherchez des exemples d'« images spatiales » du temps.
- ▶ Pourquoi la nature du temps diffère-t-elle de celle de l'espace ?

③ Le temps est la durée (l. 14 à 17)
- ▶ Définissez la durée.
- ▶ En quoi, selon Bergson, le changement implique-t-il la durée et non la décomposition du temps ?

Les titres ou mentions entre crochets ne doivent pas figurer sur la copie.

Introduction

[amorce] Dans ses *Confessions*, Saint Augustin se demande : « Qu'est-ce donc que le temps ? Si personne ne m'interroge, je le sais ; si je veux répondre à cette demande, je l'ignore. » La définition du temps se présente ainsi comme un problème philosophique fondamental. C'est à cet enjeu que prétend répondre ce texte de Bergson. **[problématique]** Comment peut-on rendre compte de ce qui dure alors même qu'on définit le temps comme une suite d'états successifs et distincts les uns des autres ? **[annonce du plan]** Bergson s'oppose d'abord à la définition classique du temps : nous ne pouvons pas le définir comme la différence entre un avant et un après. Cette définition repose en réalité sur un amalgame : elle confond la nature du temps et celle de l'espace, qui permet de séparer chacune de ses parties. Bien au contraire, le temps ne se fonde pas sur la succession d'instants distincts mais sur l'unité indivisible de la durée.

I. Le temps n'est pas constitué par l'avant et l'après (l. 1 à 8)

1. Une critique de la définition classique du temps

▶ Bergson interroge ici **la définition aristotélicienne du temps**. Celle-ci procède de l'examen d'un paradoxe : le temps est composé du passé qui n'est plus, du futur qui n'est pas encore et du présent qui s'évanouit sans cesse. C'est donc **l'être même du temps qui pose problème**.

▶ Pour y répondre, Aristote avance que l'on ne perçoit le temps que dans le changement : c'est la différence entre un avant et un après. Le temps se présenterait ainsi fondamentalement dans l'écart entre **plusieurs états que l'on peut positionner les uns par rapport aux autres**.

> **CITATION**
> « Lorsque nous percevons l'antérieur et le postérieur, alors nous disons qu'il y a du temps, car voilà ce qu'est le temps : le nombre du mouvement selon l'antérieur et le postérieur » (Aristote, *Physique*).

▶ Or Bergson s'inscrit en faux contre cette définition du temps comme succession de l'avant et de l'après. Il ne s'agit pas de nier l'idée selon laquelle « le temps implique la succession » : autrement nous serions incapables de distinguer le passé du présent et du futur. Il nous faut plutôt montrer que la succession de plusieurs états séparables implique elle-même **l'existence du temps comme durée**, à partir de laquelle nous pourrons isoler lesdits états.

👍 **DES POINTS EN +**

L'enjeu est ici de montrer que Bergson veut **donner une nouvelle solution au paradoxe** mis en évidence par Aristote : il faut résoudre le problème d'une ontologie du temps. La succession d'un avant et d'un après ne peut pas constituer l'être même du temps, dans la mesure où cette succession réclame à son tour une condition de possibilité : l'idée d'une durée dans le temps.

2. La définition du temps comme continuité

▶ Pour définir le temps, Bergson invoque **l'exemple de l'écoute musicale**. Il affirme ici que la succession s'identifie non pas à la différence entre deux états mais à la « continuité » qui fait la « mélodie ».

▶ La musique **implique par elle-même la succession** : lorsque nous écoutons une mélodie et que nous cherchons par exemple à la fredonner, nous comprenons qu'elle exige la succession de plusieurs notes dans le temps. Quand bien même il serait possible de chanter toutes les notes à la fois, nous ne produirions qu'un brouhaha indiscernable. C'est la raison pour laquelle l'impression produite par la mélodie est « aussi éloignée que possible de celle de simultanéité ».

▶ Mais pour que la mélodie existe en tant que telle, il faut en **saisir la « continuité »** : nul ne peut la saisir en se contentant de la « décomposer ». La mélodie, ce n'est pas seulement chaque note inscrite sur la partition, que l'on pourrait séparer des autres : c'est **le rapport que ces notes entretiennent entre elles** dans la suite de la phrase musicale.

[transition] Le temps ne se définit pas d'abord dans la pure et simple succession d'états indifférents les uns aux autres : il implique la continuité. Pourquoi nous en tenons-nous alors à l'image d'un temps décomposable en avant et en après ?

II. Le temps décomposable est un temps spatialisé (l. 8 à 14)

1. Il faut distinguer le temps de l'espace

▸ La définition classique du temps **confond le temps et l'espace** : elle fait de l'essence du temps le corollaire de l'essence de l'espace.

> **👍 DES POINTS EN +**
>
> Le reproche de Bergson n'est pas anodin : dans la philosophie, le temps et l'espace ont été définis de la même manière par de nombreux philosophes. Aristote traite du temps et de l'espace dans un même livre de la *Physique* ; Kant fait du temps et de l'espace les deux conditions transcendantales de l'expérience.

▸ Lorsque nous cherchons à représenter la différence entre l'avant et l'après, il n'est pas rare que nous dessinions **un segment de droite**. Nous inscrivons alors dans l'espace la différence entre deux moments du temps : l'expérience du temps est ainsi imprégnée d'« images spatiales ».

▸ Mais le temps est pour Bergson tout autre qu'une frise chronologique : il implique de **percevoir la continuité indivisible entre l'avant et l'après**. Aussi n'avons-nous conscience de la mélodie que parce qu'une note s'articule à celle qui la suit. Nous ne pouvons isoler les différents moments du temps qu'en comprenant aussi les liens qui les unissent entre eux.

▸ Il faut donc distinguer clairement le temps de l'espace : « Dans l'espace seulement, il y a distinction nette de parties extérieures les unes aux autres. » Cela signifie que s'il est possible d'isoler chacune des portions de l'espace, **les moments du temps s'appellent au contraire les uns les autres**. Il n'y a d'instant que sur le fond de la continuité qui lie les moments du temps.

2. Le temps de l'expérience quotidienne est un temps spatialisé

▸ Bergson affirme que le temps de nos préoccupations quotidiennes n'est autre que le **« temps spatialisé »**, c'est-à-dire le temps décomposable en moments séparés les uns des autres.

▸ De fait, dans la vie courante, nous cherchons à **organiser notre temps** : c'est ce qui nous éloigne de la conscience du temps comme continuité. Nous découpons le temps relativement à nos activités et nos projets, et nous formalisons ce découpage dans un emploi du temps. Lorsque nous rapportons le temps à une **finalité pratique**, nous ne percevons plus le « bourdonnement de la vie profonde ».

> **📝 À NOTER**
>
> **Baudrillard**, dans son ouvrage *La société de consommation*, souligne que la reconduction systématique du temps à des buts déterminés contribue à son aliénation. À force de le découper en moments employés à faire quelque chose, nous nous privons d'un temps qui serait véritablement libre.

[transition] Le temps qui peut être découpé et spatialisé ne permet pas de rendre compte de la nature véritable du temps. Au-delà de la différence entre deux moments, le temps est au contraire ce qui résiste dans l'expérience de la durée.

III. Le temps est une durée qui permet d'appréhender le changement (l. 14 à 17)

1. Le temps se définit comme durée

▶ La véritable nature du temps se dévoile lorsque nous nous intéressons à la **« durée réelle »**. Nous l'avons vu, celle-ci se cache en deçà de nos préoccupations quotidiennes.

▶ Proust explique ainsi, dans *Le Temps retrouvé*, que le temps « à l'état pur » n'est perçu qu'au moyen de certaines expériences, qui font **émerger le passé dans le présent**. Dans l'épreuve de la réminiscence, le sujet comprend que le passé n'est pas simplement ce qui n'est plus : le temps lie indissolublement les moments entre eux. C'est précisément ce qu'on appelle la durée.

> **MOT-CLÉ**
> La **réminiscence** consiste dans le retour à la conscience d'un souvenir latent, dominé par une dimension affective. Elle rappelle la continuité du passé dans le présent, quand bien même nous n'en garderions pas consciemment la mémoire.

2. L'écart entre deux états ne peut se mesurer sans la continuité du temps

▶ Paradoxalement, pour pouvoir découper ou décomposer le temps, il faut d'abord reconnaître que celui-ci se définit par **sa pure continuité**. Pour que quelque chose évolue dans le temps, il est nécessaire que celui-ci assure la permanence de ce qui change.

▶ En ce sens, la nature du temps peut être appréhendée à partir du **problème de l'identité**. Au cours de l'existence, l'homme ne reste jamais tout à fait le même : il se transforme au gré des expériences. Toutefois, pour comprendre ce changement, il est nécessaire d'accorder l'existence d'un *je* qui dure et qui constitue la matière même du changement.

▶ **Bachelard** soutient au contraire que **le temps ne se définit que dans l'instant**. L'intuition de la durée serait étrangère à la conscience : celle-ci ne pourrait habiter que l'instant présent. L'expérience du temps ne suppose pas une durée ou une continuité indivisible : celle-ci s'interrompt lorsque nous sommes absents à nous-mêmes. Aussi écrit-il qu'« une description temporelle du psychisme comporte la nécessité de poser des lacunes » (*La dialectique de la durée*).

Conclusion

Ainsi, nous avons montré que la définition bergsonienne du temps implique sa continuité : par nature, le temps résiderait dans la durée. Si nous pouvons bien isoler certains moments du temps, ce n'est qu'en les rapportant à la totalité qui les unit entre eux. C'est ce que manifeste le phénomène de l'écoute musicale : la mélodie n'est pas une simple succession de notes, elle réside dans l'articulation de ces notes au sein de la composition. Si l'expérience quotidienne nous éloigne de cette conscience réelle du temps, la décomposition du temps implique en réalité l'intuition fondamentale de la durée, qui fonde l'identité de la conscience dans le temps.

TEST › FICHES DE COURS › SUJETS GUIDÉS

SUJET 30 | OBJECTIF MENTION

DISSERTATION ⏱ 4 h **Du passé à l'avenir**

Que faire de ses déceptions amoureuses ? Le passé amoureux est-il par exemple un obstacle au déploiement des passions à venir ?

LE SUJET

Faut-il oublier le passé pour se donner un avenir ?

LE CORRIGÉ

Les titres ou mentions entre crochets ne doivent pas figurer sur la copie.

Introduction

[amorce] À la différence du futur, que l'on cherche à prédire ou à anticiper, l'avenir se présente comme un horizon indéterminé. Il n'y a donc d'avenir que pour une conscience libre : c'est justement parce que l'homme n'est pas déterminé qu'il ne peut pas savoir de quoi sera fait son avenir. Mais ne sommes-nous pas enchaînés au cours de nos actions passées ?

[reformulation du sujet] Peut-être faut-il faire table rase du passé pour ménager la possibilité d'un avenir, c'est-à-dire pour nous libérer de ce que nous ne pouvons plus changer ?

[problématique] Dès lors, est-il possible de reconnaître le passé, nécessairement déterminé, sans renoncer à la liberté de l'avenir ?

[annonce du plan] Dans l'horizon de notre histoire individuelle et collective, il semble que l'avenir exige la mémoire du passé. Mais cette mémoire peut faire obstacle au déploiement du possible et nous rendre prisonniers du passé : nous donner un avenir impliquerait donc d'accepter l'oubli. En réalité, nous sommes responsables du passé comme de l'avenir : notre liberté se fonde sur l'exigence d'une reconnaissance du passé qui n'implique pas la détermination de l'avenir.

I. L'avenir ne peut se passer de la mémoire du passé

> **SECRET DE FABRICATION**
>
> Il nous faut d'abord souligner le caractère vain et lâche de l'oubli du passé : nous préférons souvent oublier ce qui nous déplaît. Mais c'est précisément pour cette raison qu'il est de notre responsabilité de nous souvenir pour ne pas faire reposer l'avenir sur l'ignorance et le refus du passé.

1. L'homme peut se rendre prisonnier du passé

▶ Du point de vue collectif et individuel, le passé constitue la somme des évènements dont on peut faire le récit sous la forme de l'histoire et qui échappe à la liberté humaine. Le **passé**, c'est précisément **ce que l'on ne peut plus changer**.

▶ L'homme semble dès lors condamné à **une certaine impuissance**. Arendt explique que notre pouvoir d'agir se heurte à l'irréversibilité du passé. Nous sommes contraints à reconnaître le passé, sans plus pouvoir modifier la suite des actions qui ont été commises, quand bien même nous voudrions refaire l'histoire.

2. L'oubli nous condamne à la résurgence du passé

▶ Dès lors, ne faut-il pas céder à l'oubli pour ne plus porter le poids du passé ? Cet oubli paraît vain : il ne nous prémunit pas du **risque de répéter sans cesse le passé**. Dans la répétition, le temps humain s'enferre dans une circularité qui prive l'homme de sa liberté. **L'idée même d'un avenir n'a plus de sens** : il n'y aurait rien à faire ni à apprendre de plus. L'agir humain se limiterait ainsi à la reproduction de certains schémas déterminés par ce qui est arrivé par le passé.

> **À NOTER**
>
> L'homme qui répète le passé vit à l'image de Sisyphe, condamné par les dieux à hisser pour l'éternité une pierre en haut d'une montagne. Une telle existence semble absurde et vaine : elle se prive de tout avenir et se place sous le signe de la fatalité.

▶ L'histoire des communautés politiques montre ainsi l'effort des hommes pour se souvenir du passé afin d'éviter de le répéter. À l'issue du traumatisme du génocide des Juifs dans l'Allemagne nazie, on a ainsi vu émerger l'idée d'un **devoir de mémoire**. Pour ne pas voir un passé traumatique se répéter, les hommes doivent garder leur histoire en mémoire plutôt que céder à l'oubli.

3. Il faut tirer les leçons du passé pour se donner un avenir

On peut avancer encore d'un pas : la seule mémoire ne suffit pas. Il faut aussi tâcher de **comprendre le passé** pour se donner un avenir. Nous avons le devoir de tirer des leçons du passé pour nous en libérer. En tâchant de donner du sens à son histoire individuelle et collective, l'homme apprend par l'expérience à se connaître et à connaître le monde, en sorte de **devenir plus libre**, c'est-à-dire davantage capable de mettre en œuvre le projet qu'il aura librement choisi.

[transition] Mais peut-on toujours supporter le poids du passé ? Celui-ci ne constitue-t-il pas l'obstacle fondamental à un avenir libre et indéterminé ?

II. L'oubli : la condition nécessaire au déploiement de l'avenir

1. La mémoire du passé est faillible

▶ Si le passé est précisément ce qui n'est plus, la mémoire constitue l'agent de conservation du passé dans le présent. En ce sens, elle lui assure un statut ontologique spécifique : le passé est ce qui n'est plus, mais il **conserve une existence virtuelle**, dans le souvenir des hommes et les récits qu'ils en font.

▶ Cependant, la mémoire que nous conservons du passé n'est **pas nécessairement fidèle** à ce qui s'est passé. Les souvenirs ne sont pas des représentations neutres : ils sont aussi déterminés par les désirs ou les peurs des hommes. On dit d'ailleurs qu'on ne se souvient parfois que de ce dont on préfère garder la mémoire : c'est l'idée d'une **mémoire sélective**.

2. Elle peut constituer un fardeau pour l'avenir

▶ Le refus de l'oubli ou la déformation du passé nous expose ainsi à un **double écueil**, pouvant faire obstacle au déploiement de l'avenir. C'est ce qu'explique Nietzsche en affirmant qu'il est « impossible de vivre sans oubli ».

▶ Le premier sentiment pouvant faire obstacle au déploiement de l'avenir n'est autre que **la nostalgie**. En nous replongeant dans la mémoire d'un passé heureux, nous sommes susceptibles de le préférer au présent et à l'avenir : nous rejouons un passé dont nous ne voulons pas nous détacher.

 DES POINTS EN +
Dans son roman *L'invention de Morel*, Adolfo Bioy Casares met ses personnages face à un dilemme. Le scientifique Morel a créé une machine permettant de vivre éternellement dans un souvenir heureux. Il témoigne ainsi du désir qui conduit les hommes à fuir l'avenir pour le passé en ne vivant que dans la virtualité du souvenir.

▶ À rebours, le souvenir du passé peut faire naître **le ressentiment** : une forme de colère voire de haine qui reconduit inlassablement le sujet à un tort subi par le passé. Le désir de vengeance manifeste ainsi la possibilité d'un asservissement de l'homme au passé.

3. En oubliant le passé l'homme peut envisager un avenir heureux

▶ Nietzsche explique ainsi que l'oubli du passé ne relève en rien de la lâcheté, mais témoigne au contraire du **courage de se donner un avenir**, en acceptant justement que le passé soit passé.

▶ Le précepte à suivre serait donc le suivant : « Faire silence, un peu, faire table rase dans notre conscience pour qu'il y ait de nouveau de la place pour les choses nouvelles » (*Généalogie de la morale*). Il faut se détacher du passé pour **ménager une place au possible**.

[transition] Cette nécessité de l'oubli ne dépend-elle pas en réalité de la manière dont nous nous rapportons au passé ? Plutôt que d'oublier le passé, ne faut-il pas se souvenir qu'il aurait pu être autrement qu'il a été ?

III. Pour nous donner un avenir, il faut considérer le passé comme le produit de notre liberté

1. L'homme doit accepter la contingence de l'existence

▶ C'est seulement lorsque nous pensons être déterminés par le passé que celui-ci peut nous conduire à une forme d'aliénation. Mais l'oubli n'est alors que le remède commode à notre **méconnaissance de la nature même de l'existence**.

▶ Au contraire, lorsque nous considérons la pure contingence de l'existence, nous comprenons que **le passé n'est lui-même qu'une simple possibilité réalisée**. Sartre explique ainsi qu'il nous est toujours possible d'agir autrement que nous le faisons. Aussi devons-nous comprendre que le passé ne détermine l'avenir qu'en tant que nous le choisissons.

2. Céder à l'oubli, c'est renoncer à sa liberté

Sartre, dans une pièce de théâtre intitulée *Huis clos*, met en scène trois personnages en enfer. Chacun tente de fuir la mémoire d'un passé peu glorieux : tous veulent, par l'oubli, se détourner de leur responsabilité. Il s'agit de figures de la **mauvaise foi**. En quoi sont-ils donc en enfer ? Parce que les autres rappellent à leur souvenir ce qu'ils ont été. L'oubli est en réalité impossible : nous devons **nous confronter au passé** et le considérer comme un témoignage de notre liberté.

> 👍 **CONSEIL DE MÉTHODE**
> Lorsque vous convoquez un exemple littéraire pour développer un paragraphe, rappelez rapidement l'intrigue de l'ouvrage en soulignant les éléments pertinents au regard du sujet.

3. Il est de notre responsabilité de maintenir l'avenir comme un horizon ouvert

▶ C'est seulement en reconnaissant notre passé que nous pouvons aussi nous donner un avenir. Ce qui s'est passé était par nature aussi indéterminé que l'avenir. Il ne faut **pas opposer ces deux moments du temps** : l'avenir d'aujourd'hui n'est autre que le passé de demain.

▶ Dès lors, la liberté de l'avenir ne se trouve ni dans l'oubli ni dans la mémoire obsédante du passé : elle exige plutôt que nous acceptions **notre responsabilité** face à l'indétermination de l'existence. L'avenir est un horizon contingent dont nous déterminons nous-mêmes le sens. Rien ne peut donc entraver l'avenir sinon notre propre lâcheté, qui consiste à refuser le fardeau de notre condition humaine, à savoir que « nous sommes condamnés à être libres ».

Conclusion

Le passé et l'avenir entretiennent des rapports ambigus. Nous pouvons d'abord considérer que l'avenir ne peut être envisagé sans la mémoire du passé et qu'il est donc de notre devoir de nous en souvenir pour éviter de le répéter. Mais qu'il soit heureux ou malheureux, notre rapport au passé ne nous prive-t-il pas justement de l'avenir ? Il faut plutôt reconnaître notre passé tout en nous arrachant à l'idée qu'il détermine l'avenir : c'est le sens même de notre liberté et de notre responsabilité.

Les notions
16 Le travail

Le travail de la terre qui apparaît au Néolithique relève de l'agriculture, processus par lequel les êtres humains produisent des aliments et d'autres ressources utiles à leurs sociétés.

TEST

Pour vous situer et identifier les fiches à réviser … 294

FICHES DE COURS

MÉMO VISUEL … 296
- 46 À quelles conditions une activité est-elle un travail ? … 298
- 47 Le travail libère-t-il l'homme ? … 300
- 48 Le travail manuel et le travail intellectuel s'opposent-ils ? … 302

SUJETS GUIDÉS & CORRIGÉS

OBJECTIF BAC
- 31 EXPLICATION DE TEXTE | Sigmund Freud, *Malaise dans la civilisation* … 304

OBJECTIF MENTION
- 32 DISSERTATION | Faut-il travailler pour être humain ? … 309

TESTEZ-VOUS

→ CORRIGÉS P. 351

Faites le point sur vos connaissances, puis établissez votre **parcours de révision** en fonction de votre score.

1 À quelles conditions une activité est-elle un travail ?   → FICHE 46

1. Que signifie le mot *tripalium*, dont viendrait étymologiquement le terme « travail » ?
- a. trois paliers avant d'atteindre le résultat visé
- b. un tri entre différents plans
- c. trois pieux plantés dans le sol

2. Vrai ou faux ? Cochez la case qui convient.   V   F
a. Selon Rousseau, la nature brute peut combler les besoins de l'homme.   ☐   ☐
b. Selon Kant, la dotation naturelle de l'homme est insuffisante.   ☐   ☐
c. Selon Marx, le travail humain permet de réaliser des productions plus parfaites que celles, purement instinctives, des animaux.   ☐   ☐

3. Qui soutient que « l'abeille confond par la structure de ses cellules de cire l'habileté de plus d'un architecte » ?
- a. Marx
- b. Kant
- c. Rousseau

…/3

2 Le travail libère-t-il l'homme ?   → FICHE 47

1. Associez chaque citation à son auteur.

a. Le travail est un « asservissement à la nécessité ».   •   • Descartes

b. Le travail et la technique permettent aux hommes de devenir « comme maîtres et possesseurs de la nature ».   •   • Kant

c. La nature se présente comme si « elle voulait que l'homme dût parvenir par son travail à s'élever de la plus grande rudesse d'autrefois à la plus grande habileté. »   •   • Arendt

2. Qui soutient que le travail permet à l'homme de prendre conscience de lui-même ?
- ☐ **a.** Arendt
- ☐ **b.** Descartes
- ☐ **c.** Hegel

3. Complétez le texte avec les expressions qui conviennent : une nécessité biologique, les lois de la nature, une contrainte.

Alors que le travail apparaît originairement et essentiellement comme …….. qui trouve son origine dans …….., Descartes soutient que, grâce au travail et à la technique, les hommes apprennent à utiliser …….. pour produire de manière toujours plus efficace les fins souhaitées.

…/3

3 Le travail manuel et le travail intellectuel s'opposent-ils ? → FICHE 48

1. Selon les Grecs anciens, la pensée est…
- ☐ **a.** une activité routinière.
- ☐ **b.** au service de la survie de l'homme.
- ☐ **c.** la plus haute activité de l'homme.

2. Qui préconise pour les jeunes enfants des exercices sous forme de jeux ?
- ☐ **a.** Crawford
- ☐ **b.** Comenius
- ☐ **c.** Platon

3. Lisez l'extrait et cochez la (ou les) proposition(s) qui rend(ent) compte du sens du texte.

> Dire que le travail et l'artisanat étaient méprisés dans l'Antiquité parce qu'ils étaient réservés aux esclaves, c'est un préjugé des historiens modernes. Les Anciens […] jugeaient qu'il fallait avoir des esclaves à cause de la nature servile de toutes les occupations qui pourvoyaient aux besoins de la vie.
>
> Hannah Arendt, *Condition de l'homme moderne*, trad. Georges Fradier © Éditions Calmann-Lévy, 1961, 1983 et 2018.

- ☐ **a.** Les Anciens méprisent le travail, car il est réservé aux esclaves.
- ☐ **b.** Les Anciens pratiquent l'esclavagisme pour des raisons économiques.
- ☐ **c.** Les Anciens ont des esclaves, parce qu'ils méprisent le travail.

…/3

Score total …/9

Parcours PAS À PAS ou EXPRESS ? → MODE D'EMPLOI P. 3

MÉMO VISUEL

DÉFINITIONS CLÉS

Travail (sens 1)
Au sens large, tout à la fois activité productrice d'artifices et résultat de cette activité.

Travail (sens 2)
Au sens économique, le travail est l'activité, rémunérée ou non, qui permet la production de biens et de services.

LE

À quelles conditions une activité est-elle un travail ? (→ p. 298)

Les repères utiles
obligation/contrainte → p. 342

La réponse de Kant
Le travail permet à l'homme de produire des artifices et de remédier à une insuffisance fondamentale.

La réponse de Marx
Le travail est une activité qui « préexiste idéalement dans l'imagination du travailleur. »

Le travail libère-t-il l'homme ? (→ p. 300)

La réponse de Hegel

Le travail permet à l'homme de s'humaniser et de prendre conscience de lui-même.

La réponse de Marx
Effectué dans de mauvaises conditions, le travail aliène l'homme.

« L'ouvrier n'a le sentiment d'être auprès de lui-même qu'en dehors du travail, et, dans le travail, il se sent en dehors de soi. »

TRAVAIL

Le travail manuel et le travail intellectuel s'opposent-ils ? (→ p. 302)

Les repères utiles
abstrait/concret → p. 336

La réponse de Platon

Le domaine de la pensée est celui de l'épanouissement le plus élevé.

La réponse de Crawford
Le travail manuel est « beaucoup plus captivant d'un point de vue intellectuel. »

46 À quelles conditions une activité est-elle un travail ?

En bref *Faire le ménage, pratiquer un art ou un sport, etc. : la liste des activités humaines est longue. Parfois fort pénibles, elles peuvent paradoxalement occuper notre temps dit de loisir. Quelle peut être alors la marque distinctive de cette activité que nous nommons travail ?*

I La contrainte

1 Le sens du mot

Le mot « travail » dérive sans doute du latin *tripalium*, qui désigne un instrument composé de trois pieux plantés dans le sol, utilisé d'abord pour ferrer ou soigner les animaux, puis comme instrument de torture.

2 Une activité forcée

■ Le travail apparaît originairement et essentiellement comme une contrainte. Nous parlons souvent du travail comme d'un labeur, pour souligner la douleur qu'il provoque, ou encore d'un boulot, pour souligner son caractère déprécié.

■ Une activité serait donc un travail à condition qu'elle soit non souhaitée, pénible et forcée. D'abord, l'homme n'est pas naturellement porté vers le travail, lequel va à l'encontre de ses désirs immédiats. Ensuite, travailler réclame des efforts : alors que le loisir est facile, le travail est difficile. Enfin l'homme qui travaille doit utiliser son énergie intellectuelle et musculaire pour réaliser une tâche qu'il n'a pas choisie. Le travail engendre donc de la fatigue.

■ Néanmoins, cette thèse se heurte à une double objection : d'une part, nos activités de loisir réclament souvent des efforts et provoquent de la peine ; d'autre part, le travail peut être vécu comme un processus d'épanouissement et l'homme peut être heureux au travail.

II Le besoin

■ L'espèce humaine disparaîtrait sans doute si l'homme devait vivre nu dans la nature, sans pouvoir produire d'artifices. Kant souligne cette insuffisance fondamentale : « La nature ne lui a donné ni les cornes du taureau, ni les griffes du lion, ni les crocs du chien, mais seulement les mains. » Dans cette perspective, le travail répond à un besoin vital, lié à l'instinct de survie, et la technique est le moyen par lequel l'homme produit les conditions d'une existence possible → FICHE 40.

■ De plus, l'émergence de la vie sociale et de la culture engendre une multitude de désirs que la nature ne saurait satisfaire. La nature n'offre au mieux que le strict minimum à un homme qui mène une existence purement animale mais ne s'en contente pas : il veut davantage et c'est justement cela qui fait de lui un homme.

III L'inscription dans un projet

1 Les activités animales instinctives

■ Les animaux peuvent effectuer des opérations qui ressemblent au travail humain et dont les résultats sont d'une perfection remarquable, parfois même supérieure. Ainsi, comme le souligne Marx dans *Le Capital*, une araignée qui tisse sa toile nous fait immanquablement penser au travail du tisserand et « l'abeille confond par la structure de ses cellules de cire l'habileté de plus d'un architecte. »

NOTER
On parle d'**activité** animale, végétale et minérale (par exemple, l'activité d'un volcan), mais le **travail** ne concerne que les hommes.

■ Il n'en demeure pas moins que toutes ces activités résultent d'instincts : inconscientes, elles ne sont pas précédées par un projet intentionnel.

2 Le travail humain intentionnel

■ Au contraire, comme le montre Marx, le résultat du travail humain « préexiste idéalement dans l'imagination du travailleur. » Ainsi, « ce qui distingue dès l'abord le plus mauvais architecte de l'abeille la plus experte, c'est qu'il a construit la cellule dans sa tête avant de la construire dans la ruche. »

■ L'homme travaille donc en ce sens qu'il se représente le résultat de son activité avant d'agir. Le travail se reconnaît à l'investissement conscient qu'il réclame.

zoOm

La création : jeu ou travail

■ Pour un artiste, la création est loin d'être un jeu. Il travaille à partir d'un projet, lequel se trouve constamment modifié au cours de la réalisation.

■ La création artistique n'est pas réductible à un mélange aléatoire de couleurs et de matériaux, c'est tout un processus qui comprend de nombreux essais et erreurs.

Georg Baselitz, en 2013.

47 Le travail libère-t-il l'homme ?

En bref *Les hommes entretiennent un rapport paradoxal au travail, qui peut être perçu comme le moyen de devenir des êtres libres et heureux, ou tout au contraire comme une nécessité aliénante. Le travail est-il un obstacle ou une condition à la liberté de l'homme ?*

I Le travail comme aliénation

1 L'asservissement à la nécessité

■ Dans la *Condition de l'homme moderne*, Arendt définit le travail comme « l'asservissement à la nécessité », lequel est « inhérent aux conditions de la vie humaine ». Inscrit dans le cycle biologique répétitif de production de biens de consommation éphémères, le travail est une répétition sans fin.

■ Arendt distingue ce travail, dévalué, de l'œuvre, comme fabrication d'objets destinés à un usage, et de l'action, qui caractérise le domaine politique.

2 Les conditions de travail

■ Pour Marx, le travail est **aliéné** quand il est « extérieur à l'ouvrier » : « Dans son travail, celui-ci ne s'affirme pas mais se nie, ne se sent pas à l'aise, mais malheureux, ne déploie pas une libre activité physique et intellectuelle, mais mortifie son corps et ruine son esprit » (*Manuscrits de 1844*).

> **MOT-CLÉ**
> D'origine juridique, le terme d'**aliénation** désigne ici la dépossession du travailleur au profit du patron.

■ « Ce qui distingue une époque économique d'une autre c'est moins ce qu'on produit que la manière de le produire », selon Marx. Certaines formes du travail sont d'autant plus aliénantes que le travailleur est davantage dépossédé des modalités de son propre travail. C'est particulièrement le cas selon Marx dans le système capitaliste.

■ Le droit français du travail définit, depuis 2012, la pénibilité au travail. Elle se caractérise par une « exposition à un ou plusieurs facteurs de risques professionnels liés à des contraintes physiques marquées, un environnement physique agressif ou à certains rythmes de travail. »

3 La possibilité d'un travail libre ?

Néanmoins, selon Marx, cette aliénation du travail n'est pas fatale : un travail libre est concevable. « L'homme complet » que Marx imagine dans la société communiste récupère la maîtrise des processus de production et de son travail. Il peut organiser sa vie en fonction de l'union du travail intellectuel et du travail manuel. Cet homme pourra développer toutes ses capacités et les appliquer à l'art de travailler et de vivre.

II La libération par le travail

1 La maîtrise de la nature

Le travail et la technique permettent aux hommes de devenir « comme maîtres et possesseurs de la nature » (Descartes) et d'atteindre le bonheur. En effet, grâce au développement de notre habileté et des techniques, nous apprenons à utiliser les lois de la nature pour produire de manière toujours plus efficace les fins souhaitées.

2 Le travail comme processus d'humanisation

■ Hegel valorise plus encore le travail, grâce auquel l'homme transforme les choses, se transforme lui-même et se libère : il en sort humanisé. Dans la dialectique du maître et de l'esclave, le maître qui fait travailler l'esclave finit par en dépendre, tandis que celui-ci développe sa conscience en travaillant. Les rôles s'inversent donc : l'esclave devient supérieur au maître.

■ En effet, le travail permet à l'homme de prendre conscience de lui-même. Les produits du travail sont autant de miroirs de la conscience. Dans son *Esthétique*, Hegel note par exemple que la contemplation d'une œuvre architecturale fait comprendre à l'homme qu'il n'est pas seulement un être naturel, mais qu'il est voué à mener une vie spirituelle.

3 Le travail comme éducation à la liberté

Un monde où l'homme aurait tout, sans efforts à fournir, sans devoir agir pour réaliser ses ambitions, semble illusoire. Ainsi, le travail enseigne à l'être humain comment sortir de la nécessité pour entrevoir la possibilité de la liberté. Pour reprendre la définition d'Alain, le travail libre est à la fois « effet de puissance » et « source de puissance » : « Encore une fois, non point subir, mais agir. »

zoOm

Le travail à la chaîne

■ Le travail devient déshumanisant quand ses conditions d'exécution sont épouvantables.
■ Charlot fait l'expérience douloureuse du travail à la chaîne. Il ne se moralise pas et ne s'épanouit pas dans les tâches mécaniques qu'il effectue comme un robot.

Charlie Chaplin, *Les Temps modernes*, 1936.

48 Le travail manuel et le travail intellectuel s'opposent-ils ?

En bref Souvent, on oppose le travail manuel et le travail intellectuel : l'intellectuel serait un penseur en quête de vérité, alors que le travailleur manuel ne serait qu'un exécutant. Cette disjonction radicale est-elle légitime ?

I Travail manuel vs intelligence ?

1 Le travail : une dégradation de l'homme

■ Les Grecs anciens distinguent l'œuvre du travail. L'œuvre (un meuble, un édifice, etc.) est la production d'un objet durable. Le travail quant à lui est constamment répété (le ménage, par exemple) et est commun à l'homme et à l'animal.

■ De manière générale, les travaux (manuels, par définition) étaient considérés comme dégradants, car ils ne faisaient que pourvoir aux besoins de la vie. Ils étaient donc réservés aux hommes soumis à la nécessité vitale, les esclaves.

2 La pensée : l'activité la plus élevée pour l'homme

Le domaine de la pensée était, au contraire, conçu comme celui de la liberté et de l'épanouissement le plus élevé : la pensée permet de contempler les vérités éternelles et offre au penseur le bonheur de la compréhension des grands principes du monde.

> **NOTER**
> Dans l'allégorie de la caverne FICHE 37, **Platon** explique que l'homme qui peut contempler le soleil échappe par l'exercice de la pensée « aux misérables choses humaines » et au mensonge des opinions sensibles.

II Le travail manuel est intellectuel

1 Le travail manuel et la connaissance

Le travail manuel nécessite une connaissance approximative des lois qui régissent le monde matériel. Il repose sur et développe un savoir-faire qui est l'ensemble des leçons tirées de l'expérience par l'intelligence. Un artisan n'est pas un profane, mais sait choisir les méthodes adéquates et les matériaux adaptés.

2 La raison et l'imagination à l'œuvre

■ Crawford, dans l'*Éloge du carburateur*, souligne que le travailleur manuel doit inventer des solutions aux « casse-tête » posés par le réel. Avant d'être effectués, les gestes doivent être calculés. C'est ainsi, par exemple, que faire un diagnostic pour un réparateur de moteurs, c'est raisonner, imaginer les causes plausibles à partir des symptômes visibles, solliciter une véritable « bibliothèque mentale ».

■ Le travail manuel apparaît ainsi comme une enquête visant à résoudre des énigmes. C'est pourquoi, chercheur à l'université et, en parallèle, réparateur de vieilles motocyclettes, Crawford explique avoir eu la sensation que le travail manuel était « beaucoup plus captivant d'un point de vue intellectuel ».

III Le travail intellectuel est manuel

1 La main au service de l'intelligence

■ L'homme qui cherche à produire une œuvre intellectuelle ne se contente pas de penser. Sa quête réclame des manipulations. C'est ainsi que l'écrivain ne produit pas d'un jet son texte, mais l'écrit, le découpe, le recompose de nombreuses fois avant d'atteindre le résultat final : il travaille avec des ciseaux et de la colle. Tel est, par exemple, le cas de Balzac qui, « empêtré fort maladroitement dans son travail de labourage intellectuel », travaille, lors de ses sessions d'écriture, dix à vingt heures par jour.

■ La démarche de l'homme de science resterait abstraite sans la maîtrise de gestes et de savoir-faire. C'est ainsi que le chercheur en biologie cellulaire doit savoir utiliser un microscope pour observer son objet.

2 La nécessité d'une éducation aux travaux manuels pour tous

L'éducation doit donc accorder toute sa place au travail manuel. Des projets d'enseignement complet voient le jour dès le XVIIe siècle : le pédagogue Comenius, par exemple, réclame pour les jeunes enfants des exercices sous forme de jeux permettant à la fois l'acquisition d'une dextérité manuelle et le développement des sens et de l'intelligence.

zoOm

L'importance du travail manuel selon Rousseau

Quand il élabore son projet d'éducation (*Émile ou de l'éducation*), Rousseau explique que son élève ne pourra pas se contenter d'acquérir des connaissances théoriques, mais qu'il devra apprendre un métier pour que, « les organes justes et bien exercés, toute la mécanique des arts lui [soit] déjà bien connue. »

Portrait de Jean-Jacques Rousseau, vers 1753.

SUJET 31 — OBJECTIF BAC

EXPLICATION DE TEXTE ⏱ 4 h **Sigmund Freud, *Malaise dans la civilisation***

Selon le sophiste Calliclès, la clé du bonheur serait de laisser libre cours à ses passions. Mais travail et bonheur s'opposent-ils radicalement et systématiquement ? Freud vous invite à penser le contraire… et à préparer avec ardeur votre baccalauréat !

LE SUJET

Expliquez le texte suivant.

En l'absence de dons spéciaux de nature à orienter les intérêts vitaux dans une direction donnée, le simple travail professionnel, tel qu'il est accessible à chacun, peut jouer le rôle attribué dans Candide à la culture de notre jardin, culture que Voltaire nous conseille si sagement. Il ne m'est pas loisible dans une vue d'ensemble aussi succincte, de m'étendre suffisamment sur la grande valeur du travail au point de vue de l'économie de la libido[1]. Aucune autre technique de conduite vitale n'attache l'individu plus solidement à la réalité, ou tout au moins à cette fraction de la réalité que constitue la société, et à laquelle une disposition à démontrer l'importance du travail vous incorpore fatalement. La possibilité de transférer les composantes narcissiques, agressives, voire érotiques de la libido dans le travail professionnel et les relations sociales qu'il implique, donne à ce dernier une valeur qui ne le cède en rien à celle que lui confère le fait d'être indispensable à l'individu pour maintenir et justifier son existence au sein de la société. S'il est librement choisi, tout métier devient source de joies particulières, en tant qu'il permet de tirer profit, sous leurs formes sublimées, de penchants affectifs et d'énergies instinctives évoluées ou renforcées déjà par le facteur constitutionnel. Et malgré tout cela, le travail ne jouit que d'une faible considération dès qu'il s'offre comme moyen de parvenir au bonheur. C'est une voie dans laquelle on est loin de se précipiter avec l'élan qui nous entraîne vers d'autres satisfactions. La grande majorité des hommes ne travaillent que sous la contrainte de la nécessité, et de cette aversion naturelle pour le travail naissent les problèmes sociaux les plus ardus.

Sigmund Freud, *Malaise dans la civilisation*, 1930,
trad. Charles et Jeanne Odier © PUF, 1972.

1. Libido : utilisation de l'énergie des pulsions sexuelles à des fins socialement utiles.

TEST › FICHES DE COURS › **SUJETS GUIDÉS**

LES CLÉS POUR RÉUSSIR

▶ Définir le thème et la thèse du texte

▸ D'après l'auteur, que peuvent faire les hommes qui n'ont pas de « dons spéciaux » pour **mener une vie meilleure** ?

▸ Quels sont les **bénéfices du travail** pour l'homme ?

▶ Construire le plan de l'explication

❶ Le travail intègre à la société (l. 1 à 10)

▸ Dans quelles circonstances le travail peut-il jouer un rôle analogue à celui de la culture de son jardin, préconisée dans *Candide* ?

▸ Pourquoi Freud ne développe-t-il pas davantage dans cet ouvrage l'idée de l'importance du travail ?

▸ Quel effet a le travail sur l'individu ?

❷ Des pulsions transférées dans le travail (l. 10 à 17)

▸ Expliquez les raisons qui fondent la valeur du travail pour l'individu.

▸ À quelle condition un métier peut-il être source de joie ?

❸ L'aversion au travail (l. 17 à 23)

▸ Comment le travail est-il considéré par la majorité des hommes ?

▸ Expliquez quelles sont les conséquences de l'aversion au travail.

✓ LE CORRIGÉ

Les titres ou mentions entre crochets ne doivent pas figurer sur la copie.

Introduction

[amorce] Souvent le travail est assimilé à une contrainte indispensable pour la survie. **[problématique]** Ne faut-il pas reconnaître, au contraire, que le travail est la source de conséquences positives pour l'homme ? **[annonce du plan]** Dans cette perspective, Freud montre tout d'abord que le travail permet à l'homme de s'incorporer à la société. Il présente ensuite la manière dont le travail peut sublimer les pulsions libidinales de l'homme. Enfin, il souligne un paradoxe : tandis que le métier peut apporter tant de bienfaits à l'individu, le travail est fréquemment l'objet d'une aversion, ce qui engendre de graves problèmes sociaux.

I. Le travail incorpore l'individu à la société (l. 1 à 10)

 SECRET DE FABRICATION

L'auteur commence par montrer la valeur du travail en le comparant à « la culture de notre jardin ». Le travail doit, en effet, être compris comme une économie de la libido. C'est pourquoi il permet la socialisation des hommes

1. La comparaison : la culture de son jardin

▶ La précision donnée dès la première ligne du texte indique que le discours qui suit concerne la très grande majorité des hommes. En effet, Freud parle de **l'ensemble des individus** qui n'ont pas de dons innés pour la création artistique.

▶ Les individus en général, dans le cadre du « travail professionnel », c'est-à-dire d'un métier socialement reconnu, peuvent **donner une orientation à leurs « intérêts vitaux »**, qui représentent l'ensemble de leurs pulsions. L'avantage est que ce procédé est démocratique : il est « accessible à chacun ».

 À NOTER

Freud souligne que la création artistique peut être l'occasion d'une réorientation des intérêts vitaux. Le cas de Léonard de Vinci, qui aurait ainsi sublimé son homosexualité, en est un exemple emblématique.

▶ Le travail peut remplir le même rôle que la « culture de notre jardin ». Comme finit par en être convaincu Candide, « le travail éloigne de nous trois grands maux : l'ennui, le vice, et le besoin ». Le travail est **un remède** : celui-ci n'a pas pour unique fonction de produire des objets utiles à la vie, il offre également la qualité d'un antidote contre le mal de vivre et les conduites immorales.

2. Les limites du texte

▶ Freud avertit alors le lecteur des limites de son étude. Il faudrait, en effet, bien davantage qu'un texte de quelques lignes pour rendre adéquatement et scientifiquement compte de « la valeur du travail au point de vue de l'économie de la libido ».

▶ Selon Freud lui-même, **la libido est une énergie vitale**, qui englobe nos désirs, nos envies, nos pulsions de vie, et généralement toute notre activité sexuelle concrète ou imaginaire.

▶ Aborder la libido dans la perspective de son « économie », c'est **l'envisager sous l'angle de sa gestion**, de son organisation et de son adaptation à la vie réelle. Il faut, en effet, souligner que la libido, si elle n'est pas maîtrisée et qu'elle ne vise que sa satisfaction immédiate, peut conduire l'individu à adopter des comportements asociaux et immoraux.

3. Le travail est un facteur de lien social

▶ Le travail revêt une importance cruciale, puisqu'il « attache l'individu » à la réalité. Le travail est, en effet, **un lien** : il est un moyen de connecter l'individu et la société, c'est-à-dire de rendre acceptables par la société les manifestations de la libido qu'il incarne.

▸ Pour autant, la société n'est pas toute la réalité, elle n'en est qu'une fraction. **La réalité est tout ce à quoi l'individu doit se confronter** qui peut faire obstacle à la réalisation de la libido. Il faut alors reconnaître que le travail ne peut pas résorber le conflit entre les pulsions individuelles et cette partie de la réalité.

▸ L'individu est doté d'une « disposition à démontrer l'importance du travail ». Freud soutient que les hommes ont un penchant, une inclination à vivre ensemble, car **la vie en commun est propice à la réalisation des pulsions individuelles**. Loin d'être un animal solitaire, l'homme est social, ce qui ne fait pas encore de lui un être sociable pour autant.

▸ Le travail « incorpore fatalement » l'individu à la société. Ce n'est donc pas de l'ordre du choix individuel. Cette **fatalité** ne désigne pas, pour autant, un projet de la nature. Il s'agit tout au plus d'une nécessité inéluctable qui détermine l'individu à entrer en commerce avec les autres.

[transition] Comment le travail peut-il réaliser cette intégration ?

II. Les pulsions libidinales peuvent être transférées dans le travail (l. 10 à 17)

1. La valeur du travail pour l'individu

▸ Une « possibilité », une occasion propice, existe : celle de « **transférer** », c'est-à-dire de déplacer et de réorienter autrement que par une réalisation immédiate, les « composantes narcissiques, agressives, voire érotiques de la libido dans le travail professionnel et les relations sociales qu'il implique. »

▸ Le **métier** peut donc être l'occasion d'offrir un but plus élevé et socialement acceptable aux dimensions asociales de la libido. Il ne s'agit pas de censurer les pulsions, mais de leur tracer **une autre voie de réalisation**. Les pulsions de l'individu sont narcissiques et peuvent conduire celui-ci à des comportements violents envers les autres individus. Par ailleurs, certaines pulsions sexuelles peuvent se heurter aux normes en vigueur dans une société donnée. Le métier apparaît alors comme un champ où la réalisation de ces pulsions trouve une forme acceptable.

▸ Pour l'individu, le travail permet de « maintenir et justifier son existence au sein de la société. » Le métier est l'occasion d'une participation de tous les individus à une œuvre commune indispensable : la société. De ce fait, il est l'**actualisation d'une exigence morale** : chacun doit faire un effort en vue de la construction sociale.

2. Le travail doit être librement choisi

▸ Cette valeur du travail est tributaire d'**une condition nécessaire et suffisante** : qu'il soit « librement choisi ». C'est ainsi que « tout métier » peut devenir « source de joies particulières », mais que tous les métiers ne produiront pas cet effet indistinctement sur tous les individus.

▸ Le métier librement choisi « permet de tirer [un] profit » en élevant à « leurs formes sublimées » la réalisation des « penchants affectifs » et des « énergies instinctives ». Autrement dit, le métier détourne, à l'avantage de la société et sans préjudice pour l'individu, des tendances qui auraient pu enfermer ce dernier dans une posture d'être asocial.

MOT-CLÉ
La **sublimation** désigne un processus de transformation et d'élévation des pulsions de la libido en les réorientant vers d'autres domaines.

[transition] Ainsi, le travail devrait logiquement être désiré par les individus comme moyen d'accéder au bonheur. Est-ce vraiment le cas ?

III. L'aversion au travail (l. 17 à 23)

1. La faible considération du travail

▸ Paradoxalement, la dimension de « moyen de parvenir au bonheur » du travail est peu reconnue. Le fait est que la plupart des hommes ont le travail en aversion. **Ils n'imaginent un bonheur possible qu'au-delà de la sphère du métier.**

▸ De ce fait, les hommes sont « loin de se précipiter » dans le travail avec un « élan » identique à celui qui les entraîne « vers d'autres satisfactions ». Ces dernières désignent les satisfactions immédiates, mais aussi les satisfactions inappropriées.

2. La genèse de graves problèmes sociaux

De là découlent **deux conséquences fâcheuses** :

▸ d'une part, « la grande majorité des hommes ne travaillent que sous la contrainte de la nécessité ». Ce rapport au travail empêche l'individu de jouir des bénéfices que le travail pourrait produire en vue du bonheur ;

▸ d'autre part, cette « aversion naturelle » pour le travail, qui désigne une tendance à la paresse et l'attirance des individus vers une satisfaction plus immédiate et directe de leurs pulsions, engendre « les problèmes sociaux les plus ardus ». En effet, c'est la société entière qui finit par pâtir de cette aversion : souvent, les individus conservent dans leur existence sociale des pulsions asociales, susceptibles de produire de graves tensions et conflits.

Conclusion

[synthèse] Le travail social n'est pas qu'une réponse adaptée à des nécessités biologiques. Le métier librement choisi permet de sublimer des pulsions asociales et de conduire les individus au bonheur. Néanmoins, les hommes ont une aversion naturelle pour le travail. Aussi vivent-ils celui-ci comme une contrainte. Un tel rapport au métier vient contredire les effets positifs du travail. **[ouverture]** Ne faudrait-il pas alors tâcher de réformer le rapport des individus à leur métier ?

SUJET 32 — OBJECTIF MENTION

DISSERTATION (4h) **Travail et humanité**

Selon Paul Lafargue, l'étrange folie qu'est « l'amour du travail », en déshumanisant l'homme, produit les plus grands maux de l'humanité. Faire croire que le travail rend humain n'est-il pas finalement un argument de maître d'esclaves ou de patron exploiteur ?

LE SUJET

Faut-il travailler pour être humain ?

LE CORRIGÉ

Les titres ou mentions entre crochets ne doivent pas figurer sur la copie.

Introduction

[amorce] En première analyse, le fait d'être humain dérive d'une simple filiation biologique inscrite dans les gènes de l'individu. **[reformulation du sujet]** Néanmoins, être humain peut-il se réduire à la possession de caractéristiques biologiques ? Ne faut-il pas entrer dans un processus de transformation du monde et de soi-même pour être un être humain achevé ?

[problématique] S'il ne faut pas travailler pour être humain, alors qu'est-ce qu'être humain ? Pourquoi les hommes travaillent-ils souvent davantage qu'afin de simplement satisfaire leurs besoins ? Si, au contraire, il faut travailler pour être humain, qu'apporte le travail à l'homme ? Faut-il dire que les individus qui ne travaillent pas ne sont pas des hommes ?

[annonce du plan] Ne va-t-il pas de soi que le travail ne revêt qu'une fonction d'adaptation biologique et qu'il n'est pour l'homme qu'une contrainte ? Pourtant, ne faut-il pas reconnaître l'importance du travail dans le processus d'humanisation de l'homme ? Si tel est bien le cas, comment comprendre l'aversion si fréquente des hommes pour le travail ?

I. Le travail déshumanise

1. Le travail : une adaptation biologique

▶ **L'homme, pauvre en instincts, est naturellement démuni.** L'animal vient au monde muni d'organes et d'instincts lui permettant de s'adapter à son milieu : ainsi, le taureau doté de cornes, le lion de griffes et le chien de crocs savent immédiatement trouver des aliments appropriés et se protéger des prédateurs.

▶ En revanche, la nature est la plus « économe possible » avec l'homme. Comme le souligne Kant : « La nature [...] a mesuré la dotation animale des hommes si court et si juste pour les besoins si grands d'une existence commençante, que c'est comme si elle voulait que l'homme dût parvenir par son travail à s'élever de la plus grande rudesse d'autrefois à la plus grande habileté, à la perfection intérieure de son mode de penser [...] La nature ne s'est pas du tout préoccupée de son bien-être » (*Idée d'une histoire universelle au point de vue cosmopolitique*).

▶ Ainsi, comme le souligne Foucault, le travail est rendu possible et nécessaire par « une perpétuelle et fondamentale situation de rareté ». La nature n'est pas assimilable à une mère nourricière pourvoyant aux besoins des hommes. Bien au contraire, « en face d'une nature qui par elle-même est inerte et, sauf pour une part minuscule, stérile, l'homme risque sa vie » (*Les mots et les choses*). Ainsi, l'homme doit travailler pour survivre, mais **cela n'ajoute rien à son humanité**.

2. L'homme paresseux par nature

▶ Loin de réaliser la nature humaine, le travail la contredit. Comme Rousseau l'explique dans son *Essai sur l'origine des langues*, « il est inconcevable à quel point l'homme est naturellement paresseux. On dirait qu'il ne vit que pour dormir, végéter, rester immobile ; à peine peut-il se résoudre à se donner les mouvements nécessaires pour ne pas mourir de faim. »

▶ Ainsi, **le travail est une contrainte pour l'homme**. C'est dans cette perspective qu'il faut comprendre le sens d'une étymologie possible du terme « travail » : le mot latin *tripalium* désigne un assemblage composé de trois pieux, utilisé tout d'abord pour ferrer les équidés récalcitrants, puis comme instrument de torture.

3. Le travail : une affaire d'animaux et d'esclaves

▶ Ne doit-on pas dès lors affirmer qu'il ne faut pas travailler pour être humain ? En ce sens, les Anciens, tels qu'Arendt les étudie, avaient raison : « Travailler, c'était l'asservissement à la nécessité, et cet asservissement était inhérent aux conditions de la vie humaine. » Le travail signe **l'enchaînement humain à la répétition des besoins**.

▶ Cela explique **l'esclavagisme** : pour se débarrasser du fardeau du travail qui change « l'homme en un être proche des animaux domestiques », certains hommes libres imposent « un sort pire que la mort » à d'autres hommes.

▶ C'est au contraire dans les sphères de l'œuvre (la production d'objets durables), de l'action (la vie politique) et de la contemplation (la connaissance désintéressée) que se construit l'humanité. L'homme ne devient homme que lorsqu'il échappe à une temporalité répétitive et qu'il peut mener une vie libre.

[transition] Un tel diagnostic est-il totalement convaincant ? Ne faut-il pas, au contraire, reconnaître que le travail contribue à humaniser les individus ?

II. Le travail : facteur d'humanisation

> **SECRET DE FABRICATION**
> Il est temps maintenant de vous pencher sur les bienfaits du travail pour l'homme. Vous devez exposer les bénéfices du travail sans vous contenter d'en faire un inventaire désordonné, mais en les recensant en plusieurs grands thèmes qui deviendront les sous-parties de ce deuxième grand moment d'analyse.

1. La maîtrise de la nature

▶ L'homme ne se contente pas de satisfaire ses besoins vitaux. En effet, **l'homme est un être de désirs**, qu'il ne pourra satisfaire que grâce au travail et à la science.

▶ En devenant « comme maîtres et possesseurs de la nature » (Descartes), les hommes peuvent **espérer atteindre le bonheur**. C'est ainsi que Descartes soutient que la mécanique et la médecine rendent envisageables une vie humaine moins difficile et une meilleure « conservation de la santé, laquelle est sans doute le premier bien et le fondement de tous les autres biens de cette vie ».

> **À NOTER**
> Avant Descartes, **Bacon**, en 1620, dans le *Novum organum*, avait déjà soutenu que « pour dominer la nature il faut lui obéir », ce en vue d'une amélioration des conditions de vie des hommes.

2. Le travail contredit la paresse naturelle

▶ L'homme est peut-être paresseux par nature, mais il ne peut s'arrêter à ce constat s'il veut devenir véritablement humain. Comme le souligne Kant, l'homme « a besoin d'occupations et mêmes de celles qui impliquent une certaine contrainte » (*Réflexions sur l'éducation*).

▶ Loin d'être l'occasion d'une vie heureuse immédiate, **la paresse accouche de l'ennui**. C'est pourquoi « l'homme doit être occupé de telle manière qu'il soit rempli par le but qu'il a devant les yeux, si bien qu'il ne se sente plus lui-même. »

3. L'acquisition de la conscience de soi

▶ Il faut travailler pour être humain, car c'est par le travail que **l'homme se démarque des choses de la nature** qui n'ont qu'une existence immédiate. Hegel explique ainsi que « l'homme se constitue pour soi dans son activité pratique [...] en changeant les choses extérieures, qu'il marque du sceau de son intériorité. »

▶ Par le travail, l'homme ôte ainsi « au monde extérieur son caractère farouchement étranger et [peut] jouir des choses que parce qu'il y retrouve une forme extérieure à sa propre réalité » (*Esthétique*). **Il comprend qu'il existe pour soi**, c'est-à-dire qu'il est doté d'une conscience qui manifeste sa nature spirituelle.

[transition] Mais alors, si le travail contribue à humaniser l'homme, comment peut-on comprendre la fréquente aversion qu'il lui inspire ?

III. L'aversion pour le travail

1. Le travail machinal

▶ Concrètement, **les conditions sociohistoriques de l'exercice du travail** peuvent en faire varier le sens. Ainsi, le travail à la chaîne engendre la perte de la dignité humaine. Le personnage de Charlot dans *Les Temps modernes* de Chaplin en est l'exemple emblématique : il effectue toute la journée des tâches mécaniques dont il ne comprend pas le sens et, la nuit arrivée, son corps est pris de spasmes qui le font ressembler à un pantin désarticulé.

▶ Simone Weil explique que « le tragique de cette situation, c'est que le travail est trop machinal pour offrir matière à la pensée, et que néanmoins il interdit toute autre pensée. Penser, c'est aller moins vite » (*La condition ouvrière*). C'est **la machine** qui impose à l'ouvrier le rythme du travail et, ce faisant, qui **empêche l'exercice des facultés proprement humaines**, telles que l'imagination ou l'intelligence.

> **BIOGRAPHIE**
> Simone **Weil** (1909-1943) est une philosophe humaniste. Normalienne et enseignante agrégée, elle choisit en 1934 de travailler dans une usine pour comprendre dans toute sa dureté la condition ouvrière.

2. Le travail aliéné

Le travail, quand il n'est que l'occasion de gagner un salaire de subsistance, n'est pas volontaire, mais contraint, forcé : « Il n'est donc pas la satisfaction d'un besoin, mais seulement un moyen de satisfaire des besoins en dehors du travail » (Marx, *Manuscrits de 1844*). Le travail ne saurait alors être porteur de joie en lui-même. Il n'apparaît à l'ouvrier que comme **un labeur alimentaire**, comme un fardeau. On comprend alors que l'homme puisse avoir le travail en aversion et le « fuir comme la peste ».

3. Le travail exploité

Le travail des ouvriers est l'objet d'une **exploitation économique**. En effet, les travailleurs échangent ici leur force de travail contre un salaire qui ne correspond qu'au coût de la reproduction de cette force de travail. Mais celle-ci crée une valeur supérieure, que le patron empoche sous forme de plus-value (Marx, *Le Capital*). C'est ainsi que l'ouvrier est victime d'un vol de son corps et de sa force productrice.

Conclusion

[synthèse] L'homme ne naît homme que d'un point de vue biologique. Ce n'est que par le travail que l'individu peut accéder à la conscience de soi, s'épanouir et se libérer. Néanmoins, les conditions concrètes d'exercice du travail peuvent ravaler le métier au niveau d'une contrainte aliénante et sujette à l'exploitation du travailleur. **[ouverture]** Si tel est le cas, ne faut-il pas développer encore davantage des structures politiques et juridiques qui protègent les travailleurs ?

Les notions
17 La vérité

Qu'il s'agisse d'un jury au tribunal, comme dans le film *Douze hommes en colère*, ou d'un laboratoire scientifique, les hommes cherchent à atteindre la vérité. Elle se présente comme un idéal non seulement théorique, mais aussi pratique.

TEST	Pour vous situer et identifier les fiches à réviser	314
FICHES DE COURS	**MÉMO VISUEL**	316
	49 Peut-on dire « à chacun sa vérité » ?	318
	50 La vérité n'est-elle qu'un idéal ?	320
	51 Pourquoi dire la vérité ?	322
SUJETS GUIDÉS & CORRIGÉS	**OBJECTIF BAC**	
	33 DISSERTATION ❘ Peut-on être certain d'être dans le vrai ?	324
	OBJECTIF MENTION	
	34 EXPLICATION DE TEXTE ❘ Edmund Husserl, *Méditations cartésiennes*	328

TESTEZ-VOUS

→ CORRIGÉS P. 351

Faites le point sur vos connaissances puis établissez votre **parcours de révision** en fonction de votre score.

1 Peut-on dire « à chacun sa vérité » ?

→ FICHE 49

1. Les sophistes sont…
- a. des philosophes dogmatiques.
- b. des philosophes relativistes.
- c. des philosophes sceptiques.

2. Vrai ou faux ? Cochez la case qui convient.

	V	F
a. Platon critique les sophistes.	☐	☐
b. Pour Platon, le langage prouve que la vérité est relative.	☐	☐
c. Pour Platon, il faut se méfier des apparences pour chercher à connaître les essences des choses.	☐	☐
d. Platon est un philosophe sceptique.	☐	☐

3. L'ethnocentrisme est…
- a. le fait d'être égoïste et de refuser le bonheur des autres.
- b. le fait de considérer sa culture comme une norme que tous doivent suivre.
- c. le fait de considérer que toutes les cultures se valent.

…/3

2 La vérité n'est-elle qu'un idéal ?

→ FICHE 50

1. Lisez l'extrait et cochez la (ou les) proposition(s) qui rend(ent) compte du sens du texte.

> Les « Lumières » se définissent comme la sortie de l'homme hors d'un état de minorité dont il est lui-même responsable. La minorité est l'incapacité de se servir de son entendement sans être dirigé par un autre. Elle est due à notre propre faute lorsqu'elle résulte non pas d'une insuffisance de l'entendement, mais d'un manque de résolution et de courage pour s'en servir sans être dirigé par un autre […] Aie le courage de te servir de ton propre entendement ! Telle est la devise des Lumières.
>
> Emmanuel Kant, « Réponse à la question : Qu'est-ce que les Lumières ? », 1784, trad. Ferdinand Alquié et alii, in *Œuvres philosophiques*, Bibliothèque de la Pléiade
> © Éditions Gallimard.

- a. Les hommes doivent chercher la vérité pour cesser d'être mineurs.
- b. Le passage de la minorité à la majorité est défini ici par un âge légal.
- c. Les autres nous empêchent de devenir majeurs et de penser par nous-mêmes.

2. Associez chaque thèse à son auteur.

a. On ne peut pas atteindre la vérité.

b. Un scepticisme intégral est impossible.

c. Suspendre son jugement conduit à la tranquillité de l'âme.

- Sextus Empiricus
- Aristote

3. Pour Arendt…

☐ a. la connaissance de la vérité suffit à instaurer un ordre politique juste.

☐ b. la vérité n'est pas la seule valeur valable en politique, car toute action implique de l'incertitude.

☐ c. le débat politique suppose de respecter la vérité factuelle.

…/3

3 Pourquoi dire la vérité ?

→ FICHE 51

1. Le conte « Le garçon qui criait au loup » montre…

☐ a. qu'il faut mentir pour s'en sortir dans la vie.

☐ b. qu'à force de mentir, on perd la confiance des autres.

☐ c. que dire la vérité est un des piliers de la vie en société.

2. Pour Kant, dire la vérité…

☐ a. est une obligation morale.

☐ b. n'a rien d'une obligation morale.

☐ c. n'est valable qu'avec certaines personnes.

3. Lisez l'extrait et cochez la (ou les) proposition(s) qui rend(ent) compte du sens du texte.

> Dire la vérité est un devoir. Qu'est-ce qu'un devoir ? L'idée de devoir est inséparable de celle de droits : un devoir est ce qui, dans un être, correspond aux droits d'un autre. Là où il n'y a pas de droits, il n'y a pas de devoirs. Dire la vérité n'est donc un devoir qu'envers ceux qui ont droit à la vérité. Or nul homme n'a droit à la vérité qui nuit à autrui.
>
> Benjamin Constant, *Des réactions politiques*, 1797.

☐ a. Constant s'oppose à Kant : dire la vérité n'est pas un devoir.

☐ b. Constant s'oppose à Kant : dire la vérité est un devoir, mais qui dépend toujours d'un contexte.

☐ c. Constant confirme la thèse de Kant : dire la vérité est une obligation valable universellement.

…/3

Score total …/9

Parcours PAS À PAS ou EXPRESS ? → MODE D'EMPLOI P. 3

MÉMO VISUEL

DÉFINITIONS CLÉS

Vérité
Adéquation entre le discours et la réalité, entre ce que l'homme énonce et ce qui est. Par exemple, la proposition « l'eau bout à 100 °C » est vraie dans la mesure où effectivement, dans la réalité, l'eau bout à 100 °C.

Erreur, mensonge, illusion
1. **L'erreur** est le fait de manquer involontairement la vérité (soit par inattention, soit par manque de connaissance).
2. **Le mensonge** consiste à cacher volontairement la vérité, ce qui implique de la connaître.
3. **L'illusion** est une erreur qui renvoie à un désir inconscient d'être trompé.

LA

Peut-on dire « à chacun sa vérité » ? (→ p. 318)

Les repères utiles
absolu/relatif → p. 336

La réponse de Protagoras
Il n'existe aucune vérité absolue ; tout est relatif.
« L'homme est la mesure de toute chose. »

La réponse de Platon
Le langage prouve que la vérité n'est pas relative.

TEST FICHES DE COURS SUJETS GUIDÉS

VÉRITÉ

La vérité n'est-elle qu'un idéal ? (→ p. 320)

Les repères utiles
idéal/réel → p. 340

La réponse de Sextus Empiricus
Les hommes ne peuvent pas atteindre la vérité.
« À tout argument s'oppose un égal argument. »

La réponse d'Aristote
Un scepticisme intégral est impossible ; la vérité est toujours l'horizon de notre volonté de connaître.

Pourquoi dire la vérité ? (→ p. 322)

Les repères utiles
obligation/contrainte → p. 342

La réponse de Weil
Dire la vérité renvoie à la destinée naturelle de l'homme.

La réponse de Nietzsche
Le fait de dire la vérité renvoie à une construction sociale qui n'est pas nécessairement rationnelle.
« Les hommes ne fuient pas tellement le fait d'être trompés que le fait de subir un dommage par la tromperie. »

17 • La vérité   317

49 Peut-on dire « à chacun sa vérité » ?

En bref *Celui qui croit posséder la vérité a tendance à l'imposer aux autres. Contre cette attitude intolérante, il est tentant de dire que la vérité dépend de chacun.*

I « À chacun sa vérité » : un principe de tolérance

1 La vérité est relative…

Dire « à chacun sa vérité » revient à penser qu'il ne faut pas imposer ses idées à quelqu'un en croyant posséder une vérité absolue. Ce principe de tolérance s'appuie sur l'expérience des violences commises par le passé au nom de la vérité. Pour lutter contre le **dogmatisme**, il faudrait sans cesse rappeler que la vérité est relative.

> **MOT-CLÉ**
> Le **dogmatisme** est le fait de défendre une thèse sans accepter qu'on puisse la critiquer.

2 … au sujet qui l'énonce

La vérité est relative au sujet qui l'énonce. C'est la thèse des **sophistes**, comme Protagoras qui affirme que « l'homme est la mesure de toute chose. » L'homme n'a pas accès à ce que sont les choses indépendamment de la façon dont il les perçoit. Par exemple, le vent n'est ni chaud ni froid en soi : tout dépend de la personne qui le perçoit. Dans cette perspective, il faut renoncer à l'idée d'une vérité absolue.

> **MOT-CLÉ**
> On appelle **sophistes** les philosophes de l'Antiquité, souvent spécialistes de rhétorique, qui passaient de cité en cité pour enseigner l'art de persuader. Ils prônaient la relativité de la vérité .

3 … à la culture de celui qui parle

La vérité est aussi relative à la culture. Montaigne dans son essai « Des cannibales » montre que, si nous sommes choqués par certaines pratiques comme le cannibalisme, c'est parce que nous ne partageons pas la culture dans laquelle cette pratique a un sens. On appelle cette tendance à considérer que sa propre culture est la norme l'**ethnocentrisme**.

II Les limites du relativisme

■ Pourtant, le relativisme pose problème. Il conduit à admettre que toutes les opinions se valent, sans qu'on puisse dégager un critère qui permette de les évaluer. Faut-il renoncer à distinguer la science de la simple opinion →FICHE 37 ? La volonté d'être tolérant risque de dissoudre l'idée même de vérité, si elle va jusqu'à admettre la possibilité pour chacun de penser ce qu'il veut. Ainsi, le relativisme semble mener au scepticisme.

■ C'est pourquoi Platon s'oppose aux sophistes, et notamment à Protagoras. **Le langage prouve que la vérité n'est pas relative.** Un mot permet de désigner différents objets. Cela implique que tous partagent une même essence. Par exemple, le mot « arbre » implique qu'il y a un point commun entre tous les objets désignés par ce mot, indépendamment du fait que les hommes trouvent ces arbres grands ou petits, beaux ou laids → FICHE 24.

■ Platon illustre cette thèse par l'allégorie de la caverne dans *La République*. La caverne représente le règne de l'apparence et de l'opinion. Chercher la vérité implique de remettre en cause ces apparences et de s'élever, par degrés, à la connaissance des essences → FICHE 37.

III Rechercher la vérité

■ Cette critique du relativisme montre que la vérité n'est pas saisie immédiatement, mais qu'elle implique un travail de recherche pour nous détacher de nos croyances immédiates. Tel est le travail du scientifique, du philosophe, mais aussi de l'enquêteur, du juge, qui doivent tous se méfier de leur subjectivité.

■ Des **protocoles** permettent de passer d'une opinion subjective à une connaissance objective. Un juge confronte divers témoignages ; un scientifique invente des procédés réguliers de mesure. Grâce à un outil et à une échelle de mesure, il va construire un objet qui ne dépendra pas de la perception individuelle.

■ Mais dire que la vérité est absolue n'implique pas de nier le **caractère relatif de la science**. Raymond Aron montre que les moyens utilisés par les hommes pour saisir la vérité absolue sont toujours inscrits dans une histoire et susceptibles d'être discutés.

zoOm

Aux origines de la philosophie

■ La philosophie est née au Ve siècle avant notre ère avec le personnage de Socrate.

■ Contre la tradition dogmatique qui prétendait établir ce que sont le bien et le mal indépendamment de toute discussion, mais aussi contre les sophistes qui considéraient que la vérité est relative, Socrate va chercher à atteindre la vérité par l'art du dialogue qui permet de confronter les opinions et d'en évaluer la validité.

Buste de Socrate, IVe av. J.-C.

50 La vérité n'est-elle qu'un idéal ?

En bref *La difficulté à atteindre la vérité peut conduire l'homme à douter de sa réalité. Faut-il vraiment rechercher la vérité ou au contraire trouver une forme de sagesse en y renonçant ?*

I La vérité : un idéal inaccessible ?

1 Le scepticisme

■ Si l'on définit la vérité comme l'adéquation entre le discours et la réalité, alors atteindre la vérité suppose un moyen de vérifier si ce que l'on dit correspond bien à la réalité en soi. Les sceptiques comme Sextus Empiricus considèrent que **l'homme ne peut pas atteindre la vérité**, dans la mesure où ni sa raison, ni ses sens ne lui permettent de saisir la réalité telle qu'elle est.

■ Cette thèse a des implications morales. Ce qui rendrait l'homme malheureux, ce n'est pas le doute mais le fait de croire posséder la vérité. **Suspendre son jugement** permettrait donc à l'homme d'être heureux.

2 Les limites du scepticisme

Pour Aristote, un scepticisme intégral conduit à l'inaction, car toute action implique une croyance qui la motive, et au silence, car dire quelque chose implique toujours une affirmation. Ainsi, le scepticisme se nie lui-même. Il semble donc nécessaire de ne pas abandonner l'idéal de vérité → FICHE 37.

II La vérité : une valeur parmi d'autres ?

■ Le terme d'idéal est ambigu, car il désigne tantôt ce que l'on ne peut pas atteindre, tantôt ce que l'on doit poursuivre. La vérité est un idéal en ce qu'il paraît légitime de la rechercher. Atteindre la vérité est donc un objectif porteur de sens.

■ La vérité est ainsi une valeur importante, d'un point de vue individuel et collectif. Mais n'entre-t-elle pas en conflit avec d'autres valeurs importantes ?

1 Vérité et politique

■ Certes, la vérité est une valeur importante en politique : on attend des hommes politiques qu'ils disent la vérité, des citoyens qu'ils se tiennent informés de l'actualité. Mais dans la mesure où l'activité politique engage des décisions quant à l'avenir, la politique ne saurait se réduire à une science.

■ C'est pourquoi **l'efficacité d'un discours** importe plus que sa vérité pour les sophistes. La politique n'est pas la simple mise en œuvre d'une vérité préalablement dégagée. Elle implique des convictions qui ne sont pas de l'ordre de la connaissance.

■ Pourtant, la constitution d'un espace public implique des débats dont l'horizon est toujours la vérité. Ainsi, pour Arendt, si la vérité n'est pas la seule valeur qui compte en politique, elle revêt néanmoins une importance considérable pour distinguer les différentes opinions. « Respecter la vérité factuelle » est une condition du débat.

À NOTER
Alain insiste sur la nécessité, pour les citoyens, de s'interroger sur la vérité des discours des différents acteurs publics. Si le citoyen doit obéir aux pouvoirs, il doit cependant aussi s'en méfier.

2 | Vérité et bonheur

■ Dans la mesure où la recherche de la vérité implique un effort, elle semble s'opposer au bonheur individuel. Pourquoi chercher la vérité si celle-ci vient déranger mon confort ? En ce sens, l'illusion paraît plus douce que l'effort à fournir pour atteindre la vérité → FICHE 5.

■ Kant montre que la recherche de la vérité est aussi un effort d'émancipation de toutes les tutelles illégitimes qui prétendent dicter à l'individu sa conduite ou sa pensée. Il s'agit de sortir d'un état de minorité dont nous sommes nous-mêmes responsables, par paresse ou par lâcheté. Ainsi, la vérité est un idéal au sens où les hommes doivent sans cesse la chercher pour être véritablement libres.

zoOm — L'ère de la post-vérité ?

Barack Obama et Donald Trump, en 2017.

■ Lors de son investiture à la Maison-Blanche, Donald Trump a assuré qu'il y avait plus d'Américains présents qu'à celle de son prédécesseur, Barack Obama. Or les photographies réalisées lors de ces deux événements montrent le contraire.

■ Le phénomène des *fake news* montre-t-il que la vérité est un idéal périmé ou rappelle-t-il au contraire la nécessité pour le citoyen de rechercher la vérité ?

51 Pourquoi dire la vérité ?

En bref *Dès l'enfance, on nous apprend à dire la vérité et on exige que nous n'y contrevenions pas. Mais d'où vient cette nécessité de dire la vérité ? En quoi la vérité serait-elle supérieure au mensonge ?*

I Un commandement sacré ?

1 Un impératif religieux

■ La nécessité de dire la vérité se présente souvent comme un impératif sacré, qu'il ne faut pas remettre en question. En atteste le neuvième commandement de l'Ancien Testament : « Tu ne porteras pas de faux témoignage contre ton prochain. » Dans les monothéismes, Dieu est identifié à la vérité, et le mensonge à ce qui détourne l'homme de Dieu.

■ La Renaissance a connu un vif débat autour de la question suivante : une société d'athées est-elle possible ? La plupart considérait que le respect d'un certain nombre de règles venait essentiellement de la religion et de la crainte de Dieu. Dès lors, une société d'athées semblait difficile à imaginer. De nombreux théologiens étaient persuadés que les hommes mentiraient sans honte en l'absence de toute religion.

2 Une obligation existentielle

■ Simone Weil montre qu'être un homme implique des obligations qui ne dépendent pas de faits ou de conventions, mais qui renvoient à « la destinée éternelle de l'homme ». Parmi ces obligations, « le besoin de vérité est plus sacré qu'aucun autre [besoin de l'âme]. »

■ Cette nécessité d'échapper à l'erreur et à la suggestion passe par des institutions qui permettraient de garantir la vérité de ce qui est écrit, dans la presse notamment. On passe ainsi d'une exigence existentielle à un problème social.

II Une obligation sociale ?

■ Dire la vérité renvoie à une exigence sociale. C'est la condition de la confiance mutuelle entre les membres et, par suite, de la vie en société.

■ Dans *Le Gai Savoir*, Nietzsche interroge la volonté de vérité. Habituellement nous considérons qu'il est rationnel de préférer la vérité à l'erreur ou au mensonge. Mais qu'en est-il du désir de vérité ?

> **À NOTER**
> Le conte « Le garçon qui criait au loup » illustre cette thèse : un enfant, qui s'amuse à crier au loup alors qu'il n'y a aucun danger, finit par perdre la confiance des villageois, qui ne viennent pas le secourir le jour où le danger se présente vraiment.

■ Pour Nietzsche, la recherche de la vérité renvoie à la volonté de ne pas tromper les autres, ce qui fait de la vérité une obligation sociale et un principe moral. Ainsi, ce désir de vérité est problématique, car les hommes le considèrent comme rationnel sans nécessairement voir les exigences sociales sur lesquelles il repose.

III Un principe moral ?

■ C'est en tant que nous avons des devoirs à l'égard des autres hommes que nous devons dire la vérité. Pour Kant, la moralité d'une action dépend de la qualité de son intention. Ai-je agi dans le seul but de faire mon devoir, de telle sorte que la maxime de mon action puisse être universelle ? Dire la vérité est donc un principe moral, car le mensonge ne peut pas être universalisé →FICHE 11.

■ Benjamin Constant s'oppose à la thèse de Kant, non pas pour nier le fait que dire la vérité soit un devoir moral, mais pour nuancer son caractère absolu. D'une part, dire la vérité est un principe moral qui peut entrer en conflit avec d'autres principes moraux, comme la protection de la vie d'autrui. Dès lors, le sujet doit hiérarchiser ces différents principes en fonction de la situation dans laquelle il se trouve. D'autre part, tout devoir implique un droit. Autrement dit, nous ne devons pas la vérité à tous, mais seulement à ceux qui y ont droit.

zoOm

Le personnage de Queenie Goldstein

David Yates, *Les Animaux fantastiques*, 2016.

Dans *Les Animaux fantastiques* de J. K. Rowling, la sorcière Queenie Goldstein possède un don rare : la capacité de lire dans les pensées des autres. Dès lors, personne ne peut lui mentir, ce qui paraît lui donner beaucoup de pouvoir. Elle peut cacher ses propres idées quand celles des autres lui sont transparentes. Mais cette possibilité d'avoir immédiatement accès à la vérité s'avère être un obstacle à son bonheur.

SUJET 33 — OBJECTIF BAC

DISSERTATION ⏱ 4 h **Certitude et vérité**

Les hommes ont-ils véritablement marché sur la Lune ? Si nous en avons des preuves, des théories conspirationnistes insistent toujours sur l'impossibilité d'être absolument certains d'être dans le vrai.

LE SUJET

Peut-on être certain d'être dans le vrai ?

LES CLÉS POUR RÉUSSIR

▶ Analyser les termes du sujet

▸ **Être certain :** la certitude désigne la disposition subjective de celui qui est assuré de la validité de ce qu'il affirme.

▸ **Être dans le vrai :** la vérité est l'adéquation entre le discours et la réalité. Une affirmation est vraie si elle correspond à ce qui est réellement. Cela pose la question d'un critère qui permettrait d'être sûr de posséder la vérité.

▶ Dégager la problématique et les enjeux du sujet

▸ Les hommes recherchent un critère du vrai, c'est-à-dire **un moyen infaillible de distinguer le vrai du faux**. La certitude paraît être un critère intéressant, car aisément reconnaissable : je sais si je suis certain de quelque chose.

▸ Mais, en tant que **disposition subjective** qui relève du sentiment, la certitude pose problème : je peux être certain et malgré tout me tromper. L'expérience d'un tel échec doit nous conduire à relativiser la valeur de la certitude.

▶ Construire le plan de la dissertation

 1 La certitude : une disposition ambiguë

▸ Montrez que la connaissance de la vérité implique la certitude.

▸ Intéressez-vous ensuite aux cas où la certitude n'est pas la marque du vrai : comment l'erreur et l'illusion peuvent-elles conduire à la certitude ? Trouvez des exemples.

TEST › FICHES DE COURS   SUJETS GUIDÉS

2 Les origines de la certitude
▸ Distinguez la certitude immédiate, irréfléchie, de la certitude produite par un effort de pensée.
▸ Montrez que l'homme peut toujours remettre en cause ses propres certitudes, et que c'est cela qui lui assure qu'il est face à la vérité.

✓ LE CORRIGÉ

Les titres ou mentions entre crochets ne doivent pas figurer sur la copie.

Introduction

[amorce] Othello est certain que Desdémone le trompe : il en a l'intime conviction, il pense en avoir la preuve. C'est ce qui le conduit au meurtre. Pourtant, sa jalousie le trompe : Desdémone lui était fidèle. **[reformulation du sujet]** Que vaut donc la certitude dans notre recherche de la vérité ? **[problématique]** D'un côté nous associons vérité et certitude, dans la mesure où posséder la vérité implique des justifications qui produisent en nous de la certitude. Mais d'un autre côté celui qui se trompe peut tout aussi bien être certain de ce qu'il affirme. Dès lors, la certitude ne saurait être le critère suffisant de la vérité. **[annonce du plan]** Nous montrerons tout d'abord l'ambiguïté de la certitude, marque du vrai aussi bien que du faux. Puis nous verrons que la certitude n'a de valeur qu'à certaines conditions qui ont à voir avec une démarche rigoureuse pour atteindre la vérité.

I. La certitude : une disposition ambiguë

1. La certitude : un sentiment qui ne trompe pas

▸ La certitude est la **disposition d'esprit de celui qui ne doute pas** d'une proposition qu'il considère comme vraie. D'un point de vue subjectif, le fait d'être certains de ce que nous affirmons nous paraît être le critère de la vérité. La certitude est une conviction produite par des preuves qui nous semblent suffisantes, qu'il s'agisse de démonstrations rationnelles ou d'expériences.

▸ La certitude n'est donc pas gratuite : elle implique d'avoir des raisons d'être assuré de la vérité de ce qu'on dit. Il ne suffit pas de dire une vérité, par hasard, pour être dans le vrai : la certitude semble **résulter d'un processus de justification**, si bien que « savoir, c'est savoir qu'on sait » selon les mots d'Alain.

> 👍 **DES POINTS EN +**
> Les stoïciens distinguent « dire le vrai » et « être dans le vrai » : il ne suffit pas de dire le vrai pour être dans le vrai, et un fou qui dirait une vérité ne serait pas pour autant savant. La vérité implique donc toujours une disposition subjective.

2. La certitude : un sentiment qui trompe souvent

◗ Pourtant, la certitude peut aussi être **la marque de l'erreur ou de l'illusion**. Celui qui se trompe est souvent persuadé de la vérité de ce qu'il affirme. Son ignorance n'est pas simplement une absence de savoir : elle prend la forme d'une opinion ou d'un préjugé auquel le sujet adhère parfois sans réserve.

◗ Le **personnage de Don Quichotte** illustre cette ambiguïté de la certitude. Certain d'être un chevalier dont la mission est de faire le bien, il ne doute pas du fait que les moulins soient des géants à combattre. La certitude de Don Quichotte est à la mesure de son désir d'être chevalier, bien que celui-ci s'oppose à la réalité.

3. La certitude : un critère de vérité insuffisant

◗ La certitude est donc une **disposition subjective** qui est tantôt la marque du vrai, tantôt celle de son contraire. Or les hommes sont à la recherche d'un **critère** du vrai, c'est-à-dire d'un moyen de distinguer parfaitement le vrai du faux. La certitude est une **conviction** qui se rapporte à la subjectivité : elle est de l'ordre du sentiment parfois vague. Rien ne nous assure donc qu'elle soit un critère valable du vrai.

 À NOTER
Un **critère** (de la même famille que le mot « critique ») permet de distinguer deux choses différentes.

◗ Bien plus, la réflexion semble aboutir ici à un **cercle vicieux**. En effet, si nous faisons de la certitude un critère du vrai, qu'est-ce qui nous assurera de la validité de ce critère sinon… la certitude elle-même ? La certitude pose ainsi problème dans la mesure où elle n'est pas toujours le produit d'un effort intellectuel.

[transition] La certitude ne saurait donc être un critère du vrai. Est-ce à dire que l'homme n'a jamais aucune raison d'être assuré d'être dans le vrai ?

II. Les origines de la certitude

1. Produire la certitude

◗ Si ce n'est pas la dimension subjective de la certitude qui permet de s'assurer d'être dans le vrai, il convient de remonter aux conditions de la certitude : qu'est-ce qui permet au sujet d'être certain de la vérité d'une proposition ?

◗ On peut dès lors distinguer **deux formes de certitude** : une certitude qui relève de la passivité et une certitude produite par une activité méthodique du sujet qui cherche à connaître la vérité.

◗ Claude Bernard montre ainsi que l'expérience peut produire une certitude valable, à condition qu'elle soit menée selon une méthode rigoureuse : la **méthode hypothético-déductive**. Cette méthode suit trois étapes : on observe un phénomène, on formule des hypothèses explicatives, on construit un protocole expérimental qui permet de confirmer ou d'infirmer une hypothèse. La certitude obtenue ne vaut qu'en tant que produit d'une expérimentation méthodique.

2. Doute et certitude

▸ Paradoxalement, la certitude n'a de valeur qu'à la condition d'être rapportée à un **effort de doute permanent**. Pour Claude Bernard, l'expérimentateur ne doit pas se lasser d'éprouver la validité de son hypothèse pour que la certitude obtenue soit « l'expression du doute philosophique porté aussi loin que possible ».

▸ On retrouve cette idée dans l'œuvre de Descartes. **Le cogito** est la première vérité indubitable sur laquelle repose l'ensemble des connaissances que l'esprit peut acquérir. « Je pense donc je suis » est donc une proposition certaine. Mais cette certitude est le produit du doute. Malgré tout l'effort de l'esprit pour douter de tout, seule résiste au doute l'intuition de l'existence de la conscience.

À NOTER
Descartes s'appuie sur trois arguments pour essayer de douter de tout : nos sens nous trompent souvent ; il est difficile de distinguer rêve et éveil ; un malin génie peut nous tromper, y compris quand nous nous croyons certains de quelque chose.

▸ Ce n'est donc pas la certitude en tant que telle qui montre qu'on est dans le vrai, c'est plutôt **l'effort permanent pour interroger cette certitude**, la remettre en cause. Cet effort n'est pas un simple sentiment, car il renvoie à un ensemble de procédures qui permettent d'établir la validité d'une proposition. Ces procédures impliquent la discussion et le débat avec les autres, ne serait-ce que pour mettre à l'épreuve ses propres convictions.

▸ C'est ce que montre Popper : « Aussi intense soit-il, un sentiment de conviction ne peut jamais justifier un énoncé. » Seules les **procédures d'enquête et de vérification**, qui peuvent produire par ailleurs une forme de certitude, ont une valeur scientifique. Popper parle de la certitude absolue comme d'une idée limite : « Il peut toujours y avoir une certitude qui soit encore plus assurée. »

3. Des domaines propres à la certitude ?

▸ Mais dire que la certitude n'a pas de valeur scientifique revient-il à dire qu'elle ne saurait être la marque du vrai ? Elle peut valoir **sur le plan moral ou sur le plan religieux**. J'agis ainsi car j'ai la conviction que c'est la bonne chose à faire ; je crois parce que je suis certain de la fécondité de telle parole.

▸ Là encore, la certitude suppose d'**être interrogée par le sujet** qui l'éprouve pour ne pas devenir une forme de fanatisme. Si « l'étonnement est essentiel à la condition d'homme », comme le montre Jeanne Hersch, c'est que l'homme doit toujours remettre en cause ce qui lui paraît évident.

Conclusion

[synthèse] On n'est jamais absolument certain d'être dans le vrai. C'est l'effort pour interroger nos certitudes qui leur confère de la valeur. En ce sens, douter de ce qu'on croit établi avec certitude n'est pas contradictoire avec la recherche de la vérité. **[ouverture]** Othello a ainsi manqué de prudence, prenant sa propre certitude pour argent comptant. Une expérience subjective, aussi forte soit-elle, ne saurait valoir comme critère de la vérité. On comprend dès lors pourquoi Platon, dans l'allégorie de la caverne, présente la recherche de la vérité comme une forme de libération de soi et d'arrachement à ce qui nous paraît le plus évident.

SUJET 34

EXPLICATION DE TEXTE ⏱ 4h **Edmund Husserl, *Méditations cartésiennes***

Pourquoi s'obstiner à chercher la vérité, si seules quelques opinions suffisent pour diriger sa vie au quotidien ? Si la science paraît être l'une des réalisations les plus hautes de l'esprit humain, n'est-elle qu'un édifice vain ?

LE SUJET

Expliquez le texte suivant.

> Pour la vie quotidienne, dont les buts sont changeants et relatifs, des évidences et des vérités relatives suffisent. Mais la science cherche des vérités qui sont et restent valables une fois pour toutes, qui sont et doivent rester valables pour tous, elle cherche, par conséquent, des vérifications originales
> 5 et radicales. Si, comme elle doit elle-même finir par le reconnaître, la science ne parvient pas en fait à réaliser un système de vérités absolues, et si elle est contrainte de modifier sans cesse ses vérités, elle n'en obéit pas moins à l'idée d'une vérité absolue ou rigoureusement attestée, et elle vit donc dans un horizon infini d'approximations qui convergent vers cette idée. Grâce à ces
> 10 approximations, elle croit pouvoir infiniment dépasser la connaissance naïve et ainsi se dépasser elle-même.
>
> Edmund Husserl, *Méditations cartésiennes*, 1931, trad. Gabrielle Peiffer, Emmanuel Levinas
> © Librairie Philosophique J. Vrin, Paris, 1947 ; 2001. http://www.vrin.fr

Les titres ou mentions entre crochets ne doivent pas figurer sur la copie.

Introduction

[amorce] Au quotidien, nous pouvons avoir le sentiment d'un décalage entre le discours scientifique et nos besoins du moment. Et en effet, il n'est nul besoin d'être scientifique pour conduire sa vie. **[problématique]** Dès lors, à quoi bon rechercher la vérité, si quelques connaissances rudimentaires suffisent ? Cette question nous conduit à nous interroger sur la distance qui peut séparer la vie quotidienne de la pratique scientifique quant à la vérité.

[annonce du plan] D'abord, Husserl distingue deux attitudes vis-à-vis de la vérité. Ensuite, il explique en quoi consiste la pratique scientifique en la rapportant à l'idée de vérité absolue, sans cesse visée sans n'être jamais atteinte.

I. L'opposition entre vie quotidienne et science (l. 1 à 5)

1. Que devons-nous connaître pour vivre au quotidien ?

▶ Husserl part d'une **description de la vie quotidienne**. Toute action est comprise comme un moyen en vue d'une fin. Par exemple, on apprend une langue pour voyager. Mais les hommes suivent plusieurs fins qui peuvent s'opposer.

▶ Dès lors, ils n'ont pas besoin de connaître intégralement et parfaitement le réel pour conduire leur vie : « **Des évidences et des vérités relatives suffisent.** » Le terme « relatif » s'oppose à « absolu » : les hommes n'ont besoin de connaissance qu'en fonction des fins qu'ils se donnent. Bien plus, leurs connaissances n'ont pas forcément besoin d'être justifiées : l'évidence suffit.

À NOTER
Selon **Tocqueville**, toute société a besoin d'un certain nombre de croyances communes, qui n'ont pas besoin d'être interrogées par l'individu.

2. Le but de la science

▶ Husserl oppose la vérité dont on a besoin au quotidien à la vérité que la science cherche à établir. La science implique la **recherche d'une vérité absolue**. L'auteur distingue deux caractéristiques qui permettent de savoir ce qu'est une vérité absolue. Premièrement, c'est une vérité « valable une fois pour toutes » : elle est définitive et ne dépend pas du temps. Deuxièmement, elle est « valable pour tous », autrement dit universelle : elle ne dépend pas des préférences individuelles.

▶ Ces caractéristiques ont une conséquence sur le travail scientifique : la science consiste en des « vérifications originales et radicales ». Elle se présente comme une **tension** entre, d'une part, un effort permanent pour interroger ce qui paraît vrai et en éprouver sans cesse la validité et, d'autre part, une tentative pour clore définitivement toute question qui s'offre à la pensée.

3. Vie quotidienne et science : deux directions opposées

> 👍 **SECRET DE FABRICATION**
> Après avoir analysé les deux premières phrases du texte, on peut en dégager les conséquences et les sous-entendus. C'est un moment de synthèse.

▶ Il semble donc y avoir une **contradiction entre la vérité relative**, dont l'individu a besoin pour conduire sa vie, **et la vérité absolue** que recherche la science. Si la science ne peut pas se contenter des évidences que les hommes acceptent au quotidien, en retour, la science paraît inadéquate pour celui qui agit.

▶ La thèse de Husserl **résout de façon originale un débat classique** quant à la nature de la vérité, débat qui a par exemple opposé Platon aux sophistes. La vérité est-elle absolue ou relative ? Ici, Husserl montre la compatibilité des deux thèses : le relativisme défendu par les sophistes vaut dans la sphère de la vie quotidienne et l'idée d'une vérité absolue compte pour la recherche scientifique. Ce qui vaut en pratique ne vaut pas nécessairement en théorie.

[transition] Dès lors, une question s'impose : la science doit-elle renoncer à l'idée d'une vérité absolue pour s'adapter à la demande de la vie quotidienne ?

II. L'horizon de la science : la vérité absolue (l. 5 à 11)

1. Un échec permanent

▸ Certes, la science recherche une vérité absolue. Mais Husserl montre d'emblée la **limite de cette recherche**. La science vise sans cesse un idéal qu'elle ne parvient pas à réaliser. Le problème semble alors se redoubler : pourquoi la science ne se rabat-elle pas sur une vérité relative, d'une part, qu'elle pourrait atteindre et, d'autre part, qui serait utile à la vie quotidienne ?

▸ Pourtant, cette limite ne se présente pas comme un échec complet. En effet, **la science reconnaît cette limite**. Autrement dit, elle n'est pas la tentative désespérée et inconsciente d'atteindre une vérité inaccessible, mais elle prend acte de ce qu'une vérité absolue semble impossible à atteindre. Cette dernière doit donc avoir un statut particulier dans la recherche scientifique.

2. La notion d'horizon

▸ La vérité absolue se présente comme la fin de la science. L'« horizon », pour reprendre le terme de Husserl, c'est ce qu'on ne peut atteindre : plus on marche vers lui, plus il s'éloigne. Ce qui vaut donc, c'est « l'idée d'une vérité absolue », qui est un **moteur de la science**.

▸ L'histoire des sciences peut donc être comprise comme un **mouvement de convergence vers une fin** qui ne peut pas être parfaitement accompli. L'historicité des sciences montre ainsi l'effort permanent du scientifique qui remet en cause ce qui paraît aller de soi.

> **À NOTER**
> On retrouve ici une idée forte de la philosophie de Husserl : la conscience se définit par l'intentionnalité. La recherche scientifique implique la visée d'une vérité absolue. Ce qui distingue vie quotidienne et science, c'est que chacune témoigne d'une intentionnalité différente.

3. La science : un dépassement de la connaissance naïve

▸ La science ne doit donc pas céder à l'exigence de la vie quotidienne. Certes, elle n'établit que des vérités relatives, qui pourront être remises en cause dans les siècles à venir, mais elle ne peut pas s'en contenter. C'est dans cette **quête d'une vérité absolue** qu'elle peut être féconde.

▸ Il n'y a donc **pas de continuité entre connaissance naïve** (celle qui suffit à la vie quotidienne) **et science**, mais bien plutôt rupture. Husserl utilise à deux reprises le verbe « dépasser », qui signifie passer devant, aller plus loin. L'ambition de la science dépasse ce qui satisfait l'esprit humain au quotidien.

Conclusion

[synthèse] L'attitude naturelle, que nous adoptons spontanément dans la vie quotidienne, diffère de la science en ce qu'elle ne vise pas la même forme de vérité. La science vise (sans l'atteindre) une vérité absolue, tandis que le quotidien se satisfait d'une vérité relative qui permet d'agir. **[ouverture]** Par cette distinction, Husserl explique que le caractère historique des sciences ne signifie pas l'absence de toute vérité absolue.

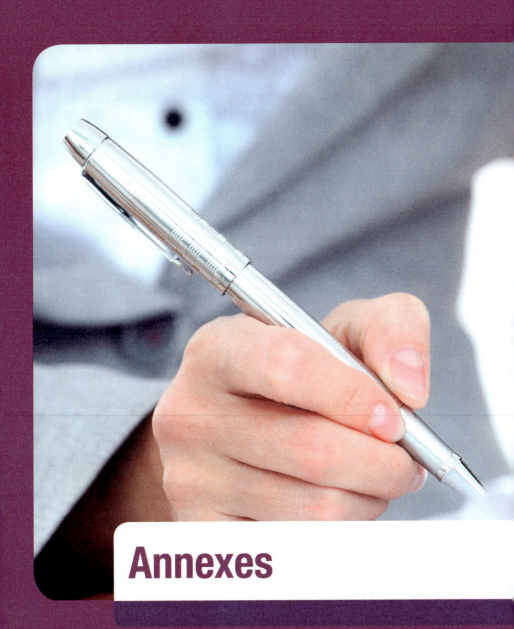

Annexes

52 La dissertation

En bref La dissertation est une argumentation dialectique et problématisée. Elle ne se réduit pas à une pure contradiction, mais montre la complexité d'un problème.

Les étapes clés

Étape 1 Analyser les termes du sujet

▶ **Définissez chaque terme** du sujet en le rapportant à la question posée. Il faut prendre soin de distinguer précisément les différents sens possibles d'un terme :
– pour écarter d'emblée les acceptions non pertinentes pour le sujet ;
– pour faire apparaître les manières dont la question peut être interprétée selon le sens des termes.

▶ **Reformulez le sujet** en le distinguant éventuellement d'autres questions proches.

Étape 2 Dégager la problématique et les enjeux du sujet

▶ La problématique est la **question qui montre la nature philosophique du sujet.** Autrement dit, elle met en évidence la difficulté impliquée par le sujet, c'est-à-dire la raison pour laquelle il n'est pas facile d'y répondre.

▶ Pour parvenir à la formuler, appuyez-vous sur les différentes réponses possibles au sujet, en vous demandant pourquoi elles ne s'accordent pas entre elles.

> 👍 **CONSEILS**
> Tout le **travail de problématisation** mené en introduction est primordial. Il faut justifier votre problématique par l'analyse précise du sujet.

▶ Les enjeux précisent **les implications et les conséquences** des réponses apportées au sujet, relativement aux grands débats philosophiques.

Étape 3 Élaborer le plan de la dissertation

▶ Le plan de dissertation comporte trois parties et suit un **mouvement dialectique**. Chaque partie défend une thèse qui se distingue de la précédente, en la critiquant ou en faisant varier le sens des termes du sujet.

▶ Chaque partie s'appuie sur deux ou trois arguments. Ils doivent être développés grâce à une référence ou un exemple que vous puiserez dans votre **culture philosophique et personnelle**.

Étape 4 Rédiger la dissertation

FICHES & MÉTHODES — **REPÈRES**

I. Conseils pour le travail préparatoire

■ Il est impératif de chercher le ou les problèmes que le sujet implique. Prêtez une attention particulière à la formulation du sujet. Par exemple, « peut-on » implique à la fois la possibilité et la légitimité.

> **CONSEIL**
> Mobilisez les **repères** au programme pour préciser les différents sens de la question. Par exemple : le problème se pose-t-il en droit ou en fait ?

■ Veillez fréquemment à ne pas vous éloigner du sujet lors du travail de problématisation. Confrontez la problématique au sujet pour vérifier qu'elle permet bien de le traiter.

■ Le traitement d'un sujet ne requiert pas un plan unique. Une dissertation réussie prend appui sur votre réflexion personnelle.

II. Conseils pour la rédaction

Apportez un soin particulier à l'introduction et à la conclusion : rédigez-les au brouillon avant de vous lancer dans la rédaction.

1. L'introduction

L'introduction comprend les étapes suivantes :

❶ l'amorce : une référence en accroche n'est utile que si elle permet d'éclairer précisément le sujet. Vous pouvez vous contenter de formuler l'opinion commune ;

❷ la définition des termes : précisez le ou les sens des termes dans le contexte du sujet ;

❸ la problématisation : présentez le problème en montrant que plusieurs réponses sont possibles et justifiables, puis formulez la problématique ;

❹ le plan : présentez les idées directrices de chacune de vos parties.

2. Le développement

Construisez chaque paragraphe selon le même modèle :

❶ énoncez l'idée principale du paragraphe ;

❷ développez l'idée en vous appuyant sur une référence ou un exemple ;

❸ concluez en ouvrant vers l'idée suivante.

3. La conclusion

Récapitulez les étapes du plan pour répondre à la problématique. La conclusion témoigne du mouvement de l'argumentation : mettez en avant sa subtilité en restituant la manière dont vous êtes passé d'une réponse à une autre.

53 L'explication de texte

En bref *L'explication de texte en philosophie n'exige pas d'analyser les effets ni les procédés littéraires : il faut rendre compte de l'argumentation, en la justifiant et en la critiquant à partir d'une problématique.*

Les étapes clés

Avant de se lancer dans le travail d'explication, il convient de **lire le texte au moins trois fois** pour éviter les contresens.

> **À NOTER**
> L'exercice de l'explication de texte est difficile et requiert une solide maîtrise méthodologique, ainsi qu'une bonne connaissance des notions au programme.

Étape 1 Repérer le thème et la thèse du texte

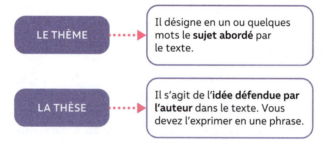

Étape 2 Dégager la problématique et les enjeux du texte

▶ La problématique du texte est **la question à laquelle l'auteur répond** implicitement dans l'extrait. Elle doit souligner la difficulté qu'il tente de résoudre et vaut pour un texte précis.

▶ Pour déterminer les enjeux du texte, il faut se demander à quelles **grandes questions philosophiques** se rattache la problématique.

Étape 3 Identifier les étapes de l'argumentation

▶ Analysez minutieusement le texte pour distinguer les différentes étapes de l'argumentation. Repérez les **liens logiques** et découpez le texte en parties voire en sous-parties. Identifiez la **fonction** de chacune d'elle : s'agit-il d'énoncer la thèse ? d'avancer un argument ou un exemple ?

▶ Reformulez le sens et la fonction de chacune des parties à l'aide de vos mots : vous obtenez le **plan linéaire** que suivra votre explication.

Étape 4 Rédiger l'explication

FICHES & MÉTHODES **REPÈRES**

I Conseils pour le travail préparatoire

■ Procédez à un travail de **définition des notions et des concepts**. Prenez garde aux contresens ! Certains termes peuvent recouvrir des acceptions très différentes.
■ Cherchez à déceler la **cohérence argumentative** du texte. Il n'est pas rare qu'un auteur feigne de défendre la thèse adverse pour mieux la critiquer, cela ne signifie pas qu'il se contredit.
■ Il vous revient d'évaluer l'**efficacité argumentative** du texte. Pourquoi cet argument est-il convaincant ? Quelles en sont les limites ?
■ Utilisez les définitions et vos références philosophiques pour témoigner de votre **capacité critique**. Ne vous contentez pas de résumer le texte.

> 👍 **CONSEIL**
> À l'aide de votre culture philosophique, approfondissez la thèse défendue par l'auteur ou critiquez-la au fur et à mesure de l'explication.

II Conseils pour la rédaction

1 | L'introduction

L'introduction, que vous rédigerez d'abord au bouillon, comprend les étapes suivantes :
❶ la **présentation du texte** : précisez le thème et les enjeux du texte ;
❷ l'exposé de la **problématique** et de la **thèse** : énoncez clairement la question à laquelle l'auteur répond dans le texte, puis formulez en une phrase la position de l'auteur ;
❸ l'annonce du **plan** : présentez les parties du texte qui sont aussi les parties de votre explication.

2 | Le développement

Le développement suit l'ordre du texte, vous devez :
❶ **énoncer l'idée principale** de la partie à expliquer avant de rentrer plus précisément dans l'étude des arguments.
❷ **critiquer** éventuellement **l'argumentation** de l'auteur en développant vos idées (ne vous contentez pas de citer une référence sans l'exploiter).
❸ veiller à **ménager des transitions**.

3 | La conclusion

Récapitulez les étapes du plan pour **répondre à la problématique**. Il s'agit de synthétiser le mouvement de l'argumentation.

> 👍 **CONSEIL**
> À l'issue de la rédaction, consacrez quinze minutes à la **relecture** de votre travail.

Annexes

54 Les repères du programme

En bref *Les repères prennent la forme de distinctions lexicales et conceptuelles. Ils vous permettent d'approfondir votre compréhension de chaque notion et d'enrichir votre réflexion.*

Absolu/Relatif

■ Est **absolu** quelque chose qui **existe ou est connu indépendamment de toute autre chose** : le cogito (« je pense ») peut être connu absolument. L'adjectif « absolu » s'applique, par exemple, à un amour au-dessus de tout. Le substantif « absolu » désigne, chez Hegel, la réalité suprême qui contient tout en elle. À l'opposé, est **relatif** quelque chose qui **dépend des circonstances ou du point de vue** : le droit varie selon les pays et les époques.

■ La philosophie débat pour savoir si la liberté, la vérité, la vertu, la justice, le beau peuvent être absolus (on parlera de **rationalisme**) ou s'ils sont relatifs (on parlera de **relativisme**).

Abstrait/Concret

■ Est **concret** ce qui a une **réalité sensible et particulière** : telle sculpture, tel homme. Est **abstrait** ce qui est purement intellectuel et désigne une **généralité** : l'humanité, l'art.

■ L'abstraction consiste à isoler et à **extraire certaines caractéristiques** d'une chose concrète : abstraire par exemple l'idée de blancheur à partir d'un nuage blanc. L'abstraction permet, à l'aide du langage, de s'élever au-dessus de la sensation immédiate et de construire une connaissance scientifique ou philosophique. L'abstraction est donc nécessaire à la connaissance, mais peut éloigner de la vie pratique et de l'action.

En acte/En puissance

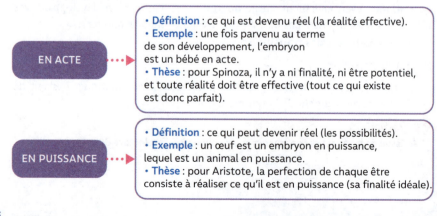

EN ACTE
- **Définition** : ce qui est devenu réel (la réalité effective).
- **Exemple** : une fois parvenu au terme de son développement, l'embryon est un bébé en acte.
- **Thèse** : pour Spinoza, il n'y a ni finalité, ni être potentiel, et toute réalité doit être effective (tout ce qui existe est donc parfait).

EN PUISSANCE
- **Définition** : ce qui peut devenir réel (les possibilités).
- **Exemple** : un œuf est un embryon en puissance, lequel est un animal en puissance.
- **Thèse** : pour Aristote, la perfection de chaque être consiste à réaliser ce qu'il est en puissance (sa finalité idéale).

Analyse/Synthèse

■ L'analyse consiste à séparer les éléments qui composent une réalité concrète : analyser les données d'un problème, analyser les étapes d'une fabrication... La synthèse réunit et fusionne des éléments séparés : la synthèse d'un débat, la synthèse de produits chimiques...

■ Analyse et synthèse peuvent être des processus objectifs, comme la synthèse de la chlorophylle par les plantes, ou des actes de l'esprit, comme l'analyse des causes d'une guerre.

■ L'analyse est recommandée par Descartes pour décomposer une difficulté et récapituler les étapes d'un raisonnement. La psychanalyse de Freud est une analyse du psychisme pour dégager les causes de troubles mentaux. La dialectique de Hegel fait se succéder la thèse (affirmation), l'antithèse (négation) et la synthèse (négation de la négation) pour expliquer le développement contradictoire de toute chose.

Concept/Image/Métaphore

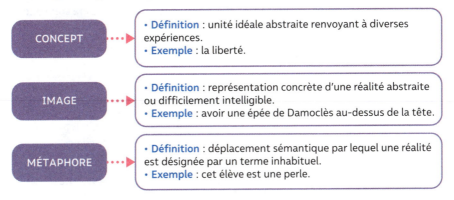

Contingent/Nécessaire

■ On appelle contingent ce qui pourrait être autrement, voire ce qui pourrait ne pas être. Par exemple, la couleur d'une voiture est contingente : si je la repeins, cela ne change rien au fait que je puisse l'utiliser pour me déplacer.

■ On appelle nécessaire ce qui ne peut être autrement. On peut distinguer la nécessité d'essence, qui renvoie aux qualités inscrites dans la nature d'un objet ou d'un sujet, de la nécessité logique, qui signale la manière dont une démonstration incline la raison à adhérer à sa conclusion.

Croire/Savoir

■ Croire et savoir sont d'abord en relation d'opposition. En disant « je crois que demain il va pleuvoir », je veux signifier que je ne le sais pas.

■ Toutefois, il faut distinguer deux modes de croyance :

▶ **la croyance comme opinion** (« je crois que... »). C'est une opinion qui, d'une part, se sait incertaine et qui, d'autre part, est commensurable avec le savoir rationnel, car il est possible de **produire les raisons qui la justifient et la rendent vraisemblable**. Ce qui distingue la croyance du savoir est alors seulement le degré de certitude de l'idée ou de la proposition qui en fait l'objet ;

▶ **la croyance comme foi** (« je crois en... »). Dans l'expression « je crois en Dieu », le verbe « croire » n'a pas le même sens que dans « je crois que Dieu existe ». La foi, c'est-à-dire la croyance religieuse, est une **adhésion absolue, une conviction**.

■ En somme, un élément est commun entre la croyance au sens d'opinion et le savoir rationnel, alors que la distance semble infinie entre ce dernier et la foi.

Essentiel/Accidentel

■ Depuis Aristote, **essentiel** désigne ce qui est **propre à l'identité** d'une chose et qui la différencie d'autre chose : l'étendue est l'essence de la matière, la pensée est l'essence de l'esprit. **Accidentel** désigne ce qui n'est **pas indispensable à l'existence ou à la définition** d'une chose : il est accidentel que la matière soit solide ou liquide, ou que l'esprit soit lent ou rapide.

■ En un sens plus large, est essentiel ce qui est nécessaire, est accidentel ce qui varie selon les cas, ce qui est accessoire.

Exemple/Preuve

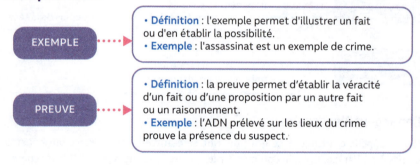

Expliquer/Comprendre

■ Dans la vie courante, expliquer et comprendre sont considérés comme des **opérations complémentaires**. Elles supposent la mise en relation de deux personnes au moins : le professeur explique, les élèves comprennent.

■ Dans un autre sens usuel, expliquer et comprendre s'opposent davantage. Dans cette perspective, l'**explication** est l'**acte purement intellectuel** par lequel on cherche les causes d'un phénomène ou d'un comportement, tandis que la **compréhension** est l'**acte plus moral** par lequel on juge ce phénomène ou ce comportement admissible ou non.

■ Dans une acception proprement philosophique, la relation, alors d'opposition stricte, entre expliquer et comprendre n'a de sens que dans le contexte de la pensée de Dilthey. Les deux verbes représentent alors deux méthodes opposées, chacune étant à l'œuvre dans un type de science précis. D'un côté, les **sciences de la nature sont explicatives** : elles rendent compte des phénomènes en les rapportant à des lois nécessaires qui régissent les phénomènes du même type. En ce sens, expliquer un phénomène suppose aussi qu'on puisse le prédire. D'un autre côté, les **sciences de l'esprit sont compréhensives** : elles cherchent à interpréter le sens de comportements ou d'actions accomplies par des sujets conscients, libres et volontaires.

En fait/En droit

■ Le fait désigne ce qui est, ce qu'on peut constater objectivement. Le droit désigne ce qui doit être, une norme, un idéal qu'on veut appliquer à la réalité. La science dit ce qui est en fait ; le droit, la morale, la religion disent ce qui devrait être en droit. L'écart entre le fait et le droit signale un cas d'injustice : en droit tous les hommes peuvent voyager, mais en fait tous n'en ont pas les moyens.

■ En philosophie politique, la question «qu'en est-il du fait ?» (*quid facti*) porte sur l'existence et la nature des formes de gouvernement. La question «qu'en est-il du droit ?» (*quid juris*) porte sur la légitimité de ce régime politique.

■ La distinction du fait et du droit acquiert ainsi une **extension très large**. Elle permet d'éclairer de nombreux sujets de dissertation, en particulier les sujets introduits par la question «peut-on... ?», qui pose une question de fait («est-il possible de... ?») et/ou une question de droit («est-il légitime de... ?»).

Formel/Matériel

■ En général, formel désigne **une affirmation certaine** (un témoignage formel) **ou un caractère superficiel** (une objection formelle). L'adjectif matériel désigne quant à lui **le contenu réel** d'une chose ou d'une connaissance.

■ Notons quelques applications de cette distinction. En art, le sculpteur doit donner une beauté formelle à la matière brute. En politique, un droit formel ne tient pas compte des moyens matériels de sa réalisation. Une vérité formelle peut être cohérente et respecter les règles logiques, et être pourtant fausse par rapport à la réalité matérielle (c'est le cas des sophismes).

Genre/Espèce/Individu

■ En logique, ce sont **trois catégories** dont l'extension est croissante de l'individu au genre. Elles permettent donc d'opérer des classifications et, pour Aristote, de donner des définitions. Une définition consiste à donner le genre plus la différence spécifique, c'est-à-dire propre à l'espèce. Par exemple : l'homme est un animal (genre) raisonnable (différence propre à l'espèce).

■ Ce mode de classement est surtout utilisé en biologie (zoologie et botanique). Le mot genre est parfois utilisé de façon discutable : ainsi dit-on communément le « genre humain », alors que l'homme est une espèce.

Hypothèse/Conséquence/Conclusion

L'**hypothèse** est une proposition supposée vraie sans être démontrée.

La **conséquence** est une proposition qui résulte d'une hypothèse ou de faits dans l'ordre d'un raisonnement logique.

La **conclusion** est la proposition finale d'un raisonnement. Sa véracité dépend de celle des propositions précédentes (vérité matérielle) et de la validité logique de leur enchaînement (vérité formelle).

Idéal/Réel

■ L'idéal est ce qui devrait être, ce que nous souhaitons voir exister. Il exprime une perfection de l'imagination (l'idéal féminin, le prince charmant) ou de la raison (la paix et la liberté universelle). Selon Kant notamment, l'idéal peut servir de guide à l'action pour améliorer le réel (« idéal régulateur »). L'idéalisme est nécessaire pour changer le monde, mais dangereux par les illusions qu'il produit (utopies).

■ Le réel est ce qui est, ce qui existe effectivement. Il vient souvent contrer et détruire nos illusions. Selon Spinoza, l'idéal ne doit pas conduire à mépriser le réel et à vouloir s'en échapper : le réel contient la perfection. Le réalisme est plus efficace par le choix de moyens adaptés au réel, mais il risque de conduire à se résigner au réel tel qu'il est.

Identité/Égalité/Différence

■ L'identité désigne un rapport à soi ou un rapport à l'autre : une chose garde son identité si elle conserve des caractéristiques essentielles par-delà des changements secondaires (l'âge, le lieu…). Une chose est identique à une autre si toutes deux sont différentes selon la quantité (elles sont deux), mais semblables selon la qualité (des clones). Selon le « principe des indiscernables » de Leibniz, il ne peut exister dans le monde deux choses absolument identiques.

■ L'égalité désigne ce qui a la même mesure (une taille égale) ou le bénéfice des mêmes droits (égalité politique). Il ne faut pas confondre différence et inégalité : l'égalité des droits vise à compenser les différences, non à les nier. L'égalité n'est pas l'identité de tous.

■ La différence est soit ce qui change sur fond d'identité (je suis différent selon mon âge), soit ce qui distingue une chose d'une autre (le sexe masculin ou féminin).

FICHES & MÉTHODES — REPÈRES

Impossible/Possible

■ En un sens relatif, l'impossible désigne ce qui ne peut pas être, au regard de certaines conditions de l'expérience et à un moment déterminé dans le temps. Si un individu est peu sportif, il est par exemple impossible qu'il batte les records du marathon. Mais en travaillant et en s'entraînant, il peut modifier les conditions de l'expérience et tenter de transformer l'impossible en possible. L'impossibilité relative est donc provisoire. En un sens absolu, l'impossible se présente au contraire comme un point d'arrêt indépassable de l'expérience : on dira par exemple qu'il est absolument impossible à l'homme d'être une plante.

■ Le possible désigne ce qui peut être. Le rapport entre le possible et le réel pose une difficulté : comment être certain qu'une chose est possible si elle ne s'est pas encore réalisée ? Le statut du possible n'est donc pas facile à déterminer, du fait de notre ignorance. Seul un être omniscient pourrait strictement délimiter l'horizon des possibles.

Intuitif/Discursif

■ Est intuitif ce qui est saisi immédiatement et est discursif ce qui passe par une mise en discours. Quand je dis que j'ai une intuition, je signifie que ce que j'intuitionne me paraît vrai sans que je sois capable d'argumenter, c'est-à-dire de discourir, en sa faveur.

■ Cette distinction est au cœur de la méthode de Descartes. Une vérité est intuitive lorsqu'elle est connue immédiatement, sans l'intermédiaire d'un raisonnement ou d'une démonstration. Elle est discursive quand elle s'établit par le moyen d'un raisonnement ou d'une démonstration.

■ La distinction entre le mode intuitif et le mode discursif sera reprise par Bergson dans le sens d'une plus franche opposition : le discursif sera alors le propre de l'intelligence rationnelle et l'intuitif, au contraire, une façon de percevoir des réalités essentielles qui échappent à l'entendement.

Légal/Légitime

■ Est légal ce qui est conforme à la loi existante (loi positive). Est légitime ce qui est conforme à un devoir moral ou à une loi idéale.

■ Cette distinction peut fonder un droit à désobéir à la loi. Les partisans du positivisme juridique affirment qu'aucune légitimité ne peut être au-dessus de la loi positive. Les tenants du droit naturel, au contraire, considèrent que la raison donne des normes universelles qui permettent de juger de la légitimité d'une loi positive.

Médiat/Immédiat

■ L'immédiat désigne ce qui est premier et spontané : l'évidence donne une certitude immédiate. Le médiat désigne ce qui nécessite des intermédiaires : la conclusion d'une démonstration est médiatisée par les arguments précédents.

■ Chez Descartes, l'immédiat prime le médiat. Les vérités, pour Descartes, s'établissent par déduction, c'est-à-dire médiatement, par l'intermédiaire d'autres propositions déjà connues. Il faut donc commencer par des vérités immédiatement connues par évidence ou intuition. Quelle que soit la valeur, réelle, de la déduction, l'immédiateté de l'évidence est le modèle le plus parfait de certitude.

■ Pour Hegel, la médiation est essentielle, ce qui est immédiat n'ayant encore aucune effectivité. Par exemple, la certitude immédiate de ma conscience doit s'objectiver grâce à la médiation d'autrui et du monde pour devenir une vérité objective.

Objectif/Subjectif/Intersubjectif

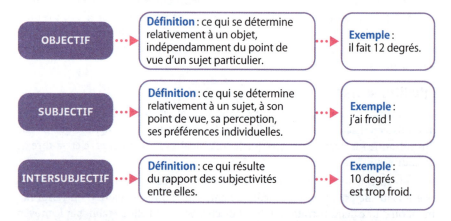

Obligation/Contrainte

■ L'obligation est un fait de conscience et touche au droit et à la moralité. Nous pouvons nous obliger nous-mêmes, par exemple en promettant à notre conjoint de lui rester fidèle.

■ La contrainte est un fait de force : nous sommes ici forcés, par autrui, de faire quelque chose que nous ne voulons pas faire.

Origine/Fondement

■ La question de l'origine est historique. Chercher une origine, c'est à la fois chercher quand un phénomène est apparu et quelles sont les causes de son apparition. Il s'agit d'une question de fait.

■ La question du fondement fait appel à la raison. Fonder une connaissance, c'est la justifier par des principes certains ; fonder un régime politique, c'est l'appuyer sur une constitution, elle-même justifiée par des valeurs fondatrices, par exemple les droits de l'homme. Il s'agit d'une question de droit.

Persuader/Convaincre

■ Dans le langage courant, les verbes persuader et convaincre ont des significations assez proches. C'est en référence à Platon qu'il convient de les distinguer.

■ Platon critique en effet la rhétorique, qu'il oppose à la philosophie. La rhétorique est l'art de persuader, c'est-à-dire d'emporter l'assentiment d'autrui grâce à la séduction du discours, alors que le dialogue philosophique est propre à convaincre, c'est-à-dire à amener autrui à reconnaître la valeur des raisons avancées. La persuasion est donc un moyen fallacieux et non rationnel, alors que la conviction est un moyen rationnel et intellectuellement sincère. La première relève de l'opinion, la seconde de la vérité. La première joue sur les sentiments que peut provoquer un discours (émotion, enthousiasme, empathie…), la seconde se fonde sur la rationalité des arguments avancés.

■ Il faut aussi distinguer convaincre et démontrer. Un discours convaincant a ceci de commun avec un discours persuasif qu'il cherche l'accord des interlocuteurs, sans pouvoir établir de façon certaine la vérité de ce qu'il avance. En toute rigueur, je n'ai pas besoin d'être convaincu de la vérité d'une démonstration mathématique. Elle s'impose à moi dès l'instant que je comprends la chaîne des raisons qui conduit à la conclusion. Convaincre comme persuader relèvent du domaine de l'argumentation, non de la démonstration.

Principe/Cause/Fin

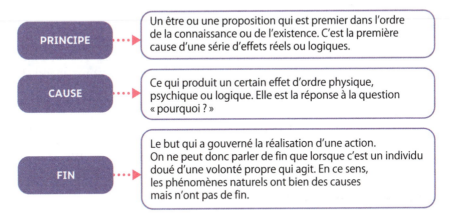

Public/Privé

■ On appelle public ce qui relève de l'organisation de la vie des hommes en société. Le domaine public ne relève pas des intérêts ou des préoccupations individuels, mais constitue l'espace de rencontre. L'administration du domaine public réclame ainsi la transparence nécessaire à une transmission juste de l'information, pour que les hommes puissent discuter des conditions du vivre ensemble.

■ On appelle **privé ce qui relève des prérogatives de l'individu**, indépendamment de l'organisation de la vie sociale. Il s'agit des choix et des préférences qui témoignent de la liberté de l'homme dans la poursuite de ses aspirations individuelles — économiques, intellectuelles ou morales. La loi protège ainsi notre vie privée, pourvu que nous ne troublions pas l'ordre social, c'est-à-dire que nous respections également le droit d'autrui à gouverner librement sa vie privée.

Ressemblance/Analogie

■ Ressemblance et analogie permettent de relier les choses et les idées. La **ressemblance associe deux choses qui ont au moins un point commun** : l'homme et la baleine se ressemblent en tant que mammifères. Il y a donc des degrés de ressemblance, la ressemblance totale étant l'identité de deux indiscernables (jumeaux ou clones).

■ L'**analogie** est une **ressemblance entre rapports** (A/B = B/C), et non terme à terme (A = B). « La Lune ressemble à la Terre par sa forme et son relief » exprime une ressemblance ; « la Lune tourne autour de la Terre, comme la Terre tourne autour du Soleil » exprime une analogie. C'est un raisonnement qui permet d'aller du connu à l'inconnu : l'eau permet la vie sur Terre, donc s'il y a de l'eau sur Mars, il doit y avoir de la vie.

■ Mais l'abus de ressemblance et d'analogie produit de faux arguments : si le monde ressemble à une horloge, alors doit exister un Dieu horloger. La ressemblance initiale est contestable, donc l'analogie l'est aussi.

Théorie/Pratique

■ L'opposition théorie/pratique a pour sens premier d'exprimer une **méfiance à l'égard de la théorie** : celle-ci n'a aucune effectivité si elle n'est pas applicable pratiquement.

■ La **théorie** est alors **de l'ordre de l'idéal**, la **pratique de l'ordre de la réalité**. Si l'on dit par exemple : « En théorie, tous les hommes sont égaux, mais en pratique, ils sont inégaux », on veut signifier que l'égalité est utopique et qu'il ne sert à rien de l'espérer. Si l'on avait voulu au contraire mettre l'accent sur un fait exprimé, on aurait plutôt user du couple « en droit/en fait ».

Transcendant/Immanent

■ Est **transcendant** ce qui est **posé comme extérieur et supérieur à un ordre de réalité donné** : Dieu dans les religions monothéistes, ou les Idées chez Platon.

■ Est **immanent**, au contraire, ce qui est **pensé comme n'existant pas de façon séparée**. Par exemple, la justice immanente est induite par l'ordre du monde et n'implique pas d'intervention extérieure transcendante.

Universel/Général/Particulier/Singulier

Ces quatre catégories désignent des degrés de généralité.

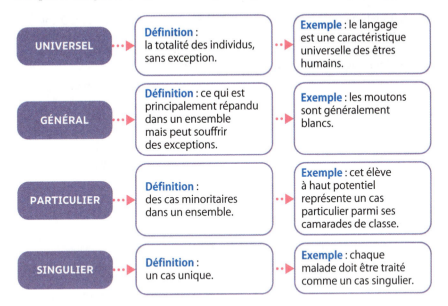

Vrai/Probable/Certain

■ On appelle classiquement **vrai ce qui est conforme à la réalité**. Cela suppose que nous ayons accès aux choses en soi pour vérifier cette adéquation.

■ Le **probable** renvoie, dans l'ordre de la connaissance, à **ce dont on ne peut établir strictement la vérité** : quand bien même une proposition nous semblerait très probable, elle reste douteuse.

■ Une proposition **certaine** est **une proposition à laquelle l'esprit adhère sans plus en douter**. Elle est généralement établie au moyen d'une preuve. Si la certitude désigne le régime d'adhésion de la raison à une proposition, elle ne garantit toutefois pas sa vérité. Nous sommes parfois certains de savoir, avant de nous apercevoir de notre erreur.

CORRIGÉS DES TESTS

1 L'art → P. 12-13

1 **1. b.** L'imitation est un penchant naturel de l'esprit humain et la nature fournit les modèles. • **2. a.** Vrai ; **b.** Faux. Pour Hegel, l'art doit exprimer la liberté de l'esprit et est supérieur à toutes les productions naturelles ; **c.** Vrai. Pour Platon, les artistes créent des illusions trompeuses qu'ils font passer pour la réalité. • **3. a.** Pour Hegel, à chaque époque, l'art exprime l'esprit d'un peuple.

2 **1. a.** Kant ; **b.** Aristote ; **c.** Oscar Wilde • **2. b.** • **3. a.** Faux. L'esthétique est l'étude de la perception sensible ; **b.** Vrai ; **c.** Vrai

3 **1. b.** L'art n'a pas d'autre but que lui-même • **2. c.** • **3. c.** Le réalisme socialiste est le nom donné par le régime soviétique dans les années 1950 à toute production artistique à la gloire de l'idéal communiste. • **4. c**

2 Le bonheur → P. 30-31

1 **1.** a et b • **2. b** • **3.** b et c. Le bonheur (apathie) implique que nous devenions indifférents aux choses qui ne dépendent pas entièrement de nous, comme la richesse ou la célébrité.

2 **1. a.** Mill ; **b.** Schopenhauer ; **c.** Kant • **2. b.** • **3. a.** Cet indice prend en compte la santé des habitants, et la qualité de leur environnement.

3 **1. a.** Faux ; **b.** Vrai ; **c.** Vrai • **2. b** • **3.** a et c • **4. b**

3 La conscience → P. 48-49

1 **1. a** • **2. a.** Vrai ; **b.** Faux. Hume considère que la pensée et la conscience sont le fruit de l'expérience sensible ; **c.** Vrai. La conscience fonde le sujet et permet de dire *je*. • **3. c.** La première méditation métaphysique met en doute l'existence du monde et les vérités mathématiques, pour conclure que le doute n'assure qu'une certitude : tant que je doute, je pense.

2 **1. a.** Descartes ; **b.** Husserl ; **c.** Kant • **2. b.** Pour Hegel, sortir de la servitude et de l'animalité suppose de conquérir ma liberté pour que d'autres consciences me reconnaissent comme digne de liberté et comme leur égal. • **3. c**

3 **1. c** • **2. a** • **3. c.** Le surmoi est l'intériorisation par l'éducation des interdits qui constituent la morale d'une société. • **4.** a et c

4 Le devoir → P. 68-69

1 **1. a** · **2. a.** Faux. Selon Kant, l'hétéronomie est le fait d'obéir à une loi extérieure. L'autonomie est le fait d'obéir à la loi qu'on s'est donnée par la raison ; **b.** Faux. C'est l'immoralité qui implique de violer sciemment ses devoirs moraux. L'amoralité est l'ignorance des valeurs et des devoirs ; **c.** Vrai. · **3. c.** La souffrance et le courage sont des sentiments, non des épreuves. La tentation met la volonté de l'homme à l'épreuve, en lui demandant de résister au plaisir interdit pour faire son devoir.

2 **1. a.** Vrai ; **b.** Faux. Les stoïciens admettent des devoirs d'état, qui sont relatifs à la situation de chacun : les *kathêkonta* ; **c.** Faux. Se garder en vie est un « préférable » dans la vie ordinaire. · **2. b.** · **3. a et c.** L'éthique d'Aristote et de Spinoza vise le bonheur auquel contribuent les vertus. · **4. b.** · **5. b.**

3 **1. a et b.** Les biens extérieurs ne dépendent pas de nous mais du destin. Seules la volonté et son intention dépendent de nous. · **2. c** · **3. a et c**

5 L'État → P. 86-87

1 **1. a.** L'anarchisme est le courant politique qui défend l'idée selon laquelle les hommes sont capables de vivre harmonieusement en société sans autorité supérieure ni principe de commandement. · **2. a.** Faux. L'état de nature est une expérience de pensée ; · **b.** Faux. C'est le contexte de l'état de nature qui rend les hommes violents ; **c.** Vrai · **3. c**

2 **1. c.** La volonté générale est la volonté du peuple qui poursuit le bien commun, c'est-à-dire le bien du corps social tout entier et pas seulement celui de certains hommes. · **2.** sécurité ; liberté ; peuple ; souverains ; contrainte ; obligation · **3. a et c.** Les États totalitaires prétendent régir l'ensemble de la sphère sociale en privant les citoyens de leur liberté. Leur avènement repose sur un dépérissement du corps politique.

3 **1. b.** Pour Engels, l'État maintient les inégalités entre les hommes et prive le prolétariat de la quête du bonheur en protégeant les intérêts de la classe dominante. · **2. c** · **3. c.** En prenant à sa charge l'organisation politique, l'État invite les hommes à se replier sur leurs intérêts privés et sur la quête individuelle du bonheur. Ils abandonnent leur liberté et leur responsabilité politique. · **4.** privée ; publique ; liberté ; souveraineté ; maître ; d'autrui

6 L'inconscient → P. 106-107

1 **1. a et c** • **2. a.** Faux ; **b.** Faux. Bergson distingue la « mémoire-habitude », disponible pour l'action, et la « mémoire-souvenir », qui s'intéresse au passé pour lui-même ; **c.** Vrai ; **d.** Vrai • **3. a, b et d** • **4. a.** Vrai. L'inconscient désigne ce qui ne veut pas être connu, le préconscient ce qui peut être accessible mais ne l'est pas directement, et le conscient est la partie de notre esprit à laquelle nous avons accès ; **b.** Faux ; **c.** Faux

2 **1. a.** Freud ; **b.** Sartre ; **c.** Spinoza • **2. a, b et d** • **3.** responsabilités ; mauvaise foi ; déterminisme

3 **1. a et c.** Alain critique l'inconscient freudien. Loin d'être une révolution nécessaire, la théorie freudienne est une « idolâtrie du corps » et une « méprise sur le Moi ». • **2. a et c** • **3. b** • **4. a, b et d.** Ces disciplines se présentent comme scientifiques alors qu'elles ne répondent pas au critère de scientificité qu'est la « falsifiabilité ».

7 La justice → P. 126-127

1 **1. a et b.** La justice doit être séparée des pouvoirs exécutif et législatif et ne prendre en compte que les éléments de preuves pertinents dans le cadre défini par la loi. • **2. a.** Faux. Le pouvoir exécutif est détenu par le gouvernement qui met en œuvre la loi ; **b.** Faux. La justice œuvre à l'application de la loi en vue du bien de la communauté ; **c.** Vrai. • **3. b et c**

2 **1. a.** Calliclès ; **b.** Simone de Beauvoir ; **c.** John Rawls • **2. b** • **3.** l'égalité ; l'équité ; la fin ; le moyen

3 **1. b** • **2. c.** Pour Hegel, le châtiment implique que le coupable puisse examiner en lui-même la nature de son acte et réaliser le mal qu'il a commis : il suppose donc la conscience et la liberté des hommes. • **3. a et c**

8 Le langage → P. 146-147

1 **1. b.** Descartes soutient que les animaux ne pensent pas et ne parlent pas. Ils sont assimilables à des machines. • **2. a.** Vrai ; **b.** Faux ; **c.** Vrai ; **d.** Vrai • **3. c**

2 **1. a.** Le sophiste Gorgias ; **b.** Annie Ernaux • **2. b.** C'est une domination symbolique.

3 **1. b** • **2. a.** Les mots sont généraux et ne peuvent exprimer la singularité de chaque chose ou de chaque vécu • **3. a.** Selon Kant, la possibilité de dire « je » permet de réaliser une synthèse des changements dans l'unité d'une conscience. C'est alors l'émergence de la personne.

CORRIGÉS DES TESTS

9 La liberté → P. 164-165

1 **1. b.** N'est pas libre une cité qui dépend d'un empire ou qui est une colonie. • **2. a.** Vrai ; **b.** Vrai ; **c.** Vrai • **3. c.** Rousseau distingue la liberté naturelle, qui désigne l'usage de sa puissance naturelle, de la liberté morale et politique, qui correspond au fait d'obéir à la loi qu'on se donne.

2 **1. a.** Kant ; **b.** Sartre ; **c.** Spinoza • **2. b et c.** C'est Kant qui emploie le terme de « postulat » : on doit supposer le libre choix du bien et du mal, mais sans pouvoir démontrer ce libre choix qui n'est pas un objet scientifique. Descartes fonde lui aussi sa morale provisoire sur le libre arbitre. • **3. a.** Faux ; **b.** Vrai ; **c.** Vrai

3 **1. b et c.** En affirmant que l'homme est absolument libre, Sartre s'oppose au déterminisme, qui affirme que l'homme est déterminé par des causes (Spinoza), et au christianisme, qui affirme que l'homme est créé par une volonté divine. • **2. a.** La situation historique ou sociale est une donnée qu'il faut prendre en compte pour réaliser notre liberté, sans pour autant la choisir : nous l'exploitons pour être le plus libres possible. • **3. b** • **4. a et b.** Les exemples choisis montrent que l'homme croit faire librement ce à quoi il est inconsciemment déterminé. Le libre arbitre est donc une illusion due à l'ignorance des causes.

10 La nature → P. 182-183

1 **1. a et c** • **2. a.** Faux ; **b.** Vrai ; **c.** Faux • **3. a.** Kant ; **b.** Merleau-Ponty ; **c.** Rousseau

2 **1. b et c** • **2.** naturel ; esprit ; travail • **3. a.** Vrai ; **b.** Faux ; **c.** Vrai

3 **1. a.** Faux ; **b.** Vrai. Par cette citation célèbre, Galilée montre qu'il conçoit la nature comme un ensemble de lois explicables par la raison humaine ; **c.** Faux. • **2. b et c** • **3. a et c**

11 La raison → P. 200-201

1 **1. a et c** • **2. a.** Vrai ; **b.** Vrai ; **c.** Faux • **3. b.** Contrairement à l'animal qui ne peut exprimer que ce qu'il ressent (plaisir et douleur), l'homme peut penser le juste et l'injuste, le bien et le mal. • **4. b**

2 **1. a.** Comte ; **b.** Pascal ; **c.** Kant • **2. a** • **3. a et c**

3 **1. b et c.** • **2. b.** Platon compare l'homme à un attelage à deux chevaux : la raison serait le cocher, qui chercherait à dresser un cheval fougueux et un cheval gourmand et paresseux. • **3. b.** La prudence est la vertu qui permet de trouver le juste milieu entre deux extrêmes.

12 La religion → P. 218-219

1 **1. b** · **2. a.** Bergson ; **b.** Mircea Eliade ; **c.** Hume · **3. b**

2 **1. c.** · **2. a** · **3. a** et **c.** Pour Ricœur, entre la raison et la foi existe une tension féconde. Il ne faut pas chercher à les hiérarchiser.

3 **1. b.** Cette citation montre que la religion est à la fois ce qui permet au peuple de supporter sa misère et ce qui l'empêche de changer ses conditions de vie concrètes. · **2. b** · **3. a** et **c**

13 La science → P. 236-237

1 **1. a.** La première règle de la méthode est la règle de l'évidence. Il ne faut admettre pour vrai que ce qui ne fait plus le moindre doute. · **2. a.** Faux ; **b.** Faux ; **c.** Vrai ; **d.** Vrai · **3. a, b** et **c**

2 **1.** Expliquer implique de dégager les causes d'un phénomène. Comprendre, c'est saisir l'unité d'un vécu ou d'un contenu de conscience. C'est le propre des sciences humaines pour Dilthey. · **2. b** et **c** · **3. a** et **c.** La science repose sur une démarche rigoureuse qui refuse toute contradiction et cherche pour tout phénomène une cause. Cela implique de prendre en compte les avancées des différentes sciences. · **4. b** et **c**

3 **1. a.** Le savant cherche à atteindre la vérité et à l'énoncer le plus clairement possible. Le politique doit prendre des décisions concernant l'avenir, ce qui implique de l'incertitude. · **2. b.** L'hitlérisme s'est appuyé sur la biologie pour tenter de justifier une politique raciale, par exemple. · **3. b.** Le propre d'une théorie scientifique est qu'elle puisse être réfutée. Popper parle de « falsifiabilité ». · **4. b.** et **c.** Contre les sciences exclusivement théoriques, Descartes prône la recherche des conséquences pratiques de la science pour faciliter la vie quotidienne.

14 La technique → P. 254-255

1 **1. b.** Francis Bacon soutient que le progrès des sciences et des techniques permet d'espérer un progrès indéfini de l'espèce humaine d'où découlera une amélioration de ses conditions de vie. · **2. a.** Faux ; **b.** Faux ; **c.** Faux ; **d.** Vrai · **3. b**

2 **1. a.** Arendt ; **b.** Marcuse ; **c.** Heidegger · **2. c** · **3. b.**

3 **1. a.** Selon Bergson, l'homme a dû s'adapter à la nature et construire des outils, avant de chercher à la connaître. · **2. b** · **3. c** Le savant recherche les causes des obstacles techniques : il se pose la question « pourquoi ? ».

CORRIGÉS DES TESTS

15 Le temps → P. 274-275

1 **1. a.** Vrai ; **b.** Vrai ; **c.** Faux • **2.** l'espace ; possibilité ; transcendantale ; l'expérience ; la sensibilité • **3. b.** Pour Bergson, le temps se définit comme une continuité indivisible et non comme des instants séparables les uns des autres.

2 **1. b** et **c** • **2. c.** Nietzsche explique qu'il faut apprendre à renoncer au souvenir. C'est grâce à l'oubli que l'homme peut mener une existence véritablement heureuse, en se tenant « au seuil de l'instant ». • **3. b** et **c**

3 **1. a** • **2. a.** Vrai ; **b.** Vrai ; **c.** Vrai • **3. c** • **4. b**

16 Le travail → P. 294-295

1 **1. c** • **2. a.** Vrai ; **b.** Vrai ; **c.** Faux • **3. a**

2 **1. a.** Arendt ; **b.** Descartes ; **c.** Kant • **2. c.** Selon Hegel, le travail permet à l'homme de produire des œuvres qui seront comme des miroirs dans lesquels sa conscience se reconnaîtra. • **3.** une contrainte ; une nécessité biologique ; les lois de la nature

3 **1. c.** Pour les Grecs anciens, la pensée est la contemplation des vérités éternelles et fondamentales du *cosmos*. • **2. b.** Selon Comenius, la pédagogie sous forme de jeux favorise le développement de la dextérité manuelle, des sens et de l'intelligence de l'enfant. • **3. c**

17 La vérité → P. 314-315

1 **1. b.** Les sophistes considèrent que toute vérité dépend du sujet qui l'énonce. • **2. a.** Vrai ; **b.** Faux ; **c.** Vrai ; **d.** Faux • **3. b.** L'ethnocentrisme consiste à croire que sa propre culture est naturelle et qu'à partir d'elle on peut juger toutes les autres cultures.

2 **1. a.** Pour Kant, en apprenant à penser par nous-mêmes en utilisant notre raison, nous pouvons sortir de l'état de minorité. Seules la paresse et la lâcheté nous en empêchent vraiment. • **2. a.** Sextus Empiricus ; **b.** Aristote ; **c.** Sextus Empiricus • **3. b** et **c**.

3 **1. b** et **c.** À force de mentir aux villageois en leur disant qu'un loup approche, un enfant perd leur confiance et personne ne vient le secourir quand le prédateur arrive vraiment. • **2. a.** Pour Kant, dire la vérité est un devoir moral. Il renvoie à l'impératif catégorique. • **3. b.** Si Constant critique Kant, ce n'est pas qu'il considère que le mensonge est une bonne chose. Dire la vérité est un devoir, mais qui doit être nuancé quand il entre en contradiction avec d'autres devoirs, comme celui de protéger une vie humaine.

CRÉDITS PHOTOGRAPHIQUES

Rabat 2 – hg Doc. Marie-Lan Nguyen (2006) / Wikipédia • – hm Doc. Creative Commons Attribution / Wikipédia • – hd Doc. Wikipédia • – bg Doc. 2005 – Eric Gaba for Wikimedia Commons • – bm Doc. Église Ognissanti Florence / Wikipédia • – bd Doc. National Gallery, Londres / Wikipédia • **Rabat 3** – hg Doc. Archivo Iconografico, S.A / Wikipédia • – hm Doc. André Hatala (1997) De eeuw van Rembrandt, Bruxelles/ Crédit communal de Belgique / Wikipédia • – hd Doc. global.britannica.com/ Wikipédia • – b Doc. Wikipédia • **Rabat 4** – hg ph © Antonia Reeve / Wikipédia • – hm Doc. Wikipédia • – hd Coll. Goethe und Schillerarchiv • – mh Doc. www.philosovieth.de / Wikipédia • – bg Doc. Wikipédia • – bm Coll. Alte Nationalgalerie Berlin • – bd ph © Roger Viollet Collection • **Rabat 5** – hd ph © Farabola / Leemage • – md Doc. Wikipédia • – bg Doc. Wikipédia • – bm ph © Granger collection / Bridgeman Images • – bd ph © Jerry Bauer / Opale / Leemage • **4** – h ph © FineArtImages / Leemage / New York, MoMA. © 2015 Andy Warhol Foundation © Adagp, Paris, 2020 • **4** – b ph © Kiyoshi Ota / Reuters • **5** – h ph © Jacques Witt / Pool / REA • **5** – b ph © Imagno – Sigmund Freud Privatstiftung / La Collection • **6** – h ph © Stephane Mahé / Reuters • **6** – b ph © Akg-Images • **7** – h ph © Collection Dagli Orti / Musée Carnavalet Paris / Gianni Dagli Orti / Aurimages • **7** – b ph © Frederic Desmoulins / Getty-Images • **8** – h ph © Reedi – Shutterstock • **8** – m ph © Valentyn Ogirenko / Reuters • **8** – b ph © Museumslandschaft Hessen Kassel Ute Brunzel / Bridgeman Images • **9** – h ph © Yogi Black / Alamy / Photo12 • **9** – b Coll. Bayerischer Rundfunk / Alamode Films / Christophel • **10** ph © World History Archive / Aurimages • **11** ph © Artothek / La Collection • **14** – h Doc. 2005 – Eric Gaba for Wikimedia Commons • **14** – b ph © Marie-Lan Nguyen (2006) / Wikipédia • **15** – h Doc. 2005 – Eric Gaba for Wikimedia Commons • **15** – m Doc. www.philosovieth.de / Wikipédia • **15** – b Doc. Wikipédia • **17** ph © Akg-Images / © Adagp, Paris, 2020 • **19** ph © FineArtImages / Leemage / New York, MoMA. © 2015 Andy Warhol Foundation © Adagp, Paris, 2020 • **21** ph © C. Schlegelmilch / Akg-Images • **27** © Wikipédia • **29** ph © Vincent Migeat / Agence VU • **32** – h Doc. Creative Commons Attribution / Wikipédia • **33** – b Doc. 2005 – Eric Gaba for Wikimedia Commons • **33** – h Doc. Wikipédia • **33** – mh Doc. www.philosovieth.de / Wikipédia • **33** – mb Doc. global.britannica.com/ Wikipédia • **33** – b Doc. www.philosovieth.de / Wikipédia • **35** ph © Jakob Dall / The New York Times / Redux-REA • **37** ph © Sanjay Shah / Dinodia Photo / Agefotostock • **39** ph © Erich Lessing / Akg-Images • **45** Doc. Wikipédia • **47** ph © Kiyoshi Ota / Reuters • **50** – h Doc. www.philosovieth.de / Wikipédia • **50** – b Doc. Antonia Reeve / Wikipédia • **51** – h Doc. André Hatala (1997) De eeuw van Rembrandt, Bruxelles / Crédit communal de Belgique / Wikipédia • **51** – mh Doc. Wikipédia • **51** – mb Doc. www.philosovieth.de / Wikipédia • **51** – b Coll. Goethe und Schillerarchiv • **53** Doc. André Hatala (1997) De eeuw van Rembrandt, Bruxelles / Crédit communal de Belgique / Wikipédia • **55** ph © acavalli / iStockphoto • **57** ph © Vizerskaya / iStockphoto • **65** ph © Farabola / Leemage • **67** ph © Jacques Witt / Pool / REA • **70** – h Doc. www.philosovieth.de / Wikipédia • **70** – b Coll. Goethe und Schillerarchiv • **71** – h Doc. www.philosovieth.de / Wikipédia • **71** – mh Doc. Wikipédia • **71** – mb Doc. www.philosovieth.de / Wikipédia • **71** – b Coll. Alte Nationalgalerie Berlin • **72** ph © Farabola / Leemage • **73** © Galerie Maurice Garnier / © Adagp, Paris, 2020 • **75** Doc. global.britannica.com/ Wikipédia • **77** © Les Mains sales, mise en scène de Philippe Sireuil, avec France Bastoen, Itsik Elbaz et Joan Mompart • **82** Doc. André Hatala (1997) De eeuw van Rembrandt, Bruxelles / Crédit communal de Belgique / Wikipédia • **85** ph © Danielle Bonardelle – stock.adobe.com • **89** Coll. ® Universal Pictures / Platinum Dunes / Christophel • **90** Doc. Wikipédia • **91** – h Doc. Wikipédia • **91** – mh ph © Granger collection / Bridgeman images • **91** – mb Doc. Wikipédia • **91** – b Doc. www.philosovieth.de / Wikipédia • **92** Doc. Wikipédia • **93** Coll. Umbrella-Rosenblum Films Production / Christophel • **95** Coll. Scott Rudin Productions / Paramount Pictures / Christophel • **103** Doc. Wikipédia • **104** Doc. Wikipédia • **105** ph © Imagno – Sigmund Freud Privatstiftung / La Collection • **108** – h Coll. Johann Friedrich Wentzel • **108** – b Doc. Wikipédia • **109** – h ph © Farabola / Leemage • **109** – m Doc. Wikipédia • **109** – b ph © Hannah Assouline / Opale / Leemage • **113** © Christian Décamps – © Inventaire général • **115** ph © Akg-Images / © Salvador Dalí, Fundació Gala-Salvador Dalí / © Adagp, Paris 2020 • **125** ph © Stephane Mahé / Reuters • **128** – h Doc. Wikipédia • **128** – b Coll. Goethe und Schillerarchiv • **129** – h ph © Frederic Regiain / 2011 Gamma-Rapho / Getty-Images • **129** – m Coll. Alte Nationalgalerie Berlin • **129** – b Doc. Wikipédia • **131** ph © Palmereies et Desert / Prod DB / KCS / Aurimages • **133** ph © Keystone France / Gamma – Rapho • **135** ph © Universal Images Group / Underwood Archives / Akg-Images • **139** Doc. Wikipédia • **145** ph © Akg-Images • **148** – h Doc. André Hatala (1997) De eeuw van Rembrandt, Bruxelles / Crédit communal de Belgique / Wikipédia • **148** – b Doc. Wikipédia • **149** – h ph © Marie-Lan Nguyen (2006) / Wikipédia • **149** – m Doc. Wikipédia • **149** – b Coll. Alte Nationalgalerie Berlin • **150** Doc. Wikipédia • **151** ph © Bettmann Archive / Getty-Images • **153** – h Doc. Wikipédia • **153** – b ph © Roger-Viollet • **155** ph © Gianni Dagli Orti / Aurimages • **161** Doc. 2005 – Eric Gaba for Wikimedia Commons • **163** ph © Stéphane Mahé / Reuters • **166** – h Coll. Johann Friedrich Wentzel • **166** – b Doc. www.philosovieth.de / Wikipédia • **167** – h Doc. global.britannica.com/ Wikipédia • **167** – mh Doc. www.philosovieth.de / Wikipédia • **167** – mb ph © Farabola / Leemage • **167** – b Doc. Wikipédia • **169** ph © KarlosWest / Shutterstock.com • **170** Coll. Johann Friedrich Wentzel • **171** ph © Garlick Mark / Science Photo Library • **172** ph © Farabola / Leemage • **173** ph © Collection Dagli Orti / Musée Carnavalet Paris / Gianni Dagli Orti / Aurimages • **181** ph © Frederic Desmoulins / Getty-Images • **184** – h Doc. Wikipédia • **184** – b Doc. www.philosovieth.de / Wikipédia • **185** Doc. Wikipédia • **187** Coll. L'Enfant sauvage, 1970, Francois Truffaut, Jean Pierre Cargol / © Les Films du Carrosse / Les Productions Artistes Associes / Pierre Zucca /Christophel • **189** – h Doc. Wikipédia • **189** – b Coll. Delivrance, 1972, John Boorman, Burt Reynolds, Ned Beatty / © Warner Bros / Christophel • **190** Doc. Wikipédia • **191** ph © Melanie Morand / Opale / Leemage • **199** ph © serato / Shutterstock.com • **202** – g Doc. 2005 – Eric Gaba for Wikimedia Commons • **202** – d Doc. Wikipédia • **203** – h Doc. Wikipédia • **203** – m Doc. Marie-Lan Nguyen (2006) / Wikipédia • **203** – b Doc. Wikipédia • **205** ph © Josse / Leemage • **207** ph © Curiosa Films / Prod DB / KCS / Aurimages • **209** ph © Daniel Pier / NurPhoto / AFP Photo • **212** Doc. Wikipédia • **215** Doc. Wikipédia • **217** ph © Reedi – Shutterstock • **220** – h Doc. Antonia Reeve / Wikipédia • **220** – b Doc. Wikipédia • **221** – h Doc. Wikipédia • **221** – mh ph © John Foley / Opale / Leemage • **221** – mb Doc. Wikipédia • **221** – b ph © Roger Viollet Collection • **223** ph © Paramount Pictures / SharpSword Films / AI Films / BBQ_DFY / Aurimages • **225** ph © Arthotek / La Collection • **227** ph © Pierre-Yves Hoguet / iStockphoto / Getty-Images Plus • **230** – h Doc. Antonia Reeve / Wikipédia • **230** – b Doc. Wikipédia • **235** ph © Akg-Images • **238** – h Doc. Marie-Lan Nguyen (2006) / Wikipédia • **238** – b Doc. André Hatala (1997) De eeuw van Rembrandt, Bruxelles / Crédit communal de Belgique / Wikipédia • **239** – h Doc. Public Domain Mark / Wikipédia • **239** – mh Doc. Wikipédia • **239** – mb Doc. André Hatala (1997) De eeuw van Rembrandt, Bruxelles / Crédit communal de Belgique / Wikipédia • **239** – b Doc. Wikipédia • **241** Doc. Marie-Lan Nguyen (2006) / Wikipédia • **243** ph © Valentyn Ogirenko / Reuters • **245** ph © John Frost Newspapers / Alamy / Photo12 • **248** Doc. www.philosovieth.de / Wikipédia • **251** Doc. Wikipédia • **253** ph © Museumslandschaft Hessen Kassel Ute Brunzel / Bridgeman Images • **256** – h Doc. Wikipédia • **256** – b ph © Kruse Ingrid von / Suddeutsche Zeitung / Leemage • **257** – h Doc. Wikipédia • **257** – mh Doc. Wikipédia • **257** – mb Doc. Wikipédia • **257** – b Doc. Dutch National Archives, The Hague, Fotocollectie Algemeen Nederlands Persbureau (ANEFO), 1945-1989 Wikipédia • **259** ph © Frank Bienewald / LightRocket / Getty-Images • **261** ph © Fred Tanneau / AFP Photo • **263** ph © Luisa Ricciarini / Bridgeman Images • **275** ph © Yogi Black / Alamy / Photo12 • **276** – h Doc. www.philosovieth.de / Wikipédia • **276** – b Doc. Wikipédia • **277** – h Coll. Goethe und Schillerarchiv • **277** – mh Doc. Det Kongelig Bibliotek / Wikipédia • **277** – mb,b Doc. Wikipédia • **279** – h Doc. Wikipédia • **279** – b ph © Richard Bryant / Arcaid / Bridgeman Images • **281** – h Doc. Det Kongelig Bibliotek / Wikipédia • **281** – b ph © iStockphoto • **282** Doc. Wikipédia • **283** – h Doc. Wikipédia • **283** – b ph © Castex Aurélie • **286** Doc. 2005 – Eric Gaba for Wikimedia Commons • **287** Doc. Wikipédia • **293** ph © fotografixx / iStockphoto • **296** – h Doc. www.philosovieth.de / Wikipédia • **296** – b ph © Roger Viollet Collection • **297** – h Coll. Alte Nationalgalerie Berlin • **297** – mh ph © Roger Viollet Collection • **297** – mb Doc. Marie-Lan Nguyen (2006) / Wikipédia • **297** – b Doc. Wikipédia • **299** Coll. Bayerischer Rundfunk / Alamode Films / Christophel • **301** ph © Chaplin / United Artists / The Kobal Collection / Aurimages • **302** Doc. Marie-Lan Nguyen (2006) / Wikipédia • **303** ph © Akg-Images • **311** Doc. Wikipédia • **313** ph © World History Archive / Aurimages • **316** – h Doc. Wikipédia • **316** – b Doc. Marie-Lan Nguyen (2006) / Wikipédia • **317** – h Doc. Wikipédia • **317** – mh Doc. 2005 – Eric Gaba for Wikimedia Commons • **317** – mb Doc. Wikipédia • **317** – b Coll. Goethe und Schillerarchiv • **319** ph © G. Dagli Orti / DeAgostini Picture Library / Bridgeman Images • **321** ph © Jeremy Hogan / Sputnik / AFP Photo • **323** ph © Jaap Buitendijk. © Warner Bros. / Courtesy Everett Collection / Aurimages • **327** Doc. André Hatala (1997) De eeuw van Rembrandt, Bruxelles / Crédit communal de Belgique / Wikipédia • **329** Doc. Wikipédia • **331** ph © Yellowj / Shutterstock •